The Maine Woods

Die Schriften von Henry David Thoreau

(Band 03)

Henry David Thoreau

Writat

Diese Ausgabe erschien im Jahr 2023

ISBN: 9789358811131

Herausgegeben von
Writat
E-Mail: info@writat.com

Inhalt

EINLEITENDE HINWEISE ....- 1 -

KTAADN ....- 3 -

CHESUNCOOK ....- 60 -

DER ALLEGASH- UND EAST-ZWEIG ....- 112 -

ANHANG ....- 213 -

   I. BÄUME ....- 213 -

   II. BLUMEN UND STÄUCHER ....- 214 -

   III. PFLANZENLISTE ....- 217 -

   IV. LISTE DER VÖGEL ....- 227 -

   V. VIERFÜSSER ....- 229 -

   VI. OUTFIT FÜR EINEN AUSFLUG ....- 229 -

   VII. EINE LISTE INDISCHER WÖRTER ....- 231 -

FUSSNOTEN ....- 237 -

EINLEITENDE HINWEISE

„THE MAINE WOODS" war der zweite Band, der nach Thoreaus Tod aus seinen Schriften zusammengestellt wurde. Von dem Material, aus dem es bestand, waren die ersten beiden Abschnitte bereits gedruckt. „ Ktaadn and the Maine Woods" war der Titel eines Artikels, der 1848 im *Union Magazine gedruckt wurde* , und „ Chesuncook " wurde 1858 im *Atlantic Monthly veröffentlicht* . Das Buch wurde von seinem Freund William Ellery Channing herausgegeben.

Während seines zweiten Sommers in Walden machte Thoreau seinen ersten Besuch in den Wäldern von Maine. Wahrscheinlich war es eine Reaktion auf eine Bitte von Horace Greeley, dass er die Erzählung aus seinem Tagebuch niederschrieb, denn Mr. Greeley hatte gezeigt, dass er Thoreau gern dabei helfen wollte, seine Waren auf den Markt zu bringen. In einem Brief an Emerson vom 12. Januar 1848 schreibt Thoreau: „Ich habe neulich Abend einem ziemlich großen Publikum von Männern und Jungen, die es interessierten, einen Teil der Geschichte meines Ausflugs nach Ktaadn vorgelesen. Es enthält viele Fakten und etwas Poesie." Ende März bot er Greeley die Zeitung an, und am 17. April antwortete Greeley: „Ich lege Ihnen wie versprochen 25 US-Dollar für Ihren Artikel über die Landschaft von Maine bei. Ich weiß, dass es mehr wert ist, obwohl ich noch keine Zeit gefunden habe, es zu lesen; aber ich habe einmal versucht, es zu verkaufen, ohne Erfolg. Es ist ziemlich lang für meine Kolumnen und zu fein für die Million; aber ich halte es für ein billiges Geschäft und werde es selbst drucken, wenn ich es nicht zu einem besseren Vorteil verwerte. Sie werden sich mir gegenüber natürlich in keiner Weise verpflichtet fühlen, denn mein Angebot war geschäftlicher Art und ich habe mehr als den Wert meines Geldes erhalten." Aber dieser großzügige, hochgesinnte Freund dachte an Thoreaus Geschäft, nicht an sein eigenes, denn im Oktober desselben Jahres schreibt er: „Ich breche ein längeres Schweigen, um Ihnen mitzuteilen, dass ich hoffe, am Montag die Zahlung für Ihren Ruhm zu erhalten." Bericht über „ Ktaadn and the Maine Woods", den ich zu einem jüdischen Schnäppchenpreis von Ihnen gekauft und an *das Union Magazine verkauft habe* . Ich soll 75 Dollar dafür bekommen, und da ich nicht vorhabe, Sie in einem solchen Ausmaß auszubeuten, werde ich darauf bestehen, Ihnen weitere 25 Dollar in diesem Brief beizufügen, sodass mir immer noch 25 Dollar übrig bleiben, um verschiedene Gebühren und Arbeiten zu bezahlen, die mir entstanden *sind* beim Verkauf Ihrer Artikel und bei der Bezahlung dafür — letzteres ist bei weitem der schwierigste Teil des Geschäfts."

Der dritte von Thoreaus Ausflügen in die Wälder von Maine diente vor allem dem Zweck, das Leben und den Charakter der Indianer anhand seines

Führers zu studieren. Er hatte sich sein ganzes Leben lang für die Indianer interessiert, und Herr Sanborn erzählt uns – was auch aus seinem Tagebuch hervorgeht –, dass es seine Absicht war, seine Studien zu einem separaten Werk zu diesem Thema zu erweitern, für das er eine beträchtliche Summe gesammelt hatte Menge Material aus Büchern sowie aus eigenen Beobachtungen. Nach seiner Rückkehr aus Allegash und East Branch schrieb er mit Datum vom 18. August 1857 Folgendes an Herrn Blake: „Ich bin jetzt zurückgekehrt und denke, dass ich eine recht gewinnbringende Reise hinter mir habe, hauptsächlich weil ich mit einem intelligenten Indianer verkehrt habe." .. Nach meiner Rückkehr schmeichele ich mir, dass die Welt in mancher Hinsicht etwas größer erscheint und nicht wie üblich kleiner und flacher, weil ich meine Reichweite erweitert habe. Ich habe einen kurzen Ausflug in die neue Welt gemacht, in der der Indianer lebt oder ist. Er beginnt dort, wo wir aufhören. Es lohnt sich, neue Fähigkeiten im Menschen zu entdecken, er ist umso göttlicher; und alles, was unsere Bewunderung wirklich erregt, erweitert uns. Der Indianer, der sich so wunderbar im Wald zurechtfindet, besitzt so viel Intelligenz, die der Weiße nicht hat, und es steigert meine eigene Fähigkeit und meinen Glauben, sie zu beobachten. Ich freue mich, dass die Informationen über andere Kanäle fließen, als ich wusste. Es erlöst für mich Teile dessen, was zuvor brutal erschien. Es ist eine große Genugtuung, festzustellen, dass Ihre ältesten Überzeugungen von Dauer sind. Was das Wesentliche angeht, hatte ich nie Gelegenheit, meine Meinung zu ändern. Das Aussehen der Welt variiert von Jahr zu Jahr, da die Landschaft anders gekleidet ist, aber ich finde, dass die *Wahrheit immer noch wahr* ist , und ich bereue nie eine Betonung, die sie vielleicht inspiriert hat. Ktaadn ist immer noch da, aber umso sicherer ist meine alte Überzeugung da, die mit mehr als nur Bergbreite und Gewicht auf der Welt ruht, immer noch die Quelle befruchtender Bäche ist und herrliche Ausblicke von seinem Gipfel bietet, wenn ich ihn wieder besteigen kann. ”

KTAADN

Am 31. August 1846 verließ ich Concord in Massachusetts und fuhr mit der Eisenbahn und dem Dampfschiff nach Bangor und in die Wälder von Maine Damm am Westarm des Penobscot, an dessen Grundstück er interessiert war. Von diesem Ort aus, der etwa hundert Meilen am Fluss oberhalb von Bangor, dreißig Meilen von der Houlton-Militärstraße und fünf Meilen hinter der letzten Blockhütte liegt, schlug ich vor, Ausflüge zum Mount Ktaadn zu unternehmen, dem zweithöchsten Berg in Neuengland . etwa dreißig Meilen entfernt und zu einigen der Seen des Penobscot, entweder allein oder mit der Gesellschaft, die ich dort treffen könnte. Es ist ungewöhnlich, zu dieser Jahreszeit, wenn die Holzfällerarbeiten eingestellt wurden, so weit im Wald ein Lager zu finden, und ich war froh, den Umstand zu nutzen, dass zu dieser Zeit dort eine Gruppe von Männern beschäftigt war, um die durch die Holzfällereien verursachten Verletzungen zu reparieren tolle Frische im Frühling. Der Berg kann leichter und direkter zu Pferd und zu Fuß von der Nordostseite aus über die Aroostook Road und den Wassataquoik River erreicht werden. aber in diesem Fall sieht man viel weniger von der Wildnis, nichts von der herrlichen Fluss- und Seelandschaft und hat keine Erfahrung mit dem Batteau und dem Leben des Bootsmanns. Auch zu dieser Jahreszeit hatte ich Glück, denn im Sommer machen unzählige Kriebelmücken, Mücken und Mücken, oder wie die Indianer sie nennen, „No-see-ems", das Reisen im Wald fast unmöglich ; aber jetzt war ihre Herrschaft fast zu Ende.

Ktaadn , dessen Name ein indianisches Wort für „höchstes Land" ist, wurde erstmals 1804 von Weißen bestiegen. Es wurde 1836 von Professor JW Bailey aus West Point besucht; von Dr. Charles T. Jackson, dem Staatsgeologen, im Jahr 1837; und von zwei jungen Männern aus Boston im Jahr 1845. Alle diese haben über ihre Expeditionen berichtet. Seitdem ich dort war, haben zwei oder drei andere Gruppen den Ausflug gemacht und ihre Geschichten erzählt. Abgesehen davon haben nur sehr wenige, selbst unter den Hinterwäldlern und Jägern, ihn jemals bestiegen, und es wird noch lange dauern, bis sich die Flut des modischen Reisens in diese Richtung setzt. Die Bergregion des Bundesstaates Maine erstreckt sich von der Nähe der White Mountains, 160 Meilen nordöstlich, bis zur Quelle des Aroostook River und ist etwa 60 Meilen breit. Der wilde oder unbesiedelte Anteil ist weitaus umfangreicher. So dass nur ein paar Stunden Fahrt in dieser Richtung die Neugierigen an den Rand eines ursprünglichen Waldes bringen, der vielleicht in jeder Hinsicht interessanter ist, als wenn er tausend Meilen nach Westen gehen würde.

Am nächsten Vormittag, Dienstag, dem 1. September, machte ich mich mit meinem Begleiter in einem Buggy von Bangor aus flussaufwärts auf den Weg, in der Erwartung, am nächsten Tag in der Nacht am Mattawamkeag Point, etwa sechzig Meilen entfernt, von zwei weiteren Bangoreanern überholt zu werden , die sich entschieden hatten um mit uns einen Ausflug in die Berge zu unternehmen. Wir hatten jeder einen Rucksack oder eine Tasche, gefüllt mit unentbehrlichen Kleidungsstücken und Gegenständen, und mein Begleiter trug seine Waffe.

Etwa ein Dutzend Meilen von Bangor entfernt passierten wir die Dörfer Stillwater und Oldtown, die an den Wasserfällen des Penobscot erbaut wurden und die Hauptenergie liefern, mit der die Wälder von Maine in Bauholz umgewandelt werden. Die Mühlen sind direkt über und auf der anderen Seite des Flusses gebaut. Hier gibt es zu jeder Jahreszeit eine enge Konfrontation, eine harte Auseinandersetzung; und dann wird der einst grüne Baum, der längst weiß ist, nicht mehr als getriebener Schnee, sondern als getriebener Baumstamm, zu bloßem Bauholz. Hier beginnt Ihr Zoll-, Ihr Zwei- und Ihr Drei-Zoll- Zeug zu sein, und Mr. Sawyer markiert die Räume, die über das Schicksal so vieler niedergestreckter Wälder entscheiden. Durch dieses mehr oder weniger grobe Stahlrätsel wird der pfeilreiche Maine-Wald von Ktaadn und Chesuncook bis zu den Quellflüssen des St. John unerbittlich gesiebt, bis Bretter, Schindeln, Latten und Schindeln wie die herauskommen Es kann vielleicht noch dauern, bis der Wind immer wieder geschlitzt wird, bis Männer eine Größe haben, die ihnen passt. Denken Sie daran, wie die weiße Kiefer am Ufer von Chesuncook stand , ihre Zweige sausten in den vier Winden und jede einzelne Nadel im Sonnenlicht zitterte – denken Sie daran, wie sie jetzt dasteht – vielleicht verkauft an die New England Friction – Match Company! Wie ich gelesen habe, gab es im Jahr 1837 zweihundertfünfzig Sägewerke am Penobscot und seinen Nebenflüssen oberhalb von Bangor, der größte Teil davon in dieser unmittelbaren Nachbarschaft, und sie sägten jährlich zweihundert Millionen Fuß Bretter . Dazu kommt das Holz der Bäche Kennebec, Androscoggin, Saco, Passamaquoddy und anderer. Kein Wunder, dass wir so oft hören, dass Schiffe, die vor unserer Küste stillstehen, wochenlang von schwimmendem Holz aus den Wäldern von Maine umzingelt werden. Die Mission der Menschen dort scheint, wie bei so vielen geschäftigen Dämonen, darin zu bestehen, den Wald so schnell wie möglich aus jedem einsamen Bibersumpf und von jedem Berghang aus dem Land zu vertreiben.

In Oldtown gingen wir in eine Batteau-Manufaktur. Die Herstellung von Batteaux ist hier für die Versorgung des Penobscot River ein ziemliches Geschäft. Wir haben einige der Bestände untersucht. Es handelt sich um leichte und formschöne Schiffe, die für schnelle und felsige Bäche ausgelegt sind und über lange Portagen auf den Schultern von Männern getragen werden können, von zwanzig bis dreißig Fuß lang und nur vier bis viereinhalb breit, an beiden Enden scharfkantig wie ein Kanu. Allerdings sind sie am Boden am breitesten und reichen sieben bis acht Fuß über das Wasser, damit sie so sanft wie möglich über Felsen gleiten können. Sie sind sehr dünn gemacht, nur zwei Bretter an einer Seite, die üblicherweise an ein paar hellen Ahornholz- oder anderen Hartholzkniebrettern befestigt sind, aber innen sind sie aus dem klarsten und breitesten weißen Kiefernholz, von dem aufgrund seiner Dicke viel Abfall entsteht Form, denn der Boden bleibt vollkommen flach, nicht nur von einer Seite zur anderen, sondern von einem Ende zum anderen. Manchmal „fressen" sie sich auch nach längerem Gebrauch, und die Bootsführer drehen sie dann um und richten sie mit einem Gewicht an beiden Enden gerade aus. Sie erzählten uns, dass eines innerhalb von zwei Jahren oder oft schon während einer einzigen Reise auf den Felsen abgenutzt war und für vierzehn bis sechzehn Dollar verkauft wurde. Der Name des Kanus des weißen Mannes hatte etwas Erfrischendes und Wild Musikalisches in meinen Ohren, das mich an Charlevoix und die Canadian Voyageurs erinnerte. Das Batteau ist eine Art Mischung aus Kanu und Boot, einem Pelzhändlerboot.

Die Fähre hierher brachte uns an der indischen Insel vorbei. Als wir das Ufer verließen, beobachtete ich einen kleinen, schäbigen Indianer, der wie eine Wäscherin aussah – sie sehen gewöhnlich so traurig aus wie das Mädchen, das nach verschütteter Milch weinte –, der gerade „flussaufwärts" kam und auf der Oldtown-Seite in der Nähe eines Lebensmittelgeschäfts landete , und indem er sein Kanu hochzieht, nimmt er in einer Hand ein Bündel Felle und in der anderen ein leeres Fass oder halbes Fass und klettert damit das Ufer hinauf. Dieses Bild reicht aus, um die Geschichte des Indianers, das heißt die Geschichte seines Aussterbens, in den Vordergrund zu stellen. Im Jahr 1837 waren von diesem Stamm noch 362 Seelen übrig. Die Insel schien heute verlassen zu sein, dennoch entdeckte ich zwischen den verwitterten Häusern einige neue Häuser, als ob der Stamm noch einen Plan für das Leben hätte; aber im Allgemeinen sehen sie sehr schäbig, verlassen und freudlos aus, denn sie sind allesamt Hinterhöfe und Holzschuppen, keine Gehöfte, nicht einmal Indianergehöfte, sondern keine Heim- oder Auslandsgehöfte, denn ihr Leben ist *domi aut militiæ* , zu Hause oder im Krieg, oder jetzt eher *venatus* , das heißt eine Jagd, und die meisten der letzteren. Die Kirche ist das einzige hübsch aussehende Gebäude, aber das ist nicht Abenaki, das war Roms Werk. Es mag ein guter Kanadier sein, aber es ist ein armer Inder. Dies war einst ein mächtiger Stamm. Die Politik ist bei ihnen mittlerweile in aller Munde. Ich dachte sogar, dass eine Reihe von Wigwams mit einem Powwow-Tanz und einem auf dem Scheiterhaufen gefolterten Gefangenen respektabler wären als dies.

Wir landeten in Milford und ritten auf der Ostseite des Penobscot entlang, wobei wir mehr oder weniger ständig den Blick auf den Fluss und die darin befindlichen Indianerinseln hatten, denn sie umfassen alle Inseln bis hinauf nach Nicketow, an der Mündung des Penobscot der Zweig Ost. Sie sind im Allgemeinen gut bewaldet und sollen einen besseren Boden bieten als die benachbarten Ufer. Der Fluss wirkte flach und steinig und von Stromschnellen unterbrochen, die sich kräuselten und in der Sonne glänzten. Wir hielten einen Moment inne und sahen, wie ein Fischfalke aus großer Höhe pfeilgerade nach einem Fisch herabstürzte, aber dieses Mal verfehlte er seine Beute. Es war die Houlton-Straße , auf der wir jetzt reisten, über die einige Truppen einst in Richtung Marshügel marschierten, allerdings nicht zum Marsfeld , wie sich herausstellte. Es ist die wichtigste, fast einzige Straße in dieser Gegend, genauso gerade und gut ausgebaut und in einem ebenso guten Zustand wie fast jede Straße, die Sie irgendwo finden werden. Überall sahen wir Zeichen des großen Neuanfangs: dieses Haus stand schief, und das, wo es nicht gegründet worden war, sondern wo es jedenfalls am nächsten Tag gefunden wurde; und das andere sah nass aus, als würde es immer noch seinen Keller lüften und trocknen, und entlang der Straße lagen Baumstämme mit den Spuren aller, und manchmal auch mit den Spuren, dass sie als Brücken gedient hatten. Wir überquerten den Sunkhaze , ein sommerlicher indianischer Name, den Olemmon , den Passadumkeag und andere Bäche, die auf der Karte eine größere Rolle spielen als jetzt auf der Straße. In Passadumkeag fanden wir alles andere als das, was der Name andeutet: ernsthafte Politiker, nämlich Weiße, meine ich, die auf der Hut waren, um zu wissen, wie die Wahl voraussichtlich verlaufen würde; Männer, die schnell sprachen, mit gedämpfter Stimme und einer Art künstlichem Ernst, den man kaum glauben konnte, die kaum auf eine Vorstellung warteten, einer auf jeder Seite des Kinderwagens, bemüht, viel in wenig zu sagen, denn sie sehen, wie man ungeduldig die Peitsche hält , aber immer wenig in viel sagen. Es scheint, dass sie Wahlversammlungen hatten und sie auch wieder haben werden – Sieg und Niederlage. Jemand kann gewählt werden, jemand vielleicht nicht. Ein Mann, ein völlig Fremder, der in der Dämmerung an unserer Kutsche stand, erschreckte das Pferd tatsächlich mit seinen Beteuerungen und wurde immer feierlicher und positiver, da es in ihm weniger Grund zur positiven Einstellung gab. Passadumkeag war also nicht auf der Karte zu sehen. Bei Sonnenuntergang verließen wir die Flussstraße, um sie abzukürzen, und fuhren über Enfield, wo wir übernachteten. Dies war, wie die meisten Orte, die an dieser Straße Namen trugen, ein zu benennender Ort, der inmitten der namenlosen und nicht eingemeindeten Wildnis einen Unterschied machen sollte, ohne einen Unterschied zu machen, so schien es mir. Hier bemerkte ich jedoch einen ziemlichen Obstgarten mit gesunden und gut gewachsenen Apfelbäumen in gutem Zustand, da es sich um das älteste Siedlerhaus in dieser Region handelte, aber

alle natürlichen Früchte trugen und mangels eines Pfropfers vergleichsweise
wertlos waren . Und so ist es im Allgemeinen weiter unten am Fluss. Es wäre
eine gute Spekulation und zugleich ein den Siedlern erwiesener Gefallen,
wenn ein Junge aus Massachusetts im Frühjahr mit einem Koffer voller
Edelreiser und seinem Pfropfapparat dorthin hinuntergehen würde.

Am nächsten Morgen fuhren wir durch ein hohes und hügeliges Land mit
Blick auf den Cold-Stream Pond, einen wunderschönen vier oder fünf
Meilen langen See, und kamen bei Lincoln, 45, wieder auf die Houlton Road,
hier Militärstraße genannt Meilen von Bangor entfernt, wo es für dieses Land
ein ziemlich großes Dorf gibt – das wichtigste oberhalb von Oldtown. Als
wir erfuhren, dass es hier auf einer der Indianerinseln mehrere Wigwams gab,
ließen wir Pferd und Wagen zurück und gingen eine halbe Meile durch den
Wald zum Fluss, um einen Führer für den Berg zu besorgen. Erst nach langer
Suche entdeckten wir ihre Behausungen – kleine Hütten, an einem
abgelegenen Ort, wo die Landschaft ungewöhnlich sanft und schön war und
das Ufer von angenehmen Wiesen und anmutigen Ulmen gesäumt war. Wir
paddelten mit einem Kanu, das wir am Ufer fanden, zur Inselseite. In der
Nähe unseres Landeplatzes saß ein zehn oder zwölf Jahre altes indisches
Mädchen auf einem Felsen im Wasser, in der Sonne, wusch sich und summte
oder stöhnte währenddessen ein Lied. Es handelte sich um eine Aborigine-
Sorte. Am Ufer lag ein ganz aus Holz gefertigter Lachsspeer, wie er vielleicht
benutzt wurde, bevor die Weißen kamen. An einer Seite seiner Spitze war
ein elastisches Stück Holz befestigt, das über den Fisch rutschte und sich um
ihn schloss, ähnlich wie die Vorrichtung, mit der man einen Eimer am Ende
einer Brunnenstange festhält. Als wir zum nächsten Haus gingen, wurden
wir von einem Dutzend wölfisch aussehender Hunde begrüßt, die
möglicherweise direkte Nachkommen der alten indischen Hunde waren, die
die ersten Voyageure als „ ihre Wölfe" bezeichneten. Ich nehme an, das
waren sie. Bald erschien der Bewohner mit einer langen Stange in der Hand,
mit der er die Hunde abwehrte, während er mit uns verhandelte – ein
kräftiger, aber langweiliger und schmieriger Kerl, der uns auf seine träge Art
antwortete Er antwortete auf unsere Fragen, als wäre es die erste ernsthafte
Angelegenheit, die er an diesem Tag zu erledigen hatte, dass heute vor Mittag
Indianer „flussaufwärts" gingen – er und ein anderer . Und wer war der
andere? Louis Neptun, der im Nebenhaus wohnt. Nun, lasst uns gemeinsam
rübergehen und Louis sehen. Derselbe hündische Empfang, und Louis
Neptun erscheint , ein kleiner, drahtiger Mann mit runzligem und faltigem
Gesicht, und doch schien er der Hauptmann der beiden zu sein; derselbe,
wie ich mich erinnerte, der Jackson 1937 auf den Berg begleitet hatte. Die
gleichen Fragen wurden an Louis gestellt und die gleichen Informationen
eingeholt, während der andere Indianer dabeistand. Es schien, als würden sie
gegen Mittag mit zwei Kanus aufbrechen , um nach Chesuncook zu fahren,
um Elche zu jagen – und einen Monat unterwegs sein. „Nun, Louis, nehmen

wir an, Sie kommen zum Point (zu den Five Islands, direkt unterhalb von Mattawamkeag), um zu campen. Wir gehen morgen zu viert den West Branch hinauf und warten am Damm oder auf dieser Seite auf Sie . Sie überholen uns morgen oder am nächsten Tag und nehmen uns mit in Ihre Kanus. Wir bleiben für Sie stehen, Sie bleiben für uns stehen. Wir bezahlen dich für deine Mühe." „Ja", antwortete Louis, „vielleicht bringst du etwas Proviant für alle mit – etwas Schweinefleisch, etwas Brot – und bezahlst so." Er sagte: „Ich hole mir auf jeden Fall ein paar Elche." und als ich fragte, ob er glaube, dass Pomola uns hinaufgehen lassen würde, antwortete er, dass wir eine Flasche Rum oben platzieren müssten; er hatte viele gepflanzt; und als er noch einmal hinsah, war der Rum verschwunden. Er war zwei- oder dreimal aufgestanden; Er hatte Buchstaben gepflanzt – Englisch, Deutsch, Französisch usw. Diese Männer waren leicht in Hemden und Hosen gekleidet, wie Arbeiter, die bei warmem Wetter bei uns waren. Sie luden uns nicht in ihre Häuser ein, sondern trafen uns draußen. Also verließen wir die Indianer und schätzten uns glücklich, solche Führer und Begleiter gefunden zu haben.

Entlang der Straße gab es nur sehr wenige Häuser, doch sie verfielen nicht gänzlich, als ob das Gesetz, nach dem die Menschen über den ganzen Globus verstreut sind, sehr streng wäre und man sich nicht ungestraft oder aus geringfügigen Gründen widersetzen dürfe. Es gab sogar die Keime einiger Dörfer, die gerade erst zu wachsen begannen. Die Schönheit der Straße selbst war bemerkenswert. Die verschiedenen immergrünen Pflanzen, von denen viele bei uns selten sind – zarte und schöne Exemplare der Lärche, des Lebensbaums , der Kugelfichte und des Tannenbalsams, von einigen Zoll bis zu vielen Fuß hoch – säumten seine Seiten Manche Stellen gleichen einem langen Vorgarten, der sich aus den glatten Grasflächen erhebt, die ihn ununterbrochen begrenzen, und die durch seine Flut fruchtbar gemacht werden; Während es auf beiden Seiten nur ein Schritt in die düstere, unberührte Wildnis war, in deren verworrenes Labyrinth aus lebenden, umgestürzten und verwesenden Bäumen nur Hirsche und Elche, Bären und Wölfe leicht eindringen können. Dort wuchsen mehr perfekte Exemplare, als jedes Vorgartengrundstück vorweisen kann, um den Durchgang der Houlton-Teams zu zieren.

Gegen Mittag erreichten wir Mattawamkeag , sechsundfünfzig Meilen von Bangor entfernt, über den wir gekommen waren, und übernachteten in einem vielbesuchten Haus immer noch an der Houlton Road , wo die Houlton-Etappe hält. Hier befand sich eine große überdachte Brücke über den Mattawamkeag , die, wie man sagte, etwa siebzehn Jahre zuvor gebaut worden war. Wir aßen zu Abend, wobei übrigens auch beim Frühstück und Abendessen in den Wirtshäusern an dieser Straße die erste Reihe aus verschiedenen Arten von „süßen Kuchen" besteht, die in einer fortlaufenden

Reihe angeordnet sind Ende des Tisches zum anderen. Ich denke, ich kann mit Fug und Recht sagen, dass hier vor uns beiden eine Reihe von zehn oder einem Dutzend Tellern dieser Art stand. Um dies zu erklären, sagen sie, dass die Holzfäller , wenn sie aus dem Wald kommen, ein Verlangen nach Kuchen und Torten und solchen süßen Dingen verspüren, die es fast unbekannt gibt, und dass dies der *Vorrat ist* , um diese *Nachfrage zu befriedigen* . Das Angebot entspricht immer der Nachfrage, und diese hungrigen Männer legen großen Wert darauf, dass sie auf ihre Kosten kommen. Zweifellos ist das Gleichgewicht der Lebensmittel wiederhergestellt, wenn sie Bangor erreichen – Mattawamkeag nimmt die rohe Kante ab. Nun, in dieser vordersten Reihe, sage ich, müssen Sie, wenn Sie von der Seite des „süßen Kuchens" kommen, mit einer billigen philosophischen Gleichgültigkeit angreifen, was sich dahinter befindet, was ich keineswegs unterstellen möchte Sowohl die Menge als auch die Qualität reichen nicht aus, um die andere Nachfrage der Männer, nicht aus den Wäldern, sondern aus den Städten, nach Wildbret und kräftigen Landgerichten zu befriedigen. Nach dem Abendessen schlenderten wir zum „Point", der durch den Zusammenfluss der beiden Flüsse gebildet wurde und der angeblich Schauplatz einer alten Schlacht zwischen den Ostindianern und den Mohawks war, und suchten dort sorgfältig nach Relikten, obwohl die Männer dabei waren Die Bar hatte noch nie von solchen Dingen gehört; Aber wir fanden nur ein paar Flocken von Pfeilspitzensteinen, ein paar Spitzen von Pfeilspitzen, eine kleine bleierne Kugel und ein paar farbige Perlen, die letzten, die vielleicht auf die frühen Tage der Pelzhändler zurückgehen. Der Mattawamkeag war zwar breit, aber zu dieser Zeit nur ein Flussbett voller Steine und Untiefen, so dass man ihn fast trocken mit Stiefeln überqueren konnte; und ich konnte meinem Begleiter kaum glauben, als er mir erzählte, dass er in einem Batteau fünfzig oder sechzig Meilen den Berg hinaufgefahren sei, durch ferne und noch ungeschnittene Wälder. Ein Batteau konnte an seiner Mündung kaum noch einen Hafen finden. Hirsche und Karibus oder Rentiere werden hier im Winter in Sichtweite des Hauses gefangen.

sieben Meilen die Houlton Road hinauf nach Molunkus , wo die Aroostook Road mündet und wo sich im Wald ein geräumiges Wirtshaus namens „ Molunkus House" befindet, das von einem gewissen Libbey geführt wird Es sah so aus, als hätte es einen Saal zum Tanzen und für militärische Übungen. Außer diesem riesigen Schindelpalast gab es in diesem Teil der Welt keinen anderen Beweis für den Menschen; aber manchmal ist auch hier alles voller Reisender. Ich blickte von der Piazza um die Ecke des Hauses auf die Aroostook Road , auf der keine Lichtung in Sicht war. An diesem Abend wagte sich gerade ein Mann in einem unhöflichen, originellen Wagen, den man Aroostook- Wagen nennen könnte, dorthin – ein bloßer Sitz, unter dem ein Wagen schwenkte, ein paar Taschen darauf und ein Hund, der schlief, um auf sie aufzupassen. Er bot uns freudig an, jedem in diesem Land eine Botschaft für uns zu überbringen. Ich vermute, wenn man bis ans Ende der Welt gehen würde, würde man dort jemanden finden, der noch weiter geht, so als ob er sich gerade bei Sonnenuntergang auf den Weg nach Hause macht und ein letztes Wort spricht, bevor er losfährt. Auch hier *war* ein kleiner Händler, den ich zunächst nicht sah, der in einer kleinen Kiste auf der anderen Straßenseite, hinter dem Molunkus -Wegweiser , einen Vorrat unterhielt – aber sicher keinen großen Vorrat. Es sah aus wie die Waage einer patentierten Heuwaage. Was sein Haus betraf, konnten wir nur vermuten, wo es war; Möglicherweise war er ein Untermieter im Molunkus- Haus. Ich sah ihn in der Tür seines Ladens stehen – sein Laden war so klein, dass *er* , wenn ein Reisender den Eintritt zeigen wollte, durch den Hintereingang hinausgehen und sich mit seinem Kunden durch ein Fenster über sein Geschäft unterhalten musste Waren im Keller, oder, was wahrscheinlicher ist, maßgeschneidert und doch unterwegs. Ich hätte hineingehen sollen, denn ich verspürte einen echten Impuls zum Tauschen, wenn ich nicht darüber nachgedacht hätte, was aus ihm werden würde. Am Tag zuvor waren wir in ein Geschäft gegangen, gegenüber einem Gasthaus, in dem wir einkehrten, der kümmerliche Beginn eines Handels, der sich schließlich zu einer festen Mitgesellschaft in der künftigen Stadt entwickeln würde – tatsächlich war es bereits „Jemand & Co.", ich weiß nicht mehr wer. Die Frau trat aus der Penetralie des Nebenhauses für „Somebody & Co." hervor. war im Brennen, und sie verkaufte uns Percussion-Caps, Canalés und Smooths und kannte deren Preise und Qualitäten, und was die Jäger bevorzugten. Hier gab es von allem ein wenig in einem kleinen Umfang, um die Bedürfnisse und den Ehrgeiz des Waldes zu befriedigen – ein mit großer Sorgfalt ausgewählter Bestand, der im Wagenkasten oder in einer Ecke des Houlton-Gespanns nach Hause gebracht wurde; aber es schien mir, wie üblich, ein Übergewicht an Kinderspielzeug zu geben – Hunde zum Bellen, Katzen zum Miauen und Trompeten zum Blasen, wo es noch kaum Eingeborene gibt. Als ob ein Kind, das in den Wäldern von Maine, zwischen Tannenzapfen und Zedernbeeren, geboren wurde, nicht ohne einen solchen Zuckermann oder Springbock wie den jungen Rothschild auskommen könnte.

Molunkus , also im Umkreis von sieben Meilen, nicht mehr als ein Haus gab . An dieser Stelle gelangten wir über den Zaun in ein neues, mit Kartoffeln bepflanztes Feld, wo die Baumstämme zwischen den Hügeln noch brannten; Als sie die Ranken ausrissen, fanden sie große Kartoffeln, die fast reif waren und wie Unkraut wuchsen, und unter ihnen Rüben. Die Art des Rodens und Pflanzens besteht darin, die Bäume zu fällen und einmal zu verbrennen, was brennt, sie dann in geeignete Längen zu schneiden, zu Haufen zu rollen und erneut zu verbrennen; Dann pflanzen Sie mit einer Hacke Kartoffeln dort, wo Sie den Boden zwischen den Baumstümpfen und verkohlten Baumstämmen erreichen können. Für eine erste Ernte reicht die Asche als

Dünger aus, und im ersten Jahr ist kein Hacken nötig. Im Herbst erneut schneiden, rollen und verbrennen und so weiter, bis das Land gerodet ist; und bald ist es bereit zum Getreide und zum Ablegen. Wer will, soll in den Städten von Armut und schweren Zeiten reden; Der Auswanderer, der seine Reise nach New York oder Boston bezahlen kann , kann nicht fünf Dollar mehr bezahlen, um hierher zu kommen – ich habe insgesamt drei Dollar für meine Überfahrt von Boston nach Bangor, zweihundertfünfzig Meilen – bezahlt und so reich sein wie er gefällt, wo Land praktisch nichts kostet und nur die Arbeit des Bauens beherbergt und er ein Leben beginnen kann wie Adam? Wenn er sich noch an den Unterschied zwischen Arm und Reich erinnert, soll er ihm sofort ein engeres Haus zuweisen.

Als wir zum Mattawamkeag zurückkehrten , war die Houlton-Bühne dort bereits aufgebaut; und ein Mann aus der Provinz verriet den Yankees durch seine Fragen seine Grünlichkeit. Warum das Geld der Provinz hier nicht auf Augenhöhe weitergegeben wird, wenn das Geld der Staaten in Fredericton gut ist – obwohl das vielleicht vernünftig genug war. Aus dem, was ich damals gesehen habe, scheint es, dass der Mann aus der Provinz nun der einzige echte Jonathan oder rohe Landtrottel war, der von seinen unternehmungslustigen Nachbarn so weit zurückgelassen wurde, dass er nicht genug wusste, um ihnen eine Frage zu stellen. Kein Volk kann lange seinen provinziellen Charakter beibehalten, der den Hang zur Politik, zum Schnitzen und zum schnellen Reisen hat, wie die Yankees, und der das Mutterland in der Vielfalt seiner Vorstellungen und Erfindungen hinter sich lässt. Der Besitz und die Ausübung praktischer Begabung sind lediglich ein sicheres und schnelles Mittel zur intellektuellen Bildung und Unabhängigkeit.

Die letzte Ausgabe von Greenleafs Karte von Maine hing hier an der Wand, und da wir keine Taschenkarte hatten, beschlossen wir, eine Karte des Seenlandes zu zeichnen. Also tauchten wir ein Bündel Werg in die Lampe, ölten ein Blatt Papier auf dem geölten Tischtuch und zeichneten in gutem Glauben nach, was sich später als Irrtum herausstellte, wobei wir sorgfältig den Umrissen der imaginären Seen folgten welche die Karte enthält. Die Karte der öffentlichen Gebiete von Maine und Massachusetts ist die einzige, die ich gesehen habe und die diesen Namen überhaupt verdient. Während wir mit dieser Operation beschäftigt waren, trafen unsere Begleiter ein. Sie hatten das Feuer der Indianer auf den Fünf Inseln gesehen, und so kamen wir zu dem Schluss, dass alles in Ordnung sei.

Früh am nächsten Morgen hatten wir unsere Rucksäcke aufgesetzt und bereiteten uns auf eine Wanderung den West Branch hinauf vor. Mein Begleiter hatte sein Pferd für eine Woche oder zehn Tage auf die Weide geschickt, weil er dachte, dass ein Bissen frisches Gras und ein Schluck fließendes Wasser das tun würden Tun Sie ihm so viel Gutes wie die Kost der Hinterwäldler und das neue Land beeinflusst seinen Herrn. Wir sprangen über einen Zaun und folgten einem unbekannten Pfad das Nordufer des Penobscot hinauf. Jetzt gab es keine Straße weiter, der Fluss war die einzige Straße, und im Umkreis von dreißig Meilen waren nur noch ein halbes Dutzend Blockhütten an seinen Ufern anzutreffen. Zu beiden Seiten und darüber hinaus befand sich eine völlig unbewohnte Wildnis, die sich bis nach Kanada erstreckte. Weder ein Pferd noch eine Kuh, noch ein Fahrzeug irgendeiner Art war jemals über dieses Gelände gefahren; Das Vieh und die wenigen sperrigen Gegenstände, die die Holzfäller benutzen, werden im Winter auf dem Eis aufgerichtet und wieder abgesenkt, bevor es aufbricht. Die immergrünen Wälder hatten einen ausgesprochen süßen und belebenden Duft; Die Luft war eine Art Diätgetränk, und wir gingen beschwingt in Indianerreihen weiter und streckten unsere Beine aus. Gelegentlich gab es am Ufer eine kleine Öffnung, die zum Holzrollen geschaffen worden war und durch die wir den Fluss sehen konnten – immer ein steiniger und plätschernder Bach. Das Brüllen der Stromschnellen, der Ton einer Pfeifente auf dem Fluss, der Eichelhäher und der Meise um uns herum und der Taubenspecht in den Öffnungen waren die Geräusche, die wir hörten. Man könnte es als ein brandneues Land bezeichnen; Die einzigen Straßen waren von der Natur geschaffen, und die wenigen Häuser waren Lager. Hier kann man also nicht länger Institutionen und Gesellschaft beschuldigen, sondern muss die wahre Quelle des Übels ans Licht bringen.

Es gibt drei Klassen von Einwohnern, die das Land, das wir jetzt betreten hatten, entweder häufig besuchen oder dort bewohnen: erstens die Holzfäller, die während eines Teils des Jahres, im Winter und im Frühling, bei weitem am zahlreichsten sind, außer im Sommer ein paar Holzforscher lassen es völlig im Stich; Zweitens, die wenigen Siedler, die ich genannt habe, die einzigen ständigen Bewohner, die am Rande leben und dabei helfen, Vorräte für erstere zu beschaffen; Drittens die Jäger, meist Indianer, die in ihrer Saison hier herumstreifen.

Am Ende von drei Meilen kamen wir zum Bach und zur Mühle von Mattaseunk , wo es sogar eine einfache Holzeisenbahn gab, die zum Penobscot hinunterführte, die letzte Eisenbahn, die wir sehen konnten. Wir überquerten am Ufer des Flusses ein Stück von mehr als hundert Hektar schwerem Holz, das gerade gefällt und verbrannt worden war und immer noch rauchte. Unsere Spur verlief mittendrin und war nahezu ausgelöscht. Die Bäume lagen in voller Länge, vier bis fünf Fuß tief und kreuzten sich in alle Richtungen, alle schwarz wie Holzkohle, aber innen völlig gesund, immer noch gut als Brennstoff oder als Holz; Bald würden sie in Stücke geschnitten und erneut verbrannt werden. Hier befanden sich Tausende von Schnüren, genug, um die Armen von Boston und New York einen Winter lang ausreichend warm zu halten, die nur den Boden belasteten und den Siedlern im Weg standen. Und der ganze feste und endlose Wald ist dazu verdammt, nach und nach wie Späne vom Feuer verschlungen zu werden, und kein Mensch kann sich dadurch erwärmen. In Crockers Blockhütte an der Mündung des Salmon River, sieben Meilen vom Point entfernt, begann einer aus der Gruppe damit, einen Vorrat kleiner, preiswerter Bilderbücher unter den Kindern zu verteilen, um ihnen das Lesen beizubringen, und auch Zeitungen, mehr oder weniger Es gibt nichts, was bei den Eltern weniger neu ist, als das, was für ein Hinterwäldler besser annehmbar sein kann. Es war wirklich ein wichtiger Gegenstand in unserem Outfit und zeitweise die einzige Währung, die im Umlauf war. Ich bin mit Schuhen durch den Salmon River gelaufen, da das Wasser niedrig war, aber nicht ohne meine Füße nass zu machen. Ein paar Meilen weiter kamen wir zu „Marm Howard's", am Ende einer ausgedehnten Lichtung, wo zwei oder drei Blockhütten gleichzeitig in Sichtweite waren, eine auf der gegenüberliegenden Seite des Flusses, und sogar ein paar Gräber, umgeben von ein Holzzaun, wo bereits die rohen Vorfahren eines Weilers liegen, und in tausend Jahren wird vielleicht ein Dichter seine „Elegie auf einem ländlichen Kirchhof" schreiben. Die „Village Hampdens", die „stummen, unrühmlichen Miltons " und Cromwells , „unschuldig" am Blut ihres „Landes", waren noch ungeboren.

wird an diesem *wilden* Ort etwas gelegt

Ein Herz, das einst mit himmlischem Feuer schwanger war;

Hände, die der Stab des Imperiums hätte beeinflussen können,

Oder erwachte, um die lebende Leier in Ekstase zu versetzen."

Das nächste Haus war Fisk's, zehn Meilen vom Point entfernt an der Mündung des East Branch, gegenüber der Insel Nicketow oder den Forks, der letzten der Indianerinseln. Ich bin darauf bedacht, die Namen der Siedler und die Entfernungen anzugeben, da jede Blockhütte in diesen Wäldern ein Wirtshaus ist und solche Informationen für diejenigen, die möglicherweise Gelegenheit haben, auf diesem Weg zu reisen, von nicht geringer Bedeutung sind. Unser Kurs hier überquerte den Penobscot und folgte dem Südufer. Einer aus der Gruppe , der das Haus auf der Suche nach jemandem betrat, der uns unterbringen konnte, berichtete von einer sehr gepflegten Wohnung mit vielen Büchern und einer neuen Frau, die gerade aus Boston importiert worden war und völlig neu im Wald war. Wir stellten fest, dass der East Branch an seiner Mündung ein großer und reißender Bach war, der viel tiefer war, als es den Anschein hatte. Nachdem wir mit einiger Mühe den Weg wiedergefunden hatten, hielten wir uns weiter auf der Südseite des Westarms oder Hauptflusses und kamen an einigen Stromschnellen namens Rock-Ebeeme vorbei , deren Brüllen wir durch die Wälder und kurz darauf im Wald hörten Im dichtesten Teil des Waldes gibt es einige leere, noch neue

Holzfällerlager, die im vergangenen Winter bewohnt waren. Obwohl wir später noch ein paar weitere gesehen haben, werde ich dafür sorgen, dass ein Account für alle gilt. Das waren solche Häuser, in denen die Holzfäller von Maine den Winter in der Wildnis verbrachten. Es gab die Lager und die Ställe für das Vieh, die kaum zu unterscheiden waren, außer dass letztere keinen Schornstein hatten. Diese Lager waren etwa zwanzig Fuß lang und fünfzehn Fuß breit und aus Baumstämmen gebaut – Hemlocktanne, Zeder, Fichte oder Gelbbirke – eine Art allein oder alle zusammen mit der Rinde; Zuerst zwei oder drei große Stämme, einer direkt über dem anderen und an den Enden bis zu einer Höhe von drei bis vier Fuß zusammengekerbt, dann kleinere Stämme, die an den Enden auf Querstämmen ruhen, wobei jeder der letzten nach und nach kürzer als der andere ist. um das Dach zu bilden. Der Schornstein war ein längliches, quadratisches Loch in der Mitte mit einem Durchmesser von drei bis vier Fuß und einem Zaun aus Baumstämmen, der so hoch wie der First war. Die Zwischenräume waren mit Moos gefüllt, und das Dach war mit langen, schönen Holzschindeln aus Zeder, Fichte oder Kiefer gedeckt, die mit einem Schlitten und einem Hackmesser gespalten wurden. Der Kamin, der wichtigste Ort von allen, hatte in Form und Größe die Form und Größe des Schornsteins und befand sich direkt darunter, begrenzt durch einen Holzzaun oder einen Zaun auf dem Boden, und darin befand sich ein Aschehaufen, ein oder zwei Fuß tief, mit Feststoff Rundherum liefen Bänke aus gespaltenen Baumstämmen. Hier schmilzt das Feuer normalerweise den Schnee und trocknet den Regen, bevor er niedergehen und ihn löschen kann. Zu beiden Seiten erstreckten sich unter der Dachtraufe verblasste Laubbeete des Lebensbaums . Dort befanden sich der Wassereimer, das Schweinefleischfass und das Waschbecken sowie meist ein schmutziges Kartenspiel, das auf einem Baumstamm zurückgelassen wurde. Für den Riegel, der aus Holz in Form eines Eisenriegels bestand, wurde meist viel Schnitzerei aufgewendet . Diese Häuser werden durch die riesigen Feuer gemütlich gemacht, die Tag und Nacht brennen können. Normalerweise ist die Landschaft um sie herum trist und wild genug; und das Lager der Holzfäller liegt so vollständig im Wald wie ein Pilz am Fuß einer Kiefer in einem Sumpf; keine Aussicht außer dem Himmel darüber; Es wird nicht mehr gerodet als durch das Fällen der Bäume, aus denen es gebaut ist, und derjenigen, die als Brennstoff notwendig sind. Wenn es nur gut geschützt und bequem für seine Arbeit und in der Nähe einer Quelle wäre, verschwendet er keinen Gedanken an die Aussicht. Es sind sehr richtige Waldhäuser, deren Stämme zusammengefügt und um einen Mann herum aufgetürmt sind, um Wind und Regen abzuhalten – aus lebenden grünen Baumstämmen, behangen mit Moos und Flechten und mit den Locken und Fransen der gelben Birke Rinde und triefend von Harz, frisch und feucht und duftend nach sumpfigen Gerüchen, mit jener Art von Kraft und Dauerhaftigkeit selbst an ihnen, die Giftpilze vermuten lassen. [1]

Die Kost des Holzfällers besteht aus Tee, Melasse, Mehl, Schweinefleisch (manchmal auch Rindfleisch) und Bohnen. Ein großer Teil der in Massachusetts angebauten Bohnen findet hier seinen Absatz. Auf Expeditionen gibt es nur hartes Brot und Schweinefleisch, oft roh, Scheibe für Scheibe, je nach Fall mit Tee oder Wasser.

Der Urwald ist immer und überall feucht und moosig, so dass ich beim Reisen ständig den Eindruck hatte, ich befände mich in einem Sumpf; und erst als man bemerkte, dass dieses oder jenes Stück, gemessen an der Qualität des darauf befindlichen Holzes, eine gewinnbringende Lichtung ergeben würde, wurde ich daran erinnert, dass, wenn die Sonne hineingelassen würde, daraus ein trockenes Feld entstehen würde, wie die wenigen, die ich habe hatte es sofort gesehen. Die besten Schuhe reisen meist mit nassen Füßen. Wenn der Boden zu diesem Zeitpunkt, dem trockensten Teil einer Trockenzeit, so nass und schwammig war , was muss es dann im Frühling sein? Die Wälder hier waren reich an Buchen und Gelbbirken, von denen es zuletzt einige sehr große Exemplare gab; außerdem Fichte, Zeder, Tanne und Hemlocktanne; Aber wir sahen hier nur die Stümpfe der weißen Kiefer, einige von ihnen von großer Größe, die bereits ausgesondert worden waren und der einzige Baum waren , der sehr begehrt war, selbst so tief unten wie dieser. Lediglich ein wenig Fichte und Hemlocktanne wurden hier abgeholzt. Das östliche Holz, das in Massachusetts als Brennstoff verkauft wird, stammt ausschließlich aus unterhalb von Bangor. Es war allein die Kiefer, vor allem die Weißkiefer, die jeden außer dem Jäger dazu verleitet hatte, uns auf dieser Route vorauszugehen.

Waites Farm, dreizehn Meilen vom Point entfernt, ist eine weitläufige und erhöhte Lichtung, von der aus wir einen schönen Blick auf den Fluss hatten, der weit unter uns kräuselte und glänzte. Früher hatten meine Begleiter eine gute Aussicht auf Ktaadn und die anderen Berge hier gehabt , aber heute war es so rauchig, dass wir nichts von ihnen sehen konnten. Wir konnten ein riesiges Land mit ununterbrochenem Wald überblicken, das sich den East Branch hinauf nach Kanada im Norden und Nordwesten und in Richtung des Aroostook-Tals im Nordosten erstreckte; und stellen Sie sich vor, welches wilde Leben sich in seiner Mitte bewegte. Hier befand sich ein für diese Region ziemlich großes Maisfeld, dessen eigentümlicher trockener Geruch wir bereits aus einer Entfernung von einer halben Meile wahrnahmen, bevor wir ihn sahen.

Achtzehn Meilen vom Point entfernt kamen wir in Sichtweite von McCauslin's oder „Onkel George's", wie er von meinen Begleitern, denen er gut bekannt war, liebevoll genannt wurde, wo wir unser langes Fasten brechen wollten. Sein Haus befand sich inmitten einer ausgedehnten Lichtung oder Lücke , an der Mündung des Little Schoodic River, am gegenüberliegenden oder nördlichen Ufer des Penobscot. Wir versammelten uns also an einer Stelle des Ufers, damit wir gesehen werden konnten, und feuerten als Signal unser Gewehr ab, woraufhin sofort seine Hunde und danach ihr Herrchen hervorkamen, der uns zu gegebener Zeit in seinem Boot hinüberführte. Diese Lichtung war auf allen Seiten außer dem Fluss abrupt von den nackten Stämmen des Waldes begrenzt, als ob man inmitten von tausend Hektar gemähter Fläche nur ein paar Quadratfuß abschneiden und einen Fingerhut darin ablegen würde. Er hatte einen ganzen Himmel und Horizont für sich allein, und die Sonne schien nur den ganzen Tag über über seine Lichtung zu wandern. Hier beschlossen wir, die Nacht zu verbringen und auf die Indianer zu warten, da es oben keinen so bequemen Rastplatz gab. Er hatte keine Indianer vorbeikommen sehen, und dies geschah nicht oft ohne sein Wissen. Er glaubte, dass seine Hunde die Annäherung der Indianer manchmal eine halbe Stunde vor ihrer Ankunft bemerkten.

McCauslin war ein Mann aus Kennebec, schottischer Abstammung, der seit zweiundzwanzig Jahren als Wassermann tätig war und fünf oder sechs Quellen hintereinander auf den Seen und Quellgebieten des Penobscot gefahren war, sich nun aber hier niedergelassen hatte, um Vorräte für die Holzfäller und andere zu sammeln für ihn selbst. Er bewirtete uns ein oder zwei Tage lang mit echter schottischer Gastfreundschaft und akzeptierte dafür keine Entschädigung. Ein Mann von trockenem Verstand und Schlauheit und einer allgemeinen Intelligenz, nach der ich im hinteren Wald nicht gesucht hatte. Tatsächlich gilt: Je tiefer man in den Wald vordringt, desto intelligenter und in gewisser Weise auch weniger ländlich wirken die Bewohner. Denn immer war der Pionier ein Reisender und in gewissem Maße ein Mann von Welt; und je größer die Entfernungen sind, mit denen er vertraut ist, desto allgemeiner und umfassender sind seine Informationen als die des Dorfbewohners. Wenn ich nach einem engstirnigen, uninformierten und bäuerlichen Geist Ausschau halten würde, im Gegensatz zu der Intelligenz und Kultiviertheit, die man von Städten ausgeht, dann würde ich mich unter den verrosteten Bewohnern eines alten, sesshaften Landes befinden, auf Bauernhöfen, die alle erschöpft sind Mit ewigem Leben verdorben, in den Städten rund um Boston, sogar auf der Landstraße in Concord, und nicht in den hinteren Wäldern von Maine.

Das Abendessen wurde uns in der geräumigen Küche vor Augen geführt, an einem Feuer, das einen Ochsen gebraten hätte; Viele ganze Baumstämme, vier Fuß lang, wurden verbraucht, um unseren Teekessel zu kochen – Birke, Buche oder Ahorn, im gleichen Sommer wie im Winter; und das Geschirr rauchte bald auf dem Tisch, später auf dem Sessel, an der Wand, von der einer aus der Gesellschaft vertrieben wurde. Die Armlehnen des Stuhls bildeten das Gestell, auf dem der Tisch ruhte; und als man die runde Platte gegen die Wand drehte, bildete sie die Rückenlehne des Stuhls und störte nicht mehr als die Wand selbst. Wir bemerkten, dass dies in diesen Blockhäusern die vorherrschende Mode war, um Platz zu sparen. Es gab kochend heiße Weizenkuchen, deren Mehl in Batteaux den Fluss hinaufgebracht worden war , – kein indisches Brot, denn der obere Teil von Maine ist, wie man sich erinnern wird, ein Weizenland – und Schinken, Eier und Kartoffeln. und Milch und Käse, die Produkte des Bauernhofs; und auch Maifisch und Lachs, mit Melasse gesüßter Tee und süße Kuchen, im Gegensatz zu den warmen Kuchen, die nicht gesüßt sind, der eine weiß, der andere gelb, zum Abschluss. Dies war, wie wir fanden, die vorherrschende, gewöhnliche und außergewöhnliche Kost an diesem Fluss. Das übliche Dessert waren Bergpreiselbeeren (*Vaccinium Vitis- Idæa*), gedünstet und gesüßt. Hier gab es alles in Hülle und Fülle und das Beste seiner Art. Butter war so reichlich vorhanden, dass sie vor dem Salzen häufig zum Einfetten von Stiefeln verwendet wurde.

In der Nacht unterhielten wir uns mit dem Geräusch der Regentropfen auf den Zedernholzspänen, die das Dach bedeckten, und erwachten am nächsten Morgen mit ein oder zwei Tropfen in unseren Augen. Es hatte ein Sturm begonnen, und wir beschlossen, bei dieser Aussicht diese komfortablen Quartiere nicht aufzugeben, sondern auf Indianer und schönes Wetter zu warten. Es regnete und nieselte und glänzte abwechselnd, der lebenslange Tag. Was wir dort gemacht haben, wie wir die Zeit totgeschlagen haben, wäre vielleicht müßig zu erzählen; Wie oft haben wir unsere Stiefel mit Butter eingeschmiert, und wie oft hat man einen Schläfrigen dabei gesehen, wie er sich ins Schlafzimmer schlich. Als es hielt, schlenderte ich am Ufer auf und ab und sammelte die Glockenblumen- und Zedernbeeren, die dort wuchsen; oder wir versuchten es abwechselnd mit der langstieligen Axt auf den Baumstämmen vor der Tür. Die Axtstiele waren hier zum Hacken im Stehen auf dem Baumstamm – natürlich einem primitiven Baumstamm – gemacht und waren daher fast einen Fuß länger als bei uns. Einmal gingen wir mit McCauslin über die Farm und besuchten seine gut gefüllten Scheunen . Es waren nur ein weiterer Mann und zwei Frauen hier. Er hielt Pferde, Kühe, Ochsen und Schafe. Ich glaube, er sagte, er sei der Erste gewesen, der bisher einen Pflug und eine Kuh gebracht habe; und er hätte das letzte hinzufügen können, mit nur zwei Ausnahmen. Die Kartoffelfäule hatte ihn im vergangenen Jahr auch hier draußen entdeckt und die Hälfte oder zwei Drittel seiner Ernte abbekommen, obwohl das Saatgut aus seiner eigenen Anzucht stammte. Hafer, Gras und Kartoffeln waren seine Grundnahrungsmittel; aber er züchtete auch ein paar Karotten und Rüben und „ein wenig Mais für die Hühner", denn das war alles, was er zu riskieren wagte, aus Angst, dass es nicht reifen würde. Melonen, Kürbisse, Zuckermais, Bohnen, Tomaten und viele andere Gemüsesorten konnten dort nicht reifen.

Die wenigen Siedler entlang dieses Flusses waren offensichtlich hauptsächlich von der Billigkeit des Landes angelockt. Als ich McCauslin fragte , warum nicht mehr Siedler kämen, antwortete er, ein Grund dafür sei, dass sie das Land nicht kaufen könnten, es gehöre Einzelpersonen oder Unternehmen, die befürchteten, dass ihr wildes Land besiedelt und so in Städte eingemeindet würde. und sie werden für sie besteuert; aber für die Ansiedlung auf dem Staatsland gab es kein solches Hindernis. Er seinerseits wollte keine Nachbarn, er wollte keine Straße an seinem Haus vorbei sehen. Nachbarn, selbst die besten, bereiteten Ärger und Kosten, vor allem was das Vieh und die Zäune anging. Sie könnten vielleicht auf der anderen Seite des Flusses leben, aber nicht auf derselben Seite.

Die Hühner wurden hier von den Hunden beschützt. Wie McCauslin sagte: „Die Alte hat es zuerst aufgegriffen und dem Welpen beigebracht, und jetzt hatten sie sich in den Kopf gesetzt, dass es nicht genügen würde, so etwas wie einen Vogel auf dem Gelände zu haben." Ein darüber schwebender Falke durfte nicht landen, sondern bellte von den darunter kreisenden Hunden ab ; und eine Taube oder eine „Gelbhammer", wie sie den Taubenspecht nannten, auf einem toten Ast oder Baumstumpf wurde sofort vertrieben. Es war das Hauptgeschäft ihres Tages und sorgte dafür, dass sie ständig kamen und gingen. Der eine stürmte aus dem Haus, wenn der andere auch nur den geringsten Alarm auslöste.

Als es am stärksten regnete, kehrten wir zum Haus zurück und holten einen Trakt vom Regal. Es gab den „Wandering Jew", eine billige und kleingedruckte Ausgabe, den „Criminal Calendar" und „Parish's Geography" sowie zwei oder drei Flash-Romane. Unter dem Druck der Umstände lesen wir darin ein wenig. Mit dieser Hilfe ist die Presse schließlich doch kein so schwacher Motor. Dieses Haus, ein schönes Exemplar der Häuser an diesem Fluss, war aus riesigen Baumstämmen gebaut, die überall hervorschauten und mit Lehm und Moos überzogen waren. Es enthielt vier oder fünf Räume. Es gab keine gesägten Bretter, keine Schindeln oder Schindeln; und kaum ein anderes Werkzeug als die Axt wurde bei seinem Bau verwendet. Die Trennwände bestanden aus langen, schindelähnlichen Holzschindeln aus Fichte oder Zeder, die durch den Rauch eine zarte Lachsfarbe annahmen. Das Dach und die Seiten wurden mit denselben Dachschindeln und Schindeln gedeckt, und für den Boden wurden einige davon viel dicker und größer. Diese waren alle so gerade und glatt, dass sie ihren Zweck vortrefflich erfüllten, und ein unvorsichtiger Beobachter hätte nicht vermutet, dass sie nicht gesägt und gehobelt waren. Der Schornstein und die Feuerstelle waren riesig und aus Stein gefertigt. Der Besen bestand aus ein paar an einem Stock befestigten Zweigen eines Lebensbaums ; und eine Stange hing über dem Herd nahe der Decke, um Strümpfe und Kleidung daran zu trocknen. Mir fiel auf, dass der Boden voller kleiner, schmuddeliger

Löcher war, als wären sie mit einem Bohrer entstanden, die aber in Wirklichkeit von den fast zwei Zentimeter langen Spikes stammten, die die Holzfäller in ihren Stiefeln tragen, um zu verhindern, dass sie bei Nässe ausrutschen Protokolle. Direkt oberhalb von McCauslin's gibt es eine felsige Stromschnelle, wo sich im Frühjahr Baumstämme stauen; und viele „Fahrer" sind dort versammelt, die sein Haus aufsuchen, um Vorräte zu holen; Das waren ihre Spuren, die ich sah.

Bei Sonnenuntergang deutete McCauslin über den Wald, über den Fluss, auf Anzeichen von schönem Wetter inmitten der Wolken – dort war etwas Abendröte. Denn selbst dort galten die Himmelsrichtungen; und ein Viertel des Himmels war für den Sonnenaufgang und ein anderes für den Sonnenuntergang bestimmt.

Am nächsten Morgen, als das Wetter für unsere Zwecke gut genug war, bereiteten wir uns auf den Start vor, und da die Indianer uns im Stich gelassen hatten, überredeten wir McCauslin , der sich die Szenen seiner Fahrt noch einmal ansehen wollte, uns an ihrer Stelle zu begleiten, was er auch beabsichtigte Engagieren Sie unterwegs einen anderen Bootsmann. Ein Streifen Baumwollstoff für ein Zelt, ein paar Decken, die für die ganze Gruppe ausreichen würden, fünfzehn Pfund hartes Brot, zehn Pfund „klares" Schweinefleisch und etwas Tee – das waren „Onkel Georges" Rucksäcke. Die letzten drei Artikel waren so berechnet, dass sie sechs Männern eine Woche lang versorgen würden, mit allem, was wir mitnehmen könnten. Ein Teekessel, eine Bratpfanne und eine Axt, die im letzten Haus erhältlich waren, würden unsere Ausrüstung vervollständigen.

McCauslins Lichtung verlassen und waren wieder im immergrünen Wald. Der dunkle Pfad, den die beiden Siedler oben hinterlassen hatten und den selbst der Holzfäller manchmal nicht erkennen kann, kreuzte bald einen schmalen, offenen Streifen im Wald, der von Unkraut überwuchert war und „Verbranntes Land" genannt wurde, wo einst ein Feuer gewütet hatte, und erstreckte sich nach Norden oder zehn Meilen bis zum Millinocket Lake. Am Ende von drei Meilen erreichten wir Shad Pond oder Noliseemack , eine Erweiterung des Flusses. Hodge, der stellvertretende Staatsgeologe, der am 25. Juni 1837 hier vorbeikam, sagt: „Wir schoben unser Boot durch einen Hektar oder mehr mit Bockbohnen, die am Boden Wurzeln geschlagen hatten und über der Oberfläche blühten." die größte Fülle und Schönheit." Das Haus von Thomas Fowler liegt vier Meilen von McCauslins Haus entfernt am Ufer des Teiches an der Mündung des Millinocket River und acht Meilen vom gleichnamigen See am letzteren Bach. Dieser See bietet einen direkteren Weg nach Ktaadn , aber wir zogen es vor, den Seen Penobscot und Pamadumcook zu folgen . Fowler war gerade mit der Fertigstellung einer neuen Blockhütte beschäftigt und sägte gerade ein Fenster durch die fast zwei Fuß dicken Baumstämme heraus, als wir ankamen. Er hatte begonnen, sein Haus mit umgedrehter Fichtenrinde zu tapezieren, was gute Wirkung zeigte und den Umständen entsprach. Anstelle von Wasser bekamen wir hier einen Schluck Bier, was, wie man sich erlaubte, besser wäre; klar und dünn, aber stark und streng wie der Zedernsaft. Es war, als ob wir an den Zitzen des mit Kiefern bewachsenen Busens der Natur dieser Gegend saugten – der Saft der gesamten Millinocket-Botanik vermischt – die obersten, fantastischsten und würzigsten Zweige des Urholzes und was auch immer an belebendem und festigendem Gummi dazugehört oder Essenz, die darin eingeweicht und aufgelöst wurde – ein Holzfällergetränk , das einen Menschen sofort akklimatisieren und naturalisieren würde – das ihn grün sehen ließ und, wenn er schlief, träumen ließ, dass er den Wind zwischen den Kiefern rauschen hörte. Hier war eine Pfeife, die darauf betete, weitergespielt zu werden, durch die wir ein paar melodische Klänge hauchten – hierher gebracht, um wilde Tiere zu zähmen. Als wir auf dem Stapel Chips neben der Tür standen, segelten Fischfalken über uns hinweg; und hier, über dem Shad Pond, konnte man täglich die Tyrannei des Weißkopfseeadlers über diesen Vogel beobachten. Tom zeigte über den See hinweg auf das Nest eines Weißkopfseeadlers, das mehr als eine Meile entfernt auf einer Kiefer hoch über dem umliegenden Wald deutlich sichtbar war und von Jahr zu Jahr von demselben Paar aufgesucht und von ihm als heilig angesehen wurde. Es gab nur diese beiden Häuser, seine niedrige Hütte und den luftigen Karren voller Reisigbündel der Adler. Auch Thomas Fowler ließ sich überreden, sich uns anzuschließen, denn zwei Männer waren notwendig, um das Batteau zu leiten, das bald unsere Kutsche sein sollte, und diese Männer mussten cool und geschickt für die Navigation auf dem Penobscot sein. Toms Rucksack war bald fertig, denn er hatte nicht weit, um nach seinen Wassermannstiefeln und einem roten Flanellhemd zu suchen. Dies ist die Lieblingsfarbe der Holzfäller; und rotem Flanell wird nachgesagt, dass er einige geheimnisvolle Eigenschaften besitzt, dass er äußerst gesund und praktisch im Hinblick auf die Schweißbildung ist. In jeder Gruppe wird es einen großen Anteil roter Vögel geben. Wir nahmen hier ein schlechtes und undichtes Batteau und begannen, den Millinocket zwei Meilen bis zum älteren Fowler's zu stützen, um den Grand Falls of the Penobscot zu entgehen, in der Absicht, dort unser Batteau gegen ein besseres einzutauschen. Der Millinocket ist ein kleiner, flacher und sandiger Bach, voll von Nestern von Neunaugen oder Saugnäpfen und gesäumt von Musquash-Hütten, aber laut Fowler frei von Stromschnellen, außer an seiner Mündung aus dem Millinocket See. Zu dieser Zeit war er damit beschäftigt, das einheimische Gras – Binsengras und Wiesenklee, wie er es nannte – auf den Wiesen und kleinen, niedrigen Inseln dieses Baches zu schneiden. Wir bemerkten abgeflachte Stellen im Gras auf beiden Seiten, wo sich, wie er sagte, in der Nacht zuvor ein Elch niedergelassen hatte, und fügte hinzu, dass es Tausende auf diesen Wiesen gab.

Old Fowler's am Millinocket, sechs Meilen von McCauslin's und vierundzwanzig vom Point entfernt, ist das letzte Haus. Gibson's am Sowadnehunk ist die einzige Lichtung oben, aber das hatte sich als Fehlschlag erwiesen und war schon lange verlassen. Fowler ist der älteste Bewohner dieser Wälder. Früher lebte er ein paar Meilen von hier entfernt auf der Südseite des West Branch, wo er vor sechzehn Jahren sein Haus baute, das erste Haus, das oberhalb der Five Islands gebaut wurde. Hier sollte unser neues Batteau auf einem aus Setzlingen gebauten Pferdeschlitten über die erste zwei Meilen lange Transportstrecke um die Grand Falls des Penobscot herumgetragen werden, um über die zahlreichen Felsen im Weg zu springen. aber wir mussten ein paar Stunden warten, bis sie die Pferde einfingen, die in einiger Entfernung zwischen den Baumstümpfen weideten und noch weiter weg gewandert waren. Der letzte Lachs für diese Saison war gerade gefangen worden und lag noch frisch in der Gurke, aus der so viel gewonnen wurde, dass wir unseren leeren Kessel füllen konnten, und so rundeten wir unsere Einführung in einfachere Waldgerichte ab. In der Woche zuvor hatten sie hier neun Schafe aus ihrer ersten Herde durch die Wölfe verloren. Die überlebenden Schafe kamen um das Haus herum und schienen verängstigt zu sein, was sie dazu veranlasste, nach den übrigen zu suchen, als sie sieben tote und verletzte und zwei noch lebende Schafe fanden. Letztere trugen sie zum Haus, und wie Mrs. Fowler sagte, waren sie nur am Hals aufgekratzt und hatten keine sichtbarere Wunde, als wenn sie mit einer Nadel gestochen worden wären. Sie schnitt ihnen die Wolle vom Hals ab, wusch sie, trug etwas Salbe auf und entfernte sie, aber nach wenigen Augenblicken waren sie verschwunden und seitdem nicht mehr gefunden worden. Tatsächlich waren sie alle vergiftet, und die Gefundenen schwollen sofort an, so dass weder Haut noch Wolle übrig blieben. Dadurch wurden die alten Fabeln von den Wölfen und den Schafen erkannt und ich wurde davon überzeugt, dass diese uralte Feindseligkeit immer noch existierte. Wahrlich, der Hirtenjunge brauchte dieses Mal keinen falschen Alarm auszulösen. An der Tür befanden sich verschieden große Stahlfallen für Wölfe, Otter und Bären, mit großen Klauen anstelle von Zähnen, die sie mit ihren Sehnen fangen konnten. Wölfe werden häufig mit vergifteten Ködern getötet.

Schließlich, nachdem wir hier mit der üblichen Kost aus dem Hinterland zu Abend gegessen hatten, kamen die Pferde, und wir zogen unser Boot aus dem Wasser, banden es an der Korbkutsche fest , warfen unsere Rucksäcke hinein und gingen vor den Bootsleuten weiter und Fahrer, der Toms Bruder war, um den Betrieb zu leiten. Die Route, die durch die wilde Weide führte, auf der die Schafe getötet wurden, war an manchen Stellen die raueste, die jemals von Pferden zurückgelegt wurde, über felsige Hügel, wo der Schlitten hüpfte und dahinglitte, wie ein Schiff, das im Sturm taumelt; und ein Mann war ebenso notwendig, am Heck zu stehen, um zu verhindern, dass das Boot zerstört wurde, wie ein Steuermann in der rauesten See. Die Philosophie unseres Fortschritts war etwa diese: Als die Kufen auf einen drei bis vier Fuß hohen Felsen aufschlugen, sprang der Schlitten gleichzeitig zurück und nach oben; aber da die Pferde nie aufhörten zu ziehen, stürzte es auf die Spitze des Felsens, und so kamen wir hinüber. Dieser Transport folgte wahrscheinlich der Spur eines alten Indianertransports, der um diese Wasserfälle herumführte. Um zwei Uhr erreichten wir, die wir zuvor weitergegangen waren, den Fluss oberhalb der Wasserfälle, nicht weit von der Mündung des Quakish Lake entfernt, und warteten darauf, dass das Batteau heraufkam. Wir waren erst kurze Zeit hier, als ein Gewitterschauer aus dem Westen über die noch unsichtbaren Seen und die angenehme Wildnis heraufzog, die wir so gern kennenlernen wollten; und bald begannen die schweren Tropfen auf die Blätter um uns herum zu prasseln. Ich hatte gerade den ausgestreckten Stamm einer riesigen Kiefer mit einem Durchmesser von fünf bis sechs Fuß ausgewählt und kroch darunter hindurch, als glücklicherweise das Boot ankam. Es hätte einen behüteten Mann amüsiert, mitzuerleben, wie es entfesselt und herumgewirbelt wurde, während der erste Wasserstrahl auf uns herabstürzte. Kaum war es in den Händen der eifrigen Gesellschaft, wurde es dem ersten revolutionären Impuls und der Schwerkraft überlassen, es in Ordnung zu bringen; und man hätte sehen können, wie sie sich alle zu seinem Schutz beugten und sich wie viele Aale darunter wanden, bevor es richtig auf dem Boden landete. Als alle unter Wasser waren, stützten wir uns auf der Leeseite ab und beschäftigten uns dort mit dem Schnitzen von Thole-Pins zum Rudern, wenn wir die Seen erreichen würden; und ließ den Wald zwischen den Donnerschlägen mit Bootsgesängen erklingen, an die wir uns erinnern konnten. Die Pferde standen glatt und glänzend im Regen da, alle hingen schlaff und niedergeschlagen, während eine Sintflut nach der anderen über uns hereinbrach; Als dichtes Dach kann man sich jedoch auf den Boden eines Bootes verlassen. Endlich, nach zweistündiger Verspätung an diesem Ort, zeigte sich im Nordwesten, wo unser Kurs lag, ein Streifen schönen Wetters, der einen ruhigen Abend für unsere Reise versprach; und der Kutscher kehrte mit seinen Pferden zurück, während wir uns beeilten, unser Boot zu Wasser zu lassen und unsere Reise ernsthaft zu beginnen.

Wir waren zu sechst, einschließlich der beiden Bootsführer. Mit unseren Rucksäcken in der Nähe des Bugs aufgetürmt und uns selbst als Gepäck zum Trimmen des Bootes entsorgt, mit der Anweisung, uns nicht zu bewegen, für den Fall, dass wir auf einen Stein stoßen, mehr als so viele Fässer Schweinefleisch, stießen wir in die erste Stromschnelle, eine leichte Strömung, hinaus Exemplar des Baches, durch den wir navigieren mussten. Mit Onkel George am Heck und Tom am Bug, jeder mit einer etwa zwölf Fuß langen, mit Eisen versehenen Fichtenholzstange [2] und auf der gleichen Seite angeltend, schossen wir wie ein Lachs die Stromschnellen hinauf, das

Wasser rauschte und Sie brüllten umher, so dass nur ein geübtes Auge einen sicheren Kurs erkennen oder sagen konnte, was tiefes Wasser und welche Felsen waren, wobei sie die letzteren häufig auf einer oder beiden Seiten streiften, mit hundert so engen Ausweichmöglichkeiten, wie sie die Argo noch nie hatte, als sie durch das Wasser fuhren Symplegaden . Ich, der schon einige Erfahrung im Bootfahren hatte, hatte noch nie zuvor etwas so Aufregendes erlebt. Wir hatten das Glück, unsere Indianer, die wir nicht kannten, gegen diese Männer ausgetauscht zu haben, die zusammen mit Toms Bruder als die besten Bootsführer auf dem Fluss galten und gleichzeitig unentbehrliche Lotsen und angenehme Begleiter waren. Das Kanu ist kleiner, lässt sich leichter umkippen und ist schneller abgenutzt; und der Indianer soll im Management des Batteaus nicht so geschickt gewesen sein. Meistens ist er weniger verlässlich und neigt eher zu Schmollen und Launen. Die größtmögliche Vertrautheit mit toten Bächen oder mit dem Ozean würde einen Menschen nicht auf diese eigenartige Navigation vorbereiten; und der geschickteste Bootsmann anderswo wäre hier gezwungen, sein Boot herauszunehmen und hundertmal herumzutragen, immer noch mit großem Risiko und auch mit Verzögerungen, wohingegen der geübte Bootsmann vergleichsweise leicht und sicher an Bord fährt. Der robuste „Voyageur" schiebt sich mit unglaublicher Ausdauer und Erfolg bis zum Fuß des Wasserfalls, umrundet dann nur einen senkrechten Felsvorsprung und stürzt sich erneut hinein

„Die Glätte des Wildbachs, bevor er nach unten stürzt "

mit den kochenden Stromschnellen oben zu kämpfen. Die Indianer sagen, dass der Fluss einst in beide Richtungen floss, eine Hälfte rauf und die andere bergab, aber seitdem der Weiße kam, fließe alles bergab, und jetzt müssten sie ihre Kanus mühsam gegen den Strom stützen und sie zahlreich hinübertragen Portagen. Im Sommer müssen alle Vorräte – der Schleifstein und der Pflug des Pioniers, Mehl, Schweinefleisch und Utensilien für den Entdecker – in Batteaux den Fluss hinauf transportiert werden; und so manche Ladung und so mancher Bootsmann geht in diesen Gewässern verloren. Im Winter jedoch, der sehr gleichmäßig und lang ist, ist das Eis die große Straße, und das Holzfällerteam dringt bis zum Chesuncook- See und noch weiter oben vor, sogar zweihundert Meilen oberhalb von Bangor. Stellen Sie sich die einsame Rodelbahn vor, die weit hinauf in die verschneite und immergrüne Wildnis führt, hundert Meilen lang vom Wald eng umschlossen ist und sich wieder schnurgerade über die breiten Flächen verborgener Seen erstreckt!

Bald befanden wir uns im glatten Wasser des Quakish Lake und ruderten und paddelten abwechselnd darüber. Es handelt sich um einen kleinen, unregelmäßigen, aber hübschen See, der auf allen Seiten vom Wald umschlossen ist und keine Spuren von Menschen aufweist, außer einem niedrigen Bach in einer entfernten Bucht, der für die Nutzung im Frühling reserviert ist. Die mit grauen Flechten bewachsenen Fichten und Zedern an seinen Ufern wirkten aus der Ferne wie die Geister von Bäumen. Enten segelten hier und da auf seiner Oberfläche, und ein einzelner Seetaucher, wie eine lebendigere Welle, – ein lebenswichtiger Punkt auf der Seeoberfläche – lachte und tollte und zeigte zu unserer Belustigung sein gestrecktes Bein. Joe Merry Mountain erschien im Nordwesten, als würde er besonders auf diesen See herabblicken; und wir hatten unseren ersten, wenn auch teilweisen Blick auf Ktaadn , dessen Gipfel in Wolken gehüllt war, wie eine dunkle Landenge in diesem Viertel, die den Himmel mit der Erde verband. Nachdem wir zwei Meilen sanft über diesen See gerudert hatten, befanden wir uns wieder im Fluss, der eine Meile lang bis zum Damm eine ununterbrochene Stromschnelle war, die die ganze Kraft und Geschicklichkeit unserer Bootsleute erforderte, um ihn aufzustauen.

Dieser Damm ist ein ziemlich wichtiges und kostspieliges Bauwerk für dieses Land, in das Vieh und Pferde im Sommer nicht eindringen können, wodurch der gesamte Fluss um zehn Fuß angehoben wird und, wie sie sagten, etwa sechzig Quadratmeilen durch die unzähligen Seen überflutet werden, mit denen das Fluss verbindet. Es handelt sich um ein hohes und solides Bauwerk mit schrägen Pfeilern in einiger Entfernung darüber, die aus mit Steinen gefüllten Baumstämmen bestehen, um das Eis zu brechen. [3] Hier zahlt jeder Baumstamm Maut, wenn er die Schleusen passiert.

Ohne Umschweife betraten wir das unhöfliche Holzfällerlager an diesem Ort, wie ich es beschrieben habe, und der Koch, der in diesem Moment der einzige Bewohner war, machte sich sofort daran, Tee für seine Besucher zuzubereiten. Sein Kamin, den der Regen in eine Schlammpfütze verwandelt hatte, brannte bald wieder, und wir setzten uns auf die Holzbänke drumherum, um uns abzutrocknen. Auf den gut abgeflachten und etwas verblassten Beeten aus Lebensbaumblättern , die sich zu beiden Seiten unter dem Dach hinter uns erstreckten, lag ein seltsames Blatt der Bibel, ein genealogisches Kapitel aus dem Alten Testament; und halb unter den Blättern begraben fanden wir Emersons Ansprache zur Emanzipation Westindiens, die früher von einem unserer Mitarbeiter hier zurückgelassen worden war und der, wie mir gesagt wurde, zwei *Konvertiten zur Freiheitspartei* hierher gebracht hatte; außerdem eine ungerade Nummer der *Westminster Review* aus dem Jahr 1834 und eine Broschüre mit dem Titel „Geschichte der Errichtung des Denkmals auf dem Grab von Myron Holly". Dies war der Lese- oder Lesestoff in einem Holzfällerlager in den Wäldern von Maine, dreißig Meilen von einer Straße entfernt, der in zwei Wochen den Bären übergeben werden sollte. Diese Dinger waren gut abgenutzt und verschmutzt. Diese Bande wurde von einem gewissen John Morrison angeführt, einem guten Exemplar eines Yankees; und bestand zwangsläufig aus Männern, die nicht für den Dammbau geeignet waren, sondern Alleskönner waren, geschickt mit der Axt und anderen einfachen Geräten umgehen konnten und sich gut mit Holz- und Wasserfahrzeugen auskannten. Auch hier gab es zum Abendessen warme Kuchen, weiß wie Schneebälle, aber ohne Butter, und die nie versiegenden süßen Kuchen, mit denen wir unsere Taschen füllten, in der Voraussicht, dass wir so schnell nicht wieder auf solche treffen würden. Solch zarte Puffbällchen schienen für Hinterwäldler eine einzigartige Diät zu sein. Es gab auch Tee ohne Milch, gesüßt mit Melasse. Und so wechselten wir ein Wort mit John Morrison und seiner Bande, als wir ans Ufer zurückgekehrt waren, und tauschten auch unser Batteau gegen ein besseres Destillierboot ein, und beeilten uns, das wenige Tageslicht, das noch übrig war, aufzubessern. Dieses Lager, genau neunundzwanzig Meilen von Mattawamkeag Point entfernt, wie wir gekommen waren, und etwa hundert Meilen von Bangor am Fluss entfernt, war die letzte menschliche Siedlung jeglicher Art in dieser Richtung. Dahinter gab es keinen Weg, und der Fluss und die Seen mit Booten und Kanus galten als die einzig praktikable Route. Wir befanden uns etwa dreißig Meilen am Flussufer vom Gipfel des Ktaadn entfernt , der in Sicht war, wenn auch nicht mehr als vielleicht zwanzig Meilen in gerader Linie.

Da es fast Vollmond war und ein warmer und angenehmer Abend herrschte, beschlossen wir, fünf Meilen bei Mondlicht bis zum Ende des North Twin Lake zu rudern, damit der Wind am nächsten Morgen nicht stärker werden würde. Nach einer Meile Fluss oder dem, was die Schiffer „Durchgangsstraße" nennen – denn der Fluss wird schließlich nur noch die Verbindung zwischen den Seen – und einer kleinen Stromschnelle, deren Wasser durch den Damm größtenteils glatt war, gelangten wir in den Norden Kurz nach Sonnenuntergang fuhren wir zum Twin Lake und steuerten auf die vier Meilen entfernte „Durchgangsstraße" des Flusses zu. Dies ist eine edle Wasserfläche, auf der man den Eindruck gewinnen kann, dass ein neues Land und ein „Waldsee" geschaffen wurden, um sie zu erschaffen. Es gab weder den Rauch einer Blockhütte noch eines Lagers, der uns begrüßte, und noch weniger war irgendein Naturliebhaber oder nachdenklicher Reisender zu sehen, der unser Batteau von den fernen Hügeln aus beobachtete. Nicht einmal der Indianerjäger war da, denn er besteigt sie selten, sondern schmiegt sich wie wir an den Fluss. Kein Gesicht begrüßte uns außer den feinen, fantastischen Zweigen freier und glücklicher immergrüner Bäume, die in ihrer alten Heimat übereinander wedelten. Anfangs hingen die roten Wolken so prachtvoll über dem Westufer, als ob sie über einer Stadt stünden, und der See lag dem Licht offen und hatte sogar ein zivilisiertes Aussehen, als erwarte er Handel und Gewerbe, Städte und Villen. Wir konnten die Zufahrt zum South Twin erkennen, der angeblich der größere ist, wo das Ufer neblig und blau war, und es lohnte sich, so durch eine schmale Öffnung über die gesamte Fläche eines verborgenen Sees zu blicken noch dunkleres und entfernteres Ufer. Die Ufer stiegen sanft zu niedrigen, mit Wäldern bedeckten Hügelketten an; und obwohl tatsächlich das wertvollste Weißkiefernholz, selbst in der Nähe dieses Sees, ausgesondert worden war, hätte der Reisende dies nie geahnt. Der Eindruck, der tatsächlich mit der Tatsache übereinstimmte, war, als ob wir uns auf einem Hochplateau zwischen den Vereinigten Staaten und Kanada befänden, dessen nördliche Seite von St. John und Chaudière, die südliche von Penobscot und Kennebec durchflossen wird . Es gab kein markantes, bergiges Ufer, wie wir vielleicht erwartet hätten, sondern nur vereinzelte Hügel und Berge, die hier und da aus dem Plateau aufragten. Das Land ist ein Archipel von Seen – das Seenland Neuenglands. Ihr Niveau schwankt nur um wenige Fuß, und die Bootsleute können mit kurzen oder gar keinen Portagen leicht von einem zum anderen gelangen. Man sagt, dass bei sehr hohem Wasserstand der Penobscot und der Kennebec ineinander fließen, oder jedenfalls, dass man mit dem Gesicht auf dem einen und den Zehen auf dem anderen liegen kann. Sogar Penobscot und St. John wurden durch einen Kanal verbunden, so dass das Holz des Allegash , anstatt den St. John hinunterzufließen, den Penobscot hinunterkommt; und die Tradition des Indianers, dass der Penobscot einst aus Bequemlichkeit in beide Richtungen lief, wird heute in gewisser Weise teilweise verwirklicht.

Niemand aus unserer Gruppe außer McCauslin war über diesem See gewesen, also vertrauten wir ihm an, uns zu steuern, und wir konnten nicht anders, als zuzugeben, wie wichtig ein Lotse auf diesen Gewässern ist. Auch wenn es sich um einen Fluss handelt, vergisst man nicht so leicht, welcher Weg stromaufwärts liegt; Aber wenn man in einen See hineingeht, ist der Fluss völlig verloren, und man sucht vergeblich nach den fernen Ufern, um herauszufinden, wo er herkommt. Ein Fremder ist, zumindest für den Moment, verloren und muss sich zunächst auf eine Entdeckungsreise begeben Alles, um den Fluss zu finden. Den Windungen des Ufers zu folgen, wenn der See zehn Meilen oder sogar mehr lang ist und eine Unregelmäßigkeit aufweist, die nicht bald kartiert werden kann, ist eine mühsame Reise und kostet Zeit und Proviant. Sie erzählen die Geschichte einer Gruppe erfahrener Holzfäller, die zu einem Ort an diesem Bach geschickt wurden und sich so in der Wildnis der Seen verirrten. Sie bahnten sich einen Weg durch das Dickicht und trugen ihr Gepäck und ihre Boote von See zu See, manchmal mehrere Meilen. Sie führten in den Millinocket Lake, der an einem anderen Bach liegt, zehn Meilen im Quadrat groß ist und hundert Inseln enthält. Sie erkundeten seine Ufer gründlich und gelangten dann in eine andere und noch eine, und es dauerte eine Woche voller Mühen und Sorgen, bis sie den Penobscot River wieder fanden, und dann waren ihre Vorräte aufgebraucht und sie mussten zurückkehren.

Während Onkel George auf eine kleine Insel in der Nähe des Seeufers zusteuerte, die gerade noch sichtbar war und wie ein Fleck auf dem Wasser aussah, ruderten wir abwechselnd schnell über die Oberfläche und sangen dabei Bootslieder, an die wir uns erinnern konnten. Die Ufer schienen im Mondlicht in unendlicher Entfernung zu liegen. Gelegentlich unterbrachen wir unseren Gesang und ruhten uns auf unseren Rudern aus, während wir lauschten, um zu hören, ob die Wölfe heulten, denn dies ist eine gewöhnliche Serenade, und meine Gefährten bestätigten, dass es der düsterste und unheimlichste Ton war; aber dieses Mal hörten wir nichts. Wenn wir jedoch nicht *zuhörten* , hörten wir *zu* , nicht ohne eine berechtigte Erwartung; Das muss ich zumindest sagen – nur eine völlig unzivilisierte Eule mit großer Kehle schrie laut und düster in der trostlosen und zweigigen Wildnis, offensichtlich nicht nervös wegen seines einsamen Lebens, noch fürchtete er sich, das Echo seiner Stimme dort zu hören. Wir erinnerten uns auch daran, dass uns möglicherweise Elche schweigend von den entfernten Buchten aus beobachteten oder dass ein mürrischer Bär oder ein schüchternes Karibu durch unseren Gesang aufgeschreckt worden war. Mit neuem Nachdruck sangen wir dort das kanadische Bootslied :

„Row, Brüder, Row, der Strom fließt schnell,

Die Stromschnellen sind nahe und das Tageslicht ist vorbei!"

das genau unser eigenes Abenteuer beschreibt und von der Erfahrung eines ähnlichen Lebens inspiriert wurde – denn die Stromschnellen waren immer nah und das Tageslicht längst vergangen; Die Wälder am Ufer wirkten düster, und so manche Flut der Utawas ergoss sich hier in den See.

„Warum sollten wir unser Segel noch entfalten ?

Es gibt keinen Hauch der blauen Welle, der sich kräuseln könnte!

Aber wenn der Wind vom Ufer weht,

Oh, süß, wir werden unser müdes Ruder ausruhen."

„ Utawas ' Flut! dieser zitternde Mond

Wir werden uns bald über deinen Wellen schweben sehen."

Schließlich glitten wir an der „grünen Insel" vorbei, die unser Wahrzeichen gewesen war, und stimmten alle in den Refrain ein; als ob wir durch die Wasserverbindungen von Flüssen und Seen im Begriff wären, über unermessliche Gebiete der Erde zu schweben, auf der Suche nach unvorstellbaren Abenteuern, –

„Heiliger dieser grünen Insel! erhöre unsere Gebete,

Oh, gib uns einen kühlen Himmel und eine wohltuende Luft!"

Gegen neun Uhr erreichten wir den Fluss, ließen unser Boot in einen natürlichen Hafen zwischen einigen Felsen laufen und zogen es auf den Sand hinaus. Dieser Campingplatz war McCauslin aus seiner Zeit als Holzfäller vertraut gewesen, und jetzt schlug er ihn zielsicher im Mondlicht auf, und wir hörten das Rauschen des Baches, der uns mit kühlem Wasser versorgen würde, das in den See mündete. Die erste Aufgabe bestand darin, ein Feuer zu machen, ein Vorgang, der aufgrund der Nässe des Treibstoffs und des Bodens aufgrund der heftigen Regenschauer am Nachmittag etwas verzögert wurde. Das Feuer ist im Sommer wie im Winter die wichtigste Gemütlichkeit des Lagers und ist zu jeder Jahreszeit genauso groß wie zu jeder anderen. Es dient sowohl der Fröhlichkeit als auch der Wärme und Trockenheit. Es bildet eine Seite des Lagers; Auf jeden Fall eine positive Seite. Einige wurden verstreut, um abgestorbene Bäume und Äste einzusammeln, während Onkel George die Birken und Buchen fällte, die gerade zur Verfügung standen, und bald hatten wir ein etwa zehn Fuß langes und drei oder vier Fuß hohes Feuer, das den Sand davor schnell trocknete. Es wurde berechnet, dass es die ganze Nacht brennen würde. Als nächstes bauten wir unser Zelt auf; Diese Operation wurde durchgeführt, indem wir unsere beiden Erdspießstangen schräg in den Boden steckten, etwa drei Meter voneinander entfernt, als Sparren, und dann unser Baumwolltuch darüber zogen und es an den Enden festbanden, so dass es vorne offen blieb. Schuppenmode. Aber heute Abend trug der Wind die Funken zum Zelt und verbrannte es. Also stellten wir eilig das Zelt direkt am Waldrand vor dem Feuer auf, stützten eine Seite drei bis vier Fuß hoch ab und breiteten das Zelt auf dem Boden aus, um darauf zu liegen. und mit einem Zipfel einer Decke oder was auch immer wir mehr oder weniger über uns legen konnten, legten wir uns mit Kopf und Körper unter das Boot und unsere Füße und Beine auf den Sand in Richtung des Feuers. Zuerst lagen wir wach, sprachen über unseren Kurs und befanden uns in einer so bequemen Haltung, den Himmel zu studieren, mit dem Mond und den Sternen, die in unseren Gesichtern leuchteten. Unser Gespräch drehte sich natürlich um die Astronomie, und wir erzählten abwechselnd die interessantesten Entdeckungen in dieser Wissenschaft. Doch schließlich bereiteten wir uns ernsthaft auf den Schlaf vor. Als man um Mitternacht aufwachte, war es interessant, die grotesken und teuflischen Bewegungen von jemandem aus der Gruppe zu beobachten, der, da er nicht schlafen konnte, still aufgestanden war, um das Feuer anzuzünden und frisches Feuer nachzufüllen ein Wechsel; Mal schleppte er heimlich einen toten Baum aus der Dunkelheit und wuchtete ihn weiter, mal rührte er die Glut mit seiner Gabel auf oder schlich auf Zehenspitzen umher, um die Sterne zu beobachten, vielleicht beobachtet von der Hälfte der am Boden liegenden Gruppe in atemloser Stille; umso intensiver, weil sie wach waren, während

jeder meinte, sein Nachbar schlief tief und fest. So aufgeweckt, brachte auch
ich frischen Brennstoff ins Feuer und schlenderte dann im Mondlicht am
sandigen Ufer entlang, in der Hoffnung, einen Elch zu treffen, der zum
Trinken kam, oder einen Wolf. Der kleine Bach plätscherte umso lauter und
bevölkerte für mich die ganze Wildnis; und die glasige Glätte des schlafenden
Sees, der die Ufer einer neuen Welt umspülte , mit den dunklen,
fantastischen Felsen, die hier und da von seiner Oberfläche aufstiegen, bot
eine Szene, die nicht leicht zu beschreiben ist. Es hat in meinem Gedächtnis
einen so strengen und doch sanften Eindruck von Wildheit hinterlassen, der
so schnell nicht gelöscht werden wird. Kurz vor Mitternacht wurden wir
einer nach dem anderen durch den Regen geweckt, der auf unsere
Gliedmaßen fiel; und als jeder durch Kälte oder Nässe auf die Tatsache
aufmerksam gemacht wurde, seufzte er tief und zog dann seine Beine an, bis
wir uns nach und nach alle im rechten Winkel zum Boot herumgedreht
hatten, bis unsere Körper einen spitzen Winkel bildeten es und waren
vollständig geschützt. Als wir das nächste Mal aufwachten, leuchteten Mond
und Sterne wieder, und im Osten gab es Anzeichen der Morgendämmerung.
Ich bin so präzise vorgegangen, um eine Vorstellung von einer Nacht im
Wald zu vermitteln.

Bald hatten wir unser Boot zu Wasser gelassen und beladen, und nachdem
wir unser Feuer brennen ließen, machten wir uns vor dem Frühstück wieder
auf den Weg. Die Holzfäller machen sich selten die Mühe, ihre Feuer zu
löschen, so feucht ist der Urwald; und dies ist zweifellos eine Ursache für die
häufigen Brände in Maine, von denen wir an rauchigen Tagen in
Massachusetts so viel hören. Die Wälder werden nach der Abholzung der
Weißkiefern billig gehalten; und die Entdecker und Jäger beten nur um
Regen, um die Atmosphäre vom Rauch zu befreien. Der Wald war heute
jedoch so nass, dass keine Gefahr einer Ausbreitung unseres Feuers bestand.
Nachdem wir eine halbe Meile Fluss oder Durchgangsstraße aufgestaut
hatten, ruderten wir eine Meile über den Fuß des Pamadumcook -Sees, wie
auf der Karte diese ganze Seenkette genannt wird, als ob es nur einen gäbe,
obwohl es sie gibt Jedes Exemplar ist durch einen Abschnitt des Flusses mit
seinem schmalen und felsigen Kanal und seinen Stromschnellen deutlich
voneinander getrennt. Dieser See, einer der größten, erstreckt sich über zehn
Meilen nach Nordwesten bis hin zu Hügeln und Bergen in der Ferne.
McCauslin zeigte auf einige entfernte und noch unzugängliche
Weißkiefernwälder an den Hängen eines Berges in dieser Richtung. Die Joe
Merry Lakes, die zwischen uns und Moosehead im Westen lagen, waren vor
kurzem, wenn nicht still, „von einigen der besten bewaldeten Gebiete des
Staates umgeben". Über eine andere Durchgangsstraße gelangten wir nach
Nordosten nach Deep Cove, einem Teil desselben Sees, der zwei Meilen
ausmacht, und ruderten zwei Meilen darüber, über eine weitere kurze
Durchgangsstraße, in den Ambejijis- See .

Am Eingang eines Sees beobachteten wir manchmal etwas, das technisch als „Zaunmaterial" bezeichnet wird, oder die unbehauenen Balken, aus denen Balken geformt werden, die entweder im Wasser zusammengehalten oder auf den Felsen aufgelegt und an Bäume gezurrt werden, um sie im Frühjahr zu verwenden . Aber es war immer wieder verblüffend, dort eine so deutliche Spur zivilisierter Menschen zu entdecken. Ich erinnere mich, dass mich bei unserer Rückkehr der Anblick eines in einen Felsen gebohrten und mit Blei befestigten Ringbohrbrunnens an der Spitze dieses einsamen Ambejijis-Sees seltsam berührte .

Es war leicht zu erkennen, dass das Führen von Protokollen ein ebenso spannendes wie mühsames und gefährliches Geschäft sein musste. Den ganzen Winter über stapelt der Holzfäller die Bäume, die er gefällt und in eine trockene Schlucht an der Quelle eines Baches geschleppt hat, und dann steht er im Frühling am Ufer und pfeift „Regen und Tauwetter", bereit, den Schweiß auszudrücken Er zog sein Hemd aus, um die Flut anschwellen zu lassen, bis plötzlich, mit einem Jubelschrei und Hallo von ihm, die Augen geschlossen, als wollte er sich vom bestehenden Zustand der Dinge verabschieden, ein beträchtlicher Teil seiner Winterarbeit durch das Land kroch, gefolgt von ihm von seinen treuen Hunden Thaw and Rain und Freshet and Wind, das ganze Rudel in vollem Geschrei, in Richtung der Orono Mills. Jeder Baumstamm ist mit dem Namen des Besitzers gekennzeichnet, mit einer Axt in das Splintholz geschnitten oder mit einem Bohrer gebohrt, so tief, dass er beim Eintreiben nicht abgenutzt wird und dennoch das Holz nicht verletzt; und es erfordert beträchtlichen Einfallsreichtum, neue und einfache Marken zu erfinden, wo es so viele Besitzer gibt. Sie verfügen über ein eigenes Alphabet, das nur Geübte lesen können. Einer meiner Begleiter las aus seinem Notizbuch einige Markierungen seiner eigenen Protokolle vor, darunter Kreuze, Gürtel, Krähenfüße, Gürtel usw., wie „Y – Gürtel – Krähenfuß" und verschiedene andere Bezeichnungen. Wenn die Baumstämme den Spießrutenlauf unzähliger Stromschnellen und Wasserfälle hinter sich haben, jeder für sich, mit mehr oder weniger Verklemmungen und Quetschungen, wobei die Baumstämme, die die Markierungen verschiedener Eigentümer tragen, miteinander vermischt werden – da alle denselben Frischwasserstrom nutzen müssen – Sie werden an den Enden der Seen gesammelt und von einem Baumstamm aus schwimmenden Baumstämmen umgeben, um zu verhindern, dass sie vom Wind zerstreut werden, und werden so alle zusammen wie eine Schafherde über den See geschleppt, wo sie sich befinden Ohne Strömung, mit einer Ankerwinde oder einem Auslegerkopf, wie wir ihn manchmal auf einer Insel oder Landzunge sahen, und, wenn die Umstände es erlauben, mit Hilfe von Segeln und Rudern. Manchmal werden die Baumstämme jedoch durch Winde und Frischluft innerhalb weniger Stunden über viele Meilen der Seeoberfläche verteilt und an entfernte Ufer geworfen, wo der Fahrer jeweils nur ein oder zwei aufsammeln und mit ihnen zum See zurückkehren kann Durchgangsstraße; und bevor er seine Herde gut durch Ambejijis oder Pamadumcook bringt , schlägt er so manches nasse und unbequeme Lager am Ufer auf. Er muss in der Lage sein, einen Baumstamm zu steuern, als wäre es ein Kanu, und ihm gegenüber Kälte und Nässe ebenso gleichgültig sein wie eine Bisamratte. Er verwendet ein paar wirksame Werkzeuge: einen Hebel, der üblicherweise aus Ahorn besteht, sechs bis sieben Fuß lang, mit einem kräftigen Dorn darin und einer starken Zwinge, und einer langen Dornstange, mit einer Schraube am Ende des Dorns es hält. Die Jungen am Ufer lernen, wie Stadtjungen auf Gehwegen auf schwimmenden Baumstämmen zu laufen. Manchmal werden die Baumstämme so auf Felsen geschleudert, dass sie nicht mehr wiederhergestellt werden können, aber von einem anderen, ebenso hohen Fluss geholt werden können, oder sie verstopfen sich bei Stromschnellen und Abstürzen und sammeln sich zu riesigen Haufen an, die der Fahrer unter Lebensgefahr losfahren muss. So ist das Holzgeschäft, das von vielen Unfällen abhängt, wie dem frühen Zufrieren der Flüsse, damit die Teams in der Saison aufstehen können, einer ausreichenden Frischluftzufuhr im Frühjahr, um die Baumstämme herunterzuholen, und vielem anderen. [4] Ich zitiere Michaux über Lumbering on the Kennebec, damals die Quelle des besten Weißkiefernholzes, das nach England transportiert wurde. „Die Personen, die in diesem Industriezweig tätig sind, sind im Allgemeinen Auswanderer aus New Hampshire ... Im Sommer schließen sie sich in kleinen Gesellschaften zusammen und durchqueren diese riesigen Einsamkeiten in alle Richtungen, um die Orte zu ermitteln, an denen es viele Kiefern gibt. Nachdem sie das Gras gemäht und in Heu verarbeitet haben, um das Vieh zu ernähren, das bei ihrer Arbeit beschäftigt ist, kehren sie nach Hause zurück. Zu Beginn des Winters gehen sie wieder in die Wälder und lassen sich in Hütten nieder, die mit der Rinde der Kanu-Birke oder den Lebensbäumen bedeckt sind ; und obwohl die Kälte so stark ist, dass das Quecksilber manchmal mehrere Wochen lang bei 40° bis 50° [Fahr .] unter dem Gefrierpunkt bleibt, setzen sie ihre Arbeit mit unvermindertem Mut fort.“ Laut Springer besteht das Unternehmen aus Choppern, Swampern , die Straßen bauen, Barker and Loader, Fuhrmann und Cook. „Wenn die Bäume gefällt sind, schneiden sie sie in vierzehn bis achtzehn Fuß lange Baumstämme, und mit Hilfe ihres Viehs, das sie mit großer Geschicklichkeit einsetzen, ziehen sie sie zum Fluss und stempeln sie mit einem Besitzzeichen ab , rolle sie auf seinem gefrorenen Busen. Wenn das Eis im Frühjahr bricht, treiben sie mit der Strömung nach unten. „Die Baumstämme, die im ersten Jahr nicht gezogen werden“, fügt Michaux hinzu, „werden von großen Würmern angegriffen, die Löcher mit einem Durchmesser von etwa zwei Strichen bilden , in jede Richtung; aber wenn sie von ihrer Rinde befreit werden, bleiben sie dreißig Jahre lang unversehrt.“

Ambejijis , dieser ruhige Sonntagmorgen, erschien mir als der schönste See, den wir je gesehen hatten. Es soll eines der tiefsten sein. Von der Oberfläche aus hatten wir den schönsten Blick auf Joe Merry, Double Top und Ktaadn . Der Gipfel des letzteren hatte ein außergewöhnlich flaches Hochland-Aussehen, wie eine kurze Straße, auf der man einen Halbgott herablassen konnte, um an einem Nachmittag ein oder zwei Mal abzubiegen und sein Abendessen zu erledigen. Wir ruderten anderthalb Meilen bis in die Nähe des Seeufers, bahnten uns einen Weg durch ein Seerosenfeld und landeten, um unser Frühstück zuzubereiten, neben einem großen Felsen, der McCauslin bekannt war . Unser Frühstück bestand aus Tee mit hartem Brot und Schweinefleisch sowie gebratenem Lachs, den wir mit Gabeln aßen, die wir sorgfältig aus Erlenzweigen geschnitzt hatten, die dort wuchsen und als Teller Birkenrindenstreifen dienten. Der Tee war schwarzer Tee, ohne Milch zum Färben oder Zucker zum Süßen, und zwei Dosenschöpflöffel waren unsere Teetassen. Dieses Getränk ist für die Holzfäller ebenso unverzichtbar wie für alle klatschenden alten Frauen im Land, und sie empfinden zweifellos großen Trost daraus. Hier befand sich ein altes Holzfällerlager, an das sich McCauslin erinnerte und das jetzt mit Unkraut und Büschen überwuchert ist. Inmitten eines dichten Unterholzes bemerkten wir auf einem Felsen einen ganzen Ziegelstein, in einem kleinen Streifen, sauber und rot und quadratisch wie in einem Ziegelhof, der früher zum Stampfen hierher gebracht worden war. Einige von uns bedauerten später, dass wir dies nicht bis zum Gipfel des Berges mitgenommen hatten, um dort für unsere Spuren zurückgelassen zu werden. Es wäre sicherlich ein einfacher Beweis für den zivilisierten Menschen gewesen . McCauslin sagte, dass in dieser Wildnis manchmal große, noch intakte Holzkreuze aus Eichenholz gefunden wurden, die von den ersten katholischen Missionaren aufgestellt wurden, die nach Kennebec kamen.

Auf den nächsten neun Meilen, die die Länge unserer Reise darstellten und für deren Überwindung wir den Rest des Tages brauchten, ruderten wir über mehrere kleine Seen, bauten zahlreiche Stromschnellen und Durchgangsstraßen auf und transportierten vier Portagen. Ich werde die Namen und Entfernungen für zukünftige Touristen angeben. Nachdem wir den Ambejijis -See verlassen hatten, hatten wir zunächst eine Viertelmeile Stromschnellen bis zur Portage oder dem Transport von neunzig Angelruten rund um die Ambejijis- Wasserfälle. dann anderthalb Meilen durch den Passamagamet- See, der schmal und flussähnlich ist, bis zu den gleichnamigen Wasserfällen – der Ambejijis- Fluss fließt auf der rechten Seite ein; dann zwei Meilen durch den Katepskonegan- See bis zum Transport von neunzig Stäben rund um die Katepskonegan- Wasserfälle, deren Name „Transportplatz" bedeutet – der Passamagamet- Strom fließt auf der linken Seite ein; dann drei Meilen durch den Pockwockomus -See, eine leichte Erweiterung des Flusses, bis zum Transport von vierzig Ruten um die gleichnamigen Wasserfälle, wobei der Katepskonegan- Strom auf der linken Seite einmündet; dann eine dreiviertel Meile durch den Aboljacarmegus -See, ähnlich dem letzten, bis zum Transport von vierzig Ruten um die gleichnamigen Wasserfälle; dann eine halbe Meile schnelles Wasser bis zum Sowadnehunk Deadwater und der Aboljacknagesic- Strom.

Im Allgemeinen ist dies die Reihenfolge der Namen, wenn Sie den Fluss hinaufsteigen: Zuerst der See oder, wenn es keine Ausdehnung gibt, das tote Wasser ; dann die Wasserfälle; dann der Bach, der in den See mündet, oder der darüber liegende Fluss, alle mit demselben Namen. Zuerst kamen wir zum Passamagamet- See, dann zu den Passamagamet- Wasserfällen und dann zum Passamagamet- Strom, in den er mündete. Diese Reihenfolge und Identität der Namen ist, wie man erkennen wird, ziemlich philosophisch, da das tote Wasser oder der See immer zumindest teilweise vom Bach produziert wird Entleerung oben; und der erste Wasserfall darunter, der der Ausfluss dieses Sees ist und wo das Wasser des Nebenflusses zum ersten Mal abstürzt, trägt natürlich auch denselben Namen.

Beim Transport um die Ambejijis- Wasserfälle herum bemerkte ich am Ufer ein Schweinefleischfass mit einem Loch von 8 bis 9 Zoll im Quadrat, das an einem aufrechten Felsen stand; Aber die Bären hatten, ohne den Lauf zu drehen oder umzustoßen, ein Loch in die gegenüberliegende Seite genagt, das genau wie ein riesiges Rattenloch aussah, groß genug, um ihre Köpfe hineinzustecken; und am Boden des Fasses lagen noch ein paar zerfetzte und zersplitterte Schweinefleischscheiben. Es ist üblich, dass die Holzfäller solche Vorräte, die sie nicht bequem mit sich führen können, in Lagern oder Lagern zurücklassen, wo die nächsten Ankömmlinge keine Hemmungen haben, sich zu bedienen, da sie im Allgemeinen nicht Eigentum einer Einzelperson, sondern einer Gesellschaft sind , die es sich leisten können, großzügig zu handeln.

Ich werde insbesondere beschreiben, wie wir einige dieser Portagen und Stromschnellen überwunden haben, damit der Leser eine Vorstellung vom Leben des Bootsmanns bekommen kann. An den Ambejijis- Wasserfällen zum Beispiel gab es den rauesten Weg, den man sich vorstellen kann, der durch den Wald führte; Zuerst bergauf, in einem Winkel von fast fünfundvierzig Grad, über Steine und Baumstämme ohne Ende. Das war die Art der Portage. Zuerst trugen wir unser Gepäck herüber und deponierten es am anderen Ende des Ufers; Dann kehrten wir zum Batteau zurück, schleppten es am Maler den Hügel hinauf und weiter, mit häufigen Pausen, über die Hälfte des Transports. Aber das war ein stümperhafter Weg und hätte das Boot bald abgenutzt. Gewöhnlich gehen drei Männer mit einem Batteau mit einem Gewicht von drei bis fünf oder sechshundert Pfund auf Kopf und Schultern herüber, wobei der größte unter der Mitte des umgedrehten Bootes steht und einer an jedem Ende, oder es sind zwei an den Bögen. Mehr können sich nicht auf einmal durchsetzen. Dies erfordert jedoch einiges an Übung und Kraft und ist in jedem Fall äußerst mühsam und körperlich belastend durchzuführen. Im Großen und Ganzen waren wir eine eher ungültige Gruppe und konnten unseren Bootsleuten nur wenig Hilfe leisten. Unsere beiden Männer nahmen schließlich das Batteau auf ihre Schultern, und während zwei von uns es festhielten, um zu verhindern, dass es schwankte und in ihre Schultern einschnürte, legten sie ihre Hüte darauf und legten tapfer die verbleibende Strecke zurück, mit zwei oder mehr drei Pausen. Auf die gleiche Weise führten sie auch die anderen Portagen durch. Mit dieser erdrückenden Last mussten sie über umgestürzte Bäume und rutschige Felsen aller Größen klettern und stolpern, wobei diejenigen, die an den Seiten gingen, ständig abgewiesen wurden, so eng war der Weg. Aber wir hatten das Glück, unseren Weg gar nicht erst abbrechen zu müssen. Bevor wir unser Boot zu Wasser ließen, kratzten wir mit unseren Messern den Boden dort, wo er an den Felsen gerieben hatte, noch einmal glatt, um Reibung zu vermeiden.

Passamagamet- Wasserfälle „hochzuziehen". Während also die anderen mit dem Gepäck über den Gepäckträger gingen, blieb ich im Batteau, um beim Anziehen zu helfen. Wir befanden uns bald mitten in den Stromschnellen, die schneller und turbulenter waren als alle, die wir aufgestaut hatten , und hatten uns auf die Seite des Flusses gedreht, um sie zu verbiegen, als die Bootsleute, die ein wenig stolz auf ihr Können waren, und hatten den Ehrgeiz, etwas mehr als sonst zu meinem Vorteil zu tun, wie ich vermutete, und blickten noch einmal auf die Stromschnellen, oder besser gesagt auf die Wasserfälle; Und auf unsere Frage, ob wir da nicht hochkommen könnten, antwortete der andere, er vermute, er würde es versuchen. Also drängten wir uns erneut in die Mitte des Baches und begannen, mit der Strömung zu kämpfen. Ich saß in der Mitte des Bootes, um es zu trimmen, und bewegte mich leicht nach rechts oder links, während es einen Felsen streifte. Mit einer unsicheren und schwankenden Bewegung schlängelten wir uns nach oben, bis der Bug bei der steilsten Steigung tatsächlich zwei Fuß über das Heck angehoben war; und dann, als alles von seinen Anstrengungen abhing, brach die Stange des Bogenschützen in zwei Teile; aber bevor er Zeit hatte, das Ersatzstück zu nehmen, das ich bei ihm erreichte, hatte er sich mit dem Fragment auf einen Felsen gerettet; und so kamen wir um Haaresbreite nach oben; Und Onkel George rief aus , dass das noch nie zuvor gemacht worden sei, und er hätte es nicht versucht, wenn er nicht gewusst hätte, wen er im Bug getroffen hatte, und er auch nicht im Bug, wenn er ihn nicht im Heck gekannt hätte. An dieser Stelle gab es einen regelmäßigen Portage-Schnitt durch den Wald, und unsere Bootsleute hatten noch nie ein Batteau gesehen, das die Wasserfälle hinaufstieg. Soweit ich mich erinnern kann, gab es hier, an der schlimmsten Stelle des gesamten Penobscot River, einen senkrechten Sturz, mindestens zwei oder drei Fuß. Ich konnte die Geschicklichkeit und

Kühle, mit der sie dieses Kunststück vollbrachten, ohne jemals miteinander zu reden, gar nicht genug bewundern. Der Bogenschütze, der nicht nach hinten schaut, sondern genau weiß, worum es beim anderen geht, arbeitet, als ob er alleine arbeiten würde. Jetzt sucht man vergeblich nach einem Grund in fünfzehn Fuß tiefem Wasser, während das Boot mehrere Stangen zurückfällt, die nur mit größter Geschicklichkeit und Anstrengung gerade gehalten werden; oder während der Heckmann sich hartnäckig wie eine Schildkröte behauptet, springt der Bogenschütze mit wunderbarer Geschmeidigkeit und Geschicklichkeit von einer Seite zur anderen und blickt mit tausend Augen auf die Stromschnellen und Felsen; Und jetzt, nachdem er endlich einen Bissen bekommen hat, kommt er mit einem heftigen Stoß, der seine Stange biegen und beben lässt und das ganze Boot erzittern lässt, ein paar Fuß auf dem Fluss voran. Um die Gefahr noch zu erhöhen, besteht jederzeit die Gefahr, dass die Stangen zwischen den Felsen eingeklemmt und ihnen aus der Hand gerissen werden, so dass sie den Stromschnellen ausgeliefert sind – die Felsen liegen gewissermaßen auf der Lauer viele Alligatoren, um sie mit ihren Zähnen zu fangen und sie dir aus den Händen zu reißen, bevor du ihnen einen wirksamen Stoß gegen den Gaumen geraubt hast. Die Stange wird nahe am Boot angebracht, und der Bug wird so gestaltet, dass er über die Ecken der Felsen hinausschießt und direkt in die Stromschnellen hineinbiegt. Nur die Länge und Leichtigkeit sowie der leichte Tiefgang des Batteaus ermöglichen es ihnen, voranzukommen. Der Bogenschütze muss schnell seinen Kurs wählen; Es bleibt keine Zeit zum Nachdenken. Häufig wird das Boot zwischen Felsen geschoben, wo sich beide Seiten berühren, und das Wasser auf beiden Seiten ist ein perfekter Strudel.

Eine halbe Meile weiter oben versuchten wir beide, eine leichte Stromschnelle hinaufzufahren; und wir waren gerade dabei, die letzte Schwierigkeit zu überwinden, als ein unglücklicher Stein unsere Berechnungen durcheinander brachte; und während das Batteau im Strudel unwiederbringlich herumschwirrte, mussten wir die Stangen geschickteren Händen überlassen.

Katepskonegan ist einer der flachsten und krautigsten Seen und es sah so aus, als würde es dort von Pflückern wimmeln. Die gleichnamigen Wasserfälle, an denen wir Halt machten, um zu Abend zu essen, sind beeindruckend und recht malerisch. Hier hatte Onkel George fässerweise Forellen gefangen; aber sie wollten zu dieser Stunde nicht auf unseren Köder eingehen. Auf halber Strecke dieses Weges, bis jetzt in der Wildnis von Maine auf dem Weg in die Provinzen , bemerkten wir einen großen, flammenden Flugzettel aus Oak Hall, etwa zwei Fuß lang, der um den Stamm einer Kiefer gewickelt war, von der die Rinde entfernt worden war. und an dem es durch das Pech festgeklebt wurde. Dies sollte als einer der Vorteile dieser Art der

Werbung genannt werden, damit möglicherweise sogar Bären und Wölfe, Elche, Hirsche, Otter und Biber, ganz zu schweigen von den Indianern, erfahren, wo sie sich nach den neuesten Erkenntnissen unterbringen können Mode oder zumindest einige ihrer eigenen verlorenen Kleidungsstücke wiedererlangen. Wir haben es „Oak Hall Carry" getauft.

Der Vormittag war an diesem wilden Bach im Wald so ruhig und friedlich, wie wir uns vorstellen können, dass der Sonntag im Sommer normalerweise in Massachusetts ist. Gelegentlich wurden wir durch den Schrei eines Weißkopfseeadlers erschreckt, der vor unserem Batteau über den Bach segelte; oder von den Fischfalken, von denen er seine Beiträge erhebt. An den Ufern des Baches gab es von Zeit zu Zeit kleine Wiesen von einigen Hektar, auf denen sich ungemähtes Gras befand, was die Aufmerksamkeit unserer Bootsleute auf sich zog, die bedauerten, dass sie nicht näher an ihren Lichtungen waren, und berechneten, wie viele Stapel es wohl sein würden schneiden. Manchmal verbringen zwei oder drei Männer den Sommer allein damit, das Gras auf diesen Wiesen zu schneiden, um es im Winter an die Holzfäller zu verkaufen, da es vor Ort einen höheren Preis erzielt als auf jedem Markt im Staat. Auf einer kleinen, mit Binsen dieser Art oder geschnittenem Gras bedeckten Insel, auf der wir landeten, um uns über unseren weiteren Kurs zu beraten, bemerkten wir die Spur eines Elches, ein großes, rundliches Loch im weichen, nassen Boden die große Größe und das Gewicht des Tieres, das es hergestellt hat. Sie lieben das Wasser und besuchen all diese Inselwiesen, wobei sie ebenso mühelos von Insel zu Insel schwimmen, wie sie sich ihren Weg durch das Dickicht an Land bahnen. Hin und wieder passierten wir etwas, das McCauslin „ Pokelogan" nannte , eine indianische Bezeichnung für das, was die Fahrer mit gutem Grund „Poke-Logs-In" nennen könnten, eine Bucht, die nirgendwohin führt. Wer reinkommt, muss auf dem gleichen Weg wieder raus. Dies und die häufigen „ Runden ", die wieder in den Fluss gelangen, würden einen unerfahrenen Reisenden nicht wenig in Verlegenheit bringen.

Der Weg rund um die Pockwockomus -Fälle war außerordentlich rau und steinig, und das Boot musste direkt aus dem Wasser auf einen Meter bis zu einem Felsen gehoben und an einem ähnlichen Ufer wieder hinabgelassen werden. Die Felsen auf diesem Transport waren mit *Dellen übersät* , die von den Spikes in den Stiefeln der Holzfäller entstanden waren, als sie unter dem Gewicht ihrer Batteaux umkippten; und man konnte sehen, dass die Oberfläche einiger großer Felsen, auf denen sie ihre Batteaux abgelegt hatten, durch den Gebrauch ziemlich glatt geworden war. So wie es war, hatten wir nur die Hälfte des üblichen Gepäcks an dieser Stelle für diese Wasserstufe mitgenommen und ließen unser Boot in der sanften Welle zu Wasser, die sich gerade zum Fall hin drehte, bereit, mit der heftigsten Stromschnelle zu kämpfen, der wir begegnen mussten. Der Rest der Gruppe ging über den Rest des Gepäckträgers, während ich bei den Bootsleuten blieb, um beim Anziehen zu helfen. Einer musste das Boot festhalten, während die anderen einstiegen, um zu verhindern, dass es über den Wasserfall stürzte. Als wir die Stromschnellen so weit wie möglich hinaufgeklettert waren und uns dicht am Ufer hielten, ergriff Tom den Maler und sprang auf einen gerade im Wasser sichtbaren Felsen, verlor jedoch trotz seiner mit Spikes versehenen Stiefel den Halt und befand sich augenblicklich mitten im Wasser Stromschnellen; Doch als er sich glücklicherweise wieder erholte und einen anderen Felsen erreichte, übergab er den Maler an mich, der ihm gefolgt war, und nahm wieder seinen Platz im Bug ein. Ich sprang von Felsen zu Felsen im seichten Wasser, dicht am Ufer, und ab und zu biss ich mit dem Seil um ein aufrecht stehendes Boot herum, hielt das Boot fest, während einer seine Stange zurückstellte, und dann drückten ihn alle drei gegen jede Stromschnelle nach oben . Das war eine „Verzerrung“. Wenn ein Teil von uns an einem solchen Ort umherging, trafen wir im Allgemeinen die Vorsichtsmaßnahme, den wertvollsten Teil des Gepäcks herauszunehmen, aus Angst, überschwemmt zu werden.

Als wir eine halbe Meile oberhalb der Aboljacarmegus- Wasserfälle eine rasante Stromschnelle hinauffuhren, lasen einige aus der Gruppe ihre eigenen Spuren auf den riesigen Baumstämmen, die hoch und trocken auf den Felsen zu beiden Seiten aufgetürmt lagen, die Überreste wahrscheinlich eines Staus, der sich ausgebreitet hatte findet hier im Great Freshet im Frühling statt. Viele von ihnen müssten, wenn sie so lange anhielten, möglicherweise auf einen weiteren großen Frischling warten, bevor sie herausgeholt werden könnten. Es war seltsam genug, auf ihr Eigentum zu stoßen, das sie noch nie gesehen hatten und wo sie noch nie zuvor gewesen waren, und das auf dem Weg zu ihnen auf diese Weise von Gesteinsbrocken und Steinen aufgehalten wurde. Ich glaube, dort muss mein gesamtes Eigentum liegen, auf den Felsen eines fernen und unerforschten Baches liegend und darauf wartend, dass ein beispielloser Frischling es herabholt. O beeilt euch, ihr Götter, mit euren Winden und Regenfällen, und bereitet den Stau vor, bevor er verrottet!

Die letzte halbe Meile führte uns zum Sowadnehunk Deadwater , so genannt vom gleichnamigen Bach, was „zwischen Bergen fließend“ bedeutet, einem wichtigen Nebenfluss, der eine Meile oberhalb mündet. Hier beschlossen wir, unser Lager aufzuschlagen, etwa zwanzig Meilen vom Damm entfernt, an der Mündung des Murch Brook und des Aboljacknagesic , zwei Gebirgsbächen, weit weg von Ktaadn und etwa zwölf Meilen von seinem Gipfel entfernt, nachdem wir an diesem Tag fünfzehn Meilen zurückgelegt hatten.

McCauslin hatte uns gesagt , dass wir hier genug Forellen finden würden; Während also einige das Lager herrichteten, widmete sich der Rest dem

Fischfang. Wir ergriffen die Birkenstangen, die eine Gruppe von Indianern oder weißen Jägern am Ufer zurückgelassen hatte, und köderten unsere Haken mit Schweinefleisch und mit Forellen, sobald sie gefangen waren, und warfen unsere Leinen in die Mündung des Aboljacknagesic , a klarer, schneller, flacher Bach, der von Ktaadn kam . Sofort fiel ein Schwarm weißer Chivin (*Leuciscus pulchellus*), silbriger Kakerlaken, Cousinforellen oder was auch immer, große und kleine, die dort herumstreiften, auf unseren Köder und landete einer nach dem anderen mitten im Gebüsch. Bald waren ihre Cousins, die echten Forellen, an der Reihe, und abwechselnd schluckten die gesprenkelten Forellen und die silbernen Kakerlaken den Köder, so schnell wir hineinwerfen konnten; und die schönsten Exemplare von beiden, die ich je gesehen habe, das größte wog drei Pfund, wurden ans Ufer gehievt, allerdings zunächst vergeblich, um uns dann wieder ins Wasser zu winden, denn wir standen im Boot; aber bald lernten wir, diesem Übel abzuhelfen; Denn einer, der seinen Haken verloren hatte, stand am Ufer, um sie zu fangen, während sie in einem perfekten Regenschauer um ihn herum herabfielen – manchmal nass und rutschig, voller Gesicht und Busen, als seine Arme ausgestreckt waren, um sie zu empfangen. Während sie noch lebten, bevor ihre Farben verblasst waren, glänzten sie wie die schönsten Blumen, das Produkt ursprünglicher Flüsse; und er konnte seinen Sinnen kaum trauen, als er über ihnen stand, dass diese Juwelen so lange, so viele dunkle Zeitalter in diesem aboljacknagesischen Wasser verschwunden sein sollten ; – diese hellen, fließenden Blumen, die nur von Indianern gesehen werden, wurden wunderschön gemacht, der Herr Ich weiß nur warum, dorthin zu schwimmen! Dafür könnte ich die Wahrheit der Mythologie, der Fabeln des Proteus und all dieser wunderschönen Seeungeheuer besser verstehen – wie tatsächlich alle Geschichte, wenn sie für einen irdischen Gebrauch genutzt wird, bloße Geschichte ist; aber zu einem Himmlischen gebracht, ist Mythologie immer.

Aber da ist die raue Stimme von Onkel George, der an der Bratpfanne befiehlt, dir zu schicken, was du hast, und dann kannst du bis zum Morgen bleiben. Das Schweinefleisch brutzelt und schreit nach Fisch. Zum Glück für die törichte Rasse und diese besonders törichte Forellengeneration endete die Nacht endlich, nicht wenig vertieft durch die dunkle Seite von Ktaadn , die sich wie ein permanenter Schatten vom Ostufer her aufrichtete. Lescarbot erzählt uns aus dem Jahr 1609, dass der Sieur Champdoré , der 1608 mit einem der Leute des Sieur de Monts etwa fünfzig Meilen den St. John hinaufstieg, den Fisch so reichlich vorfand, „ qu'en mettant la chaudière sur le feu ils de avoient pris suffisamment pour eux disner Avant que l'eau fust chaude ." Ihre Nachkommen hier sind nicht weniger zahlreich. Also begleiteten wir Tom in den Wald, um Zedernzweige für unser Bett zu schneiden. Während er mit der Axt voranging und die kleinsten Zweige der flachblättrigen Zeder, der Lebensbäume der Gärten, abschlug, sammelten wir sie ein und kehrten mit ihnen zum Boot zurück, bis es beladen war. Unser Bett wurde mit der gleichen Sorgfalt und Geschicklichkeit hergestellt wie ein Dach mit Schindeln; Wir begannen am Fuß und legten das Zweigende der Zeder nach oben, dann gingen wir eine Reihe nach der anderen bis zum Kopf vor und bedeckten so nach und nach die Stummelenden und schufen ein weiches und ebenes Bett. Für uns sechs war es etwa zehn Fuß lang und sechs Fuß breit. Dieses Mal lagen wir unter unserem Zelt, nachdem wir es im Hinblick auf den Wind und die Flammen vorsichtiger aufgeschlagen hatten, und vor uns loderte das übliche große Feuer. Das Abendessen wurde von einem großen Holzscheit gegessen, den irgendein Frischling ausgeworfen hatte. An diesem Abend aßen wir einen Arborvitæ- oder Zederntee, den der Holzfäller manchmal verwendet, wenn andere Kräuter versagen.

„Ein Viertel Lebensbaum ,

Um ihn stark und mächtig zu machen" –

aber ich hatte keine Lust, das Experiment zu wiederholen. Für meinen Gaumen schmeckte es zu medizinisch. Hier befand sich das Skelett eines Elches, dessen Knochen einige indianische Jäger genau an dieser Stelle gepflückt hatten.

Nachts träumte ich vom Forellenfischen; und als ich endlich aufwachte, kam es mir wie eine Fabel vor, dass dieser bemalte Fisch so nahe an meinem Lager schwamm und sich am letzten Abend an unseren Haken erhob , und ich bezweifelte, dass ich das alles nicht geträumt hatte. Also stand ich vor Tagesanbruch auf, um die Wahrheit zu prüfen, während meine Gefährten noch schliefen. Dort stand Ktaadn mit klaren und wolkenlosen Umrissen im Mondlicht; und das Plätschern der Stromschnellen war das einzige Geräusch, das die Stille durchbrach. Als ich am Ufer stand, warf ich meine Leine noch einmal in den Bach und stellte fest, dass der Traum real und die Fabel wahr war. Die gesprenkelten Forellen und die silbrigen Plötzen rasten wie fliegende Fische schnell durch die mondhelle Luft und zeichneten helle Bögen auf der dunklen Seite von Ktaadn , bis das Mondlicht, das nun ins Tageslicht überging, meinen Geist und den meiner Gefährten mit Sättigung erfüllte. der sich mir angeschlossen hatte.

Um sechs Uhr machten wir uns auf den Weg, nachdem wir unsere Rucksäcke und eine gute Decke voller Forellen, fertig angezogen, auf die Wipfel von Setzlingen zurückgelassen hatten, so viel Gepäck und Proviant, wie wir zurücklassen wollten, um außerhalb der Reichweite der Bären zu sein denn der Gipfel des Berges war, wie Onkel George sagte, die Schiffer nannten, etwa vier Meilen entfernt, aber nach meiner Schätzung und wie sich herausstellte, näherte er sich vierzehn. Er war dem Berg noch nie näher gekommen, und es gab nicht die geringste Spur eines Menschen, die uns weiter in diese Richtung führen konnte. Zuerst schoben wir ein paar Ruten den Aboljacknagesic oder „Offenlandbach" hinauf, befestigten unser Boot an einem Baum und reisten die Nordseite hinauf, durch verbranntes Land, das jetzt teilweise mit jungen Espen und anderem Gebüsch bewachsen ist; Doch bald überquerten wir diesen Bach, wo er etwa fünfzig oder sechzig Fuß breit war, auf einer Ansammlung von Baumstämmen und Steinen – und man konnte ihn auf diese Weise fast überall überqueren – und erreichten sofort den höchsten Gipfel, der über eine Meile lang war oder mehr vergleichsweise offenes Land, das immer noch sehr allmählich ansteigt. Hier fiel es mir als ältestem Bergsteiger zu, die Führung zu übernehmen. Als wir also die bewaldete Seite des Berges absuchten, die noch in unbestimmter Entfernung lag und sich etwa sieben oder acht Meilen lang vor uns erstreckte, beschlossen wir, direkt auf den Fuß des höchsten Gipfels zuzusteuern und dabei eine große Rutsche zu hinterlassen Wie ich inzwischen erfahren habe, sind einige unserer Vorgänger zu unserer Linken aufgestiegen. Dieser Kurs würde uns parallel zu einem dunklen Saum im Wald führen, der das Bett eines Wildbachs markierte, und über einen leichten Ausläufer, der sich vom Hauptberg nach Süden erstreckte, von dessen kahlen Gipfel wir einen Ausblick über das Land haben konnten Steigen Sie direkt auf den Gipfel, der dann in unmittelbarer Nähe liegt. Von diesem Punkt aus, einem kahlen Gebirgskamm am Ende des offenen Landes, bot Ktaadn ein anderes Aussehen als alle Berge, die ich je gesehen hatte, da es einen größeren Anteil nackter Felsen gab, die abrupt aus dem Wald aufstiegen; und wir blickten zu dieser blauen Barriere hinauf, als wäre es ein Fragment einer Mauer, die einst die Erde in dieser Richtung begrenzte. Wir stellten den Kompass auf einen Nordostkurs ein, der der Südbasis des höchsten Gipfels entsprach, und wurden bald im Wald begraben.

Schon bald stießen wir auf Spuren von Bären und Elchen, und überall waren Spuren von Kaninchen zu sehen. Die Spuren von Elchen, mehr oder weniger neu, um es im wahrsten Sinne des Wortes auszudrücken, bedeckten jeden quadratischen Stab an den Seiten des Berges; und diese Tiere sind dort wahrscheinlich heute zahlreicher als je zuvor und werden von allen Seiten durch die Siedlungen in diese Wildnis getrieben. Die Spur eines ausgewachsenen Elches ähnelt der einer Kuh oder größer, und die der Jungen ähnelt der eines Kalbes. Manchmal bewegten wir uns auf undeutlichen Pfaden, die sie angelegt hatten, ähnlich den Kuhpfaden im Wald, die nur weitaus undeutlicher waren und eher Öffnungen darstellten, die unvollkommene Ausblicke durch das dichte Unterholz boten, als ausgetretene Pfade; und überall waren die Zweige von ihnen abgeblättert und so glatt wie mit einem Messer abgeschnitten worden. Die Rinde der Bäume wurde von ihnen bis zu einer Höhe von acht bis neun Fuß in langen, schmalen Streifen von einem Zoll Breite abgeschält, wobei noch die

deutlichen Spuren ihrer Zähne zu sehen waren. Wir erwarteten nichts
Geringeres, als jeden Augenblick einer Herde von ihnen zu begegnen, und
unser Nimrod hielt sein Schießeisen bereit; Aber wir haben uns nicht die
Mühe gemacht, nach ihnen zu suchen, und obwohl sie zahlreich sind, sind
sie so vorsichtig, dass der ungeschickte Jäger möglicherweise lange Zeit
durch den Wald streift, bevor er einen zu Gesicht bekommt. Es ist
manchmal gefährlich, ihnen zu begegnen, und sie werden dem Jäger nicht
auf den Fersen sein, sondern sie stürzen sich wütend auf ihn und trampeln
ihn zu Tode, es sei denn, er hat das Glück, ihnen auszuweichen, indem er
um einen Baum herum ausweicht. Die größten sind fast so groß wie ein
Pferd und wiegen manchmal tausend Pfund; und es wird gesagt, dass sie auf
ihrem gewöhnlichen Weg über ein fünf Fuß hohes Tor steigen können. Sie
werden als äußerst unbeholfen aussehende Tiere beschrieben, die mit ihren
langen Beinen und kurzen Körpern im vollen Lauf eine lächerliche Figur
machen, aber dennoch große Fortschritte machen. Es erschien uns ein
Rätsel, wie sie diese Wälder durchqueren konnten, wozu wir unsere ganze
Geschmeidigkeit brauchten : abwechselnd klettern, bücken und winden. Sie
sollen ihre langen und verzweigten Hörner, die normalerweise fünf bis sechs
Fuß lang sind, auf den Rücken fallen lassen und sich durch das Gewicht ihres
Körpers leicht fortbewegen. Unsere Bootsleute sagten, aber ich weiß nicht,
mit wie viel Wahrheit, dass ihre Hörner leicht von Ungeziefer abgenagt
werden, während sie schlafen. Ihr Fleisch, das eher an Rindfleisch als an Wild
erinnert, ist auf dem Bangor-Markt weit verbreitet.

Wir waren so sieben oder acht Meilen bis etwa Mittag weitergefahren, mit
häufigen Pausen, um die Müden zu erfrischen, und hatten einen
beträchtlichen Gebirgsbach überquert, von dem wir vermuteten, dass er
Murch Brook war, an dessen Mündung wir die ganze Zeit in Wäldern
gelagert hatten. Ohne den Gipfel auch nur ein einziges Mal gesehen zu
haben, stieg McCauslin ganz langsam auf und stieg auf einen Baum , als die
Bootsleute ein wenig zu verzweifeln begannen und fürchteten, wir würden
den Berg auf einer Seite von uns verlassen, weil sie nicht ganz an den
Kompass glaubten. Von der Spitze aus konnte er den Gipfel sehen, als sich
herausstellte, dass wir nicht von einer rechten Linie abgewichen waren,
während der Kompass unten immer noch mit seinem Arm ausgerichtet war,
der auf den Gipfel zeigte. Am Rande eines kühlen Gebirgsbachs, mitten im
Wald, wo das Wasser begann, an der Reinheit und Transparenz der Luft
teilzuhaben, machten wir Halt, um einige unserer Fische zu kochen, die wir
bis hierhin mitgebracht hatten, um unsere hartnäckigen Hände zu schonen .
Brot und Schweinefleisch, für deren Verwendung wir uns nur wenig Zeit
genommen hatten. Bald brannte ein Feuer und wir standen darum herum,
unter dem feuchten und düsteren Wald aus Tannen und Birken, jeder mit
einem drei bis vier Fuß langen, geschärften Stock, auf den er seine zuvor gut
zerschnittene Forelle oder Plötze gespuckt hatte und gesalzen, unsere Stöcke

strahlen wie die Speichen eines Rades von einem Zentrum aus, und jeder drängt seinen jeweiligen Fisch in die wünschenswerteste Lage, ohne immer die aufrichtigste Rücksicht auf die Rechte seines Nachbarn zu nehmen. So vergnügten wir uns und tranken in der Zwischenzeit an der Quelle, bis zumindest einer der Männer den Rucksack erheblich erleichterte, als wir unsere Marschlinie wieder aufnahmen.

Endlich erreichten wir eine Anhöhe, die so kahl war, dass wir einen Blick auf den Gipfel hatten, der immer noch in der Ferne und blau war, fast so, als würden wir uns von uns zurückziehen. Man sah, wie ein Wildbach, der derselbe war, den wir überquert hatten, buchstäblich aus den Wolken herabstürzte. Doch dieser Blick auf unseren Aufenthaltsort ging bald verloren und wir wurden erneut im Wald begraben. Das Holz bestand hauptsächlich aus Gelbbirke, Fichte, Tanne, Eberesche oder Rundholz, wie die Leute in Maine es nennen, und Elchholz. Es war die schlimmste Art des Reisens; manchmal wie die dichtesten Eichenbüsche bei uns. Die Kornelkirsche oder Traubenbeeren waren sehr reichlich vorhanden, ebenso wie Salomonsrobbe und Elchbeeren. Entlang unserer gesamten Route wurden Blaubeeren verteilt; und an einer Stelle hingen die Büsche unter dem Gewicht der Früchte herab, immer noch so frisch wie eh und je. Es war der 7. September. Solche Plätze boten eine dankbare Mahlzeit und dienten dazu, die müde Gruppe anzulocken. Wenn jemand zurückblieb, war der Ruf „Blaubeeren" am wirksamsten, um ihn auf Vordermann zu bringen. Sogar auf dieser Höhe kamen wir durch einen Elchhof, der aus einem großen flachen Felsen mit vier oder fünf quadratischen Stangen bestand, wo sie im Winter den Schnee niedertraten. Schließlich befürchteten wir, dass wir in der Nähe unseres Lagerplatzes kein Wasser finden würden, wenn wir den direkten Kurs zum Gipfel einhielten, und bogen nach und nach nach Westen ab, bis wir um vier Uhr wieder auf den Wildbach stießen, den ich habe erwähnt, und hier, im Hinblick auf den Gipfel, beschloss die müde Gruppe, in dieser Nacht zu campen.

Während meine Begleiter nach einem geeigneten Platz für diesen Zweck suchten, nutzte ich das wenige Tageslicht, das noch übrig war, indem ich den Berg alleine bestieg. Wir befanden uns in einer tiefen und engen Schlucht, die in einem Winkel von fast fünfundvierzig Grad bis zu den Wolken abfiel und von Felswänden umgeben war, die zunächst mit niedrigen Bäumen, dann mit undurchdringlichen Dickichten dürrer Birken und anderen Wäldern bedeckt waren Fichten und Moos, aber schließlich keine Vegetation außer Flechten und fast ständig in Wolken gehüllt. Ich folgte dem Lauf des Wildbachs, der hier eindrang, und ich möchte dieses Wort etwas betonen , indem ich mich an senkrechten Abstürzen von zwanzig bis dreißig Fuß emporzog, an den Wurzeln von Tannen und Birken und dann Vielleicht ging ich ein oder zwei ebene Stäbe durch den dünnen Bach, denn er nahm die ganze Straße ein und stieg über riesige Stufen hinauf, sozusagen eine Riesentreppe, durch die ein Fluss floss. Bald hatte ich die Bäume abgeräumt und blieb stehen auf den aufeinanderfolgenden Regalen, um einen Blick zurück auf das Land zu werfen. Der Wildbach war fünfzehn bis dreißig Fuß breit, hatte keinen Zufluss und schien mit der Zeit, in der ich vorrückte, nicht an Breite abzunehmen; Aber immer noch strömte und brüllte es herab, mit gewaltiger Flut, über und inmitten kahler Felsmassen, aus den Wolken selbst, als wäre gerade ein Wasserspeier über den Berg geplatzt. Nachdem ich dies endlich hinter mir gelassen hatte, begann ich, kaum weniger mühsam als Satan einst durch das Chaos, meinen Weg hinauf zum nächsten, wenn auch nicht höchsten Gipfel zu arbeiten. Zuerst kletterten wir auf allen Vieren über die Wipfel uralter Schwarzfichten (*Abies nigra*), alt wie die Flut, zwei bis zehn oder zwölf Fuß hoch, ihre Wipfel flach und ausgebreitet und ihr Laub blau und von Kälte durchdrungen, als hätten sie seit Jahrhunderten aufgehört, gegen den trostlosen Himmel und die eisige Kälte emporzuwachsen. Ich ließ ein paar gute Stäbe auf den Wipfeln dieser Bäume laufen, die mit Moos und Preiselbeeren bewachsen waren. Es schien, als hätten sie im Laufe der Zeit die Zwischenräume zwischen den riesigen Felsen ausgefüllt und der kalte Wind hätte sich überall gleichmäßig eingeebnet. Hier wurde das Prinzip der Vegetation hart zur Geltung gebracht. Anscheinend gab es einen Gürtel dieser Art, der ganz um den Berg herum verlief, wenn auch vielleicht nirgends so bemerkenswert wie hier. Als ich einmal hindurchsackte, schaute ich drei Meter tief in eine dunkle, höhlenartige Region und sah den Stamm einer Fichte, auf deren Wipfel ich wie auf einer Masse aus grobem Korbgeflecht stand, die einen Durchmesser von ganzen neun Zoll am Boden hatte . Diese Löcher waren Bärenhöhlen, und die Bären waren schon damals zu Hause. Dies war die Art von Garten, durch den ich eine Achtelmeile *lang ging, allerdings auf die Gefahr hin, auf einige der Pflanzen zu treten und keinen Weg hindurch zu sehen* Es ist sicherlich das tückischste und durchlässigste Land, das ich je bereist habe.

> „Beinahe scheiterte er an seinen Tarifen,

Halb zu Fuß durch die grobe Konsistenz tretend,

Halb fliegend“,

Aber nichts konnte die Zähigkeit der Zweige übertreffen – keiner brach unter meinem Gewicht, denn sie waren langsam gewachsen. Nachdem ich abwechselnd über dieses karge Land gesackt, geklettert, gerollt, gehüpft und gelaufen war, kam ich auf einen Seitenhügel, oder vielmehr Seitenberg, wo Felsen, graue, stille Felsen, die Herden und Herden waren, die weideten, bei Sonnenuntergang ein felsiges Wiederkäuer kauen. Sie sahen mich mit harten grauen Augen an, ohne zu meckern oder zu brüllen. Dies brachte mich an den Rand einer Wolke und begrenzte meinen Spaziergang in dieser Nacht.

Aber ich hatte dieses Land in Maine bereits gesehen, als ich mich umdrehte, wo es unten wogte, floss, kräuselte.

Als ich zu meinen Gefährten zurückkehrte, hatten sie sich einen Campingplatz am Rande des Wildbachs ausgesucht und ruhten auf dem Boden. Einer lag auf der Krankenliste, in eine Decke gerollt, auf einem feuchten Felsvorsprung. Es war eine so wilde und trostlose Landschaft, so wild, dass sie lange nach einem ebenen und offenen Platz für das Zelt suchten. Aus Mangel an Treibstoff konnten wir nicht höher campen; und die Bäume hier schienen so immergrün und saftig, dass wir fast daran zweifelten, ob sie den Einfluss des Feuers wahrnehmen würden; aber das Feuer siegte schließlich und loderte auch hier, wie ein guter Weltbürger. Selbst in dieser Höhe trafen wir häufig auf Spuren von Elchen und Bären. Da es hier keine Zeder gab, machten wir unser Bett aus gröber gefiederter Fichte; aber auf jeden Fall wurden die Federn vom lebenden Baum gepflückt. Es war vielleicht sogar ein prächtigerer und einsamerer Ort für eine Nacht als der Gipfel, da er in der Nähe dieser wilden Bäume und des Wildbachs lag. Einige luftigere und feinere Winde rauschten und heulten die ganze Nacht durch die Schlucht, entfachten von Zeit zu Zeit unser Feuer und verteilten die Glut. Es war, als lägen wir im Nest eines jungen Wirbelsturms. Um Mitternacht sprang einer meiner Bettgenossen, der in seinen Träumen von dem plötzlichen Aufflammen einer Tanne, deren grüne Äste von der Hitze ausgetrocknet waren, erschreckt wurde, mit einem Schrei aus seinem Bett auf und dachte darüber nach die ganze Welt in Flammen und zog das ganze Lager hinter sich her.

Am Morgen, nachdem wir unseren Appetit mit etwas rohem Schweinefleisch, einer Waffel Hartbrot und einem Schöpflöffel kondensierter Wolke oder Wasserspeier angeregt hatten, machten wir uns alle gemeinsam auf den Weg die Wasserfälle hinauf, die ich beschrieben habe; Diesmal entschied ich mich für die rechte Seite oder den höchsten Gipfel, der nicht der war, dem ich zuvor nahegekommen war. Doch schon bald verschwanden meine Gefährten für mich hinter dem Bergrücken in meinem Rücken, der immer noch immer vor mir zurückzuweichen schien, und ich kletterte allein über riesige Felsen, locker schwebend, eine Meile oder mehr, immer noch auf dem Weg zu den Wolken; Denn obwohl der Tag anderswo klar war, war der Gipfel von Nebel verdeckt. Der Berg schien eine riesige Ansammlung loser Steine zu sein, als hätte es irgendwann einmal Steine geregnet, und sie lagen, wie sie fielen, nirgendwo richtig in Ruhe, sondern aneinander gelehnt, alles schwankende Steine, mit Hohlräumen dazwischen, aber kaum Erde oder glatteres Regal. Es handelte sich um die Rohstoffe eines Planeten, die aus einem unsichtbaren Steinbruch abgeworfen wurden und die die gewaltige Chemie der Natur bald auf- oder abarbeiten würde, in die lächelnden und grünen Ebenen und Täler der Erde.

Dies war ein ungeklärtes Ende der Welt; Wie bei der Braunkohle sehen wir Kohle im Entstehungsprozess.

Schließlich betrat ich die Ränder der Wolke, die ewig über dem Gipfel zu schweben schien und doch niemals verschwinden würde, sondern aus dieser reinen Luft entstand, so schnell sie wegfloss; und als ich eine Viertelmeile weiter den Gipfel des Bergrückens erreichte, der laut denjenigen, die ihn bei klarerem Wetter gesehen haben, etwa fünf Meilen lang ist und tausend Morgen Hochland umfasst, befand ich mich tief in den feindlichen Reihen aus Wolken, und alle Gegenstände wurden von ihnen verdeckt. Jetzt würde der Wind mich einen Meter weit in die klare Sonne blasen, in der ich stand; Dann war ein graues, dämmerndes Licht alles, was es bewirken konnte, und die Wolkenlinie hob und senkte sich ständig mit der Intensität des Windes. Manchmal schien es, als würde man den Gipfel in wenigen Augenblicken überwinden und im Sonnenschein lächeln; aber was auf der einen Seite gewonnen wurde, ging auf der anderen verloren. Es war, als würde man in einem Schornstein sitzen und darauf warten, dass der Rauch wegweht. Es war tatsächlich eine Wolkenfabrik – das waren die Wolkenwerke, und der Wind drehte sie aus den kühlen, kahlen Felsen. Gelegentlich, wenn die windigen Säulen zu mir hereinbrachen, erblickte ich rechts oder links einen dunklen, feuchten Felsen; der Nebel trieb unaufhörlich zwischen ihm und mir. Es erinnerte mich an die Schöpfungen der alten epischen und dramatischen Dichter, an Atlas, Vulkan, die Zyklopen und Prometheus. Das war der Kaukasus und der Felsen, an den Prometheus gebunden war. Aeschylos hatte zweifellos solche Landschaften besucht. Es war riesig, titanisch und so, wie es niemals ein Mensch bewohnen würde. Ein Teil des Betrachters, sogar ein lebenswichtiger Teil, scheint beim Aufstieg durch das lockere Gitter seiner Rippen zu entkommen. Er ist einsamer , als Sie sich vorstellen können. In ihm steckt weniger substanzielles Denken und faires Verständnis als in den Ebenen, in denen Menschen leben. Sein Verstand ist zerstreut und schattenhaft, dünner und subtiler , wie die Luft. Die gewaltige, titanische, unmenschliche Natur hat ihn benachteiligt, ihn alleine erwischt und ihn einiger seiner göttlichen Fähigkeiten beraubt. Sie lächelt ihn nicht an wie in der Ebene. Sie scheint streng zu sagen: Warum seid ihr vor eurer Zeit hierher gekommen? Dieser Boden ist nicht für Sie vorbereitet. Reicht es nicht, dass ich in den Tälern lächle? Ich habe diesen Boden nie für deine Füße, diese Luft für deinen Atem, diese Felsen für deine Nachbarn gemacht. Ich kann dich hier weder bemitleiden noch streicheln, sondern dich für immer und ewig dorthin treiben, wo ich gütig *bin* . Warum suchst du mich, wo ich dich nicht gerufen habe, und beschwerst dich dann, weil du mich nur als Stiefmutter findest? Solltest du erfrieren oder verhungern oder dein Leben mit Schaudern vertreiben, hier ist kein Schrein, kein Altar, noch irgendein Zugang zu meinem Ohr.

„Chaos und uralte Nacht, ich bin kein Spion

Mit der Absicht zu erforschen oder zu stören

Die Geheimnisse deines Reiches, aber ...

. . . . . . als mein Weg

Liegt durch Dein weitläufiges Reich bis ans Licht."

Die Gipfel der Berge gehören zu den unvollendeten Teilen der Erde, und es wäre eine leichte Beleidigung für die Götter, dort hinaufzusteigen, in ihre Geheimnisse einzudringen und ihre Auswirkungen auf unsere Menschheit zu testen. Dorthin gehen vielleicht nur mutige und unverschämte Männer. Einfache Rassen besteigen als Wilde keine Berge – ihre Gipfel sind heilige und geheimnisvolle Gebiete, die sie nie besucht haben. Pomola ist immer wütend auf diejenigen, die den Gipfel des Ktaadn erklimmen .

Laut Jackson, der es in seiner Eigenschaft als geologischer Gutachter des Staates genau gemessen hat, beträgt die Höhe von Ktaadn 5300 Fuß oder etwas mehr als eine Meile über dem Meeresspiegel, und er fügt hinzu: „Das ist es." damals offensichtlich der höchste Punkt im Bundesstaat Maine und der schroffste Granitberg in Neuengland." Die Besonderheiten des weitläufigen Hochplateaus, auf dem ich stand, sowie der bemerkenswerte halbkreisförmige Abgrund oder das Becken auf der Ostseite wurden alle vom Nebel verdeckt. Ich hatte mein gesamtes Gepäck auf den Gipfel gebracht, ohne zu wissen, ob ich den Abstieg zum Fluss und möglicherweise allein und auf einem anderen Weg in den besiedelten Teil des Staates antreten müsste , und wollte eine vollständige Ausrüstung dabei haben . Doch schließlich befürchtete ich, meine Gefährten würden den Fluß noch vor Einbruch der Dunkelheit erreichen wollen, und da ich wusste, dass die Wolken tagelang auf dem Berg ruhen könnten, musste ich absteigen. Gelegentlich, als ich herunterkam, öffnete mir der Wind eine Aussicht, durch die ich das Land im Osten sehen konnte, grenzenlose Wälder, Seen und Bäche, die in der Sonne glänzten und von denen einige in den Ostarm mündeten. In dieser Richtung waren auch neue Berge in Sicht. Ab und zu flog ein kleiner Vogel aus der Familie der Spatzen vor mir davon, unfähig, seinen Kurs zu steuern, wie ein vom Wind weggeblasenes Stück grauen Felsen.

Ich fand meine Gefährten dort, wo ich sie zurückgelassen hatte, auf der Seite des Gipfels, und sammelte die Bergpreiselbeeren, die jede Spalte zwischen den Felsen füllten, zusammen mit Blaubeeren, die umso würziger schmeckten, je höher sie wuchsen, aber nicht weniger wurden angenehm für unseren Gaumen. Wenn das Land besiedelt ist und Straßen gebaut werden, werden diese Preiselbeeren vielleicht zu einem Handelsartikel. Von dieser

Höhe, direkt am Rande der Wolken, konnten wir das Land im Westen und Süden hundert Meilen weit überblicken. Da war er, der Bundesstaat Maine, den wir auf der Karte gesehen hatten, aber nicht sehr ähnlich , – unermesslicher Wald, auf den die Sonne scheinen konnte, dieses östliche *Zeug*, von dem wir in Massachusetts hören. Keine Lichtung, kein Haus. Es sah nicht so aus, als hätte ein einsamer Reisender dort auch nur einen Spazierstock zerschnitten. Unzählige Seen – Moosehead im Südwesten, vierzig Meilen lang und zehn breit, wie ein glänzendes Silbertablett am Ende des Tisches; Chesuncook , achtzehn lang und drei breit, ohne Insel; Millinocket im Süden mit seinen hundert Inseln; und hundert andere ohne Namen; und auch Berge, deren Namen größtenteils nur den Indianern bekannt sind. Der Wald sah aus wie eine feste Grasnarbe, und die Wirkung dieser Seen in seiner Mitte wurde von jemandem, der seitdem denselben Ort besucht hat, treffend mit der Wirkung eines „Spiegels verglichen, der in tausend Fragmente zerbrochen und wild über den Wald verstreut ist". Gras, das den vollen Glanz der Sonne widerspiegelt." Als es geräumt wurde, handelte es sich um eine große Farm für irgendjemanden. Nach Angaben des Gazetteer, der vor der Klärung der Grenzfrage gedruckt wurde, war dieser einzelne Penobscot County, in dem wir uns befanden, größer als der gesamte Bundesstaat Vermont mit seinen vierzehn Countys; und dies war nur ein Teil der wilden Länder von Maine. Wir sind jetzt jedoch besorgt über natürliche und nicht über politische Grenzen. Von Bangor aus waren wir ungefähr achtzig Meilen entfernt, oder hundertfünfzehn, wenn wir geritten, gelaufen und gepaddelt waren. Wir mussten uns mit dem Gedanken trösten, dass diese Aussicht, soweit sie reichte, wahrscheinlich genauso gut war wie die vom Gipfel; Und was wäre ein Berg ohne die damit verbundenen Wolken und Nebel? Ebenso wie wir hatten weder Bailey noch Jackson eine klare Sicht vom Gipfel.

Als wir uns noch früh am Tag auf den Rückweg zum Fluss machten, beschlossen wir, dem Lauf des Baches zu folgen, den wir als Murch Brook ansahen, solange er uns nicht zu weit aus dem Weg führen würde . So reisten wir etwa vier Meilen im Wildbach selbst, überquerten ihn immer wieder, überquerten ihn immer wieder, sprangen von Felsen zu Felsen und sprangen mit dem Bach Wasserfälle von sieben bis acht Fuß Höhe hinab, oder manchmal rutschten wir auf dem Rücken in einer dünnen Wasserschicht hinab . Diese Schlucht war im Frühjahr Schauplatz einer außergewöhnlichen Erfrischung gewesen, die offenbar von einem Abrutschen aus dem Berg begleitet war. Es muss mit einem Bach aus Steinen und Wasser gefüllt gewesen sein, mindestens sechs Meter über dem heutigen Niveau des Wildbachs. Ein oder zwei Stäbe lang waren die Bäume auf beiden Seiten des Kanals bis zu ihren Wipfeln entrindet und zersplittert, die Birken waren gebogen, verdreht und manchmal fein gespalten, wie ein Stallbesen; einige, die einen Durchmesser von einem Fuß hatten, brachen ab, und ganze

Baumgruppen beugten sich unter der Last der auf sie aufgetürmten Steine. An einer Stelle bemerkten wir einen Stein mit einem Durchmesser von zwei bis drei Fuß, der fast zwanzig Fuß hoch im Ast eines Baumes steckte. Auf den ganzen vier Meilen sahen wir nur einen Bach, der sich ergoss, und die Wassermenge schien vom ersten an nicht zugenommen zu haben. Wir reisten so sehr schnell mit einem Abwärtsimpuls und wurden bemerkenswert geschickt darin, von Felsen zu Felsen zu springen, denn wir mussten springen und sprangen auch, ob sich nun ein Stein in der richtigen Entfernung befand oder nicht. Es war ein angenehmes Bild, als sich der Vorderste umdrehte und die gewundene Schlucht hinaufblickte, die von Felsen und dem grünen Wald umgeben war, und in Abständen von ein oder zwei Stäben einen Bergsteiger mit rotem Hemd oder grüner Jacke vor dem weißen Wildbach sah Er sprang mit dem Rucksack auf dem Rücken den Kanal hinab, blieb auf einem geeigneten Felsen mitten im Wildbach stehen, um einen Riss in seiner Kleidung auszubessern, oder schnallte den Eimer an seinem Gürtel ab, um einen Schluck Wasser zu trinken. An einer Stelle waren wir erschrocken, als wir auf einem kleinen sandigen Felsvorsprung am Ufer des Baches den frischen Abdruck eines Männerfußes sahen, und für einen Moment wurde uns klar, wie Robinson Crusoe sich in einem ähnlichen Fall fühlte; aber schließlich erinnerten wir uns, dass wir auf unserem Weg nach oben auf diesen Bach gestoßen waren, obwohl wir nicht hätten sagen können, wo, und dass einer in die Schlucht hinabgestiegen war, um etwas zu trinken. Die kühle Luft über uns und das ständige Baden unseres Körpers im Bergwasser, abwechselnd Fuß-, Sitz-, Dusch- und Tauchbäder, machten diesen Spaziergang äußerst erfrischend, und wir hatten nur ein oder zwei Meilen zurückgelegt, nachdem wir den Wildbach verlassen hatten, bevor wir jeden Faden erreichten Unsere Kleidung war so trocken wie gewöhnlich, was vielleicht an einer besonderen Atmosphäre lag.

Nachdem er den Wildbach verlassen hatte, da er Zweifel an unserem Kurs hatte, warf Tom seinen Rucksack am Fuße der höchsten Fichte in der Nähe ab, kletterte den kahlen Stamm etwa zwanzig Fuß hoch und kletterte dann durch den grünen Turm, ohne dass wir ihn sehen konnten , bis er den obersten Strahl in der Hand hielt . [5] McCauslin war in jungen Jahren mit einer Truppe unter General Somebody durch die Wildnis marschiert und hatte zusammen mit einem anderen Mann den gesamten Aufklärungs- und Spionagedienst übernommen. Das Wort des Generals lautete: „Wirf die Spitze dieses Baumes nieder", und es gab keinen Baum in den Wäldern von Maine, der so hoch war, dass er in einem solchen Fall nicht seine Spitze verlor . Ich habe die Geschichte von zwei Männern gehört, die sich einmal in diesen Wäldern, die näher an den Siedlungen liegen, verirrten und auf die höchste Kiefer kletterten, die sie finden konnten, etwa sechs Fuß im Durchmesser am Boden, von deren Spitze aus sie eine einsame Lichtung entdeckten Rauch. Als einer von ihnen sich in dieser Höhe, etwa zweihundert Fuß über dem Boden, befand, wurde ihm schwindelig und er fiel in den Armen seines Begleiters in Ohnmacht, und dieser musste den Abstieg mit ihm bewältigen, wobei er abwechselnd ohnmächtig wurde und sich wieder erholte, so gut er konnte. Zu Tom riefen wir: „Wo bleibt der Gipfel? Wo sind die verbrannten Länder?" Letzteres konnte er nur vermuten; Er entdeckte jedoch eine kleine Wiese und einen Teich, die wahrscheinlich in unserem Kurs lagen und auf die wir zusteuern beschlossen. Als wir diese abgelegene Wiese erreichten, fanden wir am Ufer des Teiches frische Spuren von Elchen, und das Wasser war immer noch unruhig, als wären sie vor uns geflohen. Etwas weiter, in einem dichten Dickicht, schienen wir noch auf ihrer Spur zu sein. Es war eine kleine, ein paar Hektar große Wiese am Berghang, vom Wald verdeckt und vielleicht noch nie von einem Weißen gesehen, auf der man meinen könnte, die Elche könnten grasen, baden und in Frieden ruhen. Wir folgten diesem Kurs und erreichten bald das offene Land, das einige Meilen zum Penobscot hin abfiel.

Vielleicht wurde mir am deutlichsten klar, dass es sich hier um eine urzeitliche, ungezähmte und für immer unzähmbare *Natur handelte* , oder wie auch immer die Menschen es nennen, als ich diesen Teil des Berges hinunterstieg. Wir fuhren über „verbrannte Lande", die möglicherweise vom Blitz verbrannt waren, obwohl sie keine Spuren eines Brandes zeigten, kaum einen verkohlten Baumstumpf, sondern eher wie eine natürliche Weide für Elche und Hirsche aussahen, überaus wild und trostlos. mit gelegentlichen Holzstreifen, die sie kreuzen, und niedrigen Pappeln, die in die Höhe schießen, und hier und da mit Blaubeeren. Ich ertappte mich dabei, wie ich sie vertraut durchquerte, wie eine Weide, die verödet oder teilweise vom Menschen zurückerobert wurde; aber als ich darüber nachdachte, welcher Mann, welcher Bruder oder welche Schwester oder welcher Verwandte unserer Rasse es geschaffen und beansprucht hatte, erwartete ich, dass der Besitzer sich erheben und mir den Durchgang streitig machen würde. Es ist schwer, sich eine Region vorzustellen, in der kein Mensch lebt. Wir gehen gewöhnlich davon aus, dass er überall präsent und einflussreich ist. Und doch haben wir keine reine Natur gesehen, es sei denn, wir haben sie so riesig, trostlos und unmenschlich gesehen, wenn auch inmitten von Städten. Die Natur war hier etwas Wildes und Schreckliches, wenn auch wunderschön. Ich schaute mit Ehrfurcht auf den Boden, den ich betrat, um zu sehen, was die Mächte dort geschaffen hatten, die Form, die Mode und das Material ihrer Arbeit. Dies war die Erde, von der wir gehört haben, bestehend aus Chaos und alter Nacht. Hier war kein Menschengarten, sondern der unbearbeitete Globus. Es war kein Rasen, keine Weide, kein Wiesenland, kein Waldland, kein Ackerland, kein Ackerland und kein Ödland. Es war die frische und natürliche Oberfläche des Planeten Erde, wie sie für immer und ewig geschaffen wurde – um, wie wir sagen, die Behausung des Menschen zu sein – also hat die Natur sie geschaffen, und der Mensch kann sie nutzen, wenn er kann. Der Mensch sollte damit nicht in Verbindung gebracht werden. Es war Materie, riesig, schrecklich – nicht seine Mutter Erde, von der wir gehört haben, nicht als dass er sie hätte betreten oder darin begraben werden können – nein, es wäre zu vertraut, als dass seine Knochen dort liegen geblieben wären – die Heimat , dies, von Notwendigkeit und Schicksal. Man spürte deutlich die Anwesenheit einer Macht, die nicht unbedingt freundlich zu den Menschen sein musste. Es war ein Ort des Heidentums und abergläubischer Riten – bewohnt von Menschen, die den Felsen und wilden Tieren näher verwandt waren als wir. Wir gingen mit einer gewissen Ehrfurcht darüber und hielten von Zeit zu Zeit an, um die Blaubeeren zu pflücken, die dort wuchsen und einen würzigen und würzigen Geschmack hatten. Wo *unsere* wilden Kiefern stehen und Blätter auf ihrem Waldboden liegen, gab es vielleicht in Concord einst Schnitter und Ackerbauern, die Getreide anpflanzten; Aber hier war nicht einmal die Oberfläche vom Menschen vernarbt, sondern es war ein Muster dessen, was Gott für geeignet hielt, diese Welt zu erschaffen. Was bedeutet es, in ein Museum einzutreten und unzählige besondere Dinge zu sehen, verglichen damit, die Oberfläche eines Sterns oder eine harte Materie in ihrer Heimat zu sehen? Ich habe Ehrfurcht vor meinem Körper, die Materie, an die ich gebunden bin, ist mir so fremd geworden. Ich fürchte mich nicht vor Geistern, Gespenstern, von denen ich einer bin – mein Körper könnte es tun –, aber ich fürchte Körper, ich zittere, ihnen zu begegnen. Was ist dieser Titan, der von mir Besitz ergriffen hat? Apropos Geheimnisse! Denken Sie an unser Leben in der Natur: täglich Materie zu sehen, mit ihr in Berührung zu kommen, Steine, Bäume, Wind auf unseren Wangen! die *feste* Erde! die *tatsächliche* Welt! der *gesunde Menschenverstand! Kontakt! Kontakt! Wer* sind wir? *Wo* sind wir?

Schon bald erkannten wir einige Felsen und andere Merkmale in der Landschaft, die wir uns absichtlich eingeprägt hatten, und um zwei Uhr erreichten wir das Batteau, indem wir unsere Schritte beschleunigten. [6] Hier hatten wir erwartet, Forellen zu essen, aber in diesem grellen Sonnenlicht schnappten sie den Köder nur langsam, so dass wir gezwungen waren, das Beste aus den Krümeln unseres harten Brotes und unseres Schweinefleischs zu machen, die beide fast aufgebraucht waren . In der Zwischenzeit überlegten wir, ob wir eine Meile weiter flussaufwärts gehen sollten, zu Gibsons Lichtung am Sowadnehunk , wo eine verlassene Blockhütte stand, um einen Halbzoll-Bohrer zu bekommen, mit dem wir einen unserer Erdspieße reparieren konnten. Es gab genug junge Fichten um uns herum, und wir hatten einen Ersatzspieß, aber nichts, womit wir ein Loch machen konnten. Da aber nicht sicher war, ob wir dort noch irgendwelche Werkzeuge finden würden, flickten wir die zerbrochene Stange, so gut wir konnten, für die Abwärtsreise, bei der sie kaum noch von Nutzen sein würde. Darüber hinaus wollten wir bei dieser Expedition keine Zeit verlieren, damit der Wind nicht aufkam, bevor wir die größeren Seen erreichten, und uns aufhielt. denn ein mäßiger Wind erzeugt auf diesen Gewässern ein ziemliches Meer , in dem ein Batteau keinen Augenblick leben kann; und einmal hatte McCauslin eine Woche Verspätung an der Spitze des North Twin, der nur vier Meilen breit ist. Wir hatten fast keine Vorräte mehr und waren in dieser Hinsicht schlecht auf die möglicherweise einwöchige Reise entlang der Küste vorbereitet, bei der wir unzählige Bäche durchquerten und durch einen spurlosen Wald fuhren, falls unserem Boot ein Unfall passieren sollte.

Mit Bedauern kehrten wir Chesuncook , wo McCauslin früher angemeldet war, und den Allegash -Seen den Rücken. Oben gab es noch längere Stromschnellen und Portagen; Zu den letzten gehörte der Ripogenus Portage, den er als den schwierigsten auf dem Fluss beschrieb und der drei Meilen lang war. Die gesamte Länge des Penobscot beträgt zweihundertfünfundsiebzig Meilen, und wir sind immer noch fast hundert Meilen von seiner Quelle entfernt. Hodge, der stellvertretende Staatsgeologe, passierte diesen Fluss im Jahr 1837 und überquerte mit einem Portage von nur einer Meile und drei Vierteln den Allegash und ging so hinunter in den St. John und den Madawaska hinauf zum Grand Portage hinüber zum St. Lawrence. Dies ist der einzige mir bekannte Bericht über eine Expedition durch Kanada in dieser Richtung. So beschreibt er seinen ersten Blick auf den letztgenannten Fluss, der, um kleine Dinge mit großen zu vergleichen, wie Balboas erster Blick auf den Pazifik von den Bergen des Isthmus von Darien aus ist. „Als wir den Sankt-Lorenz-Strom zum ersten Mal von der Spitze eines hohen Hügels aus sahen", sagt er, „war die Aussicht am beeindruckendsten und für mich viel interessanter, weil ich die beiden vorherigen im Wald eingesperrt war." Monate. Direkt vor uns lag der breite Fluss, der sich über neun bis zehn Meilen erstreckte, seine Oberfläche wurde von einigen Inseln und Riffen unterbrochen, und zwei Schiffe lagen in Ufernähe vor Anker. Dahinter erstrecken sich ausgedehnte, unbebaute Hügelketten parallel zum Fluss. Die Sonne ging gerade hinter ihnen unter und vergoldete die ganze Szene mit ihren Abschiedsstrahlen."

Gegen vier Uhr desselben Nachmittags traten wir unsere Rückreise an, die nur wenig oder gar keine Stangen erfordern würde. Bei Stromschnellen verwenden die Bootsführer statt Stangen große und breite Paddel, um das Boot zu führen. Obwohl wir so schnell und oft sanft hinabglitten, wo es uns keine geringe Anstrengung gekostet hatte, wieder aufzustehen, war unsere jetzige Reise mit weitaus größeren Gefahren verbunden; Denn wenn wir einmal einen der tausend Felsen treffen würden, von denen wir umgeben waren, würde das Boot augenblicklich überschwemmt sein. Wenn ein Boot unter diesen Umständen überschwemmt wird, fällt es den Bootsleuten zunächst gewöhnlich nicht schwer, sich über Wasser zu halten, da die Strömung sie und ihre Ladung über eine lange Strecke flussabwärts aufrecht hält; und wenn sie schwimmen können, müssen sie sich nur nach und nach ans Ufer vorarbeiten. Die größte Gefahr besteht darin, in einem Wirbel hinter einem größeren Felsen gefangen zu werden, wo das Wasser schneller flussaufwärts strömt als anderswo abwärts, und unter der Oberfläche immer wieder herumgetragen zu werden, bis sie ertrinken. McCauslin wies auf einige Felsen hin, die Schauplatz eines solchen tödlichen Unfalls gewesen waren. Manchmal wird die Leiche mehrere Stunden lang nicht weggeworfen. Er selbst hatte einmal einen solchen Rundgang gemacht, wobei für seine Begleiter nur seine Beine sichtbar waren; aber er wurde glücklicherweise rechtzeitig rausgeworfen, um wieder zu Atem zu kommen. [7] Beim Befahren der Stromschnellen muss der Bootsmann dieses Problem lösen: Er muss einen Umweg und einen sicheren Kurs zwischen tausend versunkenen Felsen wählen, die über eine Viertel- oder halbe Meile verstreut sind, und gleichzeitig stetig weiterfahren Geschwindigkeit von fünfzehn Meilen pro Stunde. Er kann nicht aufhören; Die Frage ist nur, wohin wird er gehen? Der Bugmann wählt den Kurs mit all seinen Augen um sich herum, schlägt mit seinem Paddel breit aus und zieht das Boot mit aller Kraft auf seinen Kurs. Der Heckmann folgt treu dem Bug.

Bald waren wir bei den Aboljacarmegus- Wasserfällen. Um die Verzögerung und die Mühe des Transports hier zu vermeiden, machten sich unsere Bootsleute zuerst auf den Weg zur Erkundung und beschlossen, das Batteau die Wasserfälle hinabzulassen und das Gepäck nur über den Transport zu befördern. Wir sprangen von Felsen zu Felsen, bis wir fast in der Mitte des Baches waren, waren bereit, das Boot zu empfangen und es über den ersten Wasserfall hinabzulassen, etwa sechs bis sieben Fuß senkrecht. Die Bootsleute stehen auf der Kante eines Felsvorsprungs, wo der Fall vielleicht neun bis zehn Fuß senkrecht ist, in einem bis zwei Fuß schnellem Wasser, einer auf jeder Seite des Bootes, und lassen es sanft darüber gleiten, bis der Der Bogen wird zehn bis zwölf Fuß in die Luft gefahren; Dann lässt man es direkt fallen, während einer den Maler festhält, der andere hineinspringt und sein Begleiter ihm folgt, und sie werden die Stromschnellen hinab zu einem neuen Wasserfall oder zu glattem Wasser geschleudert. In wenigen Minuten hatten sie eine sichere Passage geschafft, die für Ungeschickte ebenso tollkühn wäre wie der Abstieg von Niagara selbst. Es schien, als bräuchte es nur ein wenig Vertrautheit und etwas mehr Geschick, um solche Wasserfälle wie Niagara selbst sicher hinunterzufahren. Auf jeden Fall sollte ich an solchen Männern in den Stromschnellen oberhalb von Table Rock nicht verzweifeln, bis ich sie tatsächlich über die Wasserfälle gehen sah, so kühl, so gesammelt, so fruchtbar an Ressourcen sind sie. Man hätte meinen können, es handele sich dabei um Stürze, und man dürfe nicht ungestraft durch Stürze waten wie durch eine Schlammpfütze. Es bestand wirklich die Gefahr, dass sie ihre Erhabenheit verlieren würden, wenn sie ihre Macht verlieren, uns Schaden zuzufügen. Vertrautheit erzeugt Verachtung. Der

Bootsmann bleibt vielleicht auf einem Felsvorsprung unter einem Felsvorsprung unter dem Wasserfall stehen und steht in einer zwei Fuß tiefen Bucht mit Stauwasser, und man hört, wie seine raue Stimme durch die Gischt ertönt und kühl Anweisungen gibt, wie das Boot dieses Mal zu Wasser gelassen werden soll .

die Pockwockomus Falls umrundet hatten , brachten uns unsere Ruder bald zum Katepskonegan oder Oak Hall Carry, wo wir beschlossen, auf halber Höhe zu campen und unser Batteau am Morgen auf frischen Schultern zum Übertragen zurückzulassen. Auf der Schulter eines jeden Bootsmanns befand sich ein handtellergroßer roter Fleck, den das Batteau auf dieser Expedition trug; und diese Schulter war, während sie die ganze Arbeit verrichtete, aufgrund ihres langen Dienstes deutlich niedriger als ihr Gegenstück. Eine solche Mühe zermürbt schnell die stärkste Konstitution. Die Fahrer sind es gewohnt, im Frühling im kalten, selten trockenen Wasser zu arbeiten; und wenn jemand am ganzen Körper hinfällt , wechselt er selten seine Kleidung bis zum Abend, wenn überhaupt. Wer diese Vorsichtsmaßnahme trifft, wird mit einem bestimmten Spitznamen angerufen oder abgeschreckt. Niemand kann dieses Leben führen, der nicht fast amphibisch ist. McCauslin sagte nüchtern, was auf jeden Fall eine gute Geschichte zu erzählen ist, dass er gesehen habe, wie sechs Männer auf einmal völlig unter Wasser standen, in einem Stau, mit den Schultern an den Handspitzen. Wenn der Baumstamm nicht startete, mussten sie den Kopf zum Atmen herausstrecken. Der Fahrer arbeitet, solange er sehen kann, von Dunkelheit zu Dunkelheit, und hat nachts keine Zeit, zu Abend zu essen und seine Kleidung ordentlich zu trocknen, bevor er auf seinem Zedernholzbett einschläft. Wir lagen in dieser Nacht auf dem Bett, das von einer solchen Gruppe gemacht worden war, spannten unser Zelt über die noch stehenden Stangen, bedeckten das feuchte und verblasste Bett jedoch mit frischen Blättern.

Am Morgen trugen wir unser Boot herüber und setzten es zu Wasser, wobei wir uns beeilten, damit der Wind nicht aufkam. Die Bootsleute rannten den Passamagamet hinunter und kurz hinter den Ambejijis- Wasserfällen, während wir mit dem Gepäck herumliefen. Wir machten am Fuße des Ambejijis -Sees ein schnelles Frühstück mit dem Rest unseres Schweinefleischs und ruderten bald wieder über die glatte Oberfläche, unter einem angenehmen Himmel, da der Berg im Nordosten jetzt wolkenlos war. Wir wechselten uns an den Rudern ab und schossen schnell mit einer Geschwindigkeit von sechs Meilen pro Stunde über Deep Cove, den Fuß von Pamadumcook und den North Twin, wobei der Wind nicht stark genug war, um uns zu stören, und erreichten mittags den Damm. Die Bootsleute gingen durch eine der Holzschleusen im Batteau, wo der Fall drei Meter tief war, und brachten uns hinein. Hier befand sich die längste Stromschnelle unserer Reise, und vielleicht war diese Fahrt eine genauso gefährliche und anstrengende Aufgabe wie jede andere. Manchmal schossen wir mit einer Geschwindigkeit von, wie wir schätzten, fünfzehn Meilen pro Stunde herunter , und wenn wir auf einen Felsen trafen, wurden wir augenblicklich von einem Ende zum anderen gespalten. Mal wie ein Köder, der mitten in den Wirbeln nach einem Flussungeheuer schaukelt, mal auf diese Seite des Baches schießt, mal dorthin, schnell und sanft in die Nähe unserer Zerstörung gleitet, oder mit dem Paddel breit zuschlägt und das Boot nach rechts zieht oder mit aller Kraft los, um einem Stein auszuweichen. Ich vermute, dass es so war, als würde man durch die Stromschnellen des Sault Sainte Marie am Ausfluss des Lake Superior laufen, und unsere Bootsführer zeigten wahrscheinlich nicht weniger Geschicklichkeit als die Indianer dort. Wir liefen bald durch diese Meile und schwammen im Quakish Lake.

Nach einer solchen Reise wirkten die unruhigen und wütenden Gewässer, die einst schrecklich gewirkt hatten und mit denen nicht zu spaßen war, gezähmt und gedämpft; Sie waren bärtig und besorgt in ihren Kanälen, gestochen und ausgepeitscht worden, bis sie sich mit der Stachelstange und dem Paddel unterwarfen, sie waren durch und durch ungestraft gegangen, und ihnen war all ihr Mut und ihre Gefahr genommen worden, und die am stärksten angeschwollenen und ungestümen Flüsse schienen sondern Spielzeug von nun an. Endlich begann ich zu verstehen, dass der Bootsmann mit den Stromschnellen vertraut war und sie verachtete. „Diese Fowler-Jungs“, sagte Mrs. McCauslin , „sind perfekte Enten fürs Wasser.“ Sie waren ihrer Aussage nach dreißig oder vierzig Meilen in einem Batteau in der Nacht nach Lincoln gerannt, um einen Arzt zu holen, als es so dunkel war, dass sie keinen Stab vor sich sehen konnten, und der Fluss so angeschwollen war Es war fast eine ununterbrochene Schnelligkeit, so dass der Arzt *schrie* , als sie ihn bei Tageslicht hochzogen: „Warum, Tom, wie hast du gesehen, wie man steuert?“ „Wir haben nicht viel gelenkt, sondern sie nur gerade gehalten.“ Und doch passierte ihnen kein Unfall. Es stimmt, dass die schwierigeren Stromschnellen weiter oben liegen.

Als wir den Millinocket gegenüber von Toms Haus erreichten und darauf warteten, dass seine Leute uns absetzen würden – denn wir hatten unser Batteau oberhalb der Grand Falls verlassen – entdeckten wir zwei Kanus mit jeweils zwei Männern, die diesen Bach hinauffuhren Shad Pond, einer hielt die gegenüberliegende Seite einer kleinen Insel vor uns, während der andere sich der Seite näherte, auf der wir standen, und die Ufer sorgfältig nach vorbeikommenden Bisamratten absuchte. Der letzte erwies sich als Louis Neptun und sein Begleiter, die nun endlich auf dem Weg nach Chesuncook waren , um Elche zu jagen, aber sie waren so verkleidet, dass wir sie kaum kannten. Aus einiger Entfernung hätte man sie für Quäker mit ihren breitkrempigen Hüten und Mänteln mit weiten Umhängen halten können, die Beute von Bangor, die in diesem Sylvania eine Niederlassung suchten – oder, näher gelegen, für elegante Herren am Morgen nach einem Spree. Von Angesicht zu Angesicht sahen diese Indianer in ihren heimischen Wäldern aus wie die finsteren und krummen Kerle, die man trifft, wenn man in den Straßen einer Stadt Schnüre und Papier aufsammelt. Tatsächlich besteht eine bemerkenswerte und unerwartete Ähnlichkeit zwischen dem erniedrigten Wilden und den untersten Klassen einer großen Stadt. Das eine ist ebenso wenig ein Kind der Natur wie das andere. Im fortschreitenden Verfall geht der Rassenunterschied bald verloren. Neptun wollte zunächst nur wissen, was wir „töten", als er ein paar Rebhühner in den Händen eines unserer Mitreisenden sah , aber wir hatten zu große Wut vermutet, um eine Antwort zu erlauben. Wir dachten, Inder hätten früher eine gewisse Ehre. Aber –" Mir war schlecht. Oh, mir geht es jetzt nicht gut. Du verhandelst, dann gehe ich." Tatsächlich waren sie durch einen betrunkenen Ausflug auf den Fünf Inseln so lange aufgehalten worden, dass sie sich noch nicht von den Folgen erholt hatten. In ihren Kanus hatten sie junges Musquash, das sie mit einer Hacke aus dem Ufer gruben, als Nahrung, nicht für ihre Häute, denn Musquash ist ihr Hauptnahrungsmittel auf diesen Expeditionen. Also gingen sie weiter den Millinocket hinauf, und wir gingen weiter am Ufer des Penobscot entlang, nachdem wir uns mit einem Schluck von Toms Bier erholt hatten, und ließen Tom in seinem Haus zurück.

So wird ein Mann sein Leben hier am Rande der Wildnis, am Indian Millinocket Stream, in einer neuen Welt, weit in der Dunkelheit eines Kontinents, führen und hier abends eine Flöte spielen können, während seine Klänge im Echo widerhallen Sterne, inmitten des Heulens der Wölfe; wird sozusagen im Urzeitalter der Welt leben, ein Urmensch. Dennoch wird er einen sonnigen Tag verbringen und in diesem Jahrhundert mein Zeitgenosse sein; Vielleicht werde ich ein paar verstreute Literaturblätter lesen und manchmal mit mir reden. Warum also Geschichte lesen, wenn die Zeitalter und Generationen jetzt sind? Er lebt dreitausend Jahre tief in der Zeit, ein Zeitalter, das noch nicht von Dichtern beschrieben wurde. Kann man in der Geschichte noch weiter zurückgehen? Ja! Ja! – denn jetzt taucht in der Mündung des Millinocket Stream ein noch älterer und primitiverer Mann auf, dessen Geschichte nicht einmal auf den ersteren zurückgeführt werden kann. In einem mit den Wurzeln der Fichte genähten Rindengefäß taucht er mit Paddeln aus Hainbuche seinen Weg. Für mich ist er nur schwach und neblig, verdeckt von den Äonen , die zwischen dem Rindenkanu und dem Batteau liegen. Er baut kein Haus aus Baumstämmen, sondern ein Wigwam aus Fellen. Er isst kein heißes Brot und keinen süßen Kuchen, sondern Musquash und Elchfleisch und das Fett von Bären. Er gleitet den Millinocket hinauf und verschwindet für mich, während eine weiter entfernte und neblige Wolke hinter einer näheren vorbeifliegt und sich im Weltraum verliert. Also geht er seiner Bestimmung nach, dem roten Gesicht des Menschen.

Nachdem wir die Nacht bei Onkel George verbracht und unsere Stiefel ein letztes Mal mit Butter eingeschmiert hatten, dessen Hunde ihn vor Freude über seine Rückkehr fast verschlungen hätten, gingen wir am nächsten Tag weiter flussabwärts, etwa acht Meilen zu Fuß, und machten dann einen Spaziergang Batteau, mit einem Mann, um es zu polieren, nach Mattawamkeag, zehn weitere. Um eine lange Geschichte schnell zu Ende zu bringen, ließen wir mitten in dieser Nacht unseren Buggy über die halbfertige Brücke in Oldtown fallen, wo wir das verwirrte Geräusch und Klirren von hundert Sägen hörten, die niemals ruhen, und an Am nächsten Morgen um sechs Uhr machte sich einer aus der Gruppe auf den Weg nach Massachusetts.

Was in der Wildnis von Maine am meisten auffällt, ist die Kontinuität des Waldes mit weniger offenen Abschnitten oder Lichtungen, als Sie sich vorgestellt haben. Abgesehen von den wenigen verbrannten Landstrichen, den schmalen Abschnitten an den Flüssen, den kahlen Gipfeln der hohen Berge und den Seen und Bächen ist der Wald ununterbrochen. Es ist noch düsterer und wilder, als Sie erwartet hatten, eine feuchte und verschlungene Wildnis, im Frühling überall nass und schlammig. Der Anblick des Landes ist in der Tat überall streng und wild, mit Ausnahme der weiten Aussicht auf den Wald von den Hügeln und der Aussicht auf den See, die in gewissem Maße mild und zivilisiert sind. Auf die Seen ist man nicht vorbereitet; Sie liegen so hoch, dem Licht ausgesetzt, und der Wald wird an ihren Rändern zu einem feinen Saum reduziert, mit hier und da einem blauen Berg, wie Amethyst-Juwelen, die um einen Edelstein des ersten Wassers gelegt sind – so vorgelagert, so hoch , zu allen Veränderungen, die an ihren Küsten stattfinden werden, auch jetzt noch höflich und kultiviert und fair, wie sie nur sein können. Dies sind nicht die künstlichen Wälder eines englischen Königs, sondern lediglich ein königliches Reservat. Hier gelten keine Waldgesetze, sondern die der Natur. Die Ureinwohner wurden nie enteignet oder die Natur abgeholzt.

Maine Wildnis

Es ist ein Land voller immergrüner Bäume, moosbewachsener Silberbirken und Wasserahorne, der Boden ist mit faden kleinen, roten Beeren übersät und mit feuchten und moosbewachsenen Felsen übersät – ein abwechslungsreiches Land mit unzähligen Seen und reißenden Bächen, bevölkert mit Forellen und verschiedene *Leucisci -Arten* , dazu Lachs, Maifisch, Hecht und andere Fische; der Wald hallte in seltenen Abständen vom Klang der Meise, des Blauhähers und des Spechtes, dem Schrei des Fischfalken und des Adlers, dem Lachen des Seetauchers und dem Pfeifen der Enten entlang der einsamen Bäche wider; nachts, mit dem Schrei der Eulen und dem Heulen der Wölfe; Im Sommer wimmelt es von unzähligen Kriebelmücken und Mücken, die für den Weißen gefährlicher sind als Wölfe. Hier leben Elche, Bären, Karibus, Wölfe, Biber und Indianer. Wer soll die unaussprechliche Zärtlichkeit und das unsterbliche Leben des düsteren Waldes beschreiben, wo die Natur, obwohl es Mittwinter ist, immer im Frühling ist, wo die moosbewachsenen und verfallenden Bäume nicht alt sind, sondern sich einer ewigen Jugend zu erfreuen scheinen? Und die glückselige, unschuldige Natur ist wie ein ruhiger Säugling zu glücklich, um einen Lärm zu machen, außer durch ein paar klingelnde, lispelnde Vögel und plätschernde Bäche?

Was für ein Ort zum Leben, was für ein Ort zum Sterben und Begrabenwerden! Dort würden die Menschen sicherlich ewig leben und über den Tod und das Grab lachen. Dort konnten sie nicht an solche Gedanken denken, die man mit dem Dorffriedhof verbindet – die aus einem dieser feuchten, immergrünen Hügel ein Grab machen!

Sterben und begraben werden, wer will,

Ich habe vor, noch hier zu leben;

Meine Natur wird immer jünger

Die ursprünglichen Kiefern dazwischen.

Meine Reise erinnert mich daran, wie überaus neu dieses Land noch ist. Man muss nur ein paar Tage lang ins Landesinnere und in die Hinterlande vieler alter Staaten reisen, um genau das Amerika zu erreichen, das die Nordmänner, Cabot, Gosnold, Smith und Raleigh besucht haben. Wenn Kolumbus der erste war, der die Inseln entdeckte, haben Americus Vespucius und Cabot sowie die Puritaner und wir ihre Nachkommen nur die Küsten Amerikas entdeckt. Während die Republik weltweit bereits eine Geschichte erlangt hat, ist Amerika immer noch unruhig und unerforscht. Wie die Engländer in Neu-Holland leben wir noch immer nur an den Küsten eines Kontinents und wissen kaum, woher die Flüsse kommen, auf denen unsere Flotte schwimmt. Das Holz, die Bretter und die Dachschindeln, aus denen unsere Häuser bestehen, sind erst gestern in einer Wildnis gewachsen, in der die Indianer noch immer jagen und die Elche frei herumlaufen. New York hat seine Wildnis innerhalb seiner eigenen Grenzen; und obwohl die Seeleute Europas mit den Lotungen des Hudson vertraut sind und Fulton das Dampfschiff auf seinen Gewässern schon vor langer Zeit erfunden hat , ist immer noch ein Indianer notwendig, der seine wissenschaftlichen Männer zu seinen Quellgebieten im Adirondack-Land führt.

Haben wir die Küsten überhaupt entdeckt und besiedelt? Möge ein Mann zu Fuß die Küste entlang wandern, vom Passamaquoddy zum Sabine oder zum Rio Bravo oder dorthin, wo auch immer das Ende jetzt ist, wenn er schnell genug ist, es zu überholen, und dabei treu den Windungen jeder Bucht und jedes Einzelnen folgen Kap und Schritt zur Musik der Brandung – mit einem verlassenen Fischerdorf einmal in der Woche und dem Hafen einer Stadt einmal im Monat, um ihn aufzumuntern, und sich an den Leuchttürmen aufzuhalten, wenn es welche gibt – und sagen Sie mir, ob es so ist sieht aus wie ein entdecktes und besiedeltes Land und nicht eher wie eine einsame Insel und ein Niemandsland.

Wir sind sprunghaft bis zum Pazifik vorgedrungen und haben viele kleinere Oregon und Kalifornien unerforscht hinter uns gelassen. Obwohl die Eisenbahn und der Telegraph an den Küsten von Maine errichtet wurden, blickt der Indianer immer noch von seinen inneren Bergen über all diese bis zum Meer. Dort steht die Stadt Bangor, fünfzig Meilen den Penobscot hinauf, an der Spitze der Schifffahrt für Schiffe der größten Klasse, das wichtigste Holzdepot auf diesem Kontinent, mit einer Bevölkerung von zwölftausend, still wie ein Stern am Rande der Nacht Sie hacken die Wälder

ab, aus denen es besteht, die bereits über den Luxus und die Raffinesse
Europas wimmeln, und schicken seine Schiffe nach Spanien, nach England
und auf die Westindischen Inseln, um dort Lebensmittel zu holen – und
doch sind nur wenige Axtkämpfer „aufgestiegen " . Fluss", in die heulende
Wildnis, die ihn speist. Der Bär und das Reh sind immer noch innerhalb
seiner Grenzen anzutreffen; und der Elch, als er den Penobscot
durchschwimmt, verfängt sich in der Schifffahrt und wird von ausländischen
Seeleuten in seinem Hafen gefangen genommen. Zwölf Meilen dahinter,
zwölf Meilen Eisenbahnstrecke, liegen Orono und die Indianerinsel, die
Heimat des Penobscot-Stammes, und dann beginnen das Batteau und das
Kanu und die Militärstraße; Und sechzig Meilen darüber ist das Land
praktisch unerforscht und kartiert, und dort wogt noch immer der Urwald
der Neuen Welt.

CHESUNCOOK

Am 13. September 1853 um fünf Uhr abends verließ ich Boston mit dem Dampfer und fuhr über den Außenkurs nach Bangor. Es war eine warme und stille Nacht – wahrscheinlich wärmer auf dem Wasser als an Land – und das Meer war so glatt wie ein kleiner See im Sommer, nur kräuselte sich. Die Passagiere gingen bis zehn Uhr singend auf dem Deck, wie in einem Salon. Wir kamen an einem Schiff vorbei, das mit seinen Balkenenden auf einem Felsen direkt vor den Inseln lag, und einige von uns dachten, es sei das „entrückte Schiff", das lief

„ Auf ihrer Seite so tief

Dass sie Wasser trank und ihr Kiel die Luft pflügte.

ohne zu bedenken, dass es keinen Wind gab und dass sie sich unter nackten Stangen befand. Jetzt haben wir die Inseln hinter uns gelassen und sind vor Nahant. Wir sehen die Merkmale, die die Entdecker sahen, scheinbar unverändert. Jetzt sehen wir die Lichter von Cape Ann und kommen an einer kleinen dorfähnlichen Flotte von Makrelenfischern vorbei, die vor Anker liegt, wahrscheinlich vor Gloucester. Sie grüßen uns mit einem Ruf von ihren niedrigen Decks aus; aber ich verstehe ihr „Guten Abend" so, dass es bedeutet: „Rennen Sie nicht gegen mich, Sir." Von den Wundern der Tiefe gehen wir hinunter in einen noch tieferen Schlaf. Und dann die Absurdität, nachts von einem Mann geweckt zu werden, der dir die Stiefel schwärzen will! Es ist unvermeidlicher als Seekrankheit und könnte etwas damit zu tun haben. Es ist wie das Ducken, das man bekommt, wenn man die Ziellinie zum ersten Mal überquert. Ich vertraute darauf, dass diese alten Bräuche abgeschafft würden. Sie könnten mit dem gleichen Anstand darauf bestehen, Ihr Gesicht zu schwärzen. Ich hörte von einem Mann, der sich darüber beschwerte, dass ihm nachts jemand seine Stiefel gestohlen hatte; und als er sie fand, wollte er wissen, was sie ihnen angetan hatten – sie hatten sie verwöhnt – er hat ihnen nie dieses Zeug angetan; und der Schuhputzer entging knapp der Zahlung von Schadensersatz.

Da ich unbedingt aus dem Bauch des Wals herauskommen wollte, stand ich früh auf und gesellte mich zu einigen alten Salzen, die bei schwachem Licht auf einem geschützten Teil des Decks rauchten. Wir kamen gerade in den Fluss. Sie wussten natürlich alles darüber. Ich war stolz, als ich feststellte, dass ich die Reise so gut überstanden hatte und nicht im Geringsten verdaut war. Wir wischten uns auf und beobachteten die ersten Anzeichen der Morgendämmerung durch eine offene Luke; aber der Tag schien in Flammen zu stehen. Wir erkundigten uns nach der Uhrzeit; Keiner meiner Begleiter hatte einen Chronometer. Schließlich stürmte ein afrikanischer

Prinz vorbei und sagte: „Zwölf Uhr, meine Herren!" und blies das Licht aus. Es war Mondaufgang. Also schlich ich wieder in die Eingeweide des Monsters.

Das erste Land, das wir erreichen, ist Monhegan Island vor Tagesanbruch und als nächstes die St. George's Islands, wo wir zwei oder drei Lichter sehen. Interessant ist Whitehead mit seinen kahlen Felsen und der Grabglocke. Als nächstes erinnere ich mich, dass die Camden Hills meine Aufmerksamkeit erregten und danach die Hügel um Frankfort. Gegen Mittag erreichten wir Bangor.

Als ich ankam, war mein zukünftiger Begleiter flussaufwärts gegangen und hatte einen Indianer, Joe Aitteon , einen Sohn des Gouverneurs, engagiert, um mit uns zum Chesuncook Lake zu gehen. Joe hatte im Jahr zuvor zwei weiße Männer auf Elchjagd in die gleiche Richtung geführt. Er kam an diesem Abend mit dem Auto in Bangor an, mit seinem Kanu und einem Begleiter, Sabattis Solomon, der Bangor am folgenden Montag mit Joes Vater über den Penobscot verlassen und sich Joe bei der Elchjagd in Chesuncook anschließen wollte , als wir es getan hatten fertig mit ihm. Sie aßen im Haus meines Freundes zu Abend, übernachteten in seiner Scheune und sagten, dass es ihnen im Wald noch schlimmer ergehen würde. Sie ließen Watch nur ein wenig bellen, wenn sie nachts an die Tür kamen, um Wasser zu holen, denn er mag keine Indianer.

Am nächsten Morgen wurden Joe und sein Kanu eine Stunde bevor wir in einem offenen Wagen losfuhren, an Bord der Etappe zum Moosehead Lake gebracht, der etwa sechzig Meilen entfernt liegt. Wir trugen Hartbrot, Schweinefleisch, geräuchertes Rindfleisch, Tee, Zucker usw., scheinbar genug für ein Regiment; Der Anblick dieser Zusammenkunft erinnerte mich daran, mit welch unwürdigen Mitteln wir uns bisher behauptet hatten. Wir fuhren auf der Avenue Road, die ziemlich gerade und sehr gut ist, nordwestlich in Richtung Moosehead Lake, durch mehr als ein Dutzend blühende Städte, in denen fast jede ihre Akademie hatte – von denen jedoch keine einzige in meinem veröffentlichten General Atlas steht , leider! im Jahr 1824; so sehr sind sie vor dem Alter, oder ich dahinter! Damals muss die Erde für General Atlas wesentlich leichter gewesen sein.

Es regnete den ganzen Tag und bis zur Mitte des nächsten Vormittags und verdeckte die Landschaft fast vollständig; Doch kaum hatten wir die Straßen von Bangor verlassen, als mich der Anblick der wilden Tannen- und Fichtenwipfel und anderer primitiver immergrüner Pflanzen, die durch den Nebel am Horizont blickten, in Hochstimmung versetzte. Für einen Schuljungen war es wie der Anblick und Geruch von Kuchen. Wer reitet und die ausgetretenen Pfade befolgt, studiert hauptsächlich die Zäune. In der Nähe von Bangor wurden die Zaunpfähle, weil der Frost sie in den lehmigen

Boden gedrückt hatte, nicht in die Erde gepflanzt, sondern in einen horizontalen Querbalken eingelassen, der auf der Oberfläche lag. Danach waren die vorherrschenden Zäune Blockzäune, manchmal auch ein Virginia-Zaun, oder schräg über gekreuzte Pfähle gespannte Schienen; und diese liefen im Zickzack oder springten den ganzen Weg bis zum See und hielten sich direkt vor uns. Nachdem wir das Penobscot-Tal verlassen hatten, war das Land unerwartet flach oder bestand über zwanzig oder dreißig Meilen aus sehr gleichmäßigen und gleichmäßigen Wellen, die nie über das allgemeine Niveau anstiegen, aber, wie es heißt, bei klarem Wetter eine sehr gute Aussicht boten , mit häufigen Ausblicken auf Ktaadn – gerade Straßen und lange Hügel. Die Häuser waren weit voneinander entfernt, meist klein und einstöckig, aber umrahmt. Es gab nur sehr wenig bewirtschaftetes Land, dennoch grenzte der Wald selten an die Straße. Die Stümpfe waren oft kopfhoch und zeigten die Schneehöhe. Die weißen Heukappen, die wegen des Regens über kleine Bohnen- oder Maisstapel auf den Feldern gezogen wurden, waren für mich ein neuartiger Anblick. Wir sahen große Taubenschwärme und kamen mehrmals bis auf ein oder zwei Ruten an Rebhühnern auf der Straße vorbei. Mein Begleiter sagte, dass er und sein Sohn auf einer Reise aus Bangor sechzig Rebhühner aus seinem Buggy geschossen hätten. Die Eberesche sah jetzt sehr schön aus, ebenso der Wanderbaum oder Humpelstrauch mit seinen reifen violetten Beeren, gemischt mit roten. Die Kanadadistel, eine eingeschleppte Pflanze, war das vorherrschende Unkraut bis zum See, vielerorts am Straßenrand und auf Feldern, die noch nicht lange gerodet waren, da sie dicht mit ihr gefüllt war wie mit einer Feldfrucht, bis auf alles andere. Es gab auch ganze Felder voller Farne, die mittlerweile verrostet und welk sind und in älteren Ländern üblicherweise nur auf nassem Boden wachsen. Es gab nur sehr wenige Blumen, selbst angesichts der späten Saison. Zufällig sah ich entlang der Straße im Umkreis von fünfzig Meilen keine blühenden Astern, obwohl sie damals in Massachusetts so häufig vorkamen – außer an einer Stelle ein oder zwei der *Aster acuminatus* – und keine Goldruten bis auf zwanzig Meilen von Monson entfernt , wo ich einen dreirippigen sah. Es gab jedoch viele späte Hahnenfußgewächse und die beiden Weidenröschen, Erechthites und Epilobium , häufig dort, wo es zu einem Brand gekommen war, und schließlich das Perlmuttkraut. Ich bemerkte gelegentlich sehr lange Wassertröge, die die Straße mit Wasser versorgten, und mein Begleiter sagte, dass der Staat jährlich drei Dollar an einen Mann in jedem Schulbezirk bewilligte, der am Straßenrand einen geeigneten Wassertrog bereitstellte und unterhielt Verwendung von Reisenden – ein Stück Intelligenz, das für mich so erfrischend ist wie das Wasser selbst. Diese Legislaturperiode war nicht umsonst. Es war ein orientalischer Akt, der in mir den Wunsch weckte, noch weiter unten im Osten zu sein – ein weiteres Maine-Gesetz, von dem ich hoffe, dass wir es in Massachusetts bekommen. Dieser Staat verbannt Schankstuben von seinen Autobahnen und leitet die Bergquellen dorthin.

Das Land war zunächst in Garland, Sangerville und darüber hinaus, fünfundzwanzig bis dreißig Meilen von Bangor entfernt, ausgesprochen gebirgig. In Sangerville, wo wir am Nachmittag Halt machten, um uns aufzuwärmen und zu trocknen, erzählte uns der Wirt, dass er dort, wo wir ihn gefunden hatten, eine Wildnis gefunden hatte. An einer Weggabelung zwischen Abbot und Monson, etwa zwanzig Meilen vom Moosehead Lake entfernt, sah ich einen Wegweiser, der von zwei Elchhörnern gekrönt war, die vier bis fünf Fuß breit waren und auf deren Klinge das Wort „Monson" gemalt war der Name einer anderen Stadt auf der anderen Seite. Sie werden manchmal zusammen mit Hirschhörnern für dekorative Hutbäume vor den Eingängen verwendet; aber nach der Erfahrung, die ich erzählen werde, vertraue ich darauf, dass ich eine bessere Entschuldigung dafür haben werde, einen Elch zu töten, als dass ich meinen Hut an seine Hörner hängen könnte. Nach Einbruch der Dunkelheit erreichten wir Monson, fünfzig Meilen von Bangor und dreizehn vom See entfernt.

Um vier Uhr am nächsten Morgen setzten wir im Dunkeln und immer noch im Regen unsere Reise fort. In dieser Stadt wurde in der Nähe der Akademie eine Art Galgen errichtet, auf dem die Schüler üben konnten. Ich dachte, dass sie alle, die solche Übungen in einem so neuen Land absolvieren müssen, in dem es nichts gibt, was sie daran hindert, ein Leben im Freien zu führen, genauso gut auf einmal hängen lassen könnten. Lassen Sie Blair besser weg und schnappen Sie sich die Luft. Das Land rund um das südliche Ende des Sees ist ziemlich gebirgig, und die Straße begann, die Auswirkungen davon zu spüren. Es gibt einen Hügel, dessen Besteigung 25 Minuten dauert. An vielen Stellen befand sich die Straße in diesem Zustand, den man als *repariert* bezeichnete, da sie gerade mit der Schaufel und dem Schaber in die erforderliche halbzylindrische Form geschnitzelt worden war, mit allen sanften Unebenheiten in der Mitte, wie ein Schweinsrücken mit den Borsten nach oben, und das wurde von Jehu erwartet rittlings auf der Wirbelsäule bleiben. Als man von beiden Seiten der kahlen Kugel in den Horizont blickte, waren die Gräben ein schrecklicher Anblick – eine riesige Hohlheit, wie die zwischen Saturn und seinem Ring. In einer Taverne in der Nähe begrüßte der Stallknecht unser Pferd wie einen alten Bekannten, obwohl er sich nicht an den Kutscher erinnerte. Er sagte, dass er sich ein oder zwei Jahre zuvor kurzzeitig im Mount Kineo House um die kleine Stute gekümmert habe und der Meinung sei, dass ihr Zustand nicht mehr so gut sei wie damals. Jeder Mann hat sein Handwerk. Ich kenne kein einziges Pferd auf der Welt, nicht einmal das, das mich getreten hat.

Wir hatten bereits geglaubt, dass wir den Moosehead Lake von einem Hügel aus sehen würden, wo ausgedehnter Nebel das ferne Tiefland füllte, aber wir

irrten uns. Erst als wir nur noch ein oder zwei Meilen von seinem südlichen
Ende entfernt waren, bekamen wir den ersten Blick darauf : eine
entsprechend wild aussehende Wasserfläche, übersät mit kleinen, niedrigen
Inseln, die mit zottigen Fichten und anderem Wildwuchs bedeckt waren
Holz – gesehen über dem jungen Hafen von Greenville mit Bergen auf
beiden Seiten und weit im Norden und dem Rauchrohr eines Dampfers, das
sich über einem Dach erhebt. Ein Paar Elchhörner schmückte eine Ecke des
Wirtshauses, wo wir unser Pferd zurückließen, und ein paar Ruten entfernt
lag der kleine Dampfer Moosehead, Captain King. Weiter in dieser Richtung
gab es kein Dorf und keine Sommerstraße, sondern eine Winterstraße, die
nur befahrbar war, wenn tiefer Schnee ihre Unebenheiten bedeckte, von
Greenville die Ostseite des Sees hinauf bis nach Lily Bay, etwa zwölf Meilen.

Ich wurde hier zum ersten Mal mit Joe bekannt gemacht. Er war am Tag
zuvor im Regen die gesamte Strecke außerhalb der Etappe gefahren und
hatte den Damen den Vortritt gelassen, und war gut durchnässt. Da es immer
noch regnete, fragte er, ob wir es „durchziehen" würden. Er war ein
gutaussehender Inder, vierundzwanzig Jahre alt, offenbar reinen Blutes, klein
und kräftig, mit breitem Gesicht und rötlichem Teint und Augen, die meiner
Meinung nach schmaler und an den äußeren Augenwinkeln stärker nach
oben gerichtet waren als unsere die Beschreibung seiner Rasse. Außer seiner
Unterwäsche trug er ein rotes Flanellhemd, Wollhosen und einen schwarzen
Kossuth-Hut, die übliche Kleidung des Holzfällers und in erheblichem Maße
auch der Penobscot-Indianer. Als er später Gelegenheit hatte, seine Schuhe
und Strümpfe auszuziehen, fiel mir auf, wie klein seine Füße waren. Er hatte
viel als Holzfäller gearbeitet und schien sich mit dieser Klasse zu
identifizieren. Er war der einzige in der Gruppe , der eine Gummijacke besaß
. Die obere Leiste oder Kante seines Kanus war durch die Reibung auf der
Bühne fast durchgeschliffen.

Um acht Uhr rief uns der Dampfer mit seiner Glocke und Pfeife, die die
Elche erschreckte, an Bord. Es war ein gut ausgestattetes kleines Boot, das
von einem Gentleman-Kapitän kommandiert wurde, mit Patent-
Rettungssitzen und einem Rettungsboot aus Metall ausgestattet war und auf
Wunsch auch Abendessen an Bord hatte. Sie wird hauptsächlich von
Holzfällern für den Transport ihrer selbst, ihrer Boote und Vorräte, aber
auch von Jägern und Touristen genutzt. In der Nähe lag ein weiterer
Dampfer namens Amphitrite; aber anscheinend war ihr Name nicht banaler
als ihr Rumpf. Im Hafen lagen auch zwei oder drei große Segelboote. Diese
Anfänge des Handels an einem See in der Wildnis sind sehr interessant –
diese größeren weißen Vögel, die kommen, um mit den Möwen Gesellschaft
zu leisten. Es gab nur wenige Passagiere und keine einzige Frau unter ihnen:
ein St.-Francis-Indianer mit seinem Kanu und seinen Elchfellen; zwei
Entdecker für Bauholz; drei Männer, die auf Sandbar Island gelandet sind,

und ein Herr, der auf Deer Island lebt, elf Meilen oberhalb des Sees, und dem auch Sugar Island gehört, zwischen dem und dem ersteren der Dampfer fährt; Ich glaube, diese waren alle außer uns. Im Salon befand sich eine Art Musikinstrument – Cherubim oder Seraphim –, um die wütenden Wellen zu beruhigen; und dort war, sehr ordentlich, die Karte der öffentlichen Ländereien von Maine und Massachusetts angebracht, von der ich eine Kopie in meiner Tasche hatte.

Der starke Regen fesselte uns eine Zeit lang an den Saloon und ich unterhielt mich mit dem Besitzer von Sugar Island über den Zustand der Welt zur Zeit des Alten Testaments. Aber schließlich ließ er dieses Thema so frisch, wie wir es vorfanden, und erzählte mir, dass er zwanzig oder dreißig Jahre lang an diesem See gelebt habe und doch seit einundzwanzig Jahren nicht mehr an dessen Spitze gewesen sei. Er blickt in die andere Richtung. Die Entdecker hatten eine schöne neue Birke an Bord, größer als unsere, mit der sie von Howland aus den Piscataquis heraufgekommen waren, und sie hatten bereits mehrere Forellenhaufen gehabt. Sie waren auf dem Weg in die Nähe des Eagle- und des Chamberlain-Sees oder des Quellgebiets des St. John und boten uns an, uns auf unserem Weg Gesellschaft zu leisten. Der See war heute rauer, als ich das Meer vorfand, sowohl beim Hin- als auch beim Zurückkehren, und Joe bemerkte, dass es seine Birke überschwemmen würde. Vor der Lily Bay ist es ein Dutzend Meilen breit, wird aber stark von Inseln durchbrochen. Die Landschaft ist nicht nur wild, sondern auch abwechslungsreich und interessant; Auf allen Seiten außer im Nordwesten waren weiter oder näher Berge zu sehen, deren Gipfel jetzt in den Wolken verloren gingen; aber der Mount Kineo ist das Hauptmerkmal des Sees und gehört ausschließlich zu ihm. Nachdem man Greenville am Fuße verlassen hat, das den Kern einer etwa acht oder zehn Jahre alten Stadt bildet, sieht man auf der gesamten Länge des Sees, oder etwa vierzig Meilen, nur drei oder vier Häuser, drei davon die Gaststätten, an denen Der Dampfer soll anhalten, und das Ufer ist eine ungebrochene Wildnis. Das vorherrschende Holz schien Fichte, Tanne, Birke und Felsenahorn zu sein. Aus großer Entfernung konnte man das harte Holz leicht vom weichen oder „schwarzen Wuchs", wie es genannt wird, unterscheiden. Ersteres ist glatt, an der Spitze rund, hellgrün und hat ein laubartiges und kultiviertes Aussehen.

Der Mount Kineo, an dem das Boot anlegte, ist eine Halbinsel mit einem schmalen Hals, etwa in der Mitte des Sees auf der Ostseite. Der berühmte Abgrund befindet sich auf der Ost- oder Landseite davon und ist so hoch und senkrecht, dass man von der Spitze viele hundert Fuß in das Wasser springen kann, das sich hinter der Spitze bildet. Ein Mann an Bord erzählte uns, dass ein Anker an seiner Basis neunzig Faden tief versenkt worden sei, bevor er den Grund erreicht habe! Wahrscheinlich wird man bald herausfinden, dass einst ein indisches Mädchen aus Liebe davon gesprungen ist, denn die wahre Liebe hätte niemals einen Weg zu ihrem Geist finden können. Wir kamen hier ziemlich nah an dem Felsen vorbei, da es sich um ein sehr kühnes Ufer handelt, und ich bemerkte darauf Spuren einer Erhebung von vier bis fünf Fuß. Der St.-Francis-Indianer erwartete, seinen Jungen hier aufzunehmen, aber er war nicht am Landungssteg. Die scharfen Augen des Vaters entdeckten jedoch weit unter dem Berg ein Kanu mit seinem Jungen darin, obwohl es sonst niemand sehen konnte. „Wo ist das Kanu?" fragte der Kapitän: „Ich sehe es nicht." aber er hielt trotzdem durch und nach und nach schwebte er in Sichtweite.

Gegen Mittag erreichten wir die Spitze des Sees. Das Wetter hatte sich inzwischen aufgeklärt, die Berge waren jedoch immer noch von Wolken bedeckt. Von diesem Punkt aus gesehen stellten der Mount Kineo und zwei weitere mit ihm nordöstlich angrenzende Berge eine sehr starke Familienähnlichkeit dar, als ob sie alle aus einem Guss wären . Der Dampfer näherte sich hier einem langen, aus einigen seiner Baumstämme gebauten Pier, der aus der nördlichen Wildnis herausragte, und pfiff, wo weder eine Hütte noch ein Sterblicher zu sehen war. Das Ufer war recht niedrig und hatte flache Felsen, die mit schwarzer Asche, Baumstämmen usw. überwuchert waren , und die auf den ersten Blick so aussahen, als ob sie sich überhaupt nicht um uns kümmerten. Es gab keinen einzigen Taxifahrer, der „Coach!" rief. oder entführen Sie uns ins United States Hotel. Schließlich erschien ein Mr. Hinckley, der am anderen Ende des „Carry" ein Lager hat, mit einem von einem Ochsen und einem Pferd gezogenen Lastwagen über eine holprige Holzeisenbahn durch den Wald. Als nächstes mussten wir unser Kanu und unsere Ausrüstung von diesem See, einem der Quellen des Kennebec, in den Penobscot River bringen. Diese Eisenbahn vom See zum Fluss befand sich in der Mitte einer Lichtung, die zwei oder drei Ruten breit war und vollkommen gerade durch den Wald führte. Wir gingen hinüber, während unser Gepäck hinter uns hergezogen wurde. Mein Begleiter ging voraus, um sich auf die Rebhühner vorzubereiten, während ich ihm folgte und die Pflanzen betrachtete.

Dies war zunächst einmal ein interessanter botanischer Ort für jemanden, der aus dem Süden kam; denn viele Pflanzen, die eher selten sind, und ein oder zwei, die überhaupt nicht im östlichen Teil von Massachusetts vorkommen, wuchsen reichlich zwischen den Schienen, wie Labrador-Tee, *Kalmia glauca* , Kanada-Blaubeere (die noch Früchte trug, und ein zweites Mal in Blüte), *Clintonia* und *Linnæa borealis* , die zuletzt einen Holzfäller namens *Moxon* , kriechende Schneebeere, bemaltes Trillium, großblumiges Glockenkraut usw. tragen. Ich stellte mir vor, dass die *Aster Radula* , *Diplopappus umbellatus* , *Solidago lanceolata* , Rotes Trompetenkraut und viele andere, die am Ufer des Sees und an der Küste auffällig blühten, hatten dort ein besonders wildes und ursprüngliches Aussehen. Die Fichten und Tannen drängten sich zu beiden Seiten an den Weg, um uns willkommen zu heißen, die Baumstämme mit ihren wechselnden Blättern veranlassten uns, uns zu beeilen, und der Anblick der Kanupirke weckte in uns den Mut dazu. Manchmal lag ein gerade umgestürztes Immergrün mit seiner reichen Ladung Zapfen quer über dem Weg und sah immer noch voller Leben aus als unsere Bäume in den günstigsten Positionen. Man hätte nicht erwartet, solche *Fichten in den wilden Wäldern* zu finden , aber offensichtlich kümmern sie sich auch dort jeden Morgen um ihre Toilette. Durch einen solchen Vorgarten gelangten wir in die Wildnis.

Es gab einen sehr leichten Anstieg über dem See, wobei das Land wie ein Sumpf aussah und vielleicht teilweise auch ein solcher war, und schließlich ein allmählicher Abstieg zum Penobscot, wo ich zu meiner Überraschung einen großen Bach von zwölf bis fünfzehn Strömen vorfand breit, von Westen nach Osten fließend oder im rechten Winkel zum See und nicht mehr als zweieinhalb Meilen von ihm entfernt. Auf der Karte der öffentlichen Ländereien und auf Coltons Karte von Maine ist die Entfernung fast doppelt so groß, und Russell Stream liegt zu weit unten. Jackson sorgt dafür, dass der Moosehead Lake im Hafen von Portland 960 Fuß über dem Hochwasser liegt. Es ist höher als Chesuncook , denn die Holzfäller halten den Penobscot, wo wir ihn trafen, für fünfundzwanzig Fuß tiefer als Moosehead, obwohl acht Meilen darüber als der höchste gelten soll, so dass das Wasser in beide Richtungen fließen kann. und der Fluss fällt zwischen hier und Chesuncook ziemlich weit ab . Der Träger nannte dies etwa einhundertvierzig Meilen oberhalb von Bangor am Fluss oder zweihundert Meilen vom Meer entfernt und fünfundfünfzig Meilen unterhalb von Hilton auf der Kanadastraße, der ersten Lichtung darüber, also viereinhalb Meilen von der Quelle des Penobscot.

Am nördlichen Ende des Transportwegs, inmitten einer Lichtung von sechzig Acres oder mehr, befand sich ein Holzlager üblicher Bauart, mit etwas, das eher einem Haus ähnelte, als Unterkunft für die Familie des Transportarbeiters und vorbeikommende Holzfäller . Das Bett aus verwelkten Tannenzweigen roch sehr süß, wenn auch wirklich sehr schmutzig. Am Ufer des Flusses gab es auch ein Lagerhaus mit Schweinefleisch, Mehl, Eisen, Batteaux und Birken, das verschlossen war.

Wir machten uns nun daran, unser Abendessen zu holen, das sich immer als Tee herausstellte, und Kanus aufzuschlagen, wozu ein großer Eisentopf ständig am Ufer stand. Dies taten wir gemeinsam mit den Entdeckern. Sowohl Inder als auch Weiße verwenden zu diesem Zweck eine Mischung aus Kolophonium und Fett, also zum Anrichten, nicht zum Abendessen. Joe nahm ein kleines Holzfackel vom Feuer und blies die Hitze und Flamme gegen das Pech seiner Birke, sodass es schmolz und sich ausbreitete. Manchmal hielt er seinen Mund über die verdächtige Stelle und saugte, um zu sehen, ob Luft hineinkam; und an einer Stelle, wo wir anhielten, stellte er sein Kanu hoch auf gekreuzte Pfähle und goss Wasser hinein. Ich beobachtete aufmerksam seine Bewegungen und lauschte aufmerksam seinen Beobachtungen, denn wir hatten einen Indianer hauptsächlich deshalb beschäftigt, damit ich Gelegenheit hatte, seine Verhaltensweisen zu studieren. Während dieser Operation hörte ich ihn einmal leise schwören, sein Messer sei so stumpf wie eine Hacke – eine Leistung, die er seinem Verkehr mit den Weißen zu verdanken hatte; und er bemerkte: „Wir sollten etwas Tee trinken, bevor wir anfangen; wir werden hungrig sein, bevor wir diesen Elch töten."

Am Nachmittag begaben wir uns auf die Penobscot. Unsere Birke war neuneinhalb Fuß lang, an der breitesten Stelle zweieinhalb Fuß lang und innen vierzehn Zoll tief, beide Enden gleich und grün gestrichen, was Joe meinte, dass dies die Tonhöhe beeinträchtigte und sie undicht machte. Ich glaube, das war ein mittelgroßes Exemplar. Das der Entdecker war viel größer, wenn auch wahrscheinlich nicht viel länger. Dieser beförderte uns drei mit unserem Gepäck, das insgesamt zwischen fünfhundertfünfzig und sechshundert Pfund wog. Wir hatten zwei schwere, aber schlanke Paddel aus Steinahorn, eines davon aus Vogelaugenahorn. Joe legte Birkenrinde auf den Boden, damit wir darauf sitzen konnten, und schrägte Zedernholzschienen an die Querstangen, um unseren Rücken zu schützen, während er selbst auf einer Querstange im Heck saß. Das Gepäck nahm den mittleren oder breitesten Teil des Kanus ein. Wir paddelten auch abwechselnd im Bug, mal saßen wir mit ausgestreckten Beinen, mal saßen wir auf unseren Beinen und bald erhoben wir uns auf unseren Knien; aber ich fand keine dieser Positionen erträglich und erinnerte mich an die Klagen der alten jesuitischen Missionare über die Folter, die sie auf ihren langen Reisen von Quebec in das Huronenland aufgrund der langen Gefangenschaft in Zwangspositionen in Kanus erdulden mussten; aber danach setzte ich mich auf die Querstangen oder stand auf und empfand keine Unannehmlichkeiten.

Für ein paar Meilen war es totes Wasser . Der Fluss war durch den Regen und die Holzfäller um etwa zwei Fuß angehoben worden hofften auf eine Überschwemmung, die ausreichen würde, um die im Frühjahr zurückgebliebenen Baumstämme zu Fall zu bringen. Seine Ufer waren sieben bis acht Fuß hoch und dicht mit weißen und schwarzen Fichten bedeckt, die meiner Meinung nach die häufigsten Bäume in der Gegend sind: Tannen, Lebensbäume , Kanus, gelbe und schwarze Birken, Felsen, Berge usw ein paar Rotahorne, Buchen, Schwarz- und Ebereschen, die Espe mit den großen Zähnen, viele zivil aussehende Ulmen, die jetzt braun geworden sind , entlang des Baches und zunächst auch ein paar Hemlocktannen. Wir waren noch nicht weit gekommen, als ich erschrak, als ich am Ufer etwas sah, was ich für ein Indianerlager hielt, das mit einer roten Fahne bedeckt war, und rief: „Lager!" an meine Kameraden. Erst langsam wurde mir klar, dass es sich um einen durch den Frost veränderten Rotahorn handelte. Die unmittelbaren Ufer waren ebenfalls dicht mit gesprenkelten Erlen, roten Korbweiden, strauchigen Weiden oder Sandsträuchern und dergleichen bewachsen. An den Seiten waren noch ein paar gelbe Seerosenblätter übrig, halb versunken, und manchmal auch ein weißes. Wo das Wasser flach war, waren viele frische Spuren von Elchen zu sehen, und am Ufer waren die Lilienstiele von ihnen frisch abgebissen.

Nachdem wir etwa zwei Meilen gepaddelt waren, trennten wir uns von den Entdeckern und wandten uns dem Lobster Stream zu, der rechts von Südosten her einmündet. Dieser war sechs oder acht Stäbe breit und schien fast parallel zum Penobscot zu verlaufen. Joe sagte, der Name sei auf die darin gefundenen kleinen Süßwasserhummer zurückzuführen. Es ist der Matahumkeag der Karten. Mein Begleiter wollte nach Elchzeichen Ausschau halten und wollte, wenn es sich lohnte, dort campen , da der Indianer es ihm geraten hatte. Aufgrund des Anstiegs des Penobscot floss das Wasser diesen Bach hinauf zum gleichnamigen Teich, ein oder zwei Meilen. Die Spencer Mountains, östlich des nördlichen Endes des Moosehead Lake, waren jetzt deutlich vor uns zu sehen. Der Eisvogel flog vor uns her, der Taubenspecht war zu sehen und zu hören und Kleiber und Meisen ganz in der Nähe. Joe sagte, dass sie die Meise in seiner Sprache *Kecunnilessu* nannten . Ich werde nicht für die Schreibweise dessen bürgen, was möglicherweise noch nie zuvor geschrieben wurde, aber ich habe nach ihm gesprochen, bis er sagte, dass es genügen würde. Wir kamen dicht an einer Waldschnepfe vorbei, die vollkommen regungslos am Ufer stand, mit aufgeblasenen Federn, als wäre sie krank. Dieser Joe sagte, sie nannten ihn *Nipsquecohossus* . Der Eisvogel war *Skuscumonsuck* ; Bär war *Wassus* ; Indischer Teufel, *Lunxus* ; die Eberesche, *Upahsis* . Das war sehr reichlich und schön. Elchspuren waren entlang dieses Baches nicht so frisch, außer in einem kleinen Bach etwa eine Meile weiter oben, wo sich in der Quelle ein großer Baumstamm mit der Aufschrift „W-Kreuzgürtel-Krähenfuß" festgesetzt hatte. Wir sahen ein Paar Elchhörner am Ufer, und ich fragte Joe, ob ein Elch sie abgeworfen habe; aber er sagte, an ihnen sei ein Kopf befestigt, und ich wusste, dass sie ihren Kopf nicht mehr als einmal in ihrem Leben verloren hätten.

Nachdem wir etwa anderthalb Meilen bis kurz vor den Lobster Lake gestiegen waren, kehrten wir zum Penobscot zurück. Direkt unterhalb der Lobster-Mündung fanden wir schnelles Wasser, und der Fluss dehnte sich auf eine Breite von zwanzig bis dreißig Ruten aus. Die Elchspuren waren hier recht zahlreich und frisch. Wir bemerkten an sehr vielen Stellen schmale und ausgetretene Pfade, auf denen sie zum Fluss hinuntergekommen waren und auf dem steilen und lehmigen Ufer ausgerutscht waren. Ihre Spuren befanden sich entweder nahe am Bachufer, sodass die der Kälber deutlich von den anderen zu unterscheiden waren, oder sie befanden sich im seichten Wasser; Die Löcher, die ihre Füße in den weichen Boden gebohrt haben, sind noch lange sichtbar. Besonders zahlreich waren sie dort, wo es eine kleine Bucht gab, oder Pokelogan , wie sie genannt wird, die von einem Wiesenstreifen begrenzt oder vom Fluss durch eine niedrige, mit grobem Gras, Wollgras usw. bedeckte Halbinsel getrennt war, in der sie lebten watete hin und her und aß die Pads. An einer solchen Stelle haben wir die Überreste eines Exemplars entdeckt. An einer Stelle, wo wir landeten, um eine Sommerente einzusammeln, die mein Begleiter geschossen hatte, schälte Joe eine Kanupirke, um daraus Rinde für sein Jagdhorn zu gewinnen. Dann fragte er, ob wir nicht die andere Ente holen würden, denn seine scharfen Augen hatten etwas weiter entfernt einen weiteren Fall im Gebüsch gesehen, und mein Begleiter bekam sie. Jetzt bemerkte ich die leuchtend roten Beeren der Preiselbeere, die acht bis zehn Fuß hoch wächst und sich mit den Erlen und Kornelkirschen am Ufer vermischt. Es gab weniger Hartholz als zunächst.

Nachdem wir anderthalb Meilen unter der Mündung des Lobster River weitergekommen waren, erreichten wir gegen Sonnenuntergang eine kleine Insel an der Spitze dessen, was Joe Moosehorn nannte Deadwater (das Moosehorn , in dem er in dieser Nacht jagen wollte und das etwa drei Meilen weiter unten ankam), und am oberen Ende beschlossen wir, dort zu campen. Auf einer Stelle am unteren Ende lag der Kadaver eines Elches, der vor einem Monat oder länger getötet worden war. Wir beschlossen, lediglich unser Lager vorzubereiten und unser Gepäck hier zu lassen, damit alles bereit sein könnte, wenn wir von der Elchjagd zurückkamen. Obwohl ich nicht zum Jagen gekommen war und Bedenken hatte, die Jäger zu begleiten, wünschte ich mir, einen Elch in der Nähe zu sehen, und war nicht betrübt, als ich erfuhr, wie es dem Indianer gelang, einen zu töten. Ich ging als Reporter oder Kaplan zu den Jägern – und es ist bekannt, dass der Kaplan selbst eine Waffe trug. Nachdem wir einen kleinen Platz inmitten der dichten Fichten- und Tannenbäume freigemacht hatten, bedeckten wir den feuchten Boden mit einer Schindelschicht aus Tannenzweigen, und während Joe sein Birkenhorn vorbereitete und sein Kanu aufstellte, musste dies immer dann getan werden, wenn wir längere Zeit anhielten Es reichte aus, ein Feuer zu machen, und war die Hauptarbeit, die er in solchen Zeiten auf sich nahm. Wir sammelten Brennstoff für die Nacht, große, nasse und verrottende Holzscheite, die an der Spitze der Insel steckengeblieben waren, denn unser Beil war es zu klein für effektives Hacken; aber wir haben kein Feuer angezündet, damit die Elche es nicht riechen könnten. Joe stellte ein paar gegabelte Pfähle auf und bereitete ein halbes Dutzend Stangen vor, um eine unserer Decken darüberzuwerfen, falls es in der Nacht regnen sollte, was jedoch in der nächsten Nacht vorsichtshalber unterlassen wurde. Wir rupften auch die Enten, die wir zum Frühstück getötet hatten.

Während wir so in der Dämmerung beschäftigt waren, hörten wir von weit unten am Bach schwach etwas, das wie zwei Schläge einer Holzhackeraxt klang und dumpf durch die düstere Einsamkeit hallte. Wir neigen dazu, viele Geräusche, die wir aus der Ferne im Wald hören, mit dem Schlag einer Axt zu vergleichen, weil sie unter diesen Umständen einander ähneln, und das ist es, was wir dort gewöhnlich hören. Als wir Joe davon erzählten, rief er: „Bei George, ich wette, das war ein Elch! Sie machen so ein Geräusch." Diese Geräusche wirkten auf uns seltsam und verstärkten durch ihre Ähnlichkeit mit einem vertrauten Geräusch, bei dem sie wahrscheinlich einen so unterschiedlichen Ursprung hatten , den Eindruck von Einsamkeit und Wildheit.

drei Meilen lang oder bis zum Moosehorn ein totes Wasser war ; Joe sagte uns, dass wir sehr leise sein müssten, und er selbst machte mit seinem Paddel keinen Lärm, während er das Kanu mit wirkungsvollen Impulsen vorwärts trieb. Es war eine ruhige Nacht und für diesen Zweck geeignet, denn wenn Wind weht, werden die Elche einen riechen, und Joe war sehr zuversichtlich, dass er Wind bekommen würde. Der Erntemond war gerade aufgegangen, und seine flachen Strahlen begannen, den Wald zu unserer Rechten zu erhellen, während wir im Schatten auf derselben Seite nach unten glitten, gegen die leichte Brise, die sich bewegte. Die hohen, spitzen Wipfel der Fichten und Tannen hoben sich sehr schwarz vom Himmel ab und waren deutlicher zu erkennen als am Tag. Sie grenzten auf beiden Seiten dicht an diese breite Allee. und die Schönheit der Szene, als der Mond über dem Wald aufging, wäre nicht leicht zu beschreiben. Eine Fledermaus flog über unseren Köpfen, und von Zeit zu Zeit hörten wir ein paar schwache Vogelstimmen, vielleicht zum Beispiel den Myrtenvogel oder den plötzlichen Sturz eines Kürbisses, oder sahen, wie einer vor uns den Bach überquerte, oder hörten das Geräusch eines Baches, der sich ergießt und durch den jüngsten Regen angeschwollen ist. Ungefähr eine Meile unterhalb der Insel, als die Einsamkeit mit jedem Augenblick vollkommener zu werden schien, sahen wir plötzlich das Licht und hörten das Knistern eines Feuers am Ufer und entdeckten das Lager der beiden Entdecker; Sie standen in ihren roten Hemden davor und redeten laut über die Abenteuer und Gewinne des Tages. Sie sprachen gerade von einem Geschäft, bei dem, wie ich hörte, jemand fünfundzwanzig Dollar bezahlt hatte. Wir glitten wortlos dicht unter dem Ufer vorbei, nur ein paar Ruten von ihnen entfernt; und Joe nahm sein Horn und ahmte den Ruf des Elches nach, bis wir vorschlugen, dass sie auf uns schießen könnten. Dies war das letzte Mal, dass wir sie sahen, und wir wussten nie, ob sie uns entdeckten oder vermuteten.

Seitdem habe ich mir oft gewünscht, bei ihnen zu sein. Sie suchen in einem bestimmten Abschnitt nach Holz, klettern auf Hügel und oft auf hohe Bäume, um von dort wegzuschauen. erkunde die Ströme, durch die es angetrieben werden soll, und dergleichen; Sie verbringen fünf oder sechs Wochen allein in den Wäldern, hundert Meilen oder mehr von jeder Stadt entfernt, streifen umher und schlafen auf dem Boden, wo die Nacht sie überkommt, wobei sie sich hauptsächlich auf die Vorräte verlassen, die sie mit sich führen, obwohl sie nicht ablehnen auf welches Spiel sie stoßen; und dann im Herbst kehren sie zurück und erstatten ihren Arbeitgebern Bericht und bestimmen die Anzahl der Teams, die im folgenden Winter benötigt werden. Erfahrene Männer bekommen für diese Arbeit drei bis vier Dollar pro Tag. Es ist ein einsames und abenteuerliches Leben, das vielleicht dem des Trappers im Westen am nächsten kommt. Sie arbeiten stets sowohl mit einem Gewehr als auch mit einer Axt, lassen ihre Bärte wachsen und leben ohne Nachbarn, nicht auf einer offenen Ebene, sondern weit in der Wildnis.

Diese Entdeckung war der Grund für die Geräusche, die wir gehört hatten, und machte die Aussicht, Elche zu sehen, für eine Weile zunichte. Als wir die Entdecker endlich weit hinter uns gelassen hatten, legte Joe sein Paddel nieder und zog sein Birkenhorn hervor – ein gerades, etwa fünfzehn Zoll langes und drei oder vier Zoll breites Mundstück, das mit Streifen derselben Rinde umwickelt war ,- und ahmte im Stehen den Ruf des Elchs nach, – *ugh-ugh-ugh* , oder *oo-oo-oo-oo* , und dann ein langes *oo -oooooo* , und lauschte mehrere Minuten lang aufmerksam. Wir fragten ihn, welche Art von Lärm er zu hören erwartete. Er sagte, wenn ein Elch es hörte, würden wir es seiner Meinung nach herausfinden; wir würden ihn aus einer halben Meile Entfernung hören; Er würde in die Nähe des Wassers kommen, vielleicht sogar ins Wasser, und mein Begleiter musste warten, bis er gute Sicht hatte, und dann direkt hinter die Schulter zielen.

Nachts wagen sich die Elche zum Fressen und Trinken ans Flussufer. Früher in der Saison benutzen die Jäger kein Horn, um sie zu rufen, sondern schleichen sich an sie heran, während sie an den Ufern des Baches entlang fressen, und oft bemerken sie sie zum ersten Mal durch das Geräusch des Wassers, das aus ihrer Schnauze tropft . Ein Indianer, den ich hörte, wie er die Stimme des Elchs, aber auch die des Karibus und des Hirsches nachahmte, wobei er ein viel längeres Horn als Joes benutzte, erzählte mir, dass das erste Horn manchmal acht oder zehn Meilen weit zu hören sei; Es war eine Art lautes Brüllen, klarer und klangvoller als das Brüllen von Rindern, das des Karibus wie ein Schnauben und das des kleinen Hirsches wie das eines Lammes.

Schließlich erreichten wir das Moosehorn , wo uns die Indianer am Transport erzählt hatten, dass sie in der Nacht zuvor einen Elch getötet hatten. Dies ist ein sehr gewundener Bach, nur ein oder zwei Stäbe breit, aber verhältnismäßig tief, der auf der rechten Seite einmündet und passenderweise Moosehorn genannt wird , sei es wegen seiner Windungen oder wegen seiner Bewohner. Es war hier und da von schmalen Wiesen zwischen dem Bach und dem endlosen Wald begrenzt, die den Elchen günstige Futter- und Rufplätze boten . Wir gingen eine halbe Meile hinauf wie durch einen schmalen, gewundenen Kanal, wo die hohen, dunklen Fichten, Tannen und Laubbäume auf beiden Seiten im Mondlicht aufragten und einen senkrechten Waldrand von großer Höhe bildeten, wie die Türme eines Venedig im Wald. An zwei Stellen stand ein kleiner Haufen Heu am Ufer, bereit für den Holzfäller im Winter, und sah dort ziemlich seltsam aus. Wir dachten an den Tag, an dem dies ein Bach sein könnte, der sich durch glattrasierte Wiesen auf dem Anwesen eines Herren schlängelt; Und wenn man es dann im Mondlicht betrachtet, mit Ausnahme des Waldes, der es jetzt einschließt, wie wenig verändert würde es erscheinen!

Wieder und wieder rief Joe den Elch und stellte das Kanu in die Nähe eines geeigneten Punktes der Wiese, auf den sie hinauskommen konnten, aber er lauschte vergebens, als er hörte, wie einer durch den Wald stürmte, und kam zu dem Schluss, dass sie dort zu sehr gejagt worden waren. Wir sahen oft etwas, das unserer Vorstellung nach wie ein riesiger Elch aussah, dessen Hörner aus dem Waldrand lugten; aber wir sahen in dieser Nacht nur den Wald und nicht seine Bewohner. Also drehten wir uns endlich um. Es lag jetzt ein wenig Nebel auf dem Wasser, obwohl es oben eine schöne, klare Nacht war. Es gab nur sehr wenige Geräusche, die die Stille des Waldes unterbrachen. Mehrmals hörten wir das Geschrei einer Virginia-Uhu, wie zu Hause, und sagten Joe, dass er den Elch für ihn rufen würde, denn er gab einen Ton von sich, der dem Horn ziemlich ähnlich war; aber Joe antwortete, dass der Elch dieses Geräusch tausendmal gehört hatte und es besser wusste; und noch häufiger wurden wir durch den Sturz eines Musquashs erschreckt. Einmal, als Joe noch einmal gerufen hatte und wir nach Elchen lauschten, hörten wir ein dumpfes, trockenes, rauschendes Geräusch mit einem festen Kern, das doch von weitem durch die moosbedeckten Gänge hallte oder schlich halb erstickt im Griff des üppigen und pilzartigen Waldes, wie das Schließen einer Tür in einem fernen Eingang der feuchten und zotteligen Wildnis. Wenn wir nicht dort gewesen wären, hätte es kein Sterblicher gehört. Als wir Joe flüsternd fragten, was es sei, antwortete er: „Baumsturz.“ Das Geräusch eines Baums, der in einer vollkommen ruhigen Nacht wie dieser fällt, hat etwas einzigartig Großartiges und Beeindruckendes, als müssten die Kräfte, die ihn stürzen, nicht erregt werden, sondern mit einer subtilen, absichtlichen und bewussten Kraft wirken, wie z Boa-constrictor, und zwar effektiver als selbst an einem windigen Tag. Wenn es einen solchen Unterschied gibt, liegt das vielleicht daran, dass Bäume mit dem Tau der Nacht schwerer sind als am Tag.

Als wir gegen zehn Uhr im Lager ankamen, zündeten wir unser Feuer an und gingen zu Bett. Jeder von uns hatte eine Decke, in der er auf den Tannenzweigen lag, mit den Extremitäten zum Feuer gerichtet, aber nichts über seinem Kopf. Es hat sich gelohnt, sich in einem Land niederzulassen, in dem man sich so große Feuer leisten konnte; Das war eine ganze Seite und die positive Seite unserer Welt. Zuerst hatten wir einen großen Baumstamm mit einem Durchmesser von etwa 40 Zentimetern und einer Länge von etwa 30 Metern aufgerollt, um einen Rückstand zu schaffen, der die ganze Nacht reichen sollte, und dann die Bäume bis zu einer Höhe von 9 bis 12 Fuß aufgeschichtet, ganz gleich, wie grün oder feucht sie auch sein mochten. Tatsächlich haben wir in dieser Nacht so viel Holz verbrannt, wie mit Sparsamkeit und einem luftdichten Ofen eine arme Familie in einer unserer Städte den ganzen Winter über aushalten könnte. Es war sehr angenehm und auch unabhängig, so im Freien zu liegen, und das Feuer hielt unsere unbedeckten Extremitäten ausreichend warm. Die jesuitischen Missionare pflegten zu sagen, dass sie auf ihren Reisen mit den Indianern in Kanada auf einem Bett lagen, das seit der Erschaffung nie erschüttert worden war, außer durch Erdbeben. Es ist überraschend, mit welcher Straflosigkeit und Bequemlichkeit jemand, der in einer engen Wohnung immer in einem warmen Bett gelegen und Zugluft sorgfältig vermieden hat, sich ohne Schutz auf den Boden legen, sich in eine Decke rollen und vor einem Feuer schlafen kann , in einer frostigen Herbstnacht, kurz nach einem langen Regenschauer, und kommen Sie sogar bald, um die frische Luft zu genießen und zu schätzen.

Ich lag eine Weile wach und beobachtete, wie die Funken durch die Tannen aufstiegen und manchmal in halb erloschenen Asche auf meiner Decke niedergingen. Sie waren so interessant wie Feuerwerkskörper, die in endlosen, aufeinanderfolgenden Massen aufstiegen, jede nach einer Explosion, in einem eifrigen, schlangenförmigen Kurs, einige bis zu fünf oder sechs Stangen über den Baumwipfeln, bevor sie erloschen. Wir ahnen nicht, wie viel unsere Schornsteine verborgen haben; Und jetzt verbergen luftdichte Öfen alles andere. Im Laufe der Nacht stand ich ein- oder zweimal auf und legte frische Holzscheite auf das Feuer, sodass meine Begleiter ihre Beine anwinkelten.

Als wir am Morgen (Samstag, 17. September) aufwachten, herrschte starker Frost, der die Blätter weiß machte. Wir hörten das Geräusch der Meise und einiger leise lispelnder Vögel sowie von Enten im Wasser rund um die Insel. Ich habe eine botanische Bestandsaufnahme des Bestands unserer Gebiete gemacht, bevor der Tau aufgehört hatte, und habe herausgefunden, dass die Gewöhnliche Hemlocktanne oder Amerikanische Eibe der vorherrschende Unterstrauch war. Zum Frühstück gab es Tee, Hartbrot und Enten.

Bevor sich der Nebel einigermaßen verzogen hatte , paddelten wir wieder den Bach hinunter und kamen bald an der Mündung des Moosehorn vorbei . Diese zwanzig Meilen des Penobscot, zwischen den Seen Moosehead und Chesuncook , sind verhältnismäßig glatt und bestehen zum großen Teil aus

Totwasser ; Aber von Zeit zu Zeit ist es flach und schnell, mit Felsen oder Kiesbetten, über die man waten kann. Es gibt keine Wasserfläche und keine Lücke im Wald, und die Wiese ist hier und da nur ein Rand. Es gibt keine Hügel in der Nähe des Flusses oder in Sichtweite, außer ein oder zwei fernen Bergen, die man an einigen Stellen sieht. Die Ufer sind zwischen sechs und zehn Fuß hoch, steigen aber ein- oder zweimal sanft zu höher gelegenem Gelände an. An vielen Stellen war der Wald am Ufer nur ein dünner Streifen, der das Licht eines dahinter liegenden Erlensumpfes oder einer Wiese durchließ. Zu den auffälligen beerentragenden Büschen und Bäumen entlang des Ufers gehörten die Rotweide mit ihren weißlichen Früchten, der Humpelstrauch, die Eberesche, die Preiselbeere, die Aronia-Kirsche, die jetzt reif ist, der Kornelkirsche und der nackte Schneeball. Ich folgte Joes Beispiel und aß die Früchte des letzteren und auch des Humpelstrauchs, fand sie aber ziemlich fade und schäbig. Ich betrachtete die Vegetation sehr genau, während wir dicht am Ufer entlangglitten, und ließ Joe häufig beiseite treten, damit ich eine Pflanze pflückte, damit ich im Vergleich sehen konnte, was an meinem Heimatfluss primitiv war. Andorn, Pferdeminze und der empfindliche Farn wuchsen dicht am Rand, unter Weiden und Erlen, und Wollgras auf den Inseln, etwa entlang des Assabet River in Concord. Für Blumen war es zu spät, außer für ein paar Astern, Goldruten usw. An mehreren Stellen bemerkten wir den schwachen Rahmen eines Lagers, wie wir es mitten im Wald am Flussufer aufgeschlagen hatten, wo einige Holzfäller oder Jäger sich niedergelassen hatten Eine Nacht verging, und manchmal schnitten Schritte in die schlammige oder lehmige Böschung davor.

Wir machten Halt, um Forellen an der Mündung eines kleinen Baches namens Ragmuff zu angeln , der von Westen kam, etwa zwei Meilen unterhalb des Moosehorn . Hier befanden sich die Ruinen eines alten Holzfällerlagers, und ein kleiner Raum, der früher gerodet und niedergebrannt worden war, war jetzt dicht mit roten Kirschen und Himbeeren bewachsen. Während wir nach Forellen suchten, wanderte Joe, wie ein Indianer, mit seinen eigenen Besorgungen den Ragmuff hinauf , und als wir startbereit waren, war alles außer Kontrolle geraten. Wir waren also gezwungen, ein Feuer zu machen und hier zu Abend zu essen, um keine Zeit zu verlieren. Einige dunkelrote Vögel mit graueren Weibchen (vielleicht Purpurfinken) und Myrtenvögel in ihrem Sommerkleid hüpften bis auf sechs bis acht Fuß an uns und unseren Rauch heran. Vielleicht rochen sie das gebratene Schweinefleisch. Der letztere Vogel oder beide machten die lispelnden Töne, die ich im Wald gehört hatte. Sie vermuteten, dass die wenigen kleinen Vögel, die man in der Wildnis findet, mit dem Holzfäller und Jäger vertrauter sind als die Vögel des Obstgartens und der Lichtung mit dem Bauern. Seitdem habe ich den Kanadahäher und die Rebhühner, sowohl das schwarze als auch das gemeine, dort gleichermaßen zahm gefunden, als hätten sie noch nicht gelernt, dem Menschen völlig zu misstrauen. Die Meise, die sowohl in den Urwäldern als auch auf unseren Waldgrundstücken zu Hause ist, behält in den Städten immer noch in bemerkenswertem Maße ihr Vertrauen.

Endlich kam Joe nach anderthalb Stunden zurück und sagte, er sei zwei Meilen flussaufwärts auf Entdeckungsreise gewesen und habe einen Elch gesehen, den er aber nicht erwischt habe, da er kein Gewehr dabei hatte. Wir beschwerten uns nicht, beschlossen aber, das nächste Mal nach Joe Ausschau zu halten. Allerdings könnte das nur ein Fehler gewesen sein, denn wir hatten im Nachhinein keinen Grund, uns über ihn zu beschweren. Als wir weiter flussabwärts gingen, war ich überrascht, ihn „O Susanna" und mehrere andere solcher Melodien pfiffen zu hören, während sein Paddel uns vorwärts trieb. Einmal sagte er: „Ja, Siree . " Sein gebräuchliches Wort war „Sartain". Er paddelte wie üblich nur auf einer Seite und gab der Birke einen Impuls, indem er die Seite als Drehpunkt nutzte. Ich fragte ihn, wie die Rippen an den Seitengittern befestigt seien. Er antwortete: „Ich weiß es nicht, ich habe es nie bemerkt." Als ich mit ihm darüber sprach, dass er sich ausschließlich von dem ernähren sollte, was der Wald hergab – Wild, Fisch, Beeren usw. – , schlug ich vor, dass seine Vorfahren dies taten; aber er antwortete, dass er so erzogen worden sei, dass er es nicht tun könne. „Ja", sagte er, „so haben sie ihren Lebensunterhalt verdient, wie wilde Kerle, wild wie Bären." Von George! Ich werde nicht ohne Proviant in den Wald gehen – hartes Brot, Schweinefleisch usw." Er hatte ein Fass Hartbrot mitgebracht und es für seine Jagd am Transporteur aufbewahrt. Obwohl er der Sohn eines Gouverneurs war, hatte er nicht lesen gelernt.

An einer Stelle darunter, auf der Ostseite, wo das Ufer höher und trockener als gewöhnlich war und sich sanft vom Ufer zu einer leichten Anhöhe erhob, hatte jemand die Bäume über zwanzig oder dreißig Acres gefällt und sie trocknen lassen, um zu trocknen brennen. Dies war die einzige Vorbereitung für ein Haus zwischen Moosehead Carry und Chesuncook , aber es gab dort noch weder Hütte noch Bewohner. Der Pionier wählt also einen Standort für sein Haus, der vielleicht den Keim einer Stadt erweisen wird.

Mein Blick war die ganze Zeit auf die Bäume gerichtet und unterschied zwischen der schwarz-weißen Fichte und der Tanne. Sie paddeln in einem schmalen Kanal durch einen endlosen Wald, und die Vision, die ich vor meinem geistigen Auge habe, ist immer noch die von kleinen, dunklen und spitzen Wipfeln hoher Tannen und Fichten und pagodenartigen, überfüllten Lebensbäumen auf jeder Seite zusammen, mit verschiedenen Harthölzern untereinander. Einige der Lebensbäume waren mindestens 20 Meter hoch. Die teilweise ausschließlich vorkommenden Harthölzer wirkten für mich weniger wild. Ich stellte mir Ziergärten vor, mit Bauernhäusern im Hintergrund. Das Kanu und die gelbe Birke, die Buche, der Ahorn und die

Ulme sind sächsisch und normannisch, aber die Fichte und Tanne sowie die Kiefern im Allgemeinen sind indisch. Die sanften Gravuren, die die Einjährigen zieren, lassen nicht an einen Bach in einer solchen Wildnis denken. Die groben Skizzen in Jacksons Reports on the Geology of Maine antworten viel besser. An einer Stelle sahen wir einen kleinen Hain aus schlanken Weißkiefern, der einzigen Kieferngruppe, die ich auf dieser Reise sah. Hier und da stand jedoch ein ausgewachsener, großer und schlanker, aber defekter Baum, den Holzfäller einen *Konchusbaum nennen* , den sie mit ihren Äxten oder an den Knoten erkennen. Ich habe nicht erfahren, ob dieses Wort indisch oder englisch war. Es erinnerte mich an das griechische χ ό γχη , eine Muschel oder Muschel, und ich vergnügte mich mit der Vorstellung, dass es das tote Geräusch bedeuten könnte, das die Bäume abgeben, wenn sie angeschlagen werden. Alle übrigen Kiefern waren vertrieben worden.

Wie weit gehen die Menschen beim Material ihrer Häuser! Die Bewohner der zivilisiertesten Städte aller Zeiten schickten ihre Kiefernbretter für den gewöhnlichen Gebrauch in weit entfernte, ursprüngliche Wälder, die über die Grenzen ihrer Zivilisation hinausgingen, wo Elche, Bären und Wilde leben. Und andererseits erhält der Wilde bald von den Städten eiserne Pfeilspitzen, Beile und Gewehre, um seine Wildheit zu zeigen.

Die festen und klar definierten Tannenwipfel, die wie scharfe und regelmäßige Speerspitzen schwarz vor dem Himmel abhoben, verliehen dem Wald ein eigenartiges, dunkles und düsteres Aussehen. Die Fichtendecken haben einen ähnlichen, aber zackigeren Umriss, ihre Stämme sind unten ebenfalls nur gefiedert. Die Tannen waren etwas häufiger regelmäßige und dichte Pyramiden. Ich war beeindruckt von diesem universellen Aufstreben der immergrünen Bäume im Wald. Die Tendenz geht zu schlanken, spitzen Spitzen, während sie unten schmaler sind. Nicht nur die Fichte und die Tanne, sondern auch der Lebensbaum und die Weißkiefer ragen im Gegensatz zu dem weichen, sich ausbreitenden Zweitwuchs, von dem ich keinen sah, alle in die Höhe und heben eine dichte Speerspitze aus Zapfen ins Licht und in die Luft Rate, während ihre Zweige nach ihnen streben, wie sie wollen; während die Indianer in ihrem verzweifelten Spiel den Ball über die Köpfe der Menge heben. Darin ähneln sie Gräsern, aber auch etwas Palmen. Die Hemlocktanne ist im Allgemeinen eine zeltartige Pyramide vom Boden bis zur Spitze.

Nachdem wir einige lange Risse und eine große Insel passiert hatten, erreichten wir einen interessanten Teil des Flusses namens Pine Stream Deadwater , etwa sechs Meilen unterhalb von Ragmuff , wo sich der Fluss auf eine Breite von dreißig Ruten ausdehnte und viele Inseln darin hatte Ulmen und Kanupirken, die jetzt vergilbt waren, entlang der Küste, und wir bekamen unseren ersten Blick auf Ktaadn .

Hier bogen wir gegen zwei Uhr einen kleinen, drei oder vier Ruten breiten Ast hoch, der rechts von Süden hereinkommt und Pine Stream heißt, um nach Elchzeichen Ausschau zu halten. Wir hatten erst ein paar Ruten zurückgelegt, als wir ganz neue Zeichen am Wasserrand sahen; der von ihren Füßen aufgewirbelte Schlamm war ziemlich frisch, und Joe erklärte, dass sie erst vor kurzer Zeit dorthin gegangen waren. Bald erreichten wir eine kleine Wiese auf der Ostseite, schräg im Bach, die zum größten Teil dicht mit Erlen bewachsen war. Als wir am Ufer entlang vorankamen, etwas ruhiger als sonst, vielleicht wegen der Frische der Schilder – wir hatten vor, an diesem Bach zu campen, wenn er sich gut versprach –, hörte ich ein leises Knistern von Zweigen tief in den Erlen und lenkte Joes Aufmerksamkeit darauf; woraufhin er begann, das Kanu schnell zurückzuschieben; und wir hatten uns schon ein halbes Dutzend Ruten zurückgezogen, als wir plötzlich zwei Elche erspähten, die direkt am Rande des offenen Teils der Wiese, an der wir vorbeigekommen waren, standen, nicht mehr als sechs oder sieben Ruten entfernt, und um die Erlen herum auf uns blickten. Sie ließen mich an große, verängstigte Kaninchen denken, mit ihren langen Ohren und halb neugierigen, halb verängstigten Blicken; die wahren Bewohner des Waldes (das erkannte ich sofort), die ein Vakuum füllten, das, wie ich jetzt zum ersten Mal entdeckte, nicht für mich gefüllt worden war – *Elchmenschen* , *Holzfresser* , so heißt das Wort – gekleidet in eine Art … Vermontgrau oder selbstgesponnen. Unser Nimrod war aufgrund der rückläufigen Bewegung nun am weitesten vom Spiel entfernt; aber als er vor der Nähe gewarnt wurde, stand er hastig auf und feuerte, während wir uns duckten, über unsere Köpfe hinweg mit einem Lauf auf die vorderste Seite, die er als einzige sah, obwohl er nicht wusste, um was für eine Kreatur es sich handelte ; Daraufhin raste dieser über die Wiese und eine hohe Böschung im Nordosten hinauf, und zwar so schnell, dass er bei mir nur einen undeutlichen Eindruck seiner Umrisse hinterließ. Im selben Moment sprang der andere, ein junger, aber so großer Mann wie ein Pferd, in voller Sichtweite in den Bach und blieb dort einen Moment lang kauernd stehen, oder besser gesagt, seine unverhältnismäßig geringe Höhe hinter ihm verlieh ihm dieses Aussehen und sagte etwas zwei oder drei trompetenende Quietschgeräusche. Ich kann mich undeutlich daran erinnern, wie der Alte oben auf der Böschung im Wald einen Moment stehen blieb, zu seinem zitternden Jungen blickte und dann wieder davonrannte . Das zweite Fass wurde auf das Kalb gerichtet, und als wir erwarteten, es ins Wasser fallen zu sehen, stieg es nach kurzem Zögern ebenfalls aus dem Wasser und rannte den Hügel hinauf, allerdings in eine etwas andere Richtung. Dies alles war die Arbeit von wenigen Sekunden, und unser Jäger, der noch nie zuvor einen Elch gesehen hatte, wusste nicht, ob es sich um Hirsche handelte, denn sie standen teilweise im Wasser, und auch nicht, ob er zweimal auf denselben Elch geschossen hatte oder nicht. Aufgrund der Art, in der sie losgingen, und der Tatsache, dass er es nicht gewohnt war, im Kanu aufzustehen und zu schießen, schloss ich, dass wir nichts mehr von ihnen sehen würden. Der Indianer sagte, dass es sich um eine Kuh und ihr Kalb handelte – ein Einjähriges oder vielleicht zwei Jahre altes Tier, denn sie begleiteten ihre Muttertiere so lange; aber ich für meinen Teil hatte keinen großen Unterschied in ihrer Größe bemerkt. Es waren nur zwei oder drei Stäbe über die Wiese bis zum Fuß des Ufers, das, wie die ganze Welt in der Umgebung, dicht bewaldet war; Aber ich war überrascht zu bemerken, dass, sobald der Elch hinter den Schleier des Waldes gegangen war, keine Schritte mehr aus dem weichen, feuchten Moos zu hören waren, das diesen Wald bedeckte, und lange bevor wir landeten, waren sie perfekt Stille herrschte. Joe sagte: „Wenn du sie verwundest, Elche, werde ich sie auf jeden Fall erwischen .“

Wir sind alle auf einmal gelandet. Mein Begleiter hat nachgeladen; Der Indianer befestigte seine Birke, warf seinen Hut ab, rückte seinen Hosenbund zurecht, ergriff das Beil und machte sich auf den Weg. Er erzählte mir später beiläufig, dass er vor unserer Landung einen Blutstropfen am Ufer gesehen hatte, als es zwei oder drei Ruten entfernt war. Er ging schnell das Ufer hinauf und durch den Wald, mit einem eigenartigen, elastischen, geräuschlosen und verstohlenen Schritt, blickte nach rechts und links auf den Boden und trat in die undeutlichen Spuren des verwundeten Elches, wobei er hin und wieder schweigend auf ihn zeigte Ein einziger Blutstropfen auf den schönen, glänzenden Blättern der *Clintonia Borealis* , die auf allen Seiten den Boden bedeckten, oder auf einen trockenen, frisch gebrochenen Farnstiel, während man dabei ein Blatt oder das Fichtengummi kaute. Ich folgte ihm und beobachtete mehr seine Bewegungen als die Spur des Elches. Nachdem er dem Pfad etwa vierzig Stäbe in einem ziemlich geraden Verlauf gefolgt war, über umgestürzte Bäume gestiegen war und sich zwischen stehenden Bäumen hindurchgewunden hatte, verlor er schließlich den Überblick, denn es gab dort noch viele andere Elchspuren, und kehrte erneut zum letzten Blutfleck zurück , verfolgte es ein kleines Stück, verlor es wieder und gab es für einen guten Jäger viel zu früh auf, wie ich dachte. Er zeichnete ein paar Schritte nach, auch die Spuren des Kalbes; Da er jedoch kein Blut sah, gab er die Suche bald auf.

Während er den Elch verfolgte, bemerkte ich eine gewisse Zurückhaltung oder Mäßigung in ihm. Mehrere interessante Beobachtungen , die er gemacht hatte, teilte er nicht mit , wie es ein Weißer getan hätte, obwohl sie später möglicherweise durchgesickert wären. Ein anderes Mal, als wir ein leichtes Knistern von Zweigen hörten und er zur Erkundung landete , schritt er leicht und anmutig und schlich sich mit möglichst geringem Lärm durch die Büsche, auf eine Art und Weise, wie es kein weißer Mann tut – sozusagen beim Finden jedes Mal einen Platz für seinen Fuß.

Ungefähr eine halbe Stunde, nachdem wir den Elch gesehen hatten, setzten wir unsere Reise den Pine Stream hinauf fort, und bald, als wir an eine Stelle kamen, die sehr flach und auch reißend war, holten wir das Gepäck heraus und machten uns daran, es herumzutragen, während Joe aufstand das Kanu allein. Wir beendeten gerade unseren Transport und ich war in die Pflanzen vertieft, bewunderte die zehn Zoll breiten Blätter der *Aster Macrophyllus* und pflückte die Samen des großen rundblättrigen Knabenkrauts, als Joe vom Bach aus rief, er habe einen Elch getötet . Er hatte die Elchkuh tot, aber ziemlich warm, mitten im Bach gefunden, der so flach war, dass er auf dem Grund lag und kaum ein Drittel seines Körpers über Wasser ragte. Es dauerte ungefähr eine Stunde, bis es mit Wasser angeschwollen war. Es hatte etwa hundert Ruten zurückgelegt und suchte erneut den Bach auf, wobei es eine leichte Biegung abtrennte. Zweifellos hätte ein besserer Jäger es sofort bis zu dieser Stelle aufgespürt. Ich war überrascht über seine große Größe, die an ein Pferd erinnerte, aber Joe sagte, es sei keine große Elchkuh. Mein Begleiter machte sich erneut auf die Suche nach dem Kalb. Ich ergriff die Ohren des Elches, während Joe sein Kanu flussabwärts zu einem günstigen Ufer schob, und so konnten wir, wenn auch mit einiger Schwierigkeit, erkennen, dass seine lange Nase häufig im Boden steckte, um es in noch flacheres Wasser zu ziehen . Auf der Rückseite und an den Seiten war es bräunlichschwarz oder vielleicht auch dunkeleisengrau, aber unten und vorne heller. Ich nahm die Schnur, die für den Anstrich des Kanus diente, und maß sie mit Joes Hilfe sorgfältig ab, wobei ich die größten Abstände zuerst machte und jedes Mal einen Knoten machte. Da der Maler gesucht wurde, reduzierte ich diese Maße in dieser Nacht mit der gleichen Sorgfalt auf Längen und Bruchteile meines Regenschirms, wobei ich mit den kleinsten Maßen begann und die Knoten im weiteren Verlauf löste; und als wir am nächsten Tag in Chesuncook ankamen und dort ein Zwei-Fuß-Maß vorfanden, reduzierte ich das letzte auf Fuß und Zoll; und außerdem machte ich mir aus einem dünnen und schmalen Streifen schwarzer Esche ein zwei Fuß langes Maß, das sich bequem auf sechs Zoll zusammenfalten ließ. Ich habe mir diese ganze Mühe gemacht, weil ich nicht gezwungen sein wollte, nur zu sagen, dass der Elch sehr groß sei. Von den verschiedenen Dimensionen, die ich erhalten habe, möchte ich nur zwei erwähnen. Der Abstand von den Hufspitzen der ausgestreckten Vorderfüße bis zur Oberseite des Rückens zwischen den Schultern betrug sieben Fuß und fünf Zoll. Ich kann mein eigenes Maß kaum glauben, denn es ist ungefähr zwei Fuß größer als die Größe eines großen Pferdes. (Tatsächlich bin ich inzwischen davon überzeugt, dass diese Messung falsch war, aber die anderen hier angegebenen Maße können ich für ihre Richtigkeit garantieren, da ich sie bei einem kürzlichen Besuch in diesen Wäldern bewiesen habe.) Die maximale Länge betrug acht Fuß und zwei Zoll. Eine andere Elchkuh, die ich seitdem in diesen Wäldern mit einem Maßband vermessen habe, war von der Hufspitze bis zu den Schultern nur 1,80 m groß und im Liegen 2,40 m lang.

Als ich später einen Indianer beim Tragen fragte, wie viel größer das Männchen sei, antwortete er: „Achtzehn Zoll" und ließ mich die Höhe eines Kreuzpflocks über dem Feuer beobachten, mehr als einen Meter über dem Boden, um mir zu geben eine Vorstellung von der Tiefe seiner Brust. Ein anderer Indianer in Oldtown erzählte mir, dass sie bis zum oberen Ende des Rückens neun Fuß hoch waren und dass das Exemplar, das er probierte, achthundert Pfund wog. Die Länge der Wirbelsäulenvorsprünge zwischen den Schultern ist sehr groß. Ein weißer Jäger, der die beste Autorität unter den Jägern war, die ich haben konnte, sagte mir, dass das Männchen keine 18 Zoll größer sei als das Weibchen; Dennoch stimmte er zu, dass er manchmal bis zum Rücken drei Meter hoch war und tausend Pfund wog. Nur das Männchen hat Hörner, und sie ragen zwei Fuß oder mehr über die Schultern hinaus – drei oder vier, manchmal sechs Fuß breit –, was ihn im Ganzen manchmal elf Fuß hoch machen würde! Nach dieser Berechnung ist der Elch genauso groß, wenn auch nicht so groß, wie der große irische Elch *Megaceros Hibernicus* aus einer früheren Zeit, von dem Mantell sagt, dass er „an der Größe jede lebende Art bei weitem übertraf, da das Skelett" „vom Boden bis zum höchsten Punkt des Geweihs mehr als zehn Fuß hoch" war. Joe sagte, dass, obwohl der Elch jedes Jahr das ganze Horn abwirft, jedes neue Horn eine zusätzliche Zinke hat; aber mir ist aufgefallen, dass sie manchmal auf der einen Seite mehr Zinken haben als auf der anderen. Ich war beeindruckt von der Feinheit und Zartheit der Hufe, die sich sehr weit nach oben teilen, und die eine Hälfte konnte sehr weit hinter die andere gedrückt werden, wodurch das Tier wahrscheinlich sicherer auf dem unebenen Boden und den rutschigen, moosbedeckten Baumstämmen tritt der Urwald. Sie waren den steifen und ramponierten Füßen unserer Pferde und Ochsen sehr unähnlich. Der nackte, geile Teil des Vorderfußes war nur 15 cm lang, und die beiden Teile konnten an den Enden 10 cm voneinander getrennt werden.

Der Elch ist einzigartig grotesk und unbeholfen anzusehen. Warum sollte es so hoch an den Schultern stehen? Warum einen so langen Kopf haben? Warum gibt es keinen nennenswerten Schwanz? denn bei meiner Untersuchung habe ich es völlig übersehen. Naturforscher sagen, dass es anderthalb Zoll lang ist. Es erinnerte mich sofort an den Kamelopard, vorne hoch und hinten niedrig – und das ist kein Wunder, denn wie es eignet es sich zum Weiden auf Bäumen. Zu diesem Zweck ragte die Oberlippe zwei Zoll über die Unterlippe hinaus. Das war der Typ Mann, der dort zu Hause war; denn soweit ich weiß, war dies nie der Wohnsitz, sondern eher das Jagdrevier der Indianer. Der Elch wird vielleicht eines Tages aussterben; aber wie natürlich kann der Dichter oder Bildhauer dann, wenn es nur als fossiles

Relikt existiert und so unsichtbar es ist, ein fabelhaftes Tier mit ähnlichen verzweigten und blättrigen Hörnern – eine Art Fucus oder Flechte im Knochen – als Bewohner erfinden? von so einem Wald wie diesem!

Hier, direkt am Ende der murmelnden Stromschnellen, machte sich Joe nun daran, den Elch mit einem Taschenmesser zu häuten, während ich zusah; Und es war eine tragische Angelegenheit – zu sehen, wie dieser noch warme und zitternde Körper mit einem Messer durchbohrt wurde, wie die warme Milch aus dem zerrissenen Euter floss und wie der gespenstische nackte rote Kadaver aus seinem hübschen Gewand hervorkam, das zum Verstecken gedacht war Es. Der Ball war diagonal durch das Schulterblatt gedrungen und auf der gegenüberliegenden Seite unter der Haut stecken geblieben und teilweise abgeflacht. Mein Begleiter behält es, um es seinen Enkelkindern zu zeigen. Er hat die Schenkel eines anderen Elches, den er inzwischen geschossen, gehäutet und ausgestopft hat, um ihn mit einer dicken Ledersohle in Stiefel umzuwandeln. Joe sagte, wenn ein Elch vor dir stünde, darfst du nicht schießen, sondern auf ihn zugehen, denn er wird sich langsam umdrehen und dir einen guten Schuss geben. Im Bett dieses schmalen, wilden und felsigen Baches, zwischen zwei hohen Mauern aus Fichten und Tannen, einer bloßen Spalte im Wald, die der Bach geschaffen hatte, ging diese Arbeit weiter. Schließlich hatte Joe das Fell abgestreift und es zum Ufer geschleppt, wobei er erklärte, dass es hundert Pfund wog, obwohl wahrscheinlich fünfzig der Wahrheit näher gekommen wären. Er schnitt eine große Menge Fleisch ab, um sie mitzunehmen, und legte eine weitere, zusammen mit Zunge und Nase, zusammen mit der Haut ans Ufer, um dort die ganze Nacht oder bis zu unserer Rückkehr zu liegen. Ich war überrascht, dass er daran dachte, dieses Fleisch so neben dem Kadaver liegen zu lassen, dass es die einfachste Möglichkeit wäre, ohne Angst davor zu haben, dass irgendein Lebewesen es berühren könnte; aber es passierte nichts. Am Ufer eines unserer Flüsse im östlichen Teil von Massachusetts hätte das kaum passieren können; aber ich vermute, dass dort weniger kleine Wildtiere umherstreifen als bei uns. Zweimal jedoch erhaschte ich bei diesem Ausflug einen flüchtigen Blick auf eine große Mausart.

Dieser Bach war so zurückgezogen und die Elchspuren so frisch, dass meine Gefährten, immer noch auf die Jagd bedacht, beschlossen, weiter hinaufzugehen und zu lagern und dann nachts oben oder unten zu jagen. Eine halbe Meile darüber, an einer Stelle, wo ich die *Aster puniceus* und die Schnabelhasel sah, sprang Joe auf, als wir entlangpaddelten, als er ein leichtes Rascheln zwischen den Erlen hörte und zwei Ruten entfernt etwas Schwarzes sah, und flüsterte: „ Tragen!" aber bevor der Jäger seine Waffe abgefeuert hatte, korrigierte er sich zu „Biber!“ – „ Igel!" Die Kugel tötete einen großen Igel mit einer Länge von mehr als 60 Zentimetern. Die Federkiele waren am hinteren Teil des Rückens ausgestrahlt und abgeflacht, so als ob sie dort gelegen hätten, waren aber zwischen diesem Teil und dem Schwanz aufrecht und lang. Ihre Spitzen waren bei näherer Betrachtung fein bärtig oder mit Widerhaken versehen und hatten die Form einer Ahle, das heißt, sie waren ein wenig konkav, um den Widerhakeneffekt zu erzielen. Nach etwa einer Meile stillem Wasser schlugen wir unser Lager auf der rechten Seite auf, direkt am Fuße eines beträchtlichen Wasserfalls. In dieser Nacht wurde nur wenig gehackt, aus Angst, die Elche zu erschrecken. Zum Abendessen gab es gebratenes Elchfleisch. Es schmeckte wie zartes Rindfleisch, vielleicht mit mehr Geschmack, manchmal auch wie Kalbfleisch.

Nach dem Abendessen, als der Mond aufgegangen war, jagten wir eine Meile diesen Bach hinauf und „schleppten" uns zunächst um die Wasserfälle herum. Wir boten einen malerischen Anblick, als wir im Gänsemarsch am Ufer entlanggingen, über Felsen und Baumstämme kletterten, Joe, der die Nachhut bildete und sein Kanu in seinen Händen drehte, als wäre es eine Feder, an Stellen, an denen es schwierig war, ohne auszukommen eine Bürde. Wir setzten das Kanu wieder von der Kante aus, über die der Bach fiel, aber nach einer halben Meile stillem Wasser, das für die Jagd geeignet war, wurde es wieder schnell, und wir waren gezwungen, am Ufer entlang zu gehen, während Joe sich bemühte, aufzustehen allein in der Birke, obwohl es für ihn immer noch sehr schwierig war, sich in der Nacht zwischen den Felsen zurechtzufinden. Am Ufer fanden wir das Schlimmste zu Fuß vor, ein perfektes Chaos aus umgestürzten und getriebenen Bäumen und weit über das Wasser ragenden Büschen, und hin und wieder bahnten wir uns auf unserem Weg über die Mündung eines kleinen Nebenflusses eine Art Erlengeflecht . Also stolperten wir im Dunkeln weiter, waren auf der Schattenseite und verscheuchten effektiv alle Elche und Bären, die sich in der Nähe aufhalten könnten. Endlich blieben wir stehen, und Joe ging zur Erkundung vor ; aber er berichtete, dass es auf der Strecke, die er zurücklegte, oder einer halben Meile, immer noch eine ununterbrochene Stromschnelle ohne Aussicht auf Besserung war, als würde es von einem Berg herunterkommen. Also drehten wir um und jagten durch das stille Wasser zurück zum Lager. Es war eine herrliche Mondnacht, und da es spät wurde, wurde ich schläfrig – denn ich hatte nichts zu tun –, und es fiel mir schwer, zu erkennen, wo ich war. Dieser Bach war viel seltener befahren als der Hauptbach, da in diesem Viertel keine Holzfällerarbeiten mehr betrieben wurden. Es war nur drei oder vier Stangen breit, aber die Tannen und Fichten, durch die es sickerte, schienen im Gegensatz dazu noch höher zu sein. In diesem verträumten Zustand, der durch das Mondlicht noch verstärkt wurde, konnte ich das Ufer nicht deutlich erkennen, sondern schien die meiste Zeit durch Ziergründe zu schweben – denn mit solchen Szenen assoziierte ich die Tannenwipfel – sehr hoch oben Etwas Broadway, und unter oder zwischen ihren Spitzen glaubte ich eine endlose Abfolge von

Portiken und Säulen, Gesimsen und Fassaden, Veranden und Kirchen zu sehen. Ich habe mir das nicht nur eingebildet, sondern in meinem schläfrigen Zustand war es die Illusion. Mehrmals verlor ich mich fast im Schlaf und träumte immer noch von der Architektur und dem Adel, der dahinter wohnte und aus ihr hervorgehen könnte; aber plötzlich wurde ich durch das Geräusch von Joes Birke geweckt und zu einem Gefühl für meine tatsächliche Position zurückgebracht Mitten in all dieser Stille ertönte die Hupe, die den Elch rief, *ugh* , *ugh* , *oo-oo-oo-oo-oo-oo* , und ich bereitete mich darauf vor, einen wütenden Elch durch den Wald rennen und krachen zu hören und zu sehen, wie er losbrach zu dem kleinen Wiesenstreifen an unserer Seite.

Aber aus mehr als einem Grund hatte ich genug von der Elchjagd. Ich war weder zu diesem Zweck in den Wald gekommen, noch hatte ich es vorhergesehen, obwohl ich bereit gewesen wäre, zu lernen, wie die Indianer manövrierten ; Aber ein getöteter Elch war genauso gut, wenn nicht sogar so schlimm wie ein Dutzend. Die Tragödie des Nachmittags und mein Anteil daran, da sie die Unschuld beeinträchtigte, zerstörten die Freude an meinem Abenteuer. Es ist wahr, ich bin so nahe wie möglich daran herangekommen, ein Jäger zu sein, und habe es selbst vermisst; Und so wie es ist, denke ich, dass ich ein Jahr in den Wäldern verbringen und gerade genug fischen und jagen könnte, um mich selbst zu ernähren, und zwar mit Zufriedenheit. Das wäre so, als würde man wie ein Philosoph von den Früchten der Erde leben, die man geerntet hat, was mich ebenfalls anzieht. Aber diese Jagd auf den Elch, nur um des Vergnügens willen, ihn zu töten , – nicht einmal um seines Fells willen –, ohne sich dabei besonders anzustrengen oder selbst ein Risiko einzugehen, gleicht zu sehr einem nächtlichen Ausgehen auf eine Weide am Waldrand und die Pferde deines Nachbarn erschießen. Das sind Gottes eigene Pferde, arme, schüchterne Geschöpfe, die schnell genug rennen, sobald sie dich riechen, obwohl sie neun Fuß hoch sind. Joe erzählte uns von einigen Jägern, die ein oder zwei Jahre zuvor nachts irgendwo in den Wäldern von Maine mehrere Ochsen abgeschossen hatten, weil sie sie für Elche hielten. Und das könnte auch jeder der Jäger tun; Und was ist der Unterschied in der Sportart außer dem Namen? Im ersteren Fall ziehst du, nachdem du einen von Gottes und *deinem eigenen* Ochsen getötet hast, die Haut ab – denn das ist die übliche Trophäe, und außerdem hast du gehört, dass sie für Mokassins verkauft werden kann – und schneidest ein Steak daraus und lassen Sie den riesigen Kadaver für Sie himmlisch riechen. Es ist zumindest nicht besser, als in einem Schlachthaus mitzuhelfen.

Das Erlebnis dieses Nachmittags hat mir gezeigt, wie niederträchtig oder grob die Beweggründe sind, die Menschen gewöhnlich in die Wildnis treiben. Die Entdecker und Holzfäller sind im Allgemeinen allesamt Lohnarbeiter, die für ihre Arbeit viel Geld pro Tag erhalten, und als solche hegen sie keine größere Liebe zur wilden Natur als Holzsäger die Wälder. Andere Weiße und Indianer, die hierher kommen, sind größtenteils Jäger, deren Ziel es ist, so viele Elche und andere wilde Tiere wie möglich zu erlegen. Aber, bitte, könnte man nicht einige Wochen oder Jahre in der Einsamkeit dieser riesigen Wildnis mit anderen Beschäftigungen als diesen verbringen – Beschäftigungen, die vollkommen süß, unschuldig und veredelnd sind? Einer hat einen Bleistift zum Skizzieren oder Singen dabei, tausende haben eine Axt oder ein Gewehr dabei. Was für einen groben und unvollkommenen Gebrauch machen Indianer und Jäger von der Natur! Kein Wunder, dass ihre Rasse so bald ausgerottet wird. Ich spürte bereits und noch Wochen danach, dass mein Wesen durch diesen Teil meiner Walderfahrung rauer geworden war, und wurde daran erinnert, dass unser Leben so zärtlich und zart gelebt werden sollte, wie man eine Blume pflückt.

Mit diesen Gedanken beschloss ich, als wir unseren Campingplatz erreichten, meine Gefährten zu verlassen, um die Elchjagd flussabwärts fortzusetzen, während ich das Lager vorbereitete, obwohl sie mich aus Angst vor mir aufforderten, nicht viel zu hacken und kein großes Feuer zu machen sollte ihr Spiel erschrecken. Mitten im feuchten Tannenwald, hoch oben am moosbewachsenen Ufer, etwa um neun Uhr dieser hellen Mondnacht, zündete ich ein Feuer an, als sie verschwunden waren, und saß auf den Tannenzweigen, im Klang der Wasserfälle, und untersuchte bei seinem Licht die botanischen Exemplare, die ich an diesem Nachmittag gesammelt hatte, und schrieb einige der Überlegungen nieder, die ich hier erweitert habe; oder ich ging am Ufer entlang und blickte den Bach hinauf, wo der gesamte Raum über den Wasserfällen von sanftem Licht erfüllt war. Als ich vor dem Feuer auf meinem Sitz aus Tannenzweigen saß, ohne Mauern über oder um mich herum, erinnerte ich mich daran, wie weit sich die Wildnis auf jeder Seite erstreckte, bevor man zu gerodeten oder bestellten Feldern kam, und fragte mich, ob ein Bär oder Elch das beobachtete Licht meines Feuers; denn die Natur sah mich wegen der Ermordung des Elches streng an.

Seltsam, dass so wenige jemals in den Wald kommen, um zu sehen, wie die Kiefer lebt und wächst und ihre Spitzen emporragt, wie sie ihre immergrünen Arme zum Licht erhebt – um ihren vollkommenen Erfolg zu sehen; Aber die meisten geben sich damit zufrieden, es in Form vieler auf den Markt gebrachter Breitbretter zu sehen, und halten *es für* einen wahren Erfolg! Aber die Kiefer ist genauso wenig Holz wie der Mensch, und die Verarbeitung zu Brettern und Häusern ist ebenso wenig ihr wahrer und höchster Nutzen, wie der wahrste Nutzen des Menschen darin besteht, gefällt und zu Mist verarbeitet zu werden. Es gibt ein höheres Gesetz, das sowohl unsere Beziehung zu Kiefern als auch zu Menschen beeinflusst. Eine gefällte Kiefer, eine tote Kiefer, ist genauso wenig eine Kiefer, wie ein toter menschlicher Kadaver ein Mensch ist. Kann man sagen, dass jemand, der nur einige der

Werte von Fischknochen und Walöl entdeckt hat, den wahren Nutzen des Wals entdeckt hat? Kann man sagen, dass derjenige, der den Elefanten wegen seines Elfenbeins tötet, „den Elefanten gesehen" hat? Dies sind geringfügige und zufällige Verwendungen; als ob eine stärkere Rasse uns töten würde, um aus unseren Knochen Knöpfe und Flageoletts zu machen; denn alles kann sowohl einem niedrigeren als auch einem höheren Zweck dienen. Jedes Lebewesen ist besser lebendig als tot, Menschen, Elche und Kiefern, und wer es richtig versteht, wird sein Leben lieber erhalten, als es zerstören.

Ist also der Holzfäller der Freund und Liebhaber der Kiefer, steht ihr am nächsten und versteht ihre Natur am besten? Ist es der Gerber, der es geschält hat, oder der, der es für Terpentin verpackt hat und von dem die Nachwelt sagen wird, dass es sich schließlich in eine Kiefer verwandelt hat? NEIN! NEIN! es ist der Dichter; Er ist es, der die Kiefer am treuesten nutzt, der sie nicht mit der Axt streichelt, nicht mit der Säge kitzelt, noch mit dem Hobel streichelt, der weiß, ob ihr Kern falsch ist, ohne ihn anzuschneiden, der es nicht getan hat kaufte den Baumstumpf der Gemeinde, auf dem es steht. Alle Kiefern erbeben und seufzen, als dieser Mann den Waldboden betritt. Nein, es ist der Dichter, der sie wie seinen eigenen Schatten in der Luft liebt und sie stehen lässt. Ich war auf dem Holzplatz, in der Tischlerei, in der Gerberei, in der Rußfabrik und auf der Terpentinlichtung; Aber als ich endlich sah, wie die Wipfel der Kiefern sich bewegten und das Licht weit über dem Rest des Waldes reflektierten, wurde mir klar, dass erstere nicht die höchste Nutzung der Kiefern darstellten . Es sind nicht ihre Knochen, ihr Fell oder ihr Talg, die ich am meisten liebe. Es ist der lebendige Geist des Baumes, nicht sein Terpentingeist, mit dem ich sympathisiere und der meine Schnitte heilt. Es ist so unsterblich wie ich und wird vielleicht in einen ebenso hohen Himmel aufsteigen, um dort immer noch über mir zu thronen.

Bald darauf kehrten die Jäger zurück, ohne einen Elch gesehen zu haben, brachten aber auf meinen Vorschlag hin ein Viertel des toten Elches mit, was zusammen mit uns eine ziemliche Belastung für das Kanu darstellte.

Nachdem wir mit Elchfleisch gefrühstückt hatten, kehrten wir den Pine Stream hinunter zum etwa fünf Meilen entfernten Chesuncook Lake zurück. Aus einer Entfernung von fast einer halben Meile konnten wir den roten Kadaver des Elches im Pine Stream liegen sehen. Direkt unterhalb der Mündung dieses Baches befanden sich die bedeutendsten Stromschnellen zwischen den beiden Seen, die Pine Stream Falls genannt, wo große, flache Felsen glattgewaschen wurden und man zu dieser Zeit problemlos über sie hinwegwaten konnte. Joe rannte alleine hinunter, während wir über den Gepäckträger gingen, mein Begleiter sammelte Fichtengummi für seine Freunde zu Hause und ich suchte nach Blumen. In der Nähe des Sees, dem wir uns mit so großer Erwartung näherten, als wäre er eine Universität gewesen – denn es kommt nicht oft vor, dass sich der Strom unseres Lebens in solche Ausdehnungen mündet – befanden sich Inseln und ein niedriges, wiesenreiches Ufer mit vereinzelten Bäumen , Birken, weiß und gelb, schräg über dem Wasser und Ahorne – viele der weißen Birken wurden offenbar durch Überschwemmungen getötet. Es gab reichlich einheimisches Gras; und sogar ein paar Rinder – deren Bewegungen wir hörten, obwohl wir sie nicht sahen und sie zunächst für Elche hielten – weideten dort.

Als wir den See betraten, wo der Bach nach Südosten fließt, hatten wir schon seit einiger Zeit einen Blick auf die Berge um Ktaadn (Man sagt, sie heißen *Katahdinauquoh*), *die wie eine Ansammlung blauer Pilze von üppigem Wachstum aussahen, offenbar fünfundzwanzig oder fünfundzwanzig Jahre alt* Dreißig Meilen entfernt, in südöstlicher Richtung, ihre Gipfel von Wolken verdeckt. Joe nannte einige von ihnen die Sowadnehunk Mountains. Dies ist der Name eines Baches dort, von dem uns ein anderer Indianer erzählte, er bedeute „zwischen Bergen fließend". Obwohl später einige niedrigere Gipfel freigelegt wurden, hatten wir im Wald keinen vollständigeren Blick auf Ktaadn . Die Lichtung, zu der wir fuhren, befand sich rechts von der Flussmündung und konnte erreicht werden, indem man einen niedrigen Punkt umging, wo das Wasser bis weit vom Ufer entfernt flach war. Der Chesuncook- See erstreckt sich nach Nordwesten und Südosten und wird als achtzehn Meilen lang und drei breit bezeichnet , ohne Insel. Wir hatten die nordwestliche Ecke erreicht und konnten, als wir uns in der Nähe der Küste befanden, nur einen Teil davon hinuntersehen. Die vom Land hier aus sichtbaren Hauptberge waren die bereits erwähnten zwischen Südosten und Osten und einige Gipfel etwas westlich von Norden, aber im Allgemeinen war der Nord- und Nordwesthorizont um St. John und die britische Grenze vergleichsweise eben.

Ansell Smith's, die älteste und wichtigste Lichtung an diesem See, schien ein ziemlicher Hafen für Boote und Kanus zu sein; Sieben oder acht der ersteren lagen herum, und auf einer Plattform, die jetzt hoch und trocken war, befand sich eine kleine Planke für Heu und eine Winde, die zum Schwimmen und Ankern zum Schleppen von Flößen bereit war. Es handelte sich um einen sehr primitiven Hafen, in dem Boote zwischen den Baumstümpfen angelegt wurden – so ein Hafen, dachte ich, als hätte die Argo zu Wasser gelassen werden können. Auf der gegenüberliegenden Seite des Sees befanden sich fünf weitere Hütten mit kleinen Lichtungen. alles an diesem Ende und von diesem Punkt aus sichtbar. Einer der Smiths erzählte mir, dass bisher klar sei, dass sie hierher gekommen seien, um hier zu leben und das jetzige Haus vor vier Jahren gebaut hätten, obwohl die Familie erst seit ein paar Monaten hier sei.

Es interessierte mich zu sehen, wie ein Pionier auf dieser Seite des Landes lebte. Sein Leben ist in mancher Hinsicht abenteuerlicher als das seines Bruders im Westen; denn er kämpft sowohl mit dem Winter als auch mit der Wildnis, und zwischen ihm und dem Heer, das folgen soll, liegt zumindest ein größerer Zeitabstand. Hier ist die Einwanderung eine Flut, die abebben kann, wenn sie die Kiefern weggeschwemmt hat; Dort herrscht keine Flut, sondern eine Überschwemmung, und Straßen und andere Verbesserungen strömen beständig hinterher.

Als wir uns dem Blockhaus näherten, das ein Dutzend Stangen vom See entfernt und beträchtlich über ihm gelegen war, verliehen die hervorstehenden Enden der Baumstämme, die an den Ecken unregelmäßig mehrere Fuß übereinander lagen, ihm ein sehr üppiges und malerisches Aussehen, weit entfernt von der Gemeinheit von Wetterbrettern. Es war ein sehr geräumiges, niedriges Gebäude, etwa zwanzig Meter lang, mit vielen großen Wohnungen. Die Wände waren zwischen den Baumstämmen, die bis auf die Ober- und Unterseite groß und rund waren, gut mit Lehm bestrichen und von innen wie außen sichtbar, wobei die aufeinanderfolgenden Wölbungen nach oben hin allmählich kleiner wurden und mit der Axt aufeinander abgestimmt wurden, wie pandäische Pfeifen. Wahrscheinlich hatten die musikalischen Waldgötter sie noch nicht beiseite geworfen; Das tun sie erst, wenn sie gespalten sind oder die Rinde verschwunden ist. Ich vermute, dass es sich um einen Architekturstil handelte, der von Vitruv nicht beschrieben wurde, obwohl er möglicherweise in der Biographie von Orpheus angedeutet wurde; keine eurer gerüschten oder geriffelten Säulen, die solch eine falsche Schwellung haben und nichts tragen als ein Giebelende und die Ansprüche ihres Erbauers – das heißt, mit der Menge; Und was „Verzierung" betrifft, eines dieser Wörter mit totem Schwanz, mit denen Architekten sehr treffend ihre Schnörkel beschreiben, so gab es Flechten, Moose und Rindenränder, um die sich niemand kümmerte. Die schönsten Farben und Schindeln lassen wir sicherlich im Wald zurück, wenn wir in den Städten die Rinde abstreifen und uns mit Bleiweiß vergiften. Wir bekommen nur die Hälfte der Beute des Waldes. Gib mir für die Schönheit Bäume mit Fell. Dieses Haus wurde mit der Bewegungsfreiheit einer Försteraxt entworfen und gebaut, ohne anderen Zirkel und Winkel als die Natur. Überall dort, wo die Baumstämme durch ein Fenster oder eine Tür abgeschnitten waren, also nicht durch abwechselnde Überlappung an Ort und Stelle gehalten wurden, wurden sie durch sehr große Stifte übereinander gehalten, die diagonal auf jeder Seite hineingetrieben wurden, wo Äste gewesen sein könnten, und dann so nah oben und unten abschneiden, dass sie nicht über die Wölbung des Baumstamms hinausragen, als ob die Baumstämme einander in ihren Armen umklammerten. Diese Baumstämme waren Pfosten, Pfosten, Bretter, Schindeln, Latten, Putz und Nägel in einem. Wo der Bürger nur einen Splitter oder ein Brett benutzt, benutzt der Pionier den ganzen Stamm eines Baumes. Das Haus hatte große Steinkamine und war mit Fichtenrinde gedeckt. Die Fenster wurden bis auf die Verkleidungen alle importiert. An einem Ende befand sich ein normales Holzfällerlager für die Untermieter mit dem üblichen Tannenboden und Holzbänken. Somit war dieses Haus nur eine geringfügige Abweichung von dem hohlen Baum, in dem der Bär noch immer lebt, da es sich um eine Mulde handelte, die aus aufgestapelten Bäumen bestand und wie das Original mit einer Rindenschicht überzogen war.

Der Keller war ein separates Gebäude, ähnlich einem Eiskeller, und zu dieser Jahreszeit reichte er als Kühlschrank aus, da dort unser Elchfleisch gelagert wurde. Es war ein Kartoffelloch mit einem festen Dach. Jede Struktur und Institution hier war so primitiv, dass man sie sofort auf ihre Quelle zurückführen konnte; Aber unsere Gebäude lassen im Allgemeinen weder auf ihren Ursprung noch auf ihren Zweck schließen. Es gab eine große und, wie die Bauern es nennen würden, hübsche Scheune, deren Bretter zum Teil mit einer Peitschensäge zersägt worden waren; und die Sägegrube mit ihrem großen Staubhaufen blieb vor dem Haus. Die langen, gespaltenen Schindeln an einem Teil der Scheune wurden 30 cm nach dem Wetter verlegt, was darauf hindeutet, welches Wetter dort vorherrscht. Grants Scheune am Caribou Lake soll noch größer gewesen sein, das größte Ochsennest im Wald, fünfzehn mal hundert Fuß. Stellen Sie sich eine Monsterscheune in diesem Urwald vor, die ihren grauen Rücken über die Baumwipfel erhebt! Der Mensch baut für seine Haustiere ein solches Nest aus verdorrtem Gras und Futter, wie es die Eichhörnchen und viele andere wilde Tiere für sich selbst tun.

Es gab auch eine Schmiede, in der offensichtlich viel Arbeit geleistet wurde. Die bei der Holzfällerei verwendeten Ochsen und Pferde wurden beschlagen, und alle Eisenarbeiten an Schlitten usw. wurden hier repariert oder hergestellt. Ich sah, wie sie am nächsten Dienstag beim Moosehead Carry ein Batteau mit etwa dreizehn Zentnern Eisenstangen für diesen Laden beluden. Das erinnerte mich daran, wie primitiv und ehrenhaft das Handwerk Vulkans war. Ich höre nicht, dass es unter den Göttern einen Zimmermann oder Schneider gab. Der Schmied scheint diesen und allen anderen Mechanikern sowohl in Chesuncook als auch auf dem Olymp vorausgegangen zu sein, und seine Familie ist am weitesten verstreut, unabhängig davon, ob er John oder Ansell getauft wurde.

Smith besaß zwei Meilen flussabwärts des Sees und eine halbe Meile Breite. Hier wurden etwa 100 Hektar gerodet. Dieses Jahr hat er auf diesem Gelände siebzig Tonnen englisches Heu geerntet , auf einer anderen Lichtung weitere zwanzig, und er verwendet alles selbst für Holzfällerarbeiten. Die Scheune war voll mit gepresstem Heu und einer Maschine, um es zu pressen. Es gab einen großen Garten voller Wurzeln – Rüben, Rüben, Karotten, Kartoffeln usw., alle von großer Größe. Sie sagten, dass sie hier genauso viel wert seien wie in New York. Ich schlug einige Johannisbeeren für die Soße vor, zumal sie keine Apfelbäume enthielten, und zeigte, wie leicht man sie bekommen konnte.

An der Tür stand die übliche langstielige Axt der Urwälder, dreieinhalb Fuß lang – denn mein neues schwarzes Eschenholz war ständig in Gebrauch – und ein großer, struppiger Hund, dessen Nase laut Bericht lautete: war voller Stachelschweinfedern. Ich kann bezeugen, dass er sehr nüchtern aussah.

Dies ist das übliche Schicksal von Pionierhunden, denn sie müssen sich der Hauptlast des Kampfes um ihre Rasse stellen und die Rolle von Arnold Winkelried spielen, ohne es zu beabsichtigen. Wenn er einen seiner Stadtfreunde hierher einladen und ihm Elchfleisch und grenzenlose Freiheit vorschlagen würde, könnte dieser treffend fragen: „Was steckt Ihnen da in der Nase?" Wenn ein oder zwei Generationen alle Pfeile der Feinde aufgebraucht haben, führen ihre Nachfolger ein vergleichsweise einfaches Leben. Den entsprechenden Segen verdanken wir unseren Vätern . Viele alte Menschen beziehen meine Rente aus keinem anderen Grund, sondern als Ausgleich dafür, dass sie schon lange gelebt haben. Zweifellos reden unsere Stadthunde immer noch schnüffelnd über die Tage, als sie Hundenasen ausprobierten. Wie sie die Katze dorthin gebracht haben, weiß ich nicht, denn sie sind genauso schüchtern wie meine Tante, wenn es darum geht, in ein Kanu zu steigen. Ich wunderte mich, dass sie unterwegs nicht auf einen Baum gerannt war; aber vielleicht war sie von der Vielzahl an Möglichkeiten verwirrt.

Zwanzig oder dreißig Holzfäller , Yankees und Kanadier, kamen und gingen, darunter auch Aleck, und von Zeit zu Zeit berührte ein Indianer die Gegend. Im Winter sind hier manchmal hundert Männer auf einmal untergebracht. Die interessanteste Neuigkeit, die unter ihnen kursierte, schien zu sein, dass eine Woche zuvor vier Pferde von Smith im Wert von siebenhundert Dollar weiter in den Wald gekommen waren.

Die weiße Kiefer befand sich ganz unten oder am anderen Ende von all dem. Es ist ein Krieg gegen die Kiefern, der einzige echte Aroostook- oder Penobscot-Krieg. Ich habe keinen Zweifel daran, dass sie im homerischen Zeitalter ein ziemlich ähnliches Leben führten, denn die Menschen haben immer mehr an Essen als an Kämpfen gedacht; Damals wie heute drehten sich ihre Gedanken hauptsächlich um „heißes Brot und süße Kuchen"; und der Pelz- und Holzhandel ist in Asien und Europa eine alte Geschichte. Ich bezweifle, dass Männer jemals einen Beruf aus Heldentum gemacht haben. Schon zur Zeit des Achilles erfreuten sie sich an großen Scheunen und vielleicht auch an gepresstem Heu, und wer das wertvollste Team besaß, war der beste Kerl.

Caucomgomoc hinaufzufahren , dessen Mündung ein oder zwei Meilen entfernt war, bis zum gleichnamigen See, etwa zehn Meilen entfernt; Aber einige Indianer aus Joes Bekanntschaft, die auf dem Caucomgomoc Kanus bauten, kamen von dieser Seite herüber und berichteten so dürftig von der Elchjagd, dass dort in letzter Zeit so viele getötet worden waren, dass meine Gefährten beschlossen, nicht dorthin zu gehen. Joe verbrachte diesen Sonntag und die Nacht mit seinen Bekannten. Die Holzfäller erzählten mir, dass es hier viele Elche gab, aber keine Karibus oder Hirsche. Ein Mann aus Oldtown hatte innerhalb eines Jahres zehn oder zwölf Elche getötet, und zwar so nahe am Haus, dass sie alle seine Gewehre hörten. Soweit ich weiß, könnte sein Name Herkules gewesen sein, obwohl ich eher damit gerechnet hätte, das Rasseln seiner Keule zu hören; aber zweifellos hält er mit den Verbesserungen der Zeit Schritt und benutzt jetzt ein Sharp-Gewehr; Wahrscheinlich lässt er seine gesamte Rüstung in Smiths Werkstatt anfertigen und reparieren. Innerhalb von zwei Jahren wurde in Sichtweite des Hauses ein Elch getötet und ein weiterer beschossen. Ich weiß nicht, ob Smith schon einen Dichter hat, der sich um das Vieh kümmert, das aufgrund des frühen Aufbrechens des Eises gezwungen ist, den Sommer in den Wäldern zu verbringen, aber ich würde dieses Amt solchen meiner Bekannten empfehlen Ich liebe es, Verse zu schreiben und zu schießen.

Nach einem Abendessen, bei dem Apfelmus für mich der größte Luxus war, aber unser Elchfleisch am häufigsten von den Holzfällern verlangt wurde , ging ich über die Lichtung in den Wald, südwärts und am Ufer entlang zurück. Zum Nachtisch nahm ich mir ein großes Stück des Chesuncook-Waldes und nahm mit allen Sinnen einen kräftigen Schluck davon. Die Wälder waren so frisch und voller Pflanzenleben wie Flechten bei nassem Wetter und enthielten viele interessante Pflanzen; aber wenn sie nicht aus Weißkiefern sind, werden sie hier mit ebenso wenig Respekt behandelt wie ein Mehltau, und im anderen Fall werden sie nur umso schneller abgeholzt. Das Ufer bestand aus groben , flachen Schieferfelsen, oft in Plattenform, auf die die Brandung schlug. Die Felsen und gebleichten Baumstämme, die sich ein Stück weit in den zotteligen Wald hinein erstreckten, zeigten ein Heben und Senken von sechs bis acht Fuß, was zum Teil auf den Damm an der Mündung zurückzuführen war. Sie sagten, dass der Schnee hier im Winter einen Meter hoch war, manchmal sogar vier bis fünf Fuß, und dass das Eis auf dem See zwei Fuß dick und klar war, einschließlich des Schnee-Eises vier Fuß. In Gefäßen hatte sich bereits Eis gebildet.

Wir übernachteten hier an diesem Sonntag in einem komfortablen Schlafzimmer, anscheinend dem besten; Und alles, was mir in der Nacht ungewöhnlich auffiel – denn ich machte mir immer noch Notizen, wie ein Spion im Lager –, war das Knarren der dünnen, gespaltenen Bretter, wenn einer unserer Nachbarn sich bewegte.

Das waren die ersten groben Anfänge einer Stadt. Sie sprachen von der Machbarkeit einer Winterstraße zum Moosehead Carry, die nicht viel kosten würde und sie mit Dampf und Bühnen und der ganzen geschäftigen Welt verbinden würde. Ich bezweifelte fast, ob der See – derselbe See – seine Form und Identität behalten würde , wenn die Ufer geräumt und besiedelt wären; als ob diese Seen und Bäche, von denen Entdecker berichten, nie auf die Ankunft des Bürgers gewartet hätten.

Der Anblick eines dieser Grenzhäuser, die aus diesen großen Baumstämmen gebaut wurden und deren Bewohner sich viele Sommer und Winter lang in der Wildnis unerschütterlich behauptet haben, erinnert mich an berühmte Festungen wie Ticonderoga oder Crown Point, die denkwürdige Belagerungen überstanden haben. Sie sind besonders Winterquartiere, und zu dieser Jahreszeit sah dieses teilweise verlassen aus, als ob die Belagerung ein wenig erhöht worden wäre, die Schneebänke vor ihm geschmolzen und die Garnison entsprechend reduziert worden wäre. Ich stelle mir ihr tägliches Essen als Rationen vor – man nennt es „Vorräte"; Eine Bibel und ein Mantel sind Kriegsmunition, und ein einzelner Mann, der auf dem Gelände gesehen wird, ist ein diensthabender Wächter. Sie gehen davon aus, dass er das Gegenzeichen benötigt und Sie möglicherweise für Ethan Allen hält, der gekommen ist, um im Namen des Kontinentalkongresses die Übergabe seiner Festung zu fordern . Es handelt sich um eine Art Rangerdienst. Arnolds Expedition ist für diese Siedler ein tägliches Erlebnis. Sie können nachweisen, dass sie fast jederzeit unterwegs waren; und ich denke, dass die gesamte erste Generation von ihnen eine Rente mehr verdient als alle, die in den mexikanischen Krieg gegangen sind.

Früh am nächsten Morgen machten wir uns auf den Rückweg den Penobscot hinauf. Mein Begleiter wollte etwa 25 Meilen oberhalb des Moosehead Carry zu einem Lager in der Nähe der Kreuzung der beiden Gabeln gehen und dort nach Elchen suchen. Unser Gastgeber gewährte uns etwas für das Stück Elch, das wir mitgebracht hatten, und er war froh, es zu bekommen. Zwei Entdecker vom Chamberlain Lake starteten zur gleichen Zeit wie wir. Im Wald sollten rote Flanellhemden getragen werden, allein schon wegen des schönen Kontrasts, den diese Farbe mit den immergrünen Pflanzen und dem Wasser bildet. So dachte ich, als ich die Gestalten der Entdecker in ihren Birken sah, wie sie in der Ferne vor uns die Stromschnellen aufstauten, weit entfernt vom Wald. Es ist auch die Farbe des Landvermessers, die unter allen Umständen am deutlichsten zu sehen ist. Wir machten wie zuvor Halt, um im Ragmuff zu essen. Mein Begleiter war es, der diesmal den Bach hinaufwanderte, um nach Elchen zu suchen, während Joe am Ufer schlief, so dass wir uns seiner sicher waren; und ich verbesserte die Möglichkeiten zum Botanisieren und Baden. Kurz nachdem wir wieder angefangen hatten, während Joe wieder im Kanu saß, um die Bratpfanne zu holen, die noch übrig war, pflückten wir ein paar Liter Preiselbeeren für eine Soße.

Ich war überrascht, als Joe mich fragte, wie weit es bis zum Moosehorn sei . Er kannte diesen Bach ziemlich gut, hatte aber bemerkt, dass ich neugierig auf Entfernungen war und mehrere Karten hatte. Er und die Inder im Allgemeinen, mit denen ich gesprochen habe, sind nicht in der Lage, Dimensionen oder Entfernungen in unseren Maßen mit einiger Genauigkeit zu beschreiben . Er konnte vielleicht sagen, wann wir ankommen sollten, aber nicht, wie weit es entfernt war. Wir sahen ein paar Waldenten, Brandenten und schwarze Enten, aber sie waren dort zu dieser Jahreszeit nicht so zahlreich wie an unserem Fluss zu Hause. Wir erschreckten die gleiche Waldentenfamilie wie vor uns, die hin und her ging. Wir hörten auch den Ton eines Fischfalkens, der etwa dem eines Taubenspechts ähnelte, und sahen ihn bald darauf nahe der Spitze einer abgestorbenen Weymouthskiefer an der Insel sitzen, auf der wir zuerst gezeltet hatten, während eine Schar von Peetweets zwitscherte und schwankte etwa über dem Kadaver eines Elches auf einer niedrigen Sandzunge direkt darunter. Wir trieben den Fischfalken viele Meilen vor uns von Barsch zu Barsch, wobei wir jedes Mal einen Schrei oder Pfiff hervorriefen. Da unser Kurs stromaufwärts lag, mussten wir viel härter arbeiten als zuvor und mussten häufig auf eine Stange zurückgreifen. Manchmal paddelten wir alle drei zusammen im Stehen, so klein und schwer beladen das Kanu auch war. Ungefähr sechs Meilen von Moosehead entfernt begannen wir, die Berge östlich des nördlichen Endes des Sees zu sehen, und um vier Uhr erreichten wir den Carry.

Hier lagerten noch die Indianer. Es waren drei, darunter der St. Francis-Indianer, der mit uns im Dampfer gekommen war. Einer der anderen hieß Sabattis . Joe und der St.-Francis-Indianer waren eindeutig Indianer, die anderen beiden schienen gemischte Indianer und Weiße zu sein; aber soweit ich sehen konnte, beschränkte sich der Unterschied auf ihre Gesichtszüge und ihren Teint. Wir haben hier die Zunge des Elches zum Abendessen gekocht, wobei wir die Nase, die als der erlesenste Teil gilt, bei Chesuncook kochen ließen, da es eine Menge Mühe bereitete, sie zuzubereiten. Wir haben auch unsere Preiselbeeren (*Viburnum opulus*) gedünstet und mit Zucker gesüßt. Die Holzfäller kochen sie manchmal mit Melasse. Sie wurden bei Arnolds Expedition eingesetzt. Diese Soße war für uns, die wir bisher auf Hartbrot, Schweinefleisch und Elchfleisch beschränkt waren, sehr dankbar, und trotz ihrer Kerne hielten wir sie alle drei für gleichwertig mit der gewöhnlichen Preiselbeere; aber vielleicht muss man unserem Waldhunger etwas entgegensetzen. Es würde sich lohnen, sie zu kultivieren, sowohl für ihre Schönheit als auch für ihre Ernährung. Später sah ich sie in einem Garten in Bangor. Joe sagte, dass sie *Ebeemenar* genannt würden .

Während wir zu Abend aßen, begann Joe damit, das Elchfell zu heilen, auf dem ich die meiste Zeit der Reise gesessen hatte, nachdem er am Caucomgomoc bereits die meisten Haare mit seinem Messer abgeschnitten hatte . Er stellte zwei kräftige, gegabelte Pfähle am Ufer auf, sieben bis acht Fuß hoch und ebenso weit von Osten nach Westen getrennt, und schnitt an den Seiten Schlitze von acht bis zehn Zoll Länge und im gleichen Abstand voneinander nahe am Rand Er zog Stangen durch das Fell und befestigte dann eine der Stangen auf den gegabelten Pfählen und band die andere unten fest. Die beiden Enden wurden ebenfalls mit Zedernrinde, ihrer üblichen

Schnur, durch kleine Löcher in kurzen Abständen an die aufrechten Stangen gebunden. Das so gedehnte Fell neigte sich ein wenig nach Norden, um seine Fleischseite der Sonne auszusetzen, und war im Extremfall acht Fuß lang und sechs Fuß hoch. Wo noch etwas Fleisch klebte, ritzte Joe es mutig mit seinem Messer ein, um es der Sonne zugänglich zu machen. Es schien nun durch den Entenschuss etwas fleckig und verletzt zu sein. Auf vielen Campingplätzen in diesen Wäldern können Sie die alten Rahmen sehen, auf denen Häute aufgespannt wurden.

Aus irgendeinem Grund wurde der Weg zu den Gabeln des Penobscot aufgegeben und wir beschlossen, hier anzuhalten, da mein Begleiter vorhatte, nachts den Bach hinunter zu jagen. Die Indianer luden uns ein, bei ihnen zu übernachten, aber mein Begleiter neigte dazu, mit dem Wagen zum Holzlager zu fahren. Dieses Lager war eng und schmutzig und roch übel, und ich zog es vor, das Angebot der Indianer anzunehmen, wenn wir kein Lager für uns selbst errichteten; denn obwohl sie auch schmutzig waren, hielten sie sich mehr im Freien auf und waren eine viel angenehmere und sogar feinere Gesellschaft als die Holzfäller . Die interessanteste Frage, die im Holzfällerlager gestellt wurde , war: Welcher Mann könnte mit jedem anderen auf der Trage „ klarkommen"? und größtenteils besaßen sie keine Eigenschaften, die man nicht in die Hände bekommen konnte. Also gingen wir zum Indianerlager oder Wigwam.

Es war ziemlich windig, und deshalb beschloss Joe, nach Mitternacht zu jagen, wenn der Wind nachließ, was die anderen Indianer jedoch nicht für möglich hielten, da er aus dem Süden kam. Die beiden Mischlinge machten sich jedoch bei Einbruch der Dunkelheit auf den Weg flussaufwärts, um Elche zu jagen, bevor wir ihr Lager erreichten. Bei diesem Indianerlager handelte es sich um ein kleines, zusammengeflicktes Gebäude, das mehrere Wochen lang dort gestanden hatte, in Schuppenform gebaut und offen zum Feuer im Westen gelegen. Wenn sich der Wind änderte, konnten sie ihn umkehren. Es bestand aus zwei gegabelten Pfählen und einer Querlatte, von der aus Dachsparren schräg zum Boden führten. Die Bespannung bestand teils aus einem alten Segel, teils aus Birkenrinde, ganz unvollkommen, aber sicher festgebunden, und reichte an den Seiten bis zum Boden. Ein großer Baumstamm wurde an der Rückseite als Kopfteil zusammengerollt, und zwei oder drei Elchfelle wurden mit den Haaren nach oben auf dem Boden ausgebreitet. Verschiedene Kleidungsstücke waren an den Seiten und Ecken oder unter dem Dach verstaut. Sie räucherten Elchfleisch auf einer solchen Kiste, wie sie With in De Brys „ Collectio" darstellt Peregrinationum ", das 1588 veröffentlicht wurde und das die Ureinwohner Brasiliens *Boucan nannten* (daher Freibeuter), auf dem häufig Stücke menschlichen Fleisches gezeigt wurden, die zusammen mit dem Rest trockneten. Es wurde vor dem Lager über dem üblichen großen Feuer in Form eines länglichen Quadrats errichtet. Zwei kräftige, gegabelte Pfähle mit einem Abstand von vier oder fünf Fuß und einer Höhe von fünf Fuß wurden an jedem Ende in den Boden getrieben, und dann wurden zwei zehn Fuß lange Stangen quer über das Feuer gespannt und kleinere Stangen im Abstand von einem Fuß quer darauf gelegt. Am letzten Tisch hingen große, dünne Scheiben Elchfleisch, das geräuchert und getrocknet wurde, wobei über der Mitte des Feuers ein Raum frei blieb. Da hing das ganze Herz, schwarz wie ein zweiunddreißig Pfund schwerer Ball, an einer Ecke. Sie sagten, dass es drei oder vier Tage dauerte, dieses Fleisch zu reifen, und dass es ein Jahr oder länger haltbar wäre. Auf dem Boden lagen Müllstücke in verschiedenen Stadien des Verfalls, und einige Stücke auch im Feuer, halb begraben und brutzelnd in der Asche, so schwarz und schmutzig wie ein alter Schuh. Die Letzteren dachte ich zuerst, sie wären weggeworfen, aber später stellte ich fest, dass sie gekocht wurden. Auch ein riesiges Rippenstück röstete vor dem Feuer und wurde auf einen aufrechten Pfahl aufgespießt, der zwischen den Rippen hindurch- und herausgezwängt wurde. Da war ein Elchfell, das wie unseres auf Stangen gespannt und gereift war, und in der Nähe ein ziemlicher Haufen gepökelter Felle. Sie hatten innerhalb von zwei Monaten zweiundzwanzig Elche getötet, aber da sie nur sehr wenig Fleisch verwenden konnten, ließen sie die Kadaver zurück auf dem Boden. Alles in allem war es ein so grausamer Anblick wie nie zuvor, und ich wurde sofort um dreihundert Jahre zurückversetzt. Auf einem Baumstumpf draußen lagen viele Fackeln aus Birkenrinde, die wie gerade Blechhörner geformt waren.

Aus Angst vor Schmutz breiten wir unsere Decken über ihre Häute aus, um sie nirgendwo zu berühren. Zuerst waren nur der St. Francis-Indianer und Joe da, und wir lagen auf dem Rücken und unterhielten uns bis Mitternacht mit ihnen. Sie waren sehr kontaktfreudig und unterhielten sich ständig in ihrer eigenen Sprache, wenn sie nicht mit uns redeten. Wir hörten kurz nach Einbruch der Dunkelheit einen kleinen Vogel, der, wie Joe sagte, zu einer bestimmten Stunde in der Nacht sang – er glaubte, um zehn Uhr. Wir hörten auch die Hyloden und Baumkröten und die Holzfäller , die in ihrem Lager eine Viertelmeile entfernt sangen. Ich erzählte ihnen, dass ich in alten Büchern abgebildete Stücke menschlichen Fleisches gesehen hatte, die auf diesen Kisten trockneten; Daraufhin wiederholten sie eine Überlieferung darüber, dass die Mohawks Menschenfleisch aßen, welche Teile sie bevorzugten usw., und auch von einer Schlacht mit den Mohawks in der Nähe von Moosehead, bei der viele der letzteren getötet wurden; aber ich fand heraus, dass sie nur wenig über die Geschichte ihrer Rasse wussten und sich mit Geschichten über ihre Vorfahren genauso gut unterhalten ließen wie mit allen anderen Mitteln. Zuerst war ich fast verbrannt, denn ich lag an einer Seite des Lagers und spürte, wie die Hitze nicht nur von der darüber liegenden Birkenrinde, sondern auch von der Seite reflektiert wurde; und wieder erinnerte ich mich an die Leiden der jesuitischen Missionare und an die extreme Hitze und Kälte, die die Indianer angeblich ertragen mussten. Ich kämpfte lange zwischen meinem Wunsch, bei ihnen zu bleiben und mit ihnen zu reden, und meinem Drang, hinauszustürmen und mich auf dem kühlen Gras auszustrecken; Und als ich gerade dabei war, den letzten Schritt zu machen, stand Joe auf und löschte das Feuer teilweise aus, weil er mein Gemurmel hörte oder sich selbst unwohl fühlte. Ich nehme an, dass das indische Manieren sind: sich zu verteidigen.

Während ich dort lag und den Indianern zuhörte, vergnügte ich mich damit, anhand ihrer Gesten oder eines vorgebrachten Eigennamens zu erraten, um welches Thema es sich handelte. Es gibt keinen verblüffenderen Beweis dafür, dass es sich bei ihnen um eine eigenständige und vergleichsweise eingeborene Rasse handelt, als diese unveränderte indianische Sprache zu hören, die der Weiße weder sprechen noch verstehen kann. Wir können in fast allen anderen Einzelheiten eine Veränderung und einen Verfall vermuten, außer in der Sprache, die für uns so völlig unverständlich ist. Es überraschte mich, obwohl ich so viele Pfeilspitzen gefunden hatte, und überzeugte mich davon, dass der Indianer nicht die Erfindung von Historikern und Dichtern war. Es war ein rein wilder und ursprünglicher amerikanischer Laut, so sehr wie das Bellen einer Meisen, und ich konnte keine Silbe davon verstehen; aber Paugus hätte es verstanden, wenn er dort gewesen wäre. Diese Abenakis schwatzten, lachten und scherzten in der Sprache, in der Eliots indische Bibel geschrieben ist, der Sprache, die in Neuengland gesprochen wird. Wer soll sagen, wie lange? Dies waren die Geräusche, die aus den Wigwams dieses Landes kamen, bevor Kolumbus geboren wurde; sie sind noch nicht ausgestorben; und mit bemerkenswert wenigen Ausnahmen ist die Sprache ihrer Vorfahren für sie immer noch reichlich genug. Ich hatte das Gefühl, dass ich in dieser Nacht dem Urmenschen Amerikas so nahe stand oder vielmehr lag, wie es keiner seiner Entdecker jemals getan hat.

Mitten in ihrem Gespräch fragte mich Joe plötzlich, wie lang der Moosehead Lake sei.

Während wir dort lagen, bastelte und probierte Joe sein Horn, um nach Mitternacht für die Jagd bereit zu sein. Der St.-Francis-Indianer vergnügte sich auch damit, es ertönen zu lassen, oder besser gesagt, durch es zu rufen; denn der Ton entsteht durch die Stimme und nicht durch das Blasen durch das Horn. Letzterer schien ein Spekulant in Elchfellen zu sein. Er kaufte die meines Begleiters für zweieinhalb Dollar, grün. Joe sagte, dass es in Oldtown zweieinhalb wert sei. Hauptsächlich wird es für Mokassins verwendet. Einer oder zwei dieser Indianer trugen sie. Mir wurde gesagt, dass Ausländer aufgrund eines kürzlich in Maine erlassenen Gesetzes dort zu keiner Jahreszeit Elche töten dürfen; Weiße Amerikaner können sie nur zu einer bestimmten Jahreszeit töten, die Indianer von Maine jedoch zu jeder

Jahreszeit. Der St.-Francis-Indianer verlangte daher von meinem Begleiter, dass er einen *Wigiggin* oder Geldschein vorzeige, da er ein Ausländer sei. Er lebte in der Nähe von Sorel. Ich fand, dass er seinen Namen, Tahmunt, sehr gut schreiben konnte Swasen . Ein gewisser Ellis, ein alter Weißer aus Guilford, einer Stadt, durch die wir kamen, nicht weit vom südlichen Ende von Moosehead entfernt, war der berühmteste Elchjäger dieser Gegend. Inder und Weiße sprachen mit gleichem Respekt von ihm. Tahmunt sagte, dass es hier mehr Elche gäbe als im Adirondack-Land in New York, wo er gejagt hatte; dass es vor drei Jahren sehr viele gab, und dass es jetzt sehr viele in den Wäldern gab, aber sie kamen nicht ans Wasser. Es hatte keinen Zweck, sie um Mitternacht zu jagen, denn dann würden sie nicht herauskommen. Nachdem er nach Hause gekommen war, fragte ich Sabattis , ob der Elch ihn nie angegriffen habe. Er antwortete, dass man nicht oft schießen dürfe , um ihn wütend zu machen. „Ich schieße einmal und treffe ihn an der richtigen Stelle, und am nächsten Morgen finde ich ihn. Er wird nicht weit kommen. Aber wenn du weiter feuerst, machst du ihn wütend. Ich habe einmal fünf Kugeln abgefeuert, jede davon durchs Herz, und es machte ihm überhaupt nichts aus ; es machte ihn nur noch wütender ." Ich fragte ihn, ob sie sie nicht mit Hunden jagen würden. Er sagte, dass sie das im Winter machten, aber nie im Sommer, denn dann hätte es keinen Nutzen gehabt; Sie würden hundert Meilen geradeaus und schnell davonrennen.

Ein anderer Inder sagte, dass der Elch, sobald er Angst hatte, den ganzen Tag rennen würde. Ein Hund hängt an ihren Lippen und wird mitgetragen, bis er gegen einen Baum geschleudert wird und herunterfällt. Sie können nicht auf einer „Glasur" laufen, obwohl sie in vier Fuß hohem Schnee laufen können; aber das Karibu kann auf Eis laufen. Normalerweise finden sie zwei oder drei Elche zusammen. Sie bedecken sich bis auf die Nase mit Wasser, um Fliegen zu entkommen. Er hatte die Hörner dessen, was er „den schwarzen Elch, der in Tieflanden lebt" nannte. Diese breiten sich drei bis vier Fuß aus. Der „rote Elch" war eine andere Art, „auf Bergen laufend" und hatte Hörner, die sechs Fuß breit waren. Das waren seine Auszeichnungen. Beide können ihre Hörner bewegen. Die breiten, flachen Klingen sind mit Haaren bedeckt und bei lebendigem Tier so weich, dass man mit einem Messer hindurchfahren kann. Sie betrachten es als gutes oder schlechtes Zeichen, wenn sich die Hörner in die eine oder andere Richtung drehen. Seine Karibu-Hörner waren von Mäusen in seinem Wigwam abgenagt worden, aber er glaubte, dass die Hörner weder des Elches noch des Karibus jemals zu Lebzeiten des Tieres angenagt wurden, wie einige behauptet haben. Ein Indianer, den ich später in Oldtown traf und der einen Bären und andere Tiere von Maine zur Ausstellung mit sich herumgetragen hatte , erzählte mir, dass es vor dreißig Jahren in Maine nicht so viele Elche gab wie heute; Außerdem hieß es, die Elche seien sehr leicht zu zähmen und würden zurückkommen, wenn sie einmal gefüttert wurden, ebenso wie die Hirsche, aber nicht die Karibus. Die Indianer dieser Gegend sind mit den Elchen ungefähr so vertraut wie wir mit dem Ochsen, da sie seit so vielen Generationen mit ihnen in Verbindung stehen. Pater Rasles gibt in seinem Wörterbuch der Abenaki-Sprache nicht nur ein Wort für den männlichen Elch (*aianbé*) und ein weiteres für das weibliche (*hèrar*), sondern auch für den Knochen, der sich in der Mitte des Herzens des Elches befindet (!) und für sein linkes Hinterbein.

Von den kleinen Hirschen gab es dort oben keine; Sie kommen häufiger in Siedlungen vor. Einer rannte vor zwei Jahren in die Stadt Bangor und sprang durch ein Fenster aus kostbarem Flachglas und dann in einen Spiegel, wo er glaubte, eines seiner Art zu erkennen, und wieder hinaus und so weiter und sprang über die Köpfe der anderen hinweg die Menge, bis sie gefangen genommen wurde. Die Einwohner bezeichnen dies als den Hirsch, der einkaufen ging. Der letztgenannte Indianer sprach vom *Lunxus* oder indischen Teufel (den ich für den Puma und nicht für den *Gulo Luscus halte*) als dem einzigen Tier in Maine, vor dem der Mensch Angst haben muss; es folgte einem Mann und hatte nichts gegen ein Feuer. Er sagte auch, dass es dort, wo wir hingingen, wieder ziemlich viele Biber gäbe, aber ihre Felle brachten jetzt so wenig, dass es sich nicht mehr lohnte, sie zu jagen.

Ich hatte die Ohren unserer Elche, die zehn Zoll lang waren, zum Trocknen zusammen mit dem Elchfleisch über das Feuer gelegt, um sie haltbar zu machen; Aber Sabattis sagte mir, ich müsse sie häuten und heilen, sonst würden alle Haare abfallen. Er beobachtete, dass sie Tabakbeutel aus den Häuten ihrer Ohren machten und die beiden von innen nach innen zusammenfügten. Ich fragte ihn, wie er an das Feuer gekommen sei; und er holte eine kleine zylindrische Schachtel mit Reibstreichhölzern hervor. Er hatte auch Feuersteine und Stahl und etwas Punk, der nicht trocken war; Ich glaube, es war von der Gelbbirke. „Aber nehmen wir an, Sie sind verärgert und all das und Ihr Pulver werden nass." „Dann", sagte er, „warten wir, bis wir dort ankommen, wo es brennt." Ich holte aus meiner Tasche ein kleines Fläschchen mit wasserdicht verschlossenen Streichhölzern hervor und sagte ihm, dass wir, obwohl wir verärgert wären, noch ein paar trockene Streichhölzer haben sollten; worauf er wortlos starrte.

Wir lagen so lange wach und unterhielten uns, und sie gaben uns die Bedeutung vieler indianischer Namen für Seen und Bäche in der Nähe, insbesondere Tahmunt . Ich fragte nach dem indianischen Namen von Moosehead Lake. Joe antwortete *Sebamook* ; Tahmunt sprach es *Sebemook aus* . Als ich fragte, was das bedeute, antworteten sie: Moosehead Lake. Als sie schließlich verstanden, was ich meine, wiederholten sie das Wort abwechselnd vor sich hin, wie es ein Philologe tun würde: – *Sebamook* , – *Sebamook* , – hin und wieder verglichen sie ihre Notizen auf Indische; denn es gab einen kleinen Unterschied in ihren Dialekten; und schließlich sagte

Tahmunt : „Ugh! Ich weiß", und er erhob sich teilweise auf dem Elchfell , „als wäre es so, als ob hier ein Ort ist, und da ist ein Ort", und zeigte auf verschiedene Teile des Elchfells, „und du nimmst Wasser von dort und füllst es auf." , und es bleibt hier; das ist *Sebamook* ." Ich verstand, dass er damit meinte, dass es sich um ein Wasserreservoir handelte, das nicht weglief, wobei der Fluss auf einer Seite einströmte und an derselben Stelle wieder ausströmte und eine dauerhafte Bucht hinterließ. Ein anderer Indianer sagte, dass es „Großer Buchtsee" bedeute und dass *Sebago* und *Sebec* , die Namen anderer Seen, verwandte Wörter seien und „großes offenes Wasser" bedeuteten. Joe sagte, dass *Seboois* Little River bedeutete. Ich beobachtete ihre oft beschriebene Unfähigkeit, eine abstrakte Idee zu vermitteln. Nachdem sie die Idee verstanden hatten, suchten sie vergeblich nach Worten, um sie auszudrücken. Tahmunt glaubte, dass die Weißen ihn Moosehead Lake nannten, weil der Mount Kineo, der ihn beherrscht, die Form eines Elchkopfes hat, und dass Moose River so genannt wurde, „weil der Berg direkt über den See bis zu seiner Mündung zeigt". John Josselyn schreibt um 1673: „Zwölf Meilen von Casco Bay entfernt und für Männer und Pferde passierbar, liegt ein See, der von den Indianern Sebug genannt wird . Am Rande, an einem Ende, befindet sich der berühmte Felsen, der die Form eines Elchhirsches hat , durchsichtig ist und Elchfelsen genannt wird." Er scheint Sebamook mit Sebago verwechselt zu haben , das näher liegt, aber an seinem Ufer keinen „durchsichtigen" Felsen hat.

Ich gebe mehr von ihren Definitionen, soweit sie wertvoll sind – teilweise *weil* sie manchmal von den allgemein akzeptierten abweichen. Sie haben diese Wörter noch nie zuvor analysiert. Nach langem Überlegen und Wiederholen des Wortes – denn es bereitete große Schwierigkeiten – sagte Tahmunt , dass *Chesuncook* einen Ort bedeute, an dem viele Bäche mündeten (?), und er zählte sie auf: Penobscot, Umbazookskus , Cusabesex , Red Brook usw. „ *Caucomgomoc* , – was bedeutet das?" „Was sind das für große weiße Vögel?" er hat gefragt. „Möwen", sagte ich. „Ugh! Möwensee." *Pammadumcook* , dachte Joe, bedeutete den See mit kiesigem Grund oder Bett. „*Kenduskeag*", schlussfolgerte Tahmunt schließlich, nachdem er gefragt hatte, ob dort Birken hinaufstiegen – denn er sagte, er kenne sich damit nicht besonders gut aus –, bedeute etwa Folgendes: „Du gehst den Penobscot hinauf, bis du nach *Kenduskeag kommst* , und du gehst vorbei, Du tauchst dort nicht auf. Das ist *Kenduskeag* ." (?) Ein anderer Indianer jedoch, der den Fluss besser kannte, erzählte uns später, dass es sich um den Little Eel River handelte. *Mattawamkeag* war ein Ort, an dem zwei Flüsse zusammenflossen. (?) *Penobscot* war Rocky River. Ein Autor sagt, dass dies „ursprünglich nur der Name eines Abschnitts des Hauptkanals war, von der Spitze des Gezeitenwassers bis kurz oberhalb von Oldtown".

Ein sehr intelligenter Indianer, den wir später trafen, Schwiegersohn von Neptun, gab uns auch diese anderen Definitionen: *Umbazookskus* , Wiesenbach; *Millinoket* , Ort der Inseln; *Aboljacarmegus* , Smooth-Ledge Falls (und Deadwater); *Aboljacarmeguscook* , der Bach, der sich ergießt (das letzte Wort war das, was er sagte, als ich nach *Aboljacknagesic fragte* , das er nicht kannte); *Mattahumkeag* , Sand-Creek Pond; *Piscataquis* , Zweig eines Flusses.

Ich fragte unsere Gastgeber, was *Musketaquid* , der indianische Name von Concord, Massachusetts, bedeutete; aber sie änderten es in „ *Musketicook* " und wiederholten das, und Tahmunt sagte, dass es „Toter Strom" bedeute, was wahrscheinlich wahr ist. *Cook* scheint Bach zu bedeuten, und vielleicht bedeutet *quid* Ort oder Boden. Als ich nach der Bedeutung der Namen zweier unserer Hügel fragte, antworteten sie, dass es sich dabei um eine andere Sprache handele. Als Tahmunt sagte, dass er in Quebec Handel trieb, erkundigte sich mein Begleiter nach der Bedeutung des Wortes *Quebec* , worüber es so viele Fragen gab. Er wusste es nicht, begann aber zu vermuten. Er fragte, wie diese großen Schiffe hießen, die Soldaten transportierten. „Kriegsmänner", antworteten wir. „Nun", sagte er, „als die englischen Schiffe den Fluss hinaufkamen, konnten sie nicht weiter fahren, es war dort so eng; Sie müssen zurück, – zurück, – das ist Quebec . " Ich erwähne dies, um den Wert seiner Autorität in den anderen Fällen zu zeigen.

Spät in der Nacht kamen die beiden anderen Indianer von der Elchjagd nach Hause, da sie keinen Erfolg gehabt hatten, zündeten das Feuer erneut an, zündeten ihre Pfeifen an, rauchten eine Weile, tranken etwas Starkes, aßen etwas Elchfleisch und fanden so viel Platz wie möglich , leg dich auf die Elchhäute; und so verbrachten wir die Nacht, zwei Weiße und vier Indianer, Seite an Seite.

Als ich morgens aufwachte, nieselte es. Einer der Indianer lag aus Mangel an Platz draußen, in seine Decke gerollt, auf der gegenüberliegenden Seite des Feuers. Joe hatte es versäumt, meinen Begleiter zu wecken, und er war in dieser Nacht nicht auf die Jagd gegangen. Tahmunt fertigte mit einem einzigartig geformten Messer eine Querlatte für sein Kanu an, wie ich es seitdem bei anderen Indianern gesehen habe. Die Klinge war dünn, etwa einen dreiviertel Zoll breit und 20 bis 22 Zentimeter lang, aber aus ihrer Ebene heraus gebogen und hakenförmig, was seiner Meinung nach das Rasieren erleichterte. Da die Indianer weit im Norden und Nordwesten die gleiche Art von Messer verwenden, vermute ich, dass sie nach einem Muster der Aborigines hergestellt wurden, obwohl einige weiße Handwerker möglicherweise ein ähnliches Messer verwenden. Die Indianer backten zum Frühstück einen Laib Mehlbrot in einer Spinne am Rand vor dem Feuer; und während mein Begleiter Tee kochte, fing ich im Penobscot ein Dutzend große Fische, zwei Arten von Saugnäpfen und eine Forelle. Nachdem wir alleine gefrühstückt hatten, kam einer unserer Bettgenossen, der ebenfalls gefrühstückt hatte, vorbei, nahm auf Einladung eine Tasse Tee und leckte sie schließlich, indem er die gemeinsame Platte nahm, sauber. Aber er bedeutete nichts für einen weißen Kerl, einen Holzfäller , der sich ständig mit dem Elchfleisch der Indianer vollstopfte, und war dementsprechend die Zielscheibe seiner Gefährten. Er scheint geglaubt zu haben, es sei ein Fest gewesen, „um alles zu essen". Es wird allgemein gesagt, dass der Weiße den Inder auf seinem eigenen Boden letztendlich übertrifft, und das hat sich in diesem Fall als wahr erwiesen. Ich kann nicht schwören, dass er in den Stunden der Dunkelheit beschäftigt war, aber ich sah ihn wieder dabei sein, sobald es hell wurde, obwohl er eine Viertelmeile zu seiner Arbeit zurücklegte.

Der Regen hinderte uns daran, weiter im Wald zu bleiben; Deshalb gaben wir den Indianern einige unserer Vorräte und Utensilien und verabschiedeten uns von ihnen. Da es der Dampfertag war, machte ich mich sofort auf den Weg zum See.

Ich ging alleine über den Wagen und wartete am Ende des Sees. Ein Adler oder ein anderer großer Vogel flog schreiend von seinem Sitzplatz am Ufer weg, als ich mich näherte. Eine Stunde lang, nachdem ich das Ufer erreicht hatte, war kein Mensch zu sehen, und ich hatte die weite Aussicht ganz für mich alleine. Ich glaubte, das Geräusch des Dampfers gehört zu haben, bevor er auf dem offenen See in Sicht kam. Als der Dampfer am Landungssteg einlief, bemerkte ich, dass einer unserer Bettgenossen, der in der Nacht zuvor auf Elchjagd gewesen war, jetzt sehr schick gekleidet, ein sauberes weißes Hemd und feine schwarze Hosen, ein echter indischer Dandy, der offenbar mit dem Wagen vorbeigekommen war, um sich allen Ankömmlingen am Nordufer des Moosehead Lake zu zeigen, gerade wie New Yorker Dandys den Broadway hinauffahren und auf den Stufen eines Hotels stehen.

Auf halber Strecke des Sees nahmen wir zwei männlich aussehende Männer mittleren Alters mit ihrem Batteau an Bord, die seit sechs Wochen bis zur Kanada-Linie auf Erkundungstour waren und sich Bärte wachsen lassen hatten. Sie hatten die Haut eines Bibers, den sie kürzlich gefangen hatten, auf einen ovalen Ring gespannt, obwohl das Fell zu dieser Jahreszeit nicht gut war. Ich unterhielt mich mit einem von ihnen und erzählte ihm, dass ich die ganze Strecke teilweise zurückgelegt hatte, um zu sehen, wo die Weißkiefer, das östliche Material, aus dem unsere Häuser gebaut sind, wuchs, aber das war auf diesem und einem früheren Ausflug in einen anderen Teil von Maine I der Fall hatte festgestellt, dass es sich um einen seltenen Baum handelte; und ich fragte ihn, wo ich danach suchen müsse. Mit einem Lächeln antwortete er, dass er es mir kaum sagen könne. Er sagte jedoch, er habe genug gefunden, um im nächsten Winter zwei Teams an einem Ort zu beschäftigen, an dem es vermutlich keine mehr gab. Was heute als „Top-

Top"-Baum galt, wurde vor zwanzig Jahren, als er zum ersten Mal in das Geschäft einstieg, noch nicht beachtet; Aber mit Holz, das damals als recht minderwertig galt, gelang ihnen das sehr gut. Der Forscher schnitt immer höher in einen Baum, um zu sehen, ob er ein falsches Herz hatte, und wenn es ein faules Herz gab, das so groß wie sein Arm war, ließ er es in Ruhe; Aber nun fällten sie einen solchen Baum und sägten ihn rundherum an der Fäulnis herum, und daraus machten sie die allerbesten Bretter, denn in einem solchen Fall wackelten sie nie.

Einer, der mit der Holzfällerei in Bangor zu tun hatte, erzählte mir, dass die größte Kiefer seiner Firma, die im vergangenen Winter gefällt worden war, im Wald viertausendfünfhundert Fuß „schuppte" und am Bangor-Boom in Oldtown neunzig Dollar pro Stück wert war. Allein für diesen Baum haben sie eine dreieinhalb Meilen lange Straße angelegt. Er glaubte, dass der Hauptstandort für die Weißkiefer , die jetzt den Penobscot hinunterkam, an der Spitze des East Branch und des Allegash lag , in der Nähe des Webster Stream und der Eagle- und Chamberlain-Seen. Von öffentlichen Grundstücken wurde viel Holz gestohlen. (Bitte, was für ein Waldhüter ist die Öffentlichkeit selbst?) Ich habe von einem Mann gehört, der, nachdem er einige besonders schöne Bäume direkt innerhalb der Grenzen des öffentlichen Landes entdeckt hatte und es nicht wagte, einen Komplizen zu engagieren, sie fällte und Mit Flaschenzug und ohne Vieh warfen sie sie in einen Bach und schafften es so, ohne die geringste Hilfe mit ihnen davonzukommen. Sicherlich ist der Diebstahl von Kiefern auf diese Weise nicht so gemein wie der Raub von Hühnerställen.

In dieser Nacht erreichten wir Monson und fuhren am nächsten Tag nach Bangor, wiederum im Regen, wobei wir unsere Route ein wenig variierten. Einige der besonders schmutzigen Tavernen an dieser Straße befanden sich offensichtlich in einem Übergangszustand vom Lager zum Haus.

Am nächsten Vormittag fuhren wir nach Oldtown. Ein schlanker alter Indianer am Ufer von Oldtown, der meinen Begleiter erkannte, war voller Heiterkeit und Gesten wie ein Franzose. Ein katholischer Priester reiste mit uns im selben Batteau auf die Insel. Die Indianerhäuser sind meist einstöckig und in Reihen hintereinander am südlichen Ende der Insel angeordnet, mit einigen verstreuten Häusern. Ich zählte ungefähr vierzig, ohne die Kirche und das, was mein Begleiter das Gemeindehaus nannte. Das letzte, bei dem es sich vermutlich um ihr Stadthaus handelt, war wie die anderen regelmäßig gerahmt und mit Schindeln gedeckt. Es gab mehrere davon mit zwei Stockwerken, recht ordentlich, mit umzäunten Vorgärten , und eines hatte zumindest grüne Jalousien. Hier und da lagen zum Trocknen gespannte Elchfelle. Es gab weder Karrenwege noch Pferdespuren, sondern Fußwege; sehr wenig kultiviertes Land, aber eine Fülle von einheimischen und eingebürgerten Unkräutern; mehr eingeführtes Unkraut als nützliches

Gemüse, da der Inder angeblich eher die Laster als die Tugenden des weißen Mannes kultiviert. Dennoch war dieses Dorf sauberer, als ich erwartet hatte, weitaus sauberer als die irischen Dörfer, die ich gesehen habe. Die Kinder waren weder besonders zerlumpt noch schmutzig. Die kleinen Jungen trafen uns mit einem Bogen in der Hand und einem Pfeil an der Schnur und riefen: „Legen Sie einen Cent auf." Wahrlich, der Indianer hat seinen Bogen jetzt nur noch schwach im Griff; Aber die Neugier des weißen Mannes ist unersättlich, und von Anfang an war er bestrebt, diese Waldleistung mitzuerleben. Dieses elastische Stück Holz mit seinem gefiederten Pfeil, das durch den Kontakt mit der Zivilisation so sicher nicht mehr gespannt wird, wird als Typus, als Wappen des Wilden dienen. Wehe dem Jägerrennen! Der weiße Mann hat ihr Spiel verdrängt und stattdessen einen Cent eingesetzt. Ich sah eine indische Frau, die sich am Wasser wusch. Sie stand auf einem Felsen, tauchte die Kleidung in den Bach, legte sie auf den Felsen und schlug sie mit einer kurzen Keule. Auf dem Friedhof, der voller Gräber und von Unkraut überwuchert war, bemerkte ich eine Inschrift in indischer Sprache, die auf ein hölzernes Grabbrett gemalt war. Auf der Insel befand sich ein großes Holzkreuz.

Da mein Begleiter ihn kannte, besuchten wir Gouverneur Neptun, der in einem kleinen „Zehn-Fuß-Haus" lebte, einem der bescheidensten von allen. Es ist zulässig, dass Persönlichkeiten von Persönlichkeiten des öffentlichen Lebens sprechen , daher werde ich die Einzelheiten unseres Besuchs mitteilen. Er lag im Bett. Als wir das Zimmer betraten, das die Hälfte des Hauses ausmachte, saß er auf der Bettkante. In einer Ecke hing eine Uhr. Er trug einen schwarzen Gehrock und eine stark getragene schwarze Hose, ein weißes Baumwollhemd, Socken, ein rotes Seidentaschentuch um den Hals und einen Strohhut. Sein schwarzes Haar war nur leicht ergraut. Er hatte sehr breite Wangen und seine Gesichtszüge unterschieden sich deutlich und erfrischend von denen der aufstrebenden amerikanischen Ureinwohnergruppe, die ich gesehen habe. Er war nicht dunkler als viele alte weiße Männer. Er erzählte mir, dass er neunundachtzig war; aber er ging in diesem Herbst auf Elchjagd, wie schon im vorherigen Jahr. Wahrscheinlich waren es seine Begleiter, die auf die Jagd gingen. Wir sahen verschiedene Squaws umherschleichen. Einer saß neben ihm auf dem Bett und half ihm mit seinen Geschichten. Sie waren bemerkenswert korpulent, hatten glatte, runde Gesichter und schienen voller guter Laune zu sein. Sicherlich hat unser vielgeschädigtes Klima ihre Fettsubstanz nicht ausgetrocknet. Während wir dort waren – denn wir blieben eine ganze Weile –, ging eine nach Oldtown, kam zurück und schnitt auf einem anderen Bett im Zimmer ein Kleid aus, das sie gekauft hatte. Der Gouverneur sagte: „Er konnte sich erinnern, als die Elche noch viel größer waren; dass sie früher nicht im Wald waren, sondern wie alle Hirsche aus dem Wasser kamen. Elch war einst Wal. Weiter unten am Merrimack Way landete ein Wal in einer flachen Bucht an Land.

Das Meer ging hinaus und verließ ihn, und er kam als Elch an Land. Sie wussten, dass er ein Wal war, weil er zunächst, bevor er anfing, durch Büsche zu rennen, keine Eingeweide hatte, aber" – und dann die Squaw, die als Hilfe des Gouverneurs auf dem Bett neben ihm saß, und Nachdem er ab und zu ein Wort eingeworfen und die Geschichte bestätigt hatte, fragte er mich, wie wir das weiche Ding nannten, das wir an der Küste finden. „Quallen", schlug ich vor. „Ja", sagte er, „keine Eingeweide, sondern Quallen."

An dem, was er über das frühere Wachstum der Elche sagte, mag etwas Wahres dran sein; Denn der urige John Josselyn, ein Arzt, der im 17. Jahrhundert viele Jahre in genau diesem Bezirk von Maine verbrachte, sagt, dass die Spitzen ihrer Hörner „manchmal zwei Klafter voneinander entfernt sind" – und er sagt uns das ausdrücklich ein Klafter ist sechs Fuß – „und [sie sind] in der Höhe, von der Spitze des Vorderfußes bis zur Schulterhöhe, zwölf Fuß, was einige meiner skeptischen Leser beide für monströse Lügen gehalten haben " ; und er fügt hinzu: „In jedem Geschöpf gibt es gewisse Transzendentia , die den unauslöschlichen Charakter Gottes ausmachen und Gott entdecken." Dies ist ein größeres Dilemma als das des Schädels des jungen Bechuana- Ochsen, offenbar ein weiterer Vertreter der *Transcendentia* , in der Sammlung von Thomas Steel, Upper Brook Street, London, dessen „die gesamte Länge des Horns, von der Spitze bis …" Die Spitze entlang der Kurve beträgt 13 Fuß 5 Zoll. Abstand (gerade) zwischen den Spitzen der Hörner: 8 Fuß 8½ Zoll. Allerdings wird die Größe sowohl des Elches als auch des Pumas, wie ich herausgefunden habe, im Allgemeinen eher unterschätzt als überschätzt, und ich würde geneigt sein, einen Teil dessen, was ich von Josselyns abgezogen habe, zu der gängigen Schätzung hinzuzufügen.

Aber wir sprachen hauptsächlich mit dem Schwiegersohn des Gouverneurs, einem sehr vernünftigen Inder; und der Gouverneur, der so alt und taub war, ließ zu, dass wir ihn ignorierten, während wir Fragen über ihn stellten. Die ersteren sagten, dass es unter ihnen zwei politische Parteien gäbe : die eine befürworte die Schulen, die andere sei dagegen, oder besser gesagt, sie wollten sich dem Priester nicht widersetzen, der ihnen widerstrebte. Die ersten hatten sich gerade bei der Wahl durchgesetzt und ihren Mann in die Legislative geschickt. Neptun und Aitteon und er selbst waren für Schulen. Er sagte: „Wenn die Inder lernen würden, würden sie ihr Geld behalten." Als wir fragten, wo Joes Vater, Aitteon , sei, wusste er, dass er in Lincoln sein musste, obwohl er gerade dabei war, auf Elchjagd zu gehen, denn ein Bote war gerade zu ihm gegangen, um seine Unterschrift für einige Papiere zu holen. Ich fragte Neptun, ob sie schon Hunde der alten Rasse hätten. Er antwortete: „Ja." „Aber das", sagte ich und zeigte auf einen, der gerade hereingekommen war, „ist ein Yankee-Hund." Er stimmte zu. Ich sagte, dass er nicht gut aussehe . "Oh ja!" sagte er und erzählte mit großer Begeisterung, wie er im Jahr zuvor einen Wolf gefangen und an der Kehle gehalten hatte. Ein sehr kleiner schwarzer Welpe stürmte ins Zimmer und machte sich zu Füßen des Gouverneurs, der in seinen Strümpfen saß und die Beine vom Bett baumeln ließ. Der Gouverneur rieb sich die Hände und forderte ihn zum Einwechseln auf, wobei er mit Elan in den Sport einstieg. Meines Wissens ist während dieses Interviews nichts Wesentlicheres passiert. Dies war das erste Mal, dass ich einen Gouverneur angerufen habe, aber da ich nicht um ein Amt gebeten habe, kann ich mit größerer Freiheit darüber sprechen.

Ein Indianer, der hinter einem Haus Kanus baute, blickte freundlich von seiner Arbeit auf – denn er kannte meinen Begleiter – und sagte, sein Name sei Old John Pennyweight. Ich hatte schon lange zuvor von ihm gehört und erkundigte mich nach einem seiner Zeitgenossen, Joe Four-pence- ha'penny ; aber leider! er zirkuliert nicht mehr. Ich habe mich gründlich mit dem Kanubau beschäftigt und dachte, dass ich gerne eine Saison lang eine Lehre in diesem Beruf absolvieren würde, indem ich mit meinem „Chef" in den Wald gehe, um Rinde zu holen, dort das Kanu baue und um 18:00 Uhr damit zurückkomme zuletzt.

Während das Batteau vorbeikam, um uns abzuholen, sammelte ich am Ufer einige Fragmente von Pfeilspitzen und einen zerbrochenen Steinmeißel ein, die für die Indianer größere Neuheiten waren als für mich. Danach fand ich auf dem Old Fort Hill an der Biegung des Penobscot, drei Meilen oberhalb von Bangor, auf der Suche nach dem Standort einer Indianerstadt, von der manche glauben, dass sie dort gestanden habe, weitere Pfeilspitzen und zwei kleine dunkle und bröckelnde Fragmente indischer Tonware. in der Asche ihrer Feuer. Die Indianer auf der Insel schienen recht glücklich zu leben und von den Bewohnern von Oldtown gut behandelt zu werden.

Wir besuchten Veazies Mühlen direkt unterhalb der Insel, wo es sechzehn Sägegruppen gab – einige Gruppensägen, sechzehn in einer Gruppe, ganz zu schweigen von Kreissägen. Auf der einen Seite zogen sie die Baumstämme mit Wasserkraft eine schiefe Ebene hinauf; auf der anderen Seite die Bretter, Bretter und gesägten Balken verteilen und sie zu Flößen formen. Die Bäume wurden dort im wahrsten Sinne des Wortes gezogen und geviertelt. Beim Formen der Flöße verwenden sie die unteren drei Fuß Hartholzsetzlinge, die an ihrem Ende ein krummes und genopptes Ende haben, als Bolzen, stecken sie nach oben durch Löcher, die in die Ecken und Seiten der Flöße gebohrt sind, und befestigen sie. In einer anderen Wohnung fertigten sie aus Krimskrams Zaunlatten, wie sie überall in Neuengland stehen; und vielleicht habe ich gesehen, woher der Lattenzaun stammt, hinter dem ich zu Hause wohne. Ich war überrascht, einen Jungen zu finden, der die langen Kanten von Brettern so schnell wie abgeschnitten einsammelte und sie in einen Trichter warf, wo sie unter der Mühle zermahlen wurden, damit sie nicht im

Weg waren; andernfalls sammeln sie sich in riesigen Haufen an der Seite des Gebäudes an, was die Brandgefahr erhöht, oder sie schwimmen weg und verstopfen den Fluss. Dies war also nicht nur ein Sägewerk, sondern auch eine Getreidemühle. Die Einwohner von Oldtown, Stillwater und Bangor können sicherlich nicht unter Mangel an Anzündmaterial leiden. Manche bestreiten ihren Lebensunterhalt ausschließlich dadurch, dass sie das Treibholz aufsammeln und es im Winter an der Schnur verkaufen. An einer Stelle sah ich, wie ein Ire, der ein Team und einen Mann für diesen Zweck bereithält, das Ufer über eine weite Strecke mit regelmäßigen Pfählen bedeckt hatte, und mir wurde gesagt, dass er in einem Jahr einen Wert von zwölfhundert Dollar verkauft hatte. Ein anderer, der am Ufer wohnte, erzählte mir, dass er das gesamte Material für seine Nebengebäude und Zäune aus dem Fluss holte; und in dieser Nachbarschaft bemerkte ich, dass dieses Abfallholz häufig anstelle von Sand zum Füllen von Hohlräumen verwendet wurde, da es anscheinend billiger als Erde war.

Meine erste klare Sicht auf Ktaadn bekam ich auf diesem Ausflug von einem Hügel etwa zwei Meilen nordwestlich von Bangor, wohin ich zu diesem Zweck ging. Danach war ich bereit, nach Massachusetts zurückzukehren.

Humboldt hat ein interessantes Kapitel über den Urwald geschrieben, aber noch hat mir niemand den Unterschied zwischen dem wilden Wald, der einst unsere ältesten Städte bewohnte, und dem zahmen Wald, den ich heute dort vorfinde, beschrieben. Es ist ein Unterschied, der es wert wäre, beachtet zu werden. Der zivilisierte Mensch rodet nicht nur dauerhaft das Land in großem Umfang und kultiviert offene Felder, sondern er zähmt und kultiviert bis zu einem gewissen Grad auch den Wald selbst. Fast schon durch seine bloße Anwesenheit verändert er die Natur der Bäume wie kein anderes Lebewesen. Die Sonne und die Luft und vielleicht auch das Feuer wurden eingeführt und das Getreide dort aufgezogen, wo es steht. Es hat sein wildes, feuchtes und zottiges Aussehen verloren; Die unzähligen umgestürzten und verwesenden Bäume sind verschwunden, und damit auch die dicke Moosschicht, die auf ihnen gelebt hat. Die Erde ist vergleichsweise kahl und glatt und trocken. Die primitivsten Orte, die wir noch haben, sind die Sümpfe, wo die Fichte noch zottelig mit Usnea wächst. Die Bodenoberfläche in den Wäldern von Maine ist überall schwammig und mit Feuchtigkeit gesättigt. Mir ist aufgefallen, dass die Pflanzen, die dort den Waldboden bedecken, Pflanzen sind, die bei uns üblicherweise nur in Sümpfen vorkommen: die *Clintonia borealis* , das Knabenkraut , die kriechende Schneebeere und andere; und die dort vorherrschende Aster ist die *Aster acuminatus* , die bei uns in feuchten und schattigen Wäldern wächst. Auch die Astern *cordifolius* und *Macrophyllus* kommen häufig vor, Astern von geringer oder gar keiner Farbe und manchmal ohne Blütenblätter. Ich sah keine weichen, ausladenden Weißkiefern des zweiten Wachstums mit glatter

Rinde, was auf die Anwesenheit des Holzfällers hindeutete, aber selbst die jungen Weißkiefern waren allesamt hohe und schlanke Bäume mit rauer Rinde.

Diese Wälder in Maine unterscheiden sich wesentlich von unseren. Dort wird man nie daran erinnert, dass die Wildnis, die man durchquert, schließlich das vertraute Waldstück eines Dorfbewohners ist, der Drittel einer Witwe, aus dem ihre Vorfahren seit Generationen Treibstoff gewonnen haben, der in einer alten Urkunde, die überliefert ist, genau beschrieben ist Der Besitzer hat auch einen Plan, und wenn man sucht , kann man alle vierzig Ruten alte Bindungsmarkierungen finden . Es ist wahr, die Karte kann Sie darüber informieren, dass Sie sich auf einem Land befinden, das der Staat einer Akademie überlassen hat, oder auf einem von Bingham erworbenen Grundstück; Aber diese Namen drängen Sie nicht auf, denn Sie sehen nichts, was Sie an die Akademie oder an Bingham erinnern könnte. Was waren für diese die „Wälder" Englands? Ein Autor berichtet von der Isle of Wight, dass es zur Zeit Karls des Zweiten „so vollständige und ausgedehnte Wälder auf der Insel gab, dass man sagt, dass ein Eichhörnchen auf den Baumwipfeln mehrere Meilen gleichzeitig durch mehrere Teile gereist sein könnte." Wenn es die Flüsse nicht gäbe (und er könnte sie umrunden), könnte ein Eichhörnchen hier die ganze Breite des Landes durchqueren.

Wir haben bisher noch keinen ausreichenden Bericht über einen ursprünglichen Kiefernwald. Mir ist aufgefallen, dass in einem kürzlich in Massachusetts veröffentlichten und in unseren Schulen verwendeten physischen Atlas das „Waldland" Nordamerikas fast ausschließlich auf die Täler des Ohio und einige der Großen Seen sowie die großen Kiefernwälder von Nordamerika beschränkt ist der Globus sind nicht vertreten. In unserer Umgebung sind beispielsweise New Brunswick und Maine so kahl wie Grönland. Es kann sein, dass die Kinder von Greenville am Fuße des Moosehead Lake, die sich sicherlich nicht vor einer Eule fürchten werden, in das Tal des Ohio verwiesen werden, um eine Vorstellung von einem Wald zu bekommen; aber sie wüssten dort nicht, was sie mit ihren Elchen, Bären, Karibus, Bibern usw. anfangen sollten. Sollen wir es einem Engländer überlassen, uns mitzuteilen, dass „in Nordamerika, sowohl in den Vereinigten Staaten als auch in Kanada, die ausgedehntesten Kiefernwälder der Welt sind"? Der größte Teil von New Brunswick, die nördliche Hälfte von Maine und angrenzende Teile Kanadas, ganz zu schweigen vom nordöstlichen Teil von New York und anderen weiter entfernten Gebieten, sind immer noch mit einem fast ununterbrochenen Kiefernwald bedeckt.

Aber Maine wird vielleicht bald dort sein, wo Massachusetts ist. Ein großer Teil ihres Territoriums ist bereits so kahl und alltäglich wie ein Großteil unserer Nachbarschaft, und ihre Dörfer sind im Allgemeinen nicht so schattig wie unseres. Wir scheinen zu glauben, dass die Erde die Strapazen der Schafweide durchmachen muss, bevor sie für den Menschen bewohnbar ist. Denken Sie an Nahant, den Badeort aller Mode von Boston – die Halbinsel, die ich in der Dämmerung, als ich an ihr vorbeidampfte, nur undeutlich sah und dachte, sie sei seit der Entdeckung unverändert. John Smith beschrieb es 1614 als „die Mattahunts , zwei angenehme Inseln voller Haine, Gärten und Maisfelder“; und andere erzählen uns, dass es einst gut bewaldet war und sogar Holz für den Bau der Kais von Boston lieferte. Jetzt ist es schwierig, dort einen Baum zum Wachsen zu bringen, und der Besucher hat eine Vision von Mr. Tudors hässlichen Zäunen, eine Stange hoch, die ein paar Birnensträucher schützen sollen. Und wozu kommen wir in unseren Städten in Middlesex? Ein kahles, starres Stadthaus oder Versammlungshaus und ein kahler Freiheitspfahl, so blattlos wie fruchtlos, soweit ich sehen kann. Wir sind verpflichtet, das Holz für die letzten Jahre einzuführen oder die Stöcke, die uns zur Verfügung stehen, zu verbinden. Und unsere Vorstellungen von Freiheit sind damit ebenso gemein. Selbst die Weidenreihen werden alle drei Jahre zur Gewinnung von Brennmaterial oder Pulver abgeholzt, und seit Menschengedenken werden alle größeren Kiefern, Eichen und anderen Waldbäume gefällt! Als ob es einzelnen Spekulanten gestattet wäre, nach und nach die Wolken vom Himmel oder die Sterne vom Firmament zu exportieren. Wir werden gezwungen sein, die Erdkruste als Nahrung zu durchnagen.

Sie sind sogar auf Kleinwild übergegangen. Wie ich höre, haben sie kürzlich eine Maschine erfunden, mit der man Heidelbeersträucher fein zerkleinern und so in Treibstoff umwandeln kann – Sträucher, die allein wegen ihrer Früchte alle Birnbäume des Landes um ein Vielfaches wert sind. (Wenn Sie möchten, kann ich Ihnen eine Liste der drei besten Arten geben.) Bei diesem Tempo werden wir alle gezwungen sein, zumindest unsere Bärte wachsen zu lassen, und sei es nur, um die Nacktheit des Landes zu verbergen und ein waldiges Erscheinungsbild zu erzeugen . Der Bauer spricht manchmal vom „Aufbürsten“, einfach so, als ob der nackte Boden besser aussehen würde als der bekleidete Boden, als der, der sein natürliches Gewand trägt – als wären die wilden Hecken, die seinen Kindern vielleicht mehr bedeuten als seine ganze Farm daneben , waren Dreck. Ich kenne jemanden, der es verdient, der Baumhasser genannt zu werden und diesen vielleicht seinen Kindern als neuen Patronym zu überlassen. Man könnte meinen, dass er von einem Orakel gewarnt worden war, dass er durch den Fall eines Baumes getötet werden würde, und dass er sich daher entschlossen hatte, ihnen zuvorzukommen. Für solche „Verbesserungen“ in der Haltung können die Journalisten nicht allzu viel sagen; es ist ein sicheres Thema, wie Frömmigkeit; Aber was die Schönheit einer dieser „Modellfarmen“ betrifft, so würde ich mir mit Vorliebe eine Patentmühle und einen Mann vorstellen, der sie umdreht. In der Regel handelt es sich dabei lediglich um Orte, an denen jemand Geld verdient, möglicherweise handelt es sich dabei um Fälschungen. Die Tugend, zwei Grashalme wachsen zu lassen, wo zuvor nur einer gewachsen ist, ist nicht gerade übermenschlich.

Dennoch war es eine Erleichterung, wieder in unsere sanfte, aber dennoch abwechslungsreiche Landschaft zurückzukehren. Für einen dauerhaften Wohnsitz schien es mir keinen Vergleich mit der Wildnis zu geben, da letztere eine Ressource und einen Hintergrund darstellt, den Rohstoff unserer gesamten Zivilisation. Die Wildnis ist einfach, fast schon karg. Das teilweise kultivierte Land ist es, das vor allem die Dichterrichtungen inspiriert hat und weiterhin inspirieren wird, die den Großteil aller Literatur ausmachen. Unsere Wälder sind Waldbewohner und ihre Bewohner sind Holzfäller und Bauern; das ist *Selvaggia*, und die Bewohner sind *Reste*. Ein zivilisierter Mensch, der das Wort im gewöhnlichen Sinne verwendet, mit seinen Ideen und Assoziationen, muss schließlich dort schwelgen wie eine Kulturpflanze, die ihre Fasern um eine rohe und ungelöste Torfmasse legt. Im äußersten Norden sind die Reisenden verpflichtet, für ihre Beschäftigung zu tanzen und Theaterstücke aufzuführen. Vielleicht sind unsere eigenen Wälder und Felder – in den waldreichsten Städten, wo wir uns nicht um die Heidelbeeren streiten müssen – mit den hier und da verstreuten, aber nicht vorherrschenden Ursümpfen in ihrer Mitte die Vollkommenheit von Parks und Hainen. Gärten, Lauben, Wege, Ausblicke und Landschaften. Sie sind die natürliche Folge dessen, was für Kunst und Vornehmheit wir als Volk besitzen – das Gemeinsame, das jedes Dorf besitzt, sein wahres Paradies, im Vergleich dazu sind alle aufwendig und absichtlich mit Reichtum angelegten Parks und Gärten dürftige Nachahmungen. Oder ich würde eher sagen: So *waren* unsere Haine vor zwanzig Jahren. Der Weg des Dichters ist im Allgemeinen nicht der eines Holzfällers, sondern der eines Holzfällers. Der Holzfäller und der Pionier sind ihm vorausgegangen, wie Johannes der Täufer; den wilden Honig gefressen, vielleicht aber auch die Heuschrecken; verbannte verrottendes Holz und die schwammigen Moose, die sich davon ernährten, baute Feuerstellen und vermenschlichte die Natur für ihn.

Aber es gibt Geister einer noch liberaleren Kultur, denen keine Einfachheit unfruchtbar ist. Es gibt nicht nur stattliche Kiefern, sondern auch zerbrechliche Blumen wie die Orchideen, die gemeinhin als zu empfindlich für den Anbau beschrieben werden und ihre Nahrung aus der gröbsten Torfmasse beziehen. Diese erinnern uns daran, dass der Dichter nicht nur aus Kraftgründen, sondern auch aus Schönheitsgründen von Zeit zu Zeit den Pfad des Holzfällers und den Pfad des Indianers beschreiten muss, um aus einer neuen und erfrischenderen Quelle der Musen tief in den Tiefen zu trinken der Wildnis.

Die Könige von England hatten früher ihre Wälder, „um das Spiel des Königs abzuhalten", zum Sport oder zum Essen, und manchmal zerstörten sie Dörfer, um sie zu errichten oder zu erweitern; und ich denke, dass sie von einem echten Instinkt angetrieben wurden. Warum sollten wir, die wir auf die Autorität des Königs verzichtet haben, nicht unsere nationalen Reservate haben, in denen keine Dörfer zerstört werden müssen, in denen der Bär und der Panther und einige sogar von der Jägerrasse noch existieren können, und die nicht „abseits" zivilisiert werden? Angesicht der Erde" – unsere Wälder, nicht nur, um das Spiel des Königs abzuhalten, sondern auch, um den König selbst, den Herrn der Schöpfung, zu halten und zu bewahren – nicht für müßigen Spaß oder Essen, sondern für Inspiration und unsere eigene wahre Erholung? Oder sollen wir, wie die Bösewichte, sie alle ausrotten und auf unseren eigenen nationalen Domänen wildern?

DER ALLEGASH- UND EAST-ZWEIG

Ich begann meinen dritten Ausflug in die Wälder von Maine am Montag, dem 20. Juli 1857, mit einem Begleiter und kam am nächsten Tag mittags in Bangor an. Wir hatten den Dampfer kaum verlassen, als wir auf der Straße an Molly Melasses vorbeikamen. Solange sie lebt, können die Penobscots als noch existierender Stamm betrachtet werden. Am nächsten Morgen nahm mich ein Verwandter, der mit den Penobscot-Indianern gut vertraut ist und mein Begleiter bei meinen beiden früheren Ausflügen in die Wälder von Maine gewesen war, in seinem Wagen nach Oldtown mit, um mir bei der Beschaffung eines Indianers zu helfen diese Expedition. Wir wurden in einem Batteau zur Indian Island übergesetzt. Der Fährmannsjunge hatte den Schlüssel dazu bekommen, aber der Vater, der Schmied war, schnitt die Kette nach kurzem Zögern mit einem Kaltmeißel in den Felsen. Er erzählte mir, dass die Indianer fast alle an die Küste und nach Massachusetts gegangen seien, teilweise wegen der Pocken – vor denen sie große Angst hatten –, die in Oldtown ausgebrochen waren, und es zweifelhaft war, ob wir dort einen geeigneten Pocken finden würden heim. Der alte Häuptling Neptun war jedoch noch da. Der erste Mann, den wir auf der Insel sahen, war ein Indianer namens Joseph Polis, den mein Verwandter schon als Junge kannte und den er jetzt vertraut mit „Joe" anredete. Er verband in seinem Garten ein Hirschfell. Die Haut war auf einem schrägen Baumstamm ausgebreitet, und er kratzte sie mit einem Stock ab, den er mit beiden Händen hielt. Er war kräftig gebaut, vielleicht etwas überdurchschnittlich groß, hatte ein breites Gesicht und, wie andere sagten, perfekte indische Gesichtszüge und einen perfekten Teint. Sein Haus war ein zweistöckiges weißes Haus mit Jalousien, das schönste, das ich dort gesehen habe, und so gut wie ein durchschnittliches Haus in einer Dorfstraße in New England. Es war von einem Garten und Obstbäumen umgeben, einzelne Maisstängel standen dünn zwischen den Bohnen. Wir fragten ihn, ob er einen guten Indianer kenne, der mit uns in den Wald gehen möchte, das heißt über Moosehead zu den Allegash Lakes und über den Ostarm des Penobscot zurückkehren oder von hier aus nach Belieben abweichen möchte . Darauf antwortete er aus dieser seltsamen Abgeschiedenheit, in der der Indianer dem Weißen immer wohnt: „Ich gehe gerne selbst hin; Ich möchte ein paar Elche holen;" und kratzte weiter an der Haut. Sein Bruder war erst vor ein oder zwei Jahren mit meinem Verwandten in den Wald gegangen, und der Indianer fragte nun, was dieser ihm angetan habe, dass er nicht zurückgekommen sei, weil er ihn seitdem weder gesehen noch gehört habe.

Endlich kamen wir wieder zum interessanteren Thema. Der Fährmann hatte uns erzählt, dass alle besten Indianer verschwunden seien, außer Polis, der zur Aristokratie gehörte . Er wäre sicherlich der beste Mann, den wir haben könnten, aber wenn er überhaupt gehen würde, würden wir einen hohen Preis verlangen; also hatten wir nicht damit gerechnet, ihn zu bekommen. Polis verlangte zunächst zwei Dollar pro Tag, stimmte aber zu, anderthalb Dollar und fünfzig Cent pro Woche für sein Kanu zu zahlen. Er würde an diesem Abend mit seinem Kanu mit dem Sieben-Uhr-Zug nach Bangor kommen – auf ihn konnten wir uns verlassen. Wir schätzten uns glücklich, die Dienste dieses Mannes in Anspruch nehmen zu können, der als besonders standhaft und vertrauenswürdig galt.

Ich verbrachte den Nachmittag mit meinem Begleiter, der in Bangor geblieben war, damit, uns auf unsere Expedition vorzubereiten, Proviant, Hartbrot, Schweinefleisch, Kaffee, Zucker usw. und etwas Kautschukkleidung zu kaufen .

Wir hatten zunächst daran gedacht, den St. John von seiner Quelle bis zu seiner Mündung zu erkunden oder den Penobscot über seinen Ostarm hinauf zu den Seen des St. John zu gehen und über Chesuncook und Moosehead zurückzukehren . Wir hatten uns schließlich für die letzte Route entschieden, nur die Reihenfolge umgekehrt, über Moosehead und über den Penobscot zurückgekehrt, sonst wäre der ganze Weg flussaufwärts gegangen und hätte doppelt so lange gedauert.

Am Abend kam der Indianer in den Autos, und ich ging voran, während er mir mit dem Kanu auf dem Kopf eine dreiviertel Meile bis zum Haus meines Freundes folgte. Ich selbst kannte die genaue Route nicht, ließ mich aber wie in Boston von der Beschaffenheit des Geländes leiten und versuchte, mit ihm ins Gespräch zu kommen, aber da er unter der Last seines Kanus schnaufte, hatte ich nicht das Übliche Ich hatte einen Apparat zum Tragen, war aber vor allem ein Indianer, da hätte ich die ganze Zeit genauso gut auf den Boden seiner Birke klopfen können. Als Antwort auf die verschiedenen Beobachtungen, die ich beim Aufbrechen des Eises machte, grunzte er nur ein- oder zweimal undeutlich unter seinem Kanu hervor, sodass ich wusste, dass er dort war.

Früh am nächsten Morgen (23. Juli) rief die Etappe nach uns, der Indianer hatte mit uns gefrühstückt und bereits das Gepäck ins Kanu gelegt, um zu sehen, wie es weitergehen würde. Mein Begleiter und ich hatten jeweils einen großen Rucksack, so voll, wie er fasste, und wir hatten zwei große Gummisäcke , in denen wir unsere Vorräte und Utensilien verstauten. Was den Indianer betrifft, so hatte er außer seiner Axt und seinem Gewehr nur eine Decke als Gepäck dabei, die er lose in der Hand trug. Allerdings hatte er für den Ausflug einen Tabakvorrat und eine neue Pfeife mitgebracht. Das Kanu war sicher diagonal oben auf der Bühne festgezurrt, mit Teppichstücken unter der Kante, um ein Scheuern zu verhindern. Der sehr zuvorkommende Fahrer schien es ebenso gewohnt zu sein, Kanus auf diese Weise zu transportieren wie Bandschachteln.

Im Bangor House nahmen wir vier Männer auf, die auf einen Jagdausflug gingen, einer der Männer fungierte als Koch. Sie hatten einen Hund, einen mittelgroßen gescheckten Hund, der am Bühnenrand entlanglief; sein Herrchen zeigte von Zeit zu Zeit den Kopf und pfiff; Aber nachdem wir etwa drei Meilen zurückgelegt hatten, war der Hund plötzlich verschwunden, und zwei aus der Gruppe gingen zurück, um ihn zu holen, während die Bühne voller Passagiere wartete. Ich vermutete, dass er den Hinterweg zum Bangor House eingeschlagen hatte. Schließlich kam einer zurück, während der andere weitermachte. Diese ganze Gruppe von Jägern erklärte, sie wolle anhalten, bis der Hund gefunden sei; aber der sehr zuvorkommende Fahrer war bereit, noch eine Weile zu warten. Er war offensichtlich nicht bereit, so viele Passagiere zu verlieren, die am nächsten Tag ein Privatfahrzeug oder vielleicht die andere Etappenlinie genommen hätten . Wir machten große Fortschritte, denn an diesem Tag mussten wir eine Reise von über sechzig Meilen zurücklegen, und ein Regensturm setzte gerade ein. Während wir dort warteten, diskutierten wir über das Thema Hunde und ihre Instinkte, bis es fadenscheinig wurde, und über die Landschaft Der Anblick der Vororte von Bangor ist mir noch immer deutlich in Erinnerung geblieben. Nach einer vollen halben Stunde kam der Mann zurück und führte den Hund an einem Seil. Er hatte ihn gerade überholt, als er das Bangor House betrat. Dann wurde er oben auf der Bühne festgebunden, aber da er nass und kalt war, sprang er im Laufe der Reise mehrmals ab, und ich sah ihn an seinem Hals baumeln. Man brauchte diesen Hund, um Bären aufzuhalten. Er hatte bereits irgendwo in New Hampshire eine Etappe gestoppt, und ich kann bezeugen, dass er eine Etappe in Maine gestoppt hat. Diese vierköpfige Gruppe zahlte wahrscheinlich weder für die Fahrt des Hundes noch für seinen Lauf, während unsere dreiköpfige Gruppe zwei Dollar zahlte – und vier dafür verlangte – für das leichte Kanu, das still oben lag.

Es begann bald zu regnen und wurde im Laufe des Tages immer stürmischer. Dies war das dritte Mal, dass ich diese Route überquerte, und den ganzen Tag über regnete es jedes Mal ununterbrochen. Dementsprechend haben wir vom Land nur wenig gesehen. Die Bühne war die ganze Zeit über überfüllt und ich kümmerte mich umso mehr um meine Mitreisenden. Wenn Sie in diese Kutsche geschaut hätten, hätten Sie gedacht, dass wir bereit wären, den Fehdehandschuh einer Räuberbande zu bestehen, denn auf dem Vordersitz befanden sich vier oder fünf Gewehre, die der Indianer eingeschlossen, und ein oder zwei auf dem Rücksitz. Jeder Mann hält seinen Liebling im Arm. Einer hatte eine Waffe, die zwölf zu einem Pfund fasste. Es schien, dass diese Gruppe von Jägern in unsere Richtung ging, aber viel weiter: den Allegash und den St. John hinunter und von dort einen anderen Bach hinauf und hinüber zum Restigouche und zur Bucht von Chaleur, um sechs Wochen lang weg zu sein. Sie hatten Kanus, Äxte und Vorräte in einiger Entfernung entlang der Route deponiert. Sie trugen Mehl und sollten jeden Tag neues Brot backen lassen. Ihr Anführer war ein gutaussehender Mann von etwa dreißig Jahren, von guter Größe, aber nicht augenscheinlich robust, von vornehmem Auftreten und tadelloser Toilette; So jemand, wie man ihn am Broadway erwarten würde. Tatsächlich war er im volkstümlichen Sinne des Wortes der „gentlemanmäßigste" Mann auf der Bühne oder den wir auf der Straße sahen. Er hatte einen hellen, weißen Teint, als hätte er immer im Schatten gelebt, und ein intellektuelles Gesicht, und mit seinem ruhigen Benehmen hätte man ihn für einen Theologiestudenten halten können, der etwas von der Welt gesehen hatte. Als ich im Verlauf der Tagesreise mit ihm sprach, stellte ich zu meiner Überraschung fest, dass er überhaupt ein Jäger war – denn seine Waffe war nicht viel sichtbar – und noch mehr, als ich feststellte, dass er wahrscheinlich der wichtigste weiße Jäger von war Maine und war überall bekannt. Er hatte auch in einigen Staaten weiter südlich und westlich gejagt. Später hörte ich von ihm sagen, er sei jemand gewesen, der eine Menge Strapazen und Ermüdungserscheinungen ertragen konnte, ohne die Wirkung davon zu zeigen; und er konnte Waffen nicht nur benutzen, sondern sie auch herstellen, da er selbst Büchsenmacher war. Im Frühjahr hatte er auf dieser Straße einen Postkutschenfahrer und zwei Passagiere vor dem Ertrinken im Rückstau des Piscataquis in Foxcroft gerettet, indem er im eiskalten Wasser an Land geschwommen war, ein Floß gebaut und sie abgeholt hatte – obwohl die Pferde ertranken , – unter großer Gefahr für sich selbst, während der einzige andere Mann, der schwimmen konnte, sich zum nächsten Haus zurückzog, um nicht zu erfrieren. Er konnte nun umsonst über diese Straße fahren. Er kannte unseren Mann und bemerkte, dass wir dort einen guten Indianer hätten, einen guten Jäger; Er fügte hinzu, dass er angeblich 6.000 Dollar wert sei. Der Indianer kannte ihn auch und sagte zu mir: „Der große Jäger."

Ersterer erzählte mir, dass er eine Art Stilljagd praktizierte, die in dieser Gegend neu oder ungewöhnlich sei; Dass das Karibu zum Beispiel immer wieder um die gleiche Wiese weidete und auf dem gleichen Weg zurückkehrte, und dass er ihnen auflauerte.

Der Inder saß auf dem Vordersitz, sagte zu niemandem etwas, mit einem starren Gesichtsausdruck, als wäre er kaum wach, was vor sich ging. Wieder fiel mir die eigentümliche Unbestimmtheit seiner Antworten auf, wenn er auf der Bühne oder in den Tavernen angesprochen wurde. Bei solchen Gelegenheiten hat er wirklich nie etwas gesagt. Er war nur aufgewühlt wie ein wildes Tier und murmelte passiv eine unbedeutende Antwort. Seine Antwort war in solchen Fällen nie das Ergebnis einer positiven mentalen Energie, sondern vage wie eine Rauchwolke, die keinerlei *Verantwortung suggerierte* , und wenn man darüber nachdachte, würde man feststellen, dass man nichts von ihm bekommen hatte. Dies war anstelle des herkömmlichen Palavers und der Klugheit des weißen Mannes und gleichermaßen profitabel. Die meisten bekommen aus dem Indianer nicht mehr als das heraus und halten ihn entsprechend für stur. Ich war überrascht zu sehen, wie dumm und unverschämt ein Mann aus Maine, ein Passagier, ihn anredete, als wäre er ein Kind, was seine Augen nur ein wenig glänzen ließ. Ein angetrunkener Kanadier fragte ihn in einer Taverne in gedehntem Ton, ob er rauche, was er mit einem unbestimmten „Ja" antwortete. „Würdest du mir nicht kurz deine Pfeife leihen?" fragte der andere. Er antwortete, indem er direkt am Kopf des Mannes vorbeischaute, mit einem Gesicht, das gegenüber allen benachbarten Interessen auffallend ausdruckslos war: „Ich habe keine Pfeife." Dennoch hatte ich gesehen, wie er an diesem Morgen ein neues zusammen mit einem Vorrat Tabak in die Tasche steckte.

Unser kleines Kanu, so ordentlich und stark, zog die wohlwollende Kritik aller Schwachköpfe unter den Tavernengästen entlang der Straße auf sich. Am Straßenrand, in der Nähe der Räder, bemerkte ich eine prächtige, große Orchidee mit violetten Fransen und einer Spitze so groß wie ein Epilobium , die ich am liebsten auf der Bühne angehalten hätte, um sie zu pflücken, aber es war noch nie bekannt, dass sie einen Bären aufhalten konnte Der Fahrer hätte es wahrscheinlich für Zeitverschwendung gehalten, wenn er den Hund auf der Bühne gesehen hätte.

Als wir gegen halb neun Uhr abends den See erreichten, regnete es immer noch ununterbrochen und stärker als zuvor; und in dieser frischen, kühlen Atmosphäre lugten die Hyloden und die Kröten überall um den See herum, wie im Frühling bei uns. Es war, als hätte sich die Jahreszeit um zwei oder drei Monate zurückgedreht oder als wäre ich am Wohnort des ewigen Frühlings angekommen.

Wir hatten erwartet, sofort auf den See zu fahren und, nachdem wir zwei oder drei Meilen hochgepaddelt waren, auf einer seiner Inseln zu campen; aber wegen des stetig zunehmenden Regens beschlossen wir, in einer der Tavernen zu übernachten, obwohl ich für meinen Teil lieber draußen campiert hätte.

Gegen vier Uhr am nächsten Morgen (24. Juli), obwohl es ziemlich bewölkt war, ließen wir in Begleitung des Vermieters in der Dämmerung unser Kanu von einem Felsen am Moosehead Lake aus ans Wasser laufen. Als ich vor vier Jahren dort war, hatten wir ein eher kleines Kanu für drei Personen und ich hatte gedacht, dass ich mir dieses Mal ein größeres zulegen würde, aber das jetzige war noch kleiner. Es war 18¼ Fuß lang, 2 Fuß 6½ Zoll breit in der Mitte und 30 cm tief im Inneren, also habe ich durch Messung herausgefunden, dass es nicht weit von 80 Pfund wiegen würde. Der

Indianer hatte es kürzlich selbst hergestellt, und seine Kleinheit wurde teilweise durch seine Neuheit sowie seine Festigkeit und Festigkeit ausgeglichen, da es aus sehr dicker Rinde und Rippen bestand. Unser Gepäck wog etwa 166 Pfund, so dass das Kanu insgesamt etwa 600 Pfund trug, also das Gewicht von vier Männern. Der Hauptteil des Gepäcks wurde wie üblich in der Mitte des breitesten Teils untergebracht, während wir uns in den Ritzen und Ritzen davor und dahinter verstauten, wo kein Platz war, um unsere Beine und die losen Gegenstände auszustrecken in die Enden gesteckt werden. Das Kanu war also so dicht gepackt wie ein Marktkorb und hätte möglicherweise umgekippt werden können, ohne dass etwas von seinem Inhalt verschüttet worden wäre. Der Indianer saß auf einer Querstange am Heck, aber wir legten uns flach auf den Boden, mit einer Schiene oder einem Span auf dem Rücken, um sie vor der Querstange zu schützen, und einer von uns paddelte gewöhnlich mit dem Indianer. Er sah voraus, dass uns eine Stange nicht fehlen würde, bis wir den Umbazookskus -Fluss erreichten, da es sich bisher entweder um totes Wasser oder flussabwärts handelte, und er war bereit, aus seiner Decke am Bug ein Segel zu machen, wenn der Wind günstig sein sollte; aber wir haben es nie benutzt.

In den vier Tagen zuvor hatte es mehr oder weniger geregnet, so dass wir dachten, wir könnten mit schönem Wetter rechnen. Der Wind wehte zunächst südwestlich.

Als wir in der Stille des Morgens am östlichen Ufer des Sees entlang paddelten, sahen wir bald ein paar Brandraketen, die die Indianer *Shecorways* *nannten* , und einige Peetweets , *Naramekechus* , am felsigen Ufer; Wir sahen und hörten auch Seetaucher, *Medawisla* , von denen er sagte, sie seien ein Zeichen von Wind. Es war inspirierend, das regelmäßige Senken der Paddel zu hören, als wären es unsere Flossen oder Flossen, und zu erkennen, dass wir endlich einigermaßen eingeschifft waren. Wir, die wir uns als Bühnenpassagiere und Wirtshausgäste seltsam gefühlt hatten, wurden dort plötzlich eingebürgert und hatten die Freiheit der Seen und Wälder. Nachdem wir die kleinen felsigen Inseln innerhalb von zwei oder drei Meilen vom Fuße des Sees passiert hatten, berieten wir uns kurz über unseren Kurs und neigten uns wegen der Leezone zum Westufer. Denn andernfalls wäre es uns bei stärkerem Wind unmöglich, den Mount Kineo zu erreichen, der etwa in der Mitte des Sees auf der Ostseite liegt, aber an seiner engsten Stelle, wo wir wahrscheinlich wieder überqueren könnten, wenn wir die Westseite nehmen würden. Der Wind ist das Haupthindernis bei der Überquerung der Seen, insbesondere in einem so kleinen Kanu. Der Indianer bemerkte mehrmals, dass es ihm nicht gefiel, die Seen „in einem kleinen Kanu" zu überqueren , aber dennoch: „Wie wir sagen, es machte ihm nichts aus." Manchmal nahm er einen geraden Kurs in der Mitte des Sees zwischen den Inseln Sugar und Deer, wenn kein Wind wehte.

Auf der Karte gemessen ist der Moosehead Lake an der breitesten Stelle zwölf Meilen breit und in direkter Linie dreißig Meilen lang, je länger er liegt, desto länger ist er. Der Kapitän des Dampfers nannte beim Steuern achtunddreißig Meilen. Wir sollten wahrscheinlich ungefähr vierzig sein. Der Inder sagte, dass es „ *Mspame* , weil großes Wasser" genannt wurde . Der Squaw Mountain erhob sich dunkel zu unserer Linken, nahe der Mündung des Kennebec und dem, was die Indianer Spencer Bay Mountain nannten, im Osten, und schon sahen wir den Mount Kineo vor uns im Norden.

Als wir in Ufernähe paddelten, hörten wir häufig das *Pie-Pe* des Olivenschnäppers, des Waldkieselfisches und des Eisvogels, also früh am Morgen. Der Indianer erinnerte uns daran, dass er ohne Essen nicht arbeiten könne, und wir machten zum Frühstück Halt am Hauptufer, südwestlich von Deer Island, an einer Stelle, wo der *Mimulus ringens* reichlich wuchs. Wir holten unsere Taschen heraus, und der Indianer machte unter einem sehr großen, gebleichten Baumstamm ein Feuer, wobei er Weißkiefernrinde von einem Baumstumpf verwendete , obwohl er sagte, dass Hemlocktanne besser sei, und das Feuer mit Kanupirkenrinde anzündete. Auf unserem Tisch stand ein großes Stück frisch geschälte Birkenrinde mit der falschen Seite nach oben, und unser Frühstück bestand aus hartem Brot, gebratenem Schweinefleisch und starkem, gut gesüßtem Kaffee, in dem uns die Milch nicht fehlte.

Während wir frühstückten, paddelte eine Brut von zwölf halb ausgewachsenen schwarzen Wasseramseln im Umkreis von drei oder vier Ruten vorbei, ohne sich überhaupt zu beunruhigen; und sie blieben so lange herumlungern, wie wir blieben, bald dicht aneinander gedrängt, innerhalb eines Kreises von 18 Zoll Durchmesser, bald in einer langen Reihe, sehr listig, davon. Dennoch hatten sie eine gewisse Ähnlichkeit mit dem großen Moosehead Lake, auf dessen Schoß sie schwammen, und ich hatte das Gefühl, als stünden sie unter seinem Schutz.

Als wir von hier aus nach Norden blickten, schien es, als ob wir in eine große Bucht einträten, und wir wussten nicht, ob wir gezwungen sein sollten, von unserem Kurs abzuweichen und außerhalb eines Punktes zu bleiben, den wir sahen, oder ob wir einen Durchgang zwischen diesem und dem Festland finden sollten . Ich schaute auf meine Karte und benutzte mein Fernglas, und der Indianer tat dasselbe, aber wir konnten unseren Platz auf der Karte nicht genau finden und auch keinen Bruch im Ufer entdecken. Als ich den Indianer nach dem Weg fragte, antwortete er: „Ich weiß es nicht", was ich bemerkenswert fand, da er gesagt hatte, dass er mit dem See vertraut sei; aber es schien, dass er noch nie auf dieser Seite gewesen war. Es war nebliges Hundewetterwetter, und wir waren bereits in eine kleinere Bucht der gleichen Art vorgedrungen und hatten deren Grund herausgerissen, obwohl wir gezwungen waren, über eine kleine Bank zwischen einer Insel und dem

Ufer zu fahren, wo sich dort befand Es war gerade breit und tief genug, um das Kanu schwimmen zu lassen, und der Indianer hatte bemerkt: „ Hier ist die Makum- Brücke sehr einfach", aber jetzt schien es, als würden wir, wenn wir uns festhielten, einigermaßen eingebettet sein. Doch plötzlich lichtete sich der Nebel etwas, obwohl wir uns nicht bewegt hatten, und enthüllte einen Bruch in der Küste nach Norden, der zeigte, dass die Spitze ein Teil von Deer Island war und dass unser Kurs westlich davon lag. Während es selbst durch ein Glas wie ein durchgehendes Ufer aussah, konnte man jetzt mit dem bloßen Auge sehen, dass ein Teil viel weiter entfernt war als der andere, der ihn überlappte, und zwar lediglich durch die größere Dicke des Nebels, der immer noch darauf ruhte, während der nähere oder der Inselteil war vergleichsweise kahl und grün. Die Trennlinie war sehr deutlich und der Indianer bemerkte sofort: „Ich schätze, du und ich gehen dorthin – ich schätze, da ist Platz für mein Kanu." Dies war sein üblicher Ausdruck, anstatt „wir" zu sagen. Er sprach uns nie mit unseren Namen an, obwohl er neugierig war, wie sie geschrieben wurden und was sie bedeuteten, während wir ihn Polis nannten. Er hatte in unserem Alter bereits sehr genau geraten und gesagt, er sei achtundvierzig.

Squaw Mountain,
Moosehead Lake

Nach dem Frühstück schüttete ich das geschmolzene Schweinefleisch, das noch übrig war, in den See, machte so etwas, was die Seeleute als „Slick" bezeichnen, und beobachtete, wie viel es sich verteilte und die aufgewühlte Oberfläche glättete. Der Indianer betrachtete es einen Moment lang und sagte: „Das macht es schwer, durchzupaddeln ; Halten Sie sie im Kanu. So sagen alte Zeiten."

Wir luden hastig nach, legten das Geschirr lose in den Bug, damit es bei Bedarf griffbereit war, und machten uns wieder auf den Weg. Das westliche Ufer, an dem wir entlangpaddelten, stieg sanft zu einer beträchtlichen Höhe an und war überall dicht mit Wald bedeckt, in dem sich ein großer Teil des harten Holzes befand, um die Tannen und Fichten zu beleben und zu entlasten.

Chorchorque genannt wurde . Wir fragten ihn nach den Namen mehrerer kleiner Vögel, die wir heute Morgen gehört hatten. Die Walddrossel, die recht häufig vorkam und deren Ton er nachahmte, hieße, wie er sagte, *Adelungquamooktum* ; aber manchmal konnte er den Namen eines kleinen Vogels, den ich hörte und kannte, nicht nennen, aber er sagte: „Ich erzähle allen Vögeln hier – in diesem Land; Ich kann kein kleines Geräusch erkennen, aber wenn ich sie sehe , dann kann ich es erkennen."

Ich bemerkte, dass ich gerne zur Schule gehen würde, um seine Sprache zu lernen, während ich währenddessen auf der indischen Insel lebe; könnte man das nicht machen? „Oh ja ", antwortete er, „gut, viele tun das." Ich fragte, wie lange es seiner Meinung nach dauern würde. Er sagte, eine Woche. Ich sagte ihm, dass ich ihm auf dieser Reise alles erzählen würde, was ich wusste, und er sollte mir alles sagen, was er wusste, womit er bereitwillig einverstanden war.

Die Vögel sangen ganz genau wie in unseren Wäldern – der Rotaugen-, Gartenrotschwanz-, Veery-, Wald-Pewee-Vogel usw., aber wir sahen auf unserer gesamten Reise keine Drossel, und mehrere sagten mir in Bangor, dass es dort keine Drossel gab. Der Mount Kineo, der allgemein sichtbar war, obwohl er gelegentlich von Inseln oder dem Festland davor verdeckt wurde, hatte einen ebenen Wolkenstreifen, der seinen Gipfel verbarg, und alle Berggipfel rund um den See waren auf gleicher Höhe abgeschnitten. Enten verschiedener Art – Brandente, Sommerente usw. – waren weit verbreitet und rannten vor uns über das Wasser, so schnell wie ein Pferd trabt . So waren sie bald außer Sichtweite.

Der Inder fragte nach der Bedeutung von *Realität* , soweit ich das Wort verstehen konnte, das einer von uns seiner Meinung nach benutzt hatte; auch von „ *interrent* ", also intelligent. Ich bemerkte, dass er den Buchstaben r selten aussprechen konnte, sondern das l und manchmal auch das r für l verwendete; als *Ladung* für die Straße, *Pickelel* für Pickerel, *Soogle* Island für Sugar Island, *Lock* für Rock usw. Dennoch trillerte er das *R* ziemlich gut hinter mir her.

seinen Worten die Silbe „ *um* " hinzu, *wenn er* konnte, etwa „ paddl *um* " usw. Ich habe einmal einen Chippeway- Vortrag gehört, der sein Publikum unbeabsichtigt zum Lachen brachte, indem er *auch* „*m* "hinter das Wort setzte , ein Wort, das er ständig und unnötig einbrachte , betonte und verlängerte diesen Laut sonor zu *m-ah* , als ob es notwendig wäre, so viel von seiner Umgangssprache einzubringen, um seine Organe zu entlasten, als Ausgleich dafür, dass er seine Kiefer verdrehte und seine Zunge in jeden Winkel seines Mundes steckte , wie er sich darüber beschwerte, dass er es tun musste, wenn er Englisch sprach. In seinem Englisch hallte so viel vom indischen Akzent wider, so viel vom „Bogen-Pfeil-Tang", wie mein Nachbar es nennt, und ich habe keinen Zweifel, dass ihm dieses Wort am besten vorkam. Es war ein wildes und erfrischendes Geräusch, wie das Geräusch des Windes zwischen den Kiefern oder das Rauschen der Brandung am Ufer.

Ich fragte ihn nach der Bedeutung des Wortes *Musketicook* , dem indianischen Namen von Concord River. Er sprach es *Muskéeticook aus* , betonte die zweite Silbe mit einem eigenartigen gutturalen Laut und sagte, dass es „ totes Wasser " bedeute, was es auch sei, und in dieser Definition stimmte er genau mit dem St. Francis-Indianer überein, mit dem ich 1853 sprach.

An einem Punkt auf dem Festland, einige Meilen südwestlich von Sandbar Island, wo wir landeten, um uns die Beine zu vertreten und die Vegetation zu betrachten, und ein paar Schritte landeinwärts gingen, entdeckte ich ein Feuer, das immer noch unter seiner Asche glühte, wo jemand gefrühstückt hatte, und ein Bett aus Zweigen, vorbereitet für die folgende Nacht. Ich wusste also nicht nur, dass sie gerade gegangen waren, sondern auch, dass sie zurückkehren wollten, und der Breite des Bettes zufolge war mehr als einer in der Gruppe. Möglicherweise sind Sie bis auf einen Meter an diese Schilder herangekommen, ohne sie gesehen zu haben. Dort wuchs die Schnabel-Hasel, die einzige Hasel, die ich auf dieser Reise sah, die sieben Fuß hohe Diervilla , Raute, die sehr häufig an allen See- und Flussufern vorkam, und *Cornus stolonifera* , oder rote Korbweide, deren Rinde, wie der Indianer sagte, deren Rinde war , war gut zu rauchen und wurde *Maquoxigill genannt* , „Tabak, bevor die Weißen in dieses Land kamen, indischer Tabak."

Der Indianer war bei der Annäherung an das Ufer immer sehr vorsichtig, damit er sein Kanu nicht an den Felsen verletzte, indem er es langsam seitwärts schwingen ließ, und achtete noch mehr darauf, dass wir nicht am Ufer in das Kanu hineinsteigen sollten, auch nicht, bis es frei schwamm Dann sollten wir vorsichtig vorgehen, damit wir nicht die Nähte öffnen oder ein Loch in den Boden machen. Er sagte, dass er uns sagen würde, wann wir springen sollten.

Kurz nachdem wir diesen Punkt verlassen hatten , passierten wir den Kennebec, den Ausfluss des Sees, und hörten dort die Wasserfälle am Damm, denn selbst der Moosehead Lake ist gestaut. Nachdem wir Deer Island passiert hatten, sahen wir den kleinen Dampfer aus Greenville weit östlich in der Mitte des Sees, und er schien fast stationär zu sein. Manchmal konnten wir sie kaum von einer Insel unterscheiden, auf der ein paar Bäume standen. Hier waren wir dem Wind aus der ganzen Breite des Sees ausgesetzt und liefen ein wenig Gefahr, überschwemmt zu werden. Während ich mein Auge auf die Stelle gerichtet hatte, an der ein großer Fisch gesprungen war, saugten wir ein oder zwei Gallonen Wasser auf, die meinen Schoß füllten; aber wir erreichten bald das Ufer und fuhren mit dem Kanu über die Bar bei Sandbar Island, die nur wenige Fuß breit war, und sparten so eine beträchtliche Strecke. Einer landete zuerst an einem geschützteren Ort und fing das Kanu beim Umhergehen am Bug auf, um zu verhindern, dass es am Ufer anschlug.

Wieder überquerten wir eine breite Bucht gegenüber der Mündung des Moose River, bevor wir die schmale Meerenge am Mount Kineo erreichten, machten das, was die Voyageure eine *Traverse nennen*, und fanden das Wasser ziemlich rau. Ein sehr schwacher Wind auf diesen breiten Seen lässt eine See entstehen, die ein Kanu überschwemmt. Wenn man vom Ufer ausschaut, scheint die Oberfläche sehr wenig bewegt, fast glatt und eine Meile entfernt zu sein, oder wenn man ein paar weiße Kämme sieht, scheinen sie fast auf gleicher Höhe mit dem Rest des Sees zu sein; Aber wenn Sie so weit rauskommen, werden Sie möglicherweise ein ziemliches Meer vorfinden, und schon bald, bevor Sie es sich vorstellen, wird eine Welle sanft an der Seite des Kanus entlangkriechen und Ihren Schoß füllen, wie ein Monster, das Sie absichtlich damit bedeckt Schleim, bevor er dich verschluckt, sonst schlägt er heftig gegen das Kanu und bricht ein. Das Gleiche kann passieren, wenn der Wind plötzlich zunimmt, obwohl es dort vor ein paar Minuten vollkommen ruhig und gleichmäßig war; damit dich nichts retten kann, es sei denn, du kannst an Land schwimmen, denn es ist unmöglich, wieder in ein Kanu zu steigen, wenn es umgekippt ist. Da Sie flach auf dem Boden sitzen, sollte die Gefahr zwar nicht unmittelbar bestehen, ein wenig Wasser ist jedoch eine große Unannehmlichkeit, ganz zu schweigen davon, dass Ihr Proviant durchnässt wird. Bei Wind überquerten wir selten eine Bucht direkt von einem Punkt zum anderen, sondern machten eine leichte Kurve, die einigermaßen dem Ufer entsprach, damit wir sie bei stärkerem Wind schneller erreichen konnten.

Wenn der Wind achtern weht und nicht zu stark ist, macht der Indianer ein Sprietsegel aus seiner Decke. So überfliegt er problemlos die gesamte Länge dieses Sees an einem Tag.

Der Indianer paddelte auf der einen Seite und einer von uns auf der anderen, um das Kanu ruhig zu halten, und wenn er den Besitzer wechseln wollte, sagte er: „Auf der anderen Seite." Als Antwort auf unsere Fragen behauptete er, er habe noch nie selbst ein Kanu umgekippt, auch wenn er vielleicht von anderen umgekippt worden sei.

Denken Sie an unsere kleine Eierschale von einem Kanu, das über diesen großen See rast und für den Adler, der darüber schwebt, nur ein schwarzer Fleck ist!

Während wir weiter paddelten, lief mein Begleiter auf der Suche nach Forellen hinterher, aber der Indianer warnte ihn, dass uns ein großer Fisch aufregen könnte, da es dort einige sehr große Fische gibt, und er willigte ein, ihm die Leine schnell im Heck zu reichen, wenn er einen Biss hätte. Außer Forellen hörte ich auch von Lumb, Felchen usw., wie sie in diesem See vorkommen.

Während wir diese Bucht überquerten, wo sich der Mount Kineo im Umkreis von zwei oder drei Meilen dunkel vor uns erhob, wiederholte der Indianer die Überlieferung, dass dieser Berg einst eine Elchkuh gewesen sei – wie es einem mächtigen indischen Jäger, dessen Namen ich vergessen habe, gelungen sei Er tötete diese Königin des Elchstammes mit großer Mühe, während ihr Kalb irgendwo zwischen den Inseln in der Penobscot Bay getötet wurde, und in seinen Augen hatte dieser Berg immer noch die Form des Elches in liegender Haltung, dessen steile Seite den Umriss darstellte von ihrem Kopf. Er erzählte dies ausführlich, obwohl es nicht viel bedeutete, und offenbar in gutem Glauben, und fragte uns, wie wir annehmen könnten, dass der Jäger einen so mächtigen Elch hätte töten können – wie wir es schaffen könnten. Daraufhin wurde ein Kriegsschiff vorgeschlagen, das Breitseiten auf sie abfeuern sollte usw. Ein Indianer erzählt eine solche Geschichte, als ob er der Meinung wäre, dass viel darüber gesagt werden sollte, nur dass er es nicht zu sagen hat, und das tut er auch gleicht den Mangel durch einen schleppenden Ton, Langatmigkeit und ein dummes Wunder aus, von dem er hofft, dass es ansteckend ist.

Durch ziemlich raues Wasser näherten wir uns wieder dem Land und steuerten dann direkt über den See, an seiner engsten Stelle, zur Ostseite und befanden uns nach dem Paddeln bald teilweise im Windschatten des Berges, etwa eine Meile nördlich des Kineo-Hauses etwa zwanzig Meilen. Es war jetzt ungefähr Mittag.

Wir wollten dort am Nachmittag und in der Nacht anhalten und verbrachten eine halbe Stunde damit, entlang der Küste nach Norden nach einem geeigneten Platz zum Campen zu suchen. An einer Stelle holten wir vergeblich unser gesamtes Gepäck heraus, da die Stelle zu steinig und uneben war, und während wir mit dieser Suche beschäftigt waren, machten wir unsere erste Bekanntschaft mit der Elchfliege. Schließlich, eine halbe Meile weiter nördlich, stießen wir mit einem halben Dutzend Ruten in den dichten Fichten- und Tannenwald an der Seite des Berges, der fast so dunkel wie ein Keller war, und fanden einen Platz, der frei und eben genug war, um uns danach hinzulegen ein paar Büsche wegschneiden. Für unser Bett benötigten wir einen Platz von nur sieben mal sechs Fuß, das Feuer befand sich vier bis fünf Fuß vor uns, obwohl es keinen Unterschied machte, wie rau der Herd war; aber es war nicht immer einfach, dies in diesen Wäldern zu finden. Der Indianer bahnte sich zunächst mit seiner Axt vom Ufer aus einen Weg dorthin, und dann trugen wir unser gesamtes Gepäck hinauf, schlugen unser Zelt auf und machten unser Bett, um für das schlechte Wetter, das uns dann drohte, und für die … gerüstet zu sein Nacht. Er sammelte einen großen Arm voll Tannenzweige ein und brach sie ab. Er sagte, sie seien die besten für unser Bett, teilweise, so dachte ich, weil sie die größten seien und am schnellsten eingesammelt werden könnten. Es hatte vier oder fünf Tage lang mehr oder weniger geregnet, und der Wald war noch feuchter als sonst, aber er holte trockene Rinde für das Feuer von der Unterseite einer abgestorbenen Hemlocktanne, was er, wie er sagte, immer tun könne.

An diesem Mittag war er mit einer juristischen Frage beschäftigt, und ich verwies ihn an meinen Kollegen, einen Anwalt. Anscheinend hatte er in letzter Zeit Land gekauft (ich glaube, es waren 100 Acres), aber wahrscheinlich gab es eine Belastung dafür, denn jemand anderes behauptete, für dieses Jahr etwas Gras darauf gekauft zu haben. Er wollte wissen, wem das Gras gehörte, und man sagte ihm, wenn der andere Mann nachweisen könne, dass er das Gras gekauft habe, bevor er, Polis, das Land gekauft habe, könne Ersterer es nehmen, ob Letzterer es wisse oder nicht. Worauf er nur antwortete: „Seltsam!" Er ging dies mehrere Male durch, setzte sich fast mit dem Rücken an einen Baum und lehnte sich dazu, als ob er uns von nun an auf dieses Thema beschränken wollte; Aber da er keine Fortschritte machte und erst nach jeder Erklärung den Ausgangspunkt seines Staunens über die Institutionen der weißen Männer erreichte, ließen wir das Thema sterben.

Er sagte, dass er irgendwo oberhalb von Oldtown fünfzig Morgen Gras, Kartoffeln usw. habe, abgesehen von einigen um sein Haus herum; dass er einen Großteil seiner Arbeit, Hacken usw., anheuerte und weiße Männer den Indianern vorzog, weil „sie standhaft bleiben und wissen, wie."

Nach dem Abendessen kehrten wir mit dem Kanu südwärts entlang der Küste zurück, da es schwierig war, über die Felsen und umgestürzten Bäume zu klettern, und begannen, am Rande des Abgrunds den Berg hinaufzusteigen. Doch gerade in diesem Moment kam ein heftiger Regenschauer auf uns zu, und der Indianer kroch unter sein Kanu, während wir, geschützt durch unsere Gummimäntel, mit der Botanisierung fortfuhren. Also schickten wir ihn zum Schutz ins Lager zurück und vereinbarten, dass er gegen Abend mit seinem Kanu zu uns kommen sollte. Am Vormittag hatte es ein wenig geregnet, und wir vertrauten darauf, dass dies der aufklärende Regen sein würde, was sich auch bestätigte; aber unsere Füße und Beine waren von den Büschen völlig nass. Die Wolken lösten sich ein wenig und wir hatten beim Aufstieg einen herrlichen, wilden Blick auf den breiten See mit seiner schwankenden Oberfläche und zahlreichen waldbedeckten Inseln, der sich sowohl nach Norden als auch nach Süden außerhalb unseres Blickfelds erstreckte, und auf den grenzenlosen Wald, der sich von ihm weg wellte Ufer auf allen Seiten, so dicht gepackt wie ein Roggenfeld, und nacheinander namenlose Berge umhüllend; Vor allem aber sah man, wenn man nach Westen über eine große Insel blickte, einen sehr entfernten Teil des Sees, obwohl wir damals nicht vermuteten, dass es sich um Moosehead handelte – zunächst nur eine unterbrochene weiße Linie, die durch die Wipfel der Bäume der Insel hindurch zu sehen war Heuhaufen, die sich jedoch zu einem See ausbreiteten, als wir höher kamen. Darüber hinaus sahen wir etwas, das auf der Karte als Bald Mountain bezeichnet wird, etwa 25 Meilen entfernt, in der Nähe der Quellen des Penobscot. Es war ein perfekter Waldsee. Aber das war nur ein vorübergehender Schimmer, denn der Regen war noch nicht ganz vorbei.

Als wir nach Süden schauten, war der Himmel völlig bedeckt, die Berge mit Wolken bedeckt und der See hatte im Allgemeinen ein dunkles und stürmisches Aussehen, aber von seiner Oberfläche knapp nördlich von Sugar Island, sechs oder acht Meilen entfernt, spiegelte sich das Wasser durch den See nach oben zu uns neblige Luft, ein strahlend blauer Schimmer vom fernen, unsichtbaren Himmel eines anderen Breitengrads dahinter. Wahrscheinlich hatten sie damals in Greenville, am südlichen Ende des Sees, einen klaren Himmel. Wenn Sie auf einem Berg mitten in einem See stehen, wo würden Sie nach den ersten Anzeichen für bevorstehendes Schönwetter Ausschau halten? Nicht in den Himmel, so scheint es, sondern in den See.

Wieder verwechselten wir eine kleine felsige Insel, die man durch das „ Drisk “ sah, mit einigen höheren kahlen Stämmen oder Baumstümpfen darauf, mit dem Dampfer mit seinen Rauchrohren, aber da er seine Position nach einer halben Stunde nicht verändert hatte, waren wir nicht getäuscht. Die Werke des Menschen ähneln so sehr den Werken der Natur. Ein Elch könnte einen Dampfer mit einer schwimmenden Insel verwechseln und sich erst dann fürchten, wenn er dessen Schnaufen oder Pfeifen hört.

Wenn ich einen Berg oder eine andere Landschaft unter den günstigsten Vorzeichen sehen wollte, ging ich bei schlechtem Wetter dorthin, um dort zu sein, wenn es aufklarte; Dann sind wir in der besten Stimmung und die Natur ist am frischsten und inspirierendsten. Es gibt keine schönere Gelassenheit als die, die sich nur in einem tränenreichen Auge einstellt.

Jackson sagt in seinem „Report on the Geology of Maine“ aus dem Jahr 1838 über diesen Berg: „Hornstone, der Feuerstein ersetzen würde, kommt in verschiedenen Teilen des Staates vor, wo Fallengestein auf siliziumhaltigen Schiefer eingewirkt hat.“ Die größte in der Welt bekannte Masse dieses

Gesteins ist der Mount Kineo am Moosehead Lake, der offenbar vollständig aus ihm besteht und sich 700 Fuß über den Seespiegel erhebt. Diese Sorte Hornstein habe ich in allen Teilen Neuenglands in Form von indianischen Pfeilspitzen, Beilen, Meißeln usw. gesehen, die wahrscheinlich von den Ureinwohnern des Landes aus diesem Berg gewonnen wurden." Ich selbst habe Hunderte von Pfeilspitzen aus demselben Material gefunden. Es hat im Allgemeinen eine schieferfarbene Farbe mit weißen Flecken und wird zu einem gleichmäßigen Weiß, wenn es Licht und Luft ausgesetzt wird. Es bricht mit einem Muschelbruch, wodurch eine ausgefranste Schnittkante entsteht. Ich bemerkte einige Muschelhöhlen mit einem Durchmesser von mehr als einem Fuß. Ich nahm ein kleines, dünnes Stück, das eine so scharfe Kante hatte, dass ich es als stumpfes Messer benutzte, und um zu sehen, was ich tun konnte, schnitt ich damit eine Espe von einem Zoll Dicke ordentlich ab, indem ich es bog und viele Schnitte machte; Allerdings habe ich mir inzwischen an der Rückseite schwer die Finger geschnitten.

Moosehead Lake, vom
Mount Kineo

Vom Gipfel des Abgrunds, der die Süd- und Ostseite dieser Gebirgshalbinsel bildet und ihr bemerkenswertestes Merkmal darstellt und als fünf- bis sechshundert Fuß hoch beschrieben wird, blickten wir zum Wasser hinunter und wären wahrscheinlich auch gesprungen zu den scheinbar zwergartigen Bäumen auf der schmalen Landzunge, die es mit dem Hauptland verbindet. Es ist ein gefährlicher Ort, die Stabilität Ihrer Nerven auf die Probe zu stellen. Hodge sagt, dass diese Klippen „senkrecht neunzig Fuß" unter die Wasseroberfläche absinken.

Die Pflanzen, die auf diesem Berg unsere Aufmerksamkeit vor allem auf sich zogen, waren das Berg-Fingerkraut (*Potentilla tridentata*), das noch ganz unten am Wasser reichlich vorhanden ist und blüht, obwohl es normalerweise auf die Gipfel der Berge in unseren Breitengraden beschränkt ist; sehr schöne Glockenblumen, die über den Abgrund hängen; Bärenbeere; die Kanada-Blaubeere (*Vaccinium Canadense*), ähnlich der *V. Pennsylvanicum* , unserer frühesten Art, aber ganzblättrig und mit flaumigem Stiel und Blatt (ich habe sie in Massachusetts nicht gesehen); *Diervilla Trifida* ; *Mikrostylis Ophioglossoides* , eine für uns neue Orchideenpflanze; wilde Stechpalme (*Nemopanthes Canadensis*); das Große Rundblättrige Knabenkraut (*Platanthera orbiculata*), blüht nicht lange; *Spiranthes cernua* , oben; Bunchberry, das sich beim Aufstieg rötete, grün am Fuße des Berges, rot an der Spitze; und der kleine Farn *Woodsia ilvensis* , der in Büscheln wächst und jetzt Früchte trägt. Ich habe von dieser Stelle auch *Liparis liliifolia* oder Tway -Blade erhalten. Nachdem wir die Wunder des Berges erkundet hatten und das Wetter nun völlig aufgeklärt war, begannen wir mit dem Abstieg. Wir trafen den Indianer, der schnaufend und keuchend war, etwa ein Drittel des Weges hinauf, dachten aber, dass er sich schon fast oben befand, und sagten, dass es ihm den Atem raubte. Ich dachte, dass Aberglaube etwas mit seiner Müdigkeit zu tun hatte. Vielleicht glaubte er, über den Rücken eines riesigen Elches zu klettern. Er sagte, dass er Kineo noch nie bestiegen habe. Als wir das Kanu erreichten, stellten wir fest, dass er, während wir auf dem Berg waren, in einer Tiefe von 25 bis 30 Fuß eine etwa drei Pfund schwere Seeforelle gefangen hatte.

Als wir im Lager ankamen, wurde das Kanu herausgenommen, umgedreht und ein Baumstamm darüber gelegt, um zu verhindern, dass es weggeblasen wurde. Der Indianer schnitt einige große Stämme aus feuchtem und verfaultem Hartholz, um sie zum Schwelen zu bringen und das Feuer die ganze Nacht über aufrechtzuerhalten. Zum Abendessen wurde die Forelle gebraten. Unser Zelt war aus dünnem Baumwollstoff und ziemlich klein und bildete mit dem Boden ein dreieckiges Prisma, das am hinteren Ende geschlossen war, sechs Fuß lang, sieben Fuß breit und vier Fuß hoch, so dass wir kaum in der Mitte sitzen konnten. Zum Aufstellen waren zwei gegabelte Pfähle, eine glatte Firststange und ein Dutzend oder mehr Stifte erforderlich. Es hielt Tau, Wind und gewöhnlichen Regen ab und erfüllte unseren Zweck ausreichend. Wir lagen darin bis zur Schlafenszeit, jeder mit seinem Gepäck am Kopf, oder saßen am Feuer und hängten unsere nassen Kleider für die Nacht an einer Stange vor dem Feuer auf.

Als wir kurz vor Einbruch der Dunkelheit dort saßen und durch den düsteren Wald blickten, hörte der Indianer ein Geräusch, das seiner Meinung nach von einer Schlange stammte. Auf meine Aufforderung hin ahmte er es nach und machte einen leisen Pfeifton – *pheet* – *pheet* – , der zwei- oder dreimal wiederholt wurde, etwa wie das Piepen der Hyloden , aber nicht so laut. Auf meine Nachfrage antwortete er, dass er sie bei der Herstellung noch nie gesehen habe, aber als er zu der Stelle ging, fand er die Schlange. Dies, sagte er bei einer anderen Gelegenheit, sei ein Zeichen von Regen. Als ich diesen Ort für unser Lager ausgewählt hatte, hatte er bemerkt, dass es dort Schlangen gab – er sah sie. „Aber sie werden nicht schaden", sagte ich. „Oh nein", antwortete er, „genau wie Sie sagen; es macht für mich keinen Unterschied."

Er lag auf der rechten Seite des Zeltes, weil er, wie er sagte, auf einem Ohr teilweise taub war und mit dem guten Ohr nach oben liegen wollte. Als wir dort lagen, fragte er, ob ich jemals „Indian Singen" gehört hätte. Ich antwortete, dass ich das nicht oft getan habe, und fragte ihn, ob er uns nicht ein Lied schenken würde. Er stimmte bereitwillig zu und begann auf dem Rücken liegend, die Decke um sich gewickelt, einen langsamen, etwas nasalen, aber dennoch musikalischen Gesang in seiner eigenen Sprache, die seinem Stamm wahrscheinlich schon vor langer Zeit von den katholischen Missionaren beigebracht worden war. Anschließend übersetzte er es uns Satz für Satz und wollte sehen, ob wir uns daran erinnern könnten. Es erwies sich als eine sehr einfache religiöse Übung oder Hymne, deren Bürde darin bestand, dass es nur einen Gott gab, der die ganze Welt regierte. Dies wurde sehr dürftig herausgehämmert (oder gesungen), so dass einige Strophen so gut wie gar nichts bedeuteten und lediglich die Idee aufrechterhielten. Dann sagte er, dass er uns ein lateinamerikanisches Lied vorsingen würde; aber wir entdeckten kein Latein, nur ein oder zwei griechische Wörter darin ; der Rest könnte lateinisch mit der indischen Aussprache gewesen sein.

Sein Gesang versetzte mich zurück in die Zeit der Entdeckung Amerikas, nach San Salvador und zu den Inkas, als die Europäer erstmals mit dem einfachen Glauben der Indianer in Berührung kamen. Es war in der Tat eine schöne Einfachheit darin; nichts vom Dunklen und Wilden, nur das Milde und Infantile. Es kamen vor allem Gefühle der Demut und Ehrfurcht zum Ausdruck.

Es war ein dichter und feuchter Fichten- und Tannenwald, in dem wir lagen, und bis auf unser Feuer vollkommen dunkel; und als ich in der Nacht aufwachte, hörte ich entweder eine Eule tiefer im Wald hinter uns oder einen Idioten aus der Ferne über dem See. Als ich einige Zeit nach Mitternacht aufstand, um die verstreuten Brandbrände einzusammeln, während meine Gefährten fest schliefen, beobachtete ich, teilweise im Feuer, das nicht mehr brannte, einen vollkommen regelmäßigen elliptischen Lichtring mit einem kürzesten Durchmesser von etwa fünf Zoll. Sechs oder sieben Zoll länger und zwischen einem Achtel und einem Viertel Zoll breit. Es war genauso hell wie das Feuer, aber nicht rötlich oder scharlachrot wie eine Kohle, sondern ein weißes und schlummerndes Licht wie das Glühwürmchen . Ich konnte es nur an seinem Weiß vom Feuer unterscheiden. Ich erkannte sofort, dass es sich um phosphoreszierendes Holz handeln musste, von dem ich schon so oft gehört, es aber nie gesehen hatte. Als ich meinen Finger darauf legte, stellte ich nach einigem Zögern fest, dass es sich um ein Stück abgestorbenes Elchholz (*Acer striatum*) handelte, das der Indianer am Abend zuvor schräg abgeschnitten hatte. Mit meinem Messer entdeckte ich, dass das Licht von dem Teil des Splintholzes unmittelbar unter der Rinde ausging und so am Ende einen regelmäßigen Ring bildete, der tatsächlich über das Niveau des Holzes hinausragte, und als ich es schnitt Von der Rinde entfernt und in den Saft geschnitten, leuchtete alles entlang des Baumstamms. Ich war überrascht, das Holz ziemlich hart und offenbar gesund vorzufinden, obwohl wahrscheinlich im Saft Fäulnis eingesetzt hatte, und ich schnitt ein paar kleine dreieckige Späne heraus, legte sie in meine Handfläche, trug sie ins Lager und weckte mich Begleiter und zeigte sie ihm. Sie beleuchteten die Innenseite meiner Hand, enthüllten die Linien und Fältchen und wirkten genau wie glühende Feuerkohlen, und ich erkannte sofort, wie wahrscheinlich die indischen Jongleure ihrem Volk und den Reisenden etwas vorgetäuscht hatten glühende Kohlen im Mund halten.

Ich bemerkte auch, dass ein Teil eines verfallenen Baumstumpfes in einem Umkreis von vier bis fünf Fuß vom Feuer, zwei Zentimeter breit und sechs Zentimeter lang, aus weichem und zitterndem Holz, mit gleicher Helligkeit leuchtete.

Ich habe es versäumt, herauszufinden, ob unser Feuer etwas damit zu tun hatte, aber der Regen vom Vortag und das langanhaltend nasse Wetter hatten zweifellos etwas damit zu tun.

Dieses Phänomen interessierte mich außerordentlich und ich fühlte mich bereits für meine Reise bezahlt. Es hätte mich kaum mehr begeistern können, wenn es die Form von Buchstaben oder des menschlichen Gesichts angenommen hätte. Wenn ich auf diesen Lichtring gestoßen wäre, während ich allein in diesem Wald herumtastete, weit weg von jedem Feuer, wäre ich noch überraschter gewesen. Ich hätte kaum gedacht, dass in der Dunkelheit der Wildnis so ein Licht für mich scheint.

Am nächsten Tag nannte mir der Indianer den Namen für dieses Licht, „ *artoosoqu* “, und als ich mich nach dem Irrlicht und ähnlichen Phänomenen erkundigte, sagte er, dass seine „Leute“ manchmal Feuer vorbeiziehen sahen unterschiedlich hoch, sogar baumhoch, und machten Lärm. Danach war ich darauf vorbereitet, von den verblüffendsten und unvorstellbarsten Phänomenen zu hören, die „seine Leute“ beobachtet hatten; Sie sind zu jeder Tages- und Jahreszeit im Ausland an Orten unterwegs, die von weißen Männern so selten besucht werden. Die Natur muss ihnen tausend Offenbarungen gemacht haben, die für uns immer noch Geheimnisse sind.

Ich habe es nicht bereut, dies nicht schon früher gesehen zu haben, da ich es jetzt unter so günstigen Umständen sah. Ich war gerade in der Stimmung, etwas Wunderbares zu sehen, und dies war ein Phänomen, das meinen Umständen und Erwartungen entsprach, und es machte mich wachsam, mehr davon zu sehen. Ich jubelte wie „ein Heide, der ein Glaubensbekenntnis aufsaugt", das noch nie getragen worden war, aber brandneu und dem Anlass angemessen war. Ich ließ die Wissenschaft gleiten und freute mich über dieses Licht, als wäre sie ein Mitgeschöpf gewesen. Ich sah, dass es ausgezeichnet war, und war sehr froh, dass es so günstig war. Eine sogenannte wissenschaftliche *Erklärung wäre dort völlig fehl am Platz gewesen*. Das ist für blasses Tageslicht. Die Wissenschaft mit ihren Erwiderungen hätte mich eingeschläfert; Es war die Gelegenheit, unwissend zu sein, dass ich mich verbessert habe. Es deutete für mich darauf hin, dass es etwas zu sehen gab, wenn man Augen hatte. Es hat mich noch mehr überzeugt als zuvor. Ich glaubte, dass der Wald nicht unbewohnt war, sondern jeden Tag voller ehrlicher Geister, die genauso gut waren wie ich selbst, – keine leere Kammer, in der man die Chemie allein wirken ließ, sondern ein bewohntes Haus – und für ein paar Augenblicke auch ich genoss die Gemeinschaft mit ihnen. Ihr sogenannter Weiser versucht sich einzureden, dass es dort kein Wesen gibt außer sich selbst und seinen Fallen, aber es ist viel einfacher, die Wahrheit zu glauben. Es deutete auch darauf hin, dass dieselbe Erfahrung immer die gleiche Art von Glauben oder Religion hervorbringt. Dem Indianer wurde eine Offenbarung gemacht, dem weißen Mann eine andere. Über den Indianer kann ich viel lernen, über den Missionar nichts. Ich bin mir nicht sicher, aber alles, was mich dazu verleiten würde, dem Inder meine Religion beizubringen, wäre sein Versprechen, mir *seine beizubringen*. Lange genug hatte ich von belanglosen Dingen gehört; Jetzt endlich war ich froh, das Licht kennenzulernen, das in morschem Holz wohnt. Wo ist all Ihr Wissen geblieben? Es verdunstet vollständig, denn es hat keine Tiefe.

Ich behielt diese kleinen Chips und machte sie am nächsten Abend noch einmal nass, aber sie gaben kein Licht ab.

SAMSTAG , 25. Juli.

Beim Frühstück an diesem Samstagmorgen fragte mich der Inder, offensichtlich neugierig, was ihn am nächsten Tag erwarten würde, ob wir mitkommen sollten oder nicht, wie ich den Sonntag zu Hause verbracht habe. Ich erzählte ihm, dass ich gewöhnlich vormittags in meiner Kammer saß und las usw. und nachmittags spazieren ging. Daraufhin schüttelte er den Kopf und sagte: „Äh, das ist sehr schlimm." „Wie gibst du es aus?" Ich fragte. Er sagte, er habe nicht gearbeitet und sei zu Hause in die Kirche in Oldtown gegangen; Kurz gesagt, er tat, was ihm die Weißen beigebracht hatten. Dies führte zu einer Diskussion, in der ich mich in der Minderheit befand. Er gab an, dass er Protestant sei und fragte mich, ob ich es sei. Ich wusste zunächst nicht, was ich sagen sollte, aber ich dachte, ich könnte mit der Wahrheit antworten, dass ich es war.

Als wir im See das Geschirr spülten, kamen viele Fische, offenbar Chivin , auf uns zu, um die Fettpartikel zu erbeuten.

Das Wetter schien heute Morgen ruhiger zu sein und wir machten uns früh auf den Weg, um unsere Reise den See hinauf zu beenden, bevor der Wind aufkam. Bald nach dem Start richtete der Indianer unsere Aufmerksamkeit auf den Northeast Carry, den wir deutlich sehen konnten, etwa dreizehn Meilen entfernt in dieser Richtung, wie auf der Karte gemessen, obwohl er viel weiter entfernt liegt. Bei diesem Transport handelt es sich um eine grobe Holzeisenbahn, die ungefähr zwei Meilen vollkommen gerade nach Norden und Süden vom See zum Penobscot verläuft, durch eine niedrige Strecke mit einer drei oder vier Ruten breiten Lichtung; aber so niedrig es auch ist, es übersteigt dort die Höhe des Landes. Diese Öffnung erschien als klarer, heller oder heller Punkt am Horizont, der am Rande des Sees ruhte und dessen Breite ein Haar in beträchtlicher Entfernung vom Auge hätte abdecken können, und der keine nennenswerte Höhe hatte. Wir hätten nicht vermutet, dass es sichtbar ist, wenn der Indianer uns nicht darauf aufmerksam gemacht hätte. Es war eine bemerkenswerte Art von Licht , nach dem man Ausschau halten musste – bei Tageslicht konnte man es durch einen Ausblick in den Wald sehen –, aber nachts war es bis zu einer Entfernung von einem gewöhnlichen Leuchtfeuer sichtbar.

Wir überquerten eine tiefe und weite Bucht, die ostwärts nördlich von Kineo verläuft, wobei wir eine Insel zu unserer Linken ließen und die Ostseite des Sees aufrechterhielten. Dieser oder jener Weg führte zu einem Tomhegan- oder *Socatarian* -Strom, den der Indianer hinaufgejagt hatte und wohin ich unbedingt gehen wollte. Der Nachname hatte jedoch einen falschen Klang, zu sehr nach Sektierer für mich, als hätte ein Missionar ihn manipuliert; aber ich wusste, dass die Inder sehr liberal waren. Ich denke, ich hätte mich zuerst für den Tomhegan entscheiden sollen .

Wir überquerten dann eine andere breite Bucht, die uns, da wir das Ufer nicht mehr besonders beobachten konnten, reichlich Zeit für Gespräche bot. Der Indianer sagte, er habe sein Geld durch die Jagd verdient, hauptsächlich hoch oben am Westarm des Penobscot und in der Nähe des Kopfes des St. John; Er war dort schon als Junge auf die Jagd gegangen und wusste alles über die Gegend. Sein Wild bestand aus Bibern , Ottern, schwarzen Katzen (oder Fischern), Zobeln, Elchen usw. Loupcervier (oder Kanadaluchse) gab es in verbrannten Gebieten noch in Hülle und Fülle. Als Nahrung im Wald verwendet er Rebhühner, Enten, getrocknetes Elchfleisch, Igel usw. Auch Seetaucher waren gut, nur „galle' em good". Er erzählte uns ausführlich, wie er als kleiner Junge unter Hunger gelitten hatte, als er auf der Jagd mit zwei erwachsenen Indianern im nördlichen Teil von Maine vom Winter heimgesucht wurde und sein Kanu wegen Eis verlassen musste.

Er zeigte in die Bucht und sagte, dass dies der Weg zu verschiedenen Seen sei, die er kenne. Nur die feierlichen, von Bären heimgesuchten Berge mit ihren großen bewaldeten Hängen waren zu sehen; wo, da der Mensch nicht ist, wir annehmen, dass es eine andere Macht gibt. In meiner Vorstellung verkörperte ich die Hänge selbst, als würden sie einem aufgrund ihrer Länge auflauern und zwingen, noch vor Einbruch der Dunkelheit wieder auf ihnen zu campen. Es schien, als würde ein unsichtbarer Vielfraß von den Bäumen fallen und am Herzen des einsamen Jägers nagen, der diese Wälder durchstreifte; und doch war ich versucht, dorthin zu gehen. Der Inder sagte, er sei schon mehrmals dort gewesen.

Ich fragte ihn, wie er sich im Wald verhalten habe. „Oh", sagte er, „ich kann es auf viele Arten gut sagen." Als ich ihn weiter bedrängte, antwortete er: „Manchmal schaue ich auf einen Hügel", und er warf einen Blick auf einen hohen Hügel oder Berg am Ostufer, „großer Unterschied zwischen Norden und Süden, sehen Sie, wo die Sonne am meisten geschienen hat." Also Bäume – die großen Äste neigen sich nach Süden. Manchmal schaue ich nach Schlössern" (Steine). Ich fragte, was er auf den Felsen sah, aber er beschrieb nichts Besonderes und antwortete vage in einem geheimnisvollen oder gedehnten Ton: „Kahle Locken am Seeufer – großer Unterschied zwischen Norden, Süden, Osten, Westen, Seite – kann sagen, worauf die Sonne scheint." „Angenommen", sagte ich, „ich würde dich in einer dunklen Nacht hundert Meilen weit hierher mitten in den Wald bringen, dich absetzen und dich zwanzigmal schnell umdrehen, könntest du dann direkt nach Oldtown steuern?" " „Oh, du ", sagte er, „habe so ziemlich das Gleiche getan." Ich werde es dir sagen. Vor einigen Jahren traf ich in Millinocket einen alten weißen Jäger; sehr guter Jäger. Er sagte, er könne überall im Wald hingehen. Er wollte an diesem Tag mit mir auf die Jagd gehen, also fangen wir an. Wir jagen den ganzen Vormittag lang einen Elch, bis wir ihn am Nachmittag töten. Dann sagte ich zu ihm: „Jetzt gehst du direkt ins Lager." Gehen Sie nicht immer wieder dort herum, wo wir waren, sondern gehen Sie geradeaus.' Er sagte: „ Das kann ich nicht, ich weiß nicht, wo ich bin." „Wo meinst du das Lager?" Ich fragte. Er wies darauf hin. Dann lache ich ihn aus. Ich übernehme die Führung und fahre direkt in die andere Richtung, kreuze mehrmals unsere Spuren und lagere geradeaus." "Wie machst du das?" fragte ich. „Oh, das kann ich dir nicht sagen ", antwortete er. „Großer Unterschied zwischen mir und dem weißen Mann."

Es schien, als seien die Informationsquellen so vielfältig, dass er niemandem eine besondere, bewusste Aufmerksamkeit schenkte und sich daher nicht ohne weiteres auf eine davon beziehen konnte, wenn er danach gefragt wurde, aber er fand seinen Weg ganz ähnlich wie ein Tier. Vielleicht ist das, was man beim Tier gemeinhin als Instinkt bezeichnet, in diesem Fall lediglich ein geschärfter und gebildeter Sinn. Wenn ein Inder in Bezug auf den Weg, den er einschlagen soll, sagt: „Ich weiß nicht", meint er oft nicht das, was ein Weißer mit diesen Worten sagen würde, denn sein indianischer Instinkt sagt ihm möglicherweise immer noch so viel wie der Der selbstbewussteste weiße Mann weiß es. Er trägt die Dinge nicht im Kopf und erinnert sich auch nicht genau an die Route wie ein Weißer, sondern verlässt sich im Moment auf sich selbst. Da er die Notwendigkeit der anderen Art von Wissen, das alles beschriftet und geordnet ist, nicht verspürt hat, hat er es sich nicht angeeignet.

Der weiße Jäger, mit dem ich auf der Bühne sprach, kannte einige der Ressourcen des Indianers. Er sagte, dass er sich am Wind orientierte oder an den Zweigen der Hemlocktannen, die auf der Südseite am größten waren; auch manchmal, wenn er wusste, dass sich in der Nähe ein See befand, indem er seine Waffe abfeuerte und darauf achtete, die Richtung und Entfernung des Echos darüber zu hören.

Der Kurs, den wir über diesen See und andere danach einschlugen, war selten direkt, sondern eine Abfolge von Kurven von Punkt zu Punkt, die beträchtlich in jede der Buchten abschweiften; Und das lag nicht nur am Wind, denn der Indianer blickte in die Mitte des Sees und sagte, es sei schwierig, dorthin zu gelangen, und es sei einfacher, in der Nähe des Ufers zu bleiben, weil er auf diese Weise in aufeinanderfolgenden Schritten darüber hinwegkam und vorbeischaute das Ufer, wie er zurechtkam.

Für ein gemeinsames Erlebnis bei der Überquerung von Seen im Kanu reicht das Folgende aus. Mit fortschreitendem Vormittag nahm der Wind zu. Die letzte Bucht, die wir durchquerten, bevor wir den verlassenen Pier am Northeast Carry erreichten, lag zwei oder drei Meilen entfernt und der Wind wehte südwestlich. Nachdem wir ein Drittel der Strecke zurückgelegt hatten, waren die Wellen stärker geworden, so dass sie gelegentlich in das Kanu hineingespült wurden, und wir sahen, dass es vor uns immer schlimmer wurde. Zuerst hätten wir vielleicht umgedreht, waren aber nicht dazu bereit . Es hätte keinen Zweck gehabt, dem Verlauf des Ufers zu folgen, denn nicht nur wäre die Entfernung viel größer gewesen, sondern die Wellen liefen dort auch noch höher, weil der Wind stärker schwenkte. Jedenfalls wäre es jetzt gefährlich gewesen, den Kurs zu ändern, denn die Wellen hätten uns einen Vorteil verschafft. Es reicht nicht aus, sie im rechten Winkel zu treffen, denn dann werden sie auf beiden Seiten umspült, aber Sie müssen sie vierteln. Also stand der Indianer im Kanu auf und nutzte seine ganze Geschicklichkeit und Kraft für ein oder zwei Meilen, während ich direkt weiterpaddelte, um ihm mehr Steuerweg zu geben. Mehr als eine Meile lang ließ er nicht zu, dass eine einzige Welle das Kanu so traf, wie sie es tun würde, sondern drehte es schnell von einer Seite auf die andere, so dass es immer auf oder in der Nähe des Wellenkamms war, wenn es brach, wo alles war seine Kraft war erschöpft und wir ließen uns einfach damit zufrieden. Schließlich sprang ich auf das Ende des Piers, gegen den die Wellen heftig schlugen, um das Kanu zu erleichtern und es an der Anlegestelle aufzufangen, die nicht sehr geschützt war; Aber gerade als ich sprang, nahmen wir zwei oder drei Gallonen Wasser auf. Ich bemerkte zu dem Inder: „Das hast du gut hinbekommen", worauf er antwortete: „Das schaffen nur sehr wenige Männer." Sehr viele Wellen; Wenn ich nach einem Ausschau halte, kommt schnell ein anderer."

Während der Indianer Zedernrinde usw. für den Transport seines Kanus holte, kochten wir das Abendessen am Ufer, an diesem Ende des Transports, inmitten des strömenden Regens.

Auf diese Weise bereitete er sein Kanu für den Transport vor. Er nahm eine Zedernschindel oder einen Zedernholzschindel, achtzehn Zoll lang und vier bis fünf Zoll breit , an einem Ende abgerundet, damit die Ecken nicht im Weg waren, und band sie mit Zedernrinde zusammen, indem er in der Mitte nahe der Kante auf jeder Seite zwei Löcher machte. an der mittleren Querstange des Kanus. Wenn das Kanu mit dem Kopf nach oben gehoben wurde, verteilte diese Schindel mit ihrem abgerundeten Ende nach oben das Gewicht auf seine Schultern und seinen Kopf, während ein Band aus Zedernrinde, das an der Querstange auf jeder Seite der Schindel befestigt war, vorbeizog um seine Brust und ein weiteres längeres, außerhalb des letzten, um seine Stirn; außerdem diente eine Hand an jeder Seitenreling dazu, das Kanu zu steuern und es am Schaukeln zu hindern. Er trug es also mit seinen Schultern, seinem Kopf, seiner Brust, seiner Stirn und beiden Händen, als ob der Oberkörper nur eine Hand hätte, um es zu umfassen und zu halten. Wenn Sie einen besseren Weg kennen, würde ich gerne davon hören. In diesem Fall lieferte eine Zeder die gesamte Ausrüstung, ebenso wie die Holzkonstruktion des Kanus. Eines der Paddel ruhte auf den Querstangen im Bug. Ich nahm das Kanu auf den Kopf und stellte fest, dass ich es problemlos tragen konnte, obwohl die Riemen nicht an meinen Schultern befestigt waren; aber ich ließ ihn es tragen, da ich nicht daran interessiert war, einen anderen Präzedenzfall zu schaffen, obwohl er sagte, wenn ich das Kanu tragen würde, würde er das gesamte restliche Gepäck mitnehmen, außer dem meines Begleiters. Diese Schindel blieb während der gesamten Reise an der Querlatte festgebunden, war immer für den Transport bereit und diente auch dazu, den Rücken eines Passagiers zu schützen.

Wir mussten diesen Transport zweimal durchführen, unsere Ladung war so groß. Aber die Pflanzen waren eine angenehme Sorte, und als wir mit leeren Händen zurückkamen, nutzten wir die Gelegenheit, die seltenen Pflanzen zu sammeln, die wir gesehen hatten.

Wir erreichten den Penobscot gegen vier Uhr und fanden dort einige St. Francis-Indianer, die am Ufer lagerten, an derselben Stelle, wo ich vor vier Jahren mit vier Indianern lagerte. Sie bauten ein Kanu und trockneten wie damals Elchfleisch. Das Fleisch schien zumindest für die Zubereitung einer *schwarzen Brühe* sehr geeignet zu sein . Unser Inder sagte, es sei nicht gut. Ihr Lager war mit Fichtenrinde bedeckt. Sie hatten einen jungen Elch erwischt, den sie vor vierzehn Tagen im Fluss gefangen hatten und der in einer Art Käfig aus aufgeschichteten Baumstämmen von sieben bis acht Fuß Höhe eingesperrt war. Es war ziemlich zahm, etwa einen Meter hoch und voller Elchfliegen. Es gab eine große Menge Zweige der Kornelkirsche (*C. stolonifera*), des Rotahorns und auch Weiden- und Espenzweige, die auf allen Seiten zwischen den Baumstämmen durchgesteckt waren, die Enden herausragten, und auf ihren Blättern fraß es. Zuerst sah es so aus, als befände es sich eher in einer Laube als in einem Gehege.

Unser Indianer sagte, dass *er zum Nähen von Kanus Wurzeln aus Schwarzfichten* verwendete , die er aus Hochland oder Bergen bezog. Der St. Francis-Indianer hielt das für *weiß* Fichtenwurzeln könnten am besten sein. Aber ersterer sagte: „Nicht gut, brechen, ich kann sie nicht spalten ." Außerdem waren sie schwer zu bekommen, tief im Boden, aber die Schwarzen befanden sich in der Nähe der Oberfläche, auf höherem Land und waren auch härter. Er sagte, die Weißfichte sei *subekoondark* , schwarz, *skusk* . Ich sagte ihm, ich glaube, ich könnte ein Kanu bauen, aber er äußerte große Zweifel daran; Jedenfalls dachte er, dass meine Arbeit beim ersten Mal nicht „ordentlich" sein würde. Ein Indianer in Greenville hatte mir erzählt, dass die Winterrinde, also die Rinde, die vor dem Saftfluss im Mai entfernt wurde, härter und viel besser sei als die Sommerrinde.

Nachdem wir nachgeladen hatten, paddelten wir den Penobscot hinunter, der, wie der Indianer bemerkte, und sogar ich bemerkte, als ich mich daran erinnerte, wie er vorher aussah, ungewöhnlich voll war. Bald darauf sahen wir am Ufer eine prächtige gelbe Lilie (*Lilium Canadense*), *die ich pflückte.* Es war sechs Fuß hoch und hatte zwölf Blüten in zwei Wirbeln, die eine Pyramide bildeten, wie ich sie in Concord gesehen habe. Später sahen wir viele weitere dieser Art entlang dieses Baches und auch noch zahlreicher am Ostarm, und auf dem letzteren einen, von dem ich dachte, dass er dem Lilium superbum noch *näher kam* . Der Inder fragte, wie wir es nannten, und sagte, dass die „Loots" (Wurzeln) gut für Suppen geeignet seien, das heißt zum Kochen mit Fleisch, um es einzudicken und Mehl zu ersetzen. Sie bekommen sie im Herbst. Ich grub einige aus und fand ziemlich tief in der Erde eine Masse von Zwiebeln, fünf Zentimeter im Durchmesser, die ein wenig wie roher grüner Maiskolben aussahen und sogar so schmeckten.

Als wir etwa drei Meilen den Penobscot hinuntergegangen waren, sahen wir durch die Baumwipfel einen Gewitterschauer im Westen aufziehen, und wir hielten Ausschau nach einem Campingplatz in guter Jahreszeit, gegen fünf Uhr, auf der Westseite , nicht weit unterhalb der Mündung dessen, was Joe Aitteon 1953 Lobster Stream nannte und vom Lobster Pond kommt. Unser jetziger Indianer ließ diesen Namen jedoch nicht zu, noch nicht einmal den von *Matahumkeag* , der auf der Karte steht, sondern nannte den See *Beskabekuk* .

Ich werde ein für alle Mal den Campingalltag in dieser Jahreszeit beschreiben. Wir sagten dem Indianer im Allgemeinen, dass wir an der ersten geeigneten Stelle anhalten würden, damit er danach Ausschau halten könne. Nachdem man einen klaren, harten und flachen Strand zum Landen entdeckt hatte, der frei von Schlamm und Steinen war, die das Kanu verletzen könnten, lief man das Ufer hinauf, um zu sehen, ob zwischen den Bäumen ausreichend offener und ebener Raum für das Lager vorhanden war. oder wenn es leicht zu räumen ist und gleichzeitig wegen der Insekten ein kühler Ort bevorzugt wird. Manchmal paddelten wir eine Meile oder länger, bevor wir eines fanden, das uns in den Sinn kam, denn wo das Ufer geeignet war, war das Ufer oft zu steil oder zu niedrig und zu grasig und daher mückenreich . Dann holten wir das Gepäck heraus, zogen das Kanu hoch und drehten es manchmal aus Sicherheitsgründen am Ufer um. Der Indianer bahnte sich einen Weg zu der von uns gewählten Stelle, die normalerweise nur zwei oder drei Ruten vom Wasser entfernt war, und wir trugen unser Gepäck hinauf. Man nimmt vielleicht Kanu-Birkenrinde, die immer zur Hand ist, und totes, trockenes Holz oder Rinde und entzündet ein Feuer fünf oder sechs Fuß vor der Stelle, an der wir liegen wollen. Im Allgemeinen spielt es keine Rolle, auf welcher Seite dieser liegt, denn in einem so dichten Wald weht zu dieser Jahreszeit wenig oder gar kein Wind; und dann holt er einen Kessel mit Wasser aus dem Fluss und holt aus den verschiedenen Paketen Schweinefleisch, Brot, Kaffee usw. heraus.

Ein anderer schneidet unterdessen mit der Axt den nächstgelegenen toten Steinahorn oder anderes trockenes Hartholz ab und sammelt mehrere große Scheite für die Nacht ein, darunter auch einen grünen Pflock mit einer Kerbe oder Gabel, der schräg über das Feuer gesteckt wird , vielleicht auf einem Stein oder einem gegabelten Pfahl ruhend, um den Kessel daran aufzuhängen, und zwei gegabelte Pfähle und eine Stange für das Zelt.

gewöhnlichen Unterholz, um es zu befestigen, und sammelt dann ein oder zwei Arme voll Tannenzweige, [8] Lebensbäume , Fichte oder Hemlocktanne, je nachdem, was gerade zur Hand ist, und macht das Beet, indem man an beiden Enden beginnt und die Zweige mit der falschen Seite nach oben in regelmäßigen Reihen legt und die Stumpfenden der letzten Reihe bedeckt; Zunächst jedoch die Hohlräume, sofern vorhanden, mit gröberem Material auffüllen. Wrangel sagt, dass seine Führer in Sibirien zuerst eine Menge trockenes Reisig auf den Boden streuten und dann Zedernzweige darauf.

Üblicherweise kocht das Wasser, wenn das Bett gemacht ist, oder innerhalb von fünfzehn bis zwanzig Minuten, das Schweinefleisch ist gebraten und das Abendessen ist fertig. Wir essen es auf dem Boden sitzend oder auf einem Baumstumpf, wenn es einen gibt, um ein großes Stück Birkenrinde als Tisch herum, wobei jeder häufig einen Schöpflöffel in der einen Hand und ein Stück Schiffsbrot oder gebratenes Schweinefleisch in der anderen Hand hält Mit der Hand einen Pass machen oder den Kopf in den Rauch stecken, um den Mücken auszuweichen.

Als nächstes zünden diejenigen, die rauchen, Pfeifen an, und diejenigen, die sie haben, legen Schleier an, und wir untersuchen und trocknen hastig unsere Pflanzen, salben unsere Gesichter und Hände und gehen zu Bett – und – die Mücken.

Auch wenn Ihnen nichts anderes übrig bleibt, als das Land zu besichtigen, bleibt Ihnen kaum Zeit, kaum genug, um eine Pflanze zu untersuchen, bevor die Nacht einbricht oder Sie schläfrig werden.

Das war normal, aber heute Abend hatten wir wegen des Regens früher gezeltet und hatten mehr Zeit.

Wir stellten fest, dass unser Lager heute Nacht an einer alten und jetzt mehr als gewöhnlich undeutlichen Versorgungsstraße lag, die am Fluss entlang verlief. Was dort eine Straße genannt wird, weist keine Spurrillen oder Spuren von Rädern auf, denn sie werden nicht benutzt; Auch nicht für Läufer, da sie nur im Winter verwendet werden, wenn der Schnee mehrere Fuß hoch ist. Es ist nur ein undeutlicher Blick durch den Wald, den ein erfahrenes Auge erkennen muss.

Wir hatten kaum unser Zelt aufgeschlagen, als der Gewitterschauer über uns hereinbrach, und wir krochen hastig darunter hindurch, zogen unsere Taschen hinter uns her und waren neugierig, wie viel Schutz unser dünnes Baumwolldach auf diesem Ausflug bieten würde. Obwohl der heftige Regen einen feinen Schauer durch das Tuch jagte, bevor es einigermaßen durchnässt und geschrumpft war, womit wir gut betaut waren, gelang es uns, ziemlich trocken zu bleiben, da nur eine Schachtel Streichhölzer weggelassen und verdorben worden war, und vor uns Wir wussten, dass der Regen vorbei war und nur die tropfenden Bäume uns gefangen hielten.

Um zu sehen, welche Fische es dort im Fluss gab, warfen wir unsere Leinen über die nassen Büsche am Ufer, aber sie wurden immer wieder vergeblich vom reißenden Strom hinuntergeschwemmt. Also verließen wir den Indianer, nahmen kurz vor Einbruch der Dunkelheit das Kanu und warfen ein paar Ruten flussabwärts, um an der Mündung eines trägen Baches auf der gegenüberliegenden Seite zu fischen. Wir schoben ihn ein oder zwei Stangen nach oben, wo zuvor vielleicht nur ein Kanu gestanden hatte. Aber obwohl es dort ein paar kleine Fische gab, hauptsächlich Chivin , wurden wir bald von den Mücken vertrieben. Während wir dort waren, hörten wir, wie der Indianer seine Waffe zweimal so schnell hintereinander abfeuerte, dass wir dachten, es müsse ein Doppellauf sein, obwohl wir später bemerkten, dass es ein Einzellauf war. Sein Ziel war es, es nach dem Regen zu säubern und zu trocknen, und dann belud er es mit Bällen, da es sich nun auf dem Boden befand, wo er erwartete, auf Großwild zu treffen. Dieses plötzliche, laute, krachende Geräusch in den stillen Schneisen des Waldes wirkte auf mich wie eine Beleidigung der Natur oder zumindest einer Bösartigkeit, als würde man in einer Halle oder einem Tempel eine Waffe abfeuern. Von weitem war es jedoch nicht zu hören, außer entlang des Flusses, da das Geräusch schnell verstummte oder von den feuchten Bäumen und dem moosigen Boden absorbiert wurde.

Der Indianer machte ein kleines, ersticktes Feuer aus feuchten Blättern dicht hinter dem Lager, damit der Rauch durchdringen und die Mücken fernhalten konnte; aber kurz bevor wir einschliefen, brannte es plötzlich auf und hätte beinahe das Zelt in Brand gesteckt. Wir wurden in diesem Camp erheblich von Mücken belästigt.

SONNTAG , 26. Juli.

Der Ton des Weißkehlsperlings, ein sehr inspirierender, aber fast drahtiger Ton, war am Morgen als erster zu hören, und mit diesem Klang erklang der ganze Wald. Dies war der vorherrschende Vogel im nördlichen Teil von Maine. Der Wald war zu dieser Jahreszeit im Allgemeinen voller ihnen, und sie waren verhältnismäßig zahlreich und musikalisch über Bangor. Sie brüten offensichtlich in diesem Staat. Obwohl normalerweise unsichtbar, war ihr einfaches „ *Ah, te-te-te , te-te-te , te-te-te* ", so scharf und durchdringend, für das Ohr so deutlich zu hören, als würde der Funke eines Feuers in die dunkelste Welt schießen Der Wald wäre ein Augenschmaus. Ich dachte, dass sie es normalerweise im Flug aussprachen. Ich höre diesen Ton nur ein paar Tage lang im Frühjahr, wenn sie durch Concord fahren, und im Herbst sehe ich sie wieder nach Süden ziehen, aber dann sind sie stumm. Wir waren oft sehr früh durch ihre lebhafte Spannung erregt. Was für eine herrliche Zeit müssen sie in dieser Wildnis erleben, weit weg von der Menschheit und dem Wahltag!

Chesuncook fahren würden , etwa fünfzehn Meilen. Es war endlich ruhiges Wetter. Ein paar Schwalben huschten über das Wasser, wir hörten Maryland-Gelbkehlchen am Ufer entlang, die Phebe- Noten der Meisen, und ich glaube, Gartenrotschwänze und große Elchfliegen verfolgten uns mitten im Fluss.

Der Inder meinte, wir sollten am Sonntag dableiben. Er sagte: „Wir kommen hierher und schauen uns die Dinge an, schauen uns um; Aber kommen Sie am Sonntag, schließen Sie das alles ab und schauen Sie dann am Montag noch einmal nach. Er erzählte von einem Indianer aus seinem Bekanntenkreis, der mit einigen Geistlichen in Ktaadn gewesen war und ihm erzählt hatte, wie sie sich verhalten hatten. Dies beschrieb er mit leiser und feierlicher Stimme. „Sie sprechen jeden Morgen und Abend und zu jeder Mahlzeit ein langes Gebet. Kommenden Sonntag", sagte er, „halten sie sie auf, an diesem Tag überhaupt nicht, – bleiben Sie still, – predigen Sie den ganzen Tag – erst das eine, dann das andere, genau wie in der Kirche." Oh, sehr gute Männer." „Eines Tages", sagte er, „sind sie, als sie einen Fluss entlanggingen, im Wasser auf die Leiche eines Mannes gestoßen, ertranken lange Zeit und waren bereit, in Stücke zu fallen." Sie gehen direkt an Land, bleiben dort stehen und gehen an diesem Tag nicht weiter. Dort treffen sie sich, predigen und beten genau wie am Sonntag. Dann nehmen sie Stangen und heben den Körper hoch, dann gehen sie zurück und tragen den Körper mit sich. Oh, das sind wirklich gute Männer."

Aus diesem Bericht schloss ich, dass jedes ihrer Lager eine Lagerversammlung war und sie sich auf dem Weg geirrt hatten – sie hätten nach Eastham gehen sollen; dass sie lieber eine Gelegenheit hätten, irgendwo zu predigen, als Ktaadn zu sehen . Ich habe von einer anderen ähnlichen Gruppe gelesen, die ihre Zeit dort offenbar damit verbracht hat, die Lieder Zions zu singen. Ich war froh, dass ich nicht mit so langsamen Bussen auf diesen Berg gefahren bin.

Der Indianer fügte jedoch hinzu, während er die ganze Zeit das Paddel bediente, dass, wenn wir mitgehen wollten, er mit uns gehen müsse, er sei unser Mann, und er gehe davon aus, dass es keinen Schaden anrichte, wenn er für das, was er am Sonntag tue , kein Takum bezahle . aber wenn er bezahlt wird , dann ist das falsch. Ich sagte ihm, dass er strenger sei als weiße Männer. Dennoch bemerkte ich, dass er endlich nicht vergaß, auch an den Sonntagen zu rechnen.

Er schien ein sehr religiöser Mann zu sein und sprach seine Gebete mit lauter Stimme auf Indisch, indem er morgens und abends vor dem Lager kniete. Manchmal kletterte er hastig wieder hoch, wenn er das vergessen hatte, und sprach sie mit großer Geschwindigkeit. Im Laufe des Tages bemerkte er, nicht sehr originell: „Der arme Mann erinnert sich mehr an Gott als der Reiche."

Bald kamen wir an der Insel vorbei, auf der ich vor vier Jahren gecampt hatte, und ich erkannte genau die Stelle wieder. Das tote Wasser , ein oder zwei Meilen unterhalb davon, wird von den Indianern *Beskabekukskishtuk genannt* , aus dem See *Beskabekuk* , der oberhalb mündet. Dieses tote Wasser , sagte er, sei „immer ein großartiger Ort für Elche" gewesen. Wir sahen, wie sich das Gras beugte, wo in der Nacht zuvor ein Elch herausgekommen war, und der Indianer sagte, er könne einen riechen, so weit er ihn sehen könne; aber er fügte hinzu, dass er sie nicht erschießen sollte, wenn er heute fünf oder sechs in der Nähe des Kanus sehen sollte . Da er der einzige in der Gruppe war , der eine Waffe hatte oder auf die Jagd gekommen war, waren die Elche dementsprechend in Sicherheit.

Direkt darunter flog eine Katzeneule schwerfällig über den Bach, und als sie fragte, ob ich wüsste, was das sei, ahmte sie sehr gut das gemeine „ *Ho , hoo , hoo , hooer , hoo* "unserer Wälder nach; einen harten, kehligen Laut von sich geben: „Ugh, ugh, ugh, – ugh, ugh." Als wir am Moose -Horn vorbeikamen , sagte er, dass es keinen Namen habe. Was Joe Aitteon Ragmuff genannt hatte , nannte er *Paytaytequick* und sagte, es bedeute Burnt Ground Stream. Wir hielten dort an, wo ich zuvor angehalten hatte, und ich badete in diesem Nebenfluss. Es war flach, aber kalt, offenbar zu kalt für den Indianer, der dastand und zuschaute. Als wir uns wieder abschoben, segelte ein Seeadler über unseren Köpfen hinweg. Ein Gebiet einige Meilen oberhalb von Pine Stream, wo es mehrere Inseln gab, hieß der Indianer *Nonglangyis* Totes Wasser . Pine Stream nannte er Black River und sagte, sein indianischer Name sei *Karsaootuk* . Auf diese Weise könnte er zum Caribou Lake fahren.

Wir trugen einen Teil des Gepäcks über die Pine Stream Falls, während der Indianer im Kanu unterging. Ein Kaufmann aus Bangor hatte uns erzählt, dass zwei seiner Angestellten vor einiger Zeit ertrunken seien, als sie diese Wasserfälle in einem Batteau passierten, und ein dritter sich die ganze Nacht an einem Felsen festgehalten und am Morgen abgeholt worden sei. An diesem Küstenabschnitt und an den angrenzenden Ufern gab es prächtige, große Orchideen mit violetten Fransen. Ich habe die größte Kanupirke, die ich auf dieser Reise gesehen habe, gegen Ende des Tragewegs gemessen. Es hatte einen Umfang von 14½ Fuß in einer Höhe von zwei Fuß über dem Boden, war aber in einer Höhe von fünf Fuß in drei Teile geteilt. Die dortigen Kanupirken waren gewöhnlich durch auffallende dunkle spiralförmige Grate mit einer Rille dazwischen gekennzeichnet, so dass ich zuerst dachte, sie seien vom Blitz getroffen worden, aber wie der Indianer sagte, war dies offensichtlich auf die Maserung des Baumes zurückzuführen. Er schnitt einen kleinen, holzigen Knubbel, so groß wie eine Haselnuss, aus dem Stamm einer Tanne, offenbar ein altes, mit Holz gefülltes Balsambläschen, von dem er sagte, es sei eine gute Medizin.

Nachdem wir eingeschifft waren und eine halbe Meile zurückgelegt hatten, fiel meinem Begleiter ein, dass er sein Messer zurückgelassen hatte, und wir paddelten zurück, um es zu holen, gegen die starke und schnelle Strömung. Dadurch lernten wir den Unterschied zwischen flussaufwärts und flussabwärts, denn während wir uns eine Viertelmeile zurückarbeiteten, hätten wir mindestens anderthalb Meilen hinuntergehen sollen. Also landeten wir, und während er und der Indianer auf dem Rückweg waren, beobachtete ich die Bewegungen des Schaums, einer Art weißer Wasservögel in der Nähe des Ufers, vierzig oder fünfzig Ruten tiefer. Es tauchte abwechselnd hinter dem Felsen auf und verschwand, von einem Wirbel herumgetragen. Sogar dieser Anschein von Leben war an diesem einsamen Fluss interessant.

Unmittelbar unterhalb dieser Wasserfälle befand sich der Chesuncook Totwasser , verursacht durch das Zurückfließen des Sees. Während wir langsam darüber paddelten, erzählte uns der Indianer eine Geschichte über seine Jagd dort und etwas Interessanteres über sich selbst. Es schien, dass er seinen Stamm in Augusta und einmal auch in Washington vertreten hatte, wo er einige westliche Häuptlinge getroffen hatte. Er war in Augusta konsultiert worden und gab Ratschläge, die seiner Meinung nach befolgt wurden, und zwar hinsichtlich der Ostgrenze von Maine, die durch Hochland und Bäche bestimmt wurde, zum Zeitpunkt der Schwierigkeiten auf dieser Seite. Er war bei den Vermessern an der Strecke beschäftigt. Zur Zeit seiner Rede in Bunker Hill hatte er auch Daniel Webster in Boston besucht.

Ich war überrascht, ihn sagen zu hören, dass er gerne nach Boston, New York, Philadelphia usw. usw. ging; dass er gerne dort leben würde. Aber als er dann ein wenig nachgab, als er darüber nachdachte, was für eine schlechte Figur er dort machen würde, fügte er hinzu: „Ich schätze, ich lebe in New York, ich bin wohl der ärmste Jäger.“ Er verstand sowohl seine Überlegenheit als auch seine Unterlegenheit gegenüber den Weißen sehr gut. Er kritisierte die Menschen in den Vereinigten Staaten im Vergleich zu anderen Nationen, aber die einzige eindeutige Idee, mit der er arbeitete, war, dass sie „sehr stark“ seien, aber, wie manche Menschen, „zu schnell“. Er muss das Verdienst haben, dies kurz vor dem allgemeinen Zusammenbruch von Eisenbahnen und Banken gesagt zu haben. Er hatte eine großartige Vorstellung von Bildung und brach gelegentlich in Ausdrücke wie diesen aus: „ Kademy – a-cad-e-meine – gute Sache – ich nehme an, sie nehmen dort den Fünften Leser an ... Du warst auf dem College?“

Von diesem Totwasser aus waren die Umrisse der Berge rund um Ktaadn sichtbar. Der Gipfel des Ktaadn war von einer Wolke verdeckt, aber die Souneunk- Berge waren näher und deutlich sichtbar. Wir steuerten über das nordwestliche Ende des Sees, von wo aus wir südsüdöstlich über die gesamte Länge bis zum Joe Merry Mountain blickten, der über seinem äußersten Ende zu sehen war. Es ist eine angenehme Abwechslung, einen See zu überqueren, nachdem man im Wald eingesperrt war, nicht nur wegen der größeren Wasserfläche, sondern auch wegen des größeren Himmels. Es ist eine der Überraschungen, die die Natur für den Reisenden im Wald bereithält. In diesem Fall über achtzehn Meilen Wasser hinunterzublicken, war befreiend und sogar zivilisierend. Zweifellos würden die kurze Distanz, die man im Wald sehen kann, und die allgemeine Dämmerung sich schließlich auf die Bewohner auswirken und sie zu Rettungen machen. Die Seen offenbaren auch die Berge und geben unserem Denken viel Spielraum und Reichweite. Schon die Möwen, die wir wie weiße Flecken auf den Felsen sitzen oder umherkreisen sahen, erinnerten mich an Zollbeamte. An diesem Ende des Sees standen bereits ein halbes Dutzend Blockhütten, obwohl sie so weit von einer Straße entfernt waren. Ich nehme wahr, dass sich in diesen Wäldern die frühesten Siedlungen aus verschiedenen Gründen um die Seen gruppieren, aber teilweise, glaube ich, auch wegen der Nachbarschaft als ältesten Lichtungen. Es sind bereits etablierte Waldschulen – große Lichtzentren . Wasser ist ein Pionier, dem der Siedler folgt und dessen Verbesserungen er nutzt.

Bisher war nur ich vorher dort gewesen. Gegen Mittag wandten wir uns nach Norden, eine breite Art Mündung hinauf, und fanden an seiner nordöstlichen Ecke den Caucomgomoc -Fluss, und nachdem wir etwa eine Meile vom See entfernt waren, erreichten wir den Umbazookskus , der rechts an einer Stelle mündet, wo der frühere Fluss mündete , von Westen kommend, biegt kurz nach Süden ab. Unser Kurs verlief den Umbazookskus hinauf, aber da der Indianer etwa eine halbe Meile weiter oben am Caucomgomoc einen guten Campingplatz kannte, das heißt einen kühlen Ort, an dem es nur wenige Mücken gab , gingen wir dorthin. Der letztere Fluss ist, der Karte nach zu urteilen, der längere und wichtigste Fluss, und daher muss sein Name unterhalb der Kreuzung vorherrschen. So schnell haben wir den zivilisierten Himmel von Chesuncook gegen den dunklen Wald von Caucomgomoc ausgetauscht . Als ich den Campingplatz des Indianers auf der Südseite erreichte, wo das Ufer etwa drei Meter hoch war, las ich auf dem mit einer Axt angezündeten Stamm einer Tanne eine von ihm hinterlassene Kohleinschrift. Darüber hing die Zeichnung eines Bären, der ein Kanu paddelte. Er sagte, es sei das Schild, das seine Familie schon immer verwendet habe. Obwohl die Zeichnung unhöflich war, konnte sie nicht mit etwas anderem als einem Bären verwechselt werden, und er bezweifelte, dass ich in der Lage wäre, sie zu kopieren. Die Inschrift lautete *wörtlich und literatim* . Ich füge das Englisch seines Inders ein, wie er es mir gegeben hat.

[Die Figur eines Bären in einem Boot.]
26. Juli 1853

niasoseb

Wir allein   Joseph

Polis   *elioi*

Polis   Start

sia   *olta*

für   Alte Stadt

onke   *ni*

Rechts   weg

quambi

---

15. Juli
1855
Niasoseb

Er fügte jetzt unten hinzu:

1857
26. JuliJo. Polis

Dies war eines seiner Häuser. Ich sah, wo er manchmal seine Elchfelle auf der gegenüberliegenden oder sonnigen Nordseite des Flusses ausgebreitet hatte, wo es eine schmale Wiese gab.

Nachdem wir einen Platz für unser Lager ausgewählt und unser Feuer fast genau an der Stelle angezündet hatten, an der der Indianer hier sein letztes Lager lagerte, bemerkte er, als er aufblickte: „Diese Baumgefahr." Es handelte sich um einen toten Teil einer großen Kanupirke mit einem Durchmesser von mehr als einem Fuß, der sich am Boden verzweigte. Dieser über zehn Meter hohe Ast ragte direkt über die Stelle, die wir für unser Bett ausgewählt hatten. Ich sagte ihm, er solle es mit seiner Axt versuchen; aber er konnte es nicht merklich abschütteln und schien daher geneigt zu sein, es zu ignorieren, und mein Begleiter brachte seine Bereitschaft zum Ausdruck, das Risiko einzugehen. Aber es schien mir, dass wir töricht wären, darunter zu liegen, denn obwohl der untere Teil fest war, könnte der obere Teil, soweit wir wussten, kurz davor stehen, zu fallen, und wir würden uns auf jeden Fall sehr unwohl fühlen, wenn der Wind weht entstand in der Nacht. Es kommt häufig vor, dass Männer, die im Wald campen, von einem umstürzenden Baum getötet werden. Daher wurde das Lager auf die andere Seite des Feuers verlegt.

Es war wie immer ein feuchter und struppiger Wald, dieser Caucomgomoc-Wald, und das Beste, was Sie darüber wussten, war, dass er sich auf dieser Seite bis zu den Siedlungen und auf dieser bis zu noch weniger besuchten Regionen erstreckte. Du hattest immer so viel Topographie im Kopf und manchmal schien es einen erheblichen Unterschied zu machen, ob du näher an den Siedlungen saß oder lagst oder weiter entfernt als deine Kameraden – du warst der Hinter- oder Grenzmann des Lagers. Aber es gibt in Wirklichkeit den gleichen Unterschied zwischen unseren Positionen, wo auch immer wir campen, und einige liegen auf Federbetten in den Städten näher an der Grenze als andere auf Tannenzweigen in den Hinterwäldern.

Der Indianer sagte, dass der Umbazookskus , ein toter Bach mit weiten Wiesen, ein guter Ort für Elche sei, und er kam häufig zum Jagen hierher, da er allein drei Wochen oder länger von Oldtown entfernt war. Manchmal ging er auch zu den Seboois -Seen auf die Jagd , betrat die Bühne mit seiner Waffe und Munition, Axt und Decken, hartem Brot und Schweinefleisch, vielleicht hundert Meilen weit, und sprang an der wildesten Stelle ab auf der Straße, wo er sofort zu Hause war und jede Rute für ihn eine Taverne war. Dann, nach einer kurzen Reise durch den Wald, baute er an einem Tag ein Kanu aus Fichtenrinde, steckte nur wenige Rippen hinein, damit es leicht war, und nachdem er damit auf den Seen gejagt hatte, kehrte er damit zurück seine Pelze auf dem gleichen Weg, den er gekommen war. Es handelt sich also um einen Indianer, der sich geschickt die Vorteile der Zivilisation zunutze macht, ohne etwas von seinem Holzhandwerk einzubüßen, sich aber als erfolgreicherer Jäger erweist.

Dieser Mann war sehr klug und lernte schnell alles auf seinem Gebiet. Unser Zelt war für ihn etwas Neues; Aber als er es einmal aufstellen sah, war es überraschend, wie schnell er die Stange und die gegabelten Pfähle zum Aufstellen gefunden und vorbereitet hatte, indem er sie gleich beim ersten Mal richtig zuschnitt und platzierte, obwohl ich mir sicher bin, dass die Mehrheit der weißen Männer dies getan hätte mehrfach gepatzt.

Dieser Fluss kam vom Caucomgomoc -See, etwa zehn Meilen weiter oben. Obwohl es hier träge war, gab es nicht weit über uns Wasserfälle, und wir sahen, wie der Schaum von Zeit zu Zeit vorbeizog. Der Indianer sagte, *Caucomgomoc* bedeute Big-Gull Lake (*d . h.* Silbermöwe, nehme ich an), und gomoc bedeute See. Daher war dies *Caucomgomocook* oder der Fluss aus diesem See. Dies war der Penobscot *Caucomgomoctook* ; Nicht weit nördlich gab es ein weiteres in St. John. Die Eier dieser Möwe, manchmal zwanzig zusammen, so groß wie Hühnereier, findet er beispielsweise auf Felsvorsprüngen am Westufer des Millinocket River und verspeist sie.

Jetzt dachte ich, ich würde beobachten, wie er seinen Sonntag verbrachte. Während ich und mein Begleiter die Bäume und den Fluss betrachteten, schlief er ein. Tatsächlich nutzte er jede Gelegenheit, ein Nickerchen zu machen, egal an welchem Tag.

Als ich durch die Wälder dieses Lagers streifte, bemerkte ich, dass sie hauptsächlich aus Tannen, Schwarzfichten und etwas Weiß-, Rot-Ahorn, Kanu-Birke und entlang des Flusses aus der Grau-Erle (Alnus incana) bestanden . Ich benenne sie in der Reihenfolge ihrer Häufigkeit. Der *Viburnum nudum* war ein weit verbreiteter Strauch, und von den kleineren Pflanzen gab es den Zwerg-Kornkraut, das große rundblättrige Knabenkraut, das reichlich und in voller Blüte stand (eine grünlich-weiße Blume, die in kleinen Gemeinschaften wächst), und Uvularia grandiflora, deren Stiel wie eine *Gurke* schmeckte , *Pyrola secunda* , anscheinend die häufigste Pyrola in diesen Wäldern, jetzt nicht mehr blühend, *Pyrola elliptica* und *Chiogenes Hispidula* . Die *Clintonia Borealis* mit ihren reifen Beeren kam sehr häufig vor und fühlte sich dort perfekt wohl. Seine Blätter, die üblicherweise in Dreiecken um seinen Stängel herum angeordnet waren, waren ebenso schön geformt und grün und seine Beeren so blau und glänzend, als ob er auf dem Lieblingspfad eines Botanikers wuchs.

Ich konnte die Umrisse großer Birken, die vor langer Zeit umgefallen waren, zusammengebrochen und verfault waren und sich in Erde verwandelt hatten, anhand schwacher gelblich-grüner Linien aus federartigem Moos nachzeichnen, achtzehn Zoll breit und zwanzig bis dreißig Fuß lang, gekreuzt von anderen ähnlichen Linien.

Ich hörte einen Nachtsänger, eine Walddrossel, einen Eisvogel, einen Pinzettenvogel oder einen Buntsänger und einen Nachtschwärmer. Ich habe auch rote Eichhörnchen gehört und gesehen und einen Ochsenfrosch gehört. Der Indianer sagte, er habe eine Schlange gehört.

So wild es auch war, es fiel mir schwer, die Assoziationen mit den Siedlungen loszuwerden. Jedes gleichmäßige und monotone Geräusch, dem ich nicht deutlich Beachtung schenkte, galt als Geräusch menschlichen Fleißes. Die Wasserfälle, die ich hörte, waren meiner Vorstellung nach nicht ohne Dämme und Mühlen; und mehrere Male stellte ich fest, dass ich das stetige Rauschen des Windes über den Wäldern jenseits der Flüsse als das eines Wagenzuges betrachtet hatte – der Wagen in Quebec. Wenn unser Geist sich selbst überlassen bleibt, ist er stets damit beschäftigt, Schlussfolgerungen aus falschen Prämissen zu ziehen.

Ich bat den Indianer, uns eine Zuckerdose aus Birkenrinde zu machen, was er tat, indem er das große Messer benutzte, das in einer Scheide an seinem Gürtel baumelte; aber die Rinde brach an den Ecken, als er sie aufrichtete, und er sagte, sie sei nicht gut; dass es in dieser Hinsicht einen großen Unterschied zwischen der Rinde einer Kanupirke und der einer anderen gab, *d . h . e .* , einer brach leichter als der andere. Ich habe einige dünne und zarte

Blätter dieser Rinde, die er spaltete und schnitt, in meinem Blumenbuch verwendet; Ich dachte, es wäre gut, die getrockneten Exemplare vom Grün zu trennen.

Mein Begleiter, der zwischen der schwarzen und der weißen Fichte unterscheiden wollte , bat Polis, ihm einen Zweig der letzteren zu zeigen, was er sofort tat, zusammen mit dem schwarzen; tatsächlich konnte er sie so weit unterscheiden, wie er sie sehen konnte; Da aber die beiden Zweige sehr ähnlich aussahen, bat mein Begleiter den Indianer, ihn auf den Unterschied hinzuweisen; Daraufhin nahm dieser die Zweige und bemerkte sofort, während er mit der Hand nacheinander streichend über sie fuhr, dass das Weiße rau sei (*d. h.* die Nadeln standen fast senkrecht), das Schwarze jedoch glatt (d. *h* . *d. h.* als ob er gebeugt oder nach unten gekämmt wäre). Dies war ein offensichtlicher Unterschied, sowohl beim Sehen als auch beim Fühlen. Wenn ich mich recht erinnere, würde dies jedoch nicht dazu dienen, die Weißfichte von der hellen Variante der Schwarzfichte zu unterscheiden.

Ich bat ihn, mir dabei zuzusehen, wie er Schwarzfichtenwurzeln holte und Garn daraus machte. Daraufhin begann er, ohne zu den Bäumen über ihm aufzublicken, im Boden zu wühlen, erkannte sofort die Wurzeln der Schwarzfichte, schnitt eine schlanke, drei bis vier Fuß lange und so große wie ein Pfeifenstiel ab und spaltete sie Ende mit seinem Messer, und indem er eine Hälfte zwischen Daumen und Zeigefinger jeder Hand nahm, teilte er schnell seine gesamte Länge in zwei gleiche halbzylindrische Hälften; Dann gab er mir eine weitere Wurzel und sagte: „Versuch es." Aber in meinen Händen lief es sofort von der Seite ab und ich bekam nur ein sehr kurzes Stück ab. Kurz gesagt, obwohl es sehr einfach aussah, fand ich, dass es eine große Kunst war, diese Wurzeln zu spalten. Der Spagat wird gekonnt dadurch ausgeglichen, dass man sich mit dieser oder jener Hand kurz beugt und so in der Mitte gehalten wird. Dann entfernte er die Rinde von jeder Hälfte, drückte mit beiden Händen ein kurzes Stück Zedernrinde gegen die konvexe Seite und zog die Wurzel mit seinen Zähnen nach oben. Die Zähne eines Indianers sind stark, und ich bemerkte, dass er seine oft dort benutzte, wo wir eine Hand hätten benutzen sollen. Sie beliefen sich auf eine dritte Hand. So erhielt er im Handumdrehen eine sehr saubere, robuste und flexible Schnur, die er zu einem Knoten zusammenbinden oder sogar zu einer Angelschnur verarbeiten konnte. Man sagt, dass in Norwegen und Schweden die Wurzeln der Gemeinen Fichte (*Abies excelsa*) in gleicher Weise für den gleichen Zweck genutzt werden. Er sagte, dass man einen halben Dollar für Fichtenwurzeln zahlen müsste, die für ein so präpariertes Kanu ausreichen würden. Er hatte das Nähen seines eigenen Kanus in Auftrag gegeben, den Rest fertigte er jedoch selbst an. Die Wurzel in seinem Kanu hatte eine blasse Schieferfarbe, wahrscheinlich durch Witterungseinflüsse oder vielleicht dadurch, dass sie zuerst in Wasser gekocht wurde.

Er hatte am Tag zuvor festgestellt, dass sein Kanu ein wenig leckte, und sagte, dass dies darauf zurückzuführen sei, dass er heftig hineingetreten sei, wodurch das Wasser unter den Rand der horizontalen Nähte an der Seite gedrückt worden sei. Ich fragte ihn, woher er das Pech zum Ausbessern nehmen könne, denn üblicherweise wird hartes Pech verwendet, das man von den Weißen in Oldtown erhält. Er sagte, er könne etwas sehr Ähnliches und ebenso Gutes herstellen, nicht aus Fichtengummi oder ähnlichem, sondern aus dem Material, das wir bei uns hatten; und er wollte, dass ich errate, was. Aber ich konnte es nicht, und er wollte es mir nicht sagen, obwohl er mir eine Kugel davon zeigte, wenn sie gemacht war, so groß wie eine Erbse und wie schwarzes Pech, und sagte schließlich, dass es einige Dinge gäbe, die ein Mann nicht erzählen würde sogar seine Frau. Möglicherweise war es seine eigene Entdeckung. Bei Arnolds Expedition verwendeten die Pioniere für ihr Kanu „das Terpentin der Kiefer und die Abfälle des Schweinesacks".

Da ich neugierig war, welche Art von Fischen es in diesem dunklen, tiefen und trägen Fluss gab, warf ich kurz vor der Nacht meine Leine aus und fing mehrere kleine, etwas gelbliche, saugnapfartige Fische, die der Indianer sofort mit der Begründung zurückwies, dass dies der Fall sei *Michigan*- Fisch (*d. h. weicher* und *stinkender* Fisch) und zu nichts taugen. Außerdem rührte er keinen Schmollmund an, den ich gefangen hatte, und sagte, dass sie weder von Indianern noch von Weißen in der Umgebung jemals gegessen wurden, was ich für einzigartig hielt, da sie in Massachusetts geschätzt werden, und er hatte mir erzählt, dass er Igel, Seetaucher usw. aß. usw. Aber er sagte, dass einige kleine silberne Fische, die ich weißes Chivin nannte und die in Größe und Form dem ersten ähnelten, die besten Fische in den Gewässern von Penobscot seien, und wenn ich sie ihm und ihm ans Ufer werfen würde würde sie für mich kochen. Nachdem er sie, nicht sehr sorgfältig, gereinigt hatte, ließ er die Köpfe dran, legte sie auf die Kohlen und grillte sie so.

Als er von einem kurzen Spaziergang zurückkam, brachte er eine Rebe in der Hand und fragte mich, ob ich wüsste, was das sei, und sagte, dass sie den besten Tee von allen im Wald herstelle. Es war die Kriechende Schneebeere (*Chiogenes hispidula*), die dort recht häufig vorkam und deren Beeren gerade erst gewachsen waren. Er nannte es *Cowosnebagosar* , was darauf hindeutet, dass es dort wächst, wo alte niederliegende Stämme zusammengebrochen und verfault sind. Deshalb beschlossen wir, heute Abend daraus Tee zu kochen. Er hatte einen leichten Kirschbeergeschmack und wir waren uns beide einig, dass er wirklich besser war als der schwarze Tee, den wir mitgebracht hatten. Wir hielten es für eine ziemliche Entdeckung und dachten, dass es durchaus getrocknet und in den Läden verkauft werden könnte. Allerdings bin ich kein alter Teetrinker und kann nicht mit Autorität zu anderen sprechen. Es wäre besonders praktisch gewesen, tagsüber ein kaltes Getränk dabei zu haben , da das Wasser dort stets warm ist. Der Inder sagte, dass sie für den Tee auch ein bestimmtes Kraut verwendeten, das in niedrigen Böden wuchs und das er dort nicht fand, und Ledum oder Labrador-Tee, den ich seitdem in Concord gefunden und probiert habe; auch Hemlockblätter, die letzten besonders im Winter, wenn die anderen Pflanzen mit Schnee bedeckt waren; und verschiedene andere Dinge; aber er war nicht mit den Arborvitæ einverstanden , die ich, wie ich sagte, in jenen Wäldern getrunken hatte. Wir hätten jeden Abend eine neue Sorte Tee trinken können.

Kurz vor Einbruch der Dunkelheit sahen wir eine *Bisamratte* (er sagte nicht: Bisamratte), die einzige, die wir auf dieser Reise sahen, auf der gegenüberliegenden Seite des Baches hinabschwammen. Der Inder, der einen zum Essen bringen wollte, brachte uns zum Schweigen und sagte: „Halt, ich rufe sie an ." und als er flach am Ufer saß, begann er mit seinen Lippen ein merkwürdiges, quiekendes, drahtiges Geräusch von sich zu geben, wobei er sich beträchtlich anstrengte. Ich war sehr überrascht – ich dachte, ich wäre endlich in der Wildnis angekommen und dass er wirklich ein wilder Mann war, mit einem Musquash zu reden! Ich wusste nicht, welches von beiden für mich am seltsamsten war. Plötzlich schien es, als hätte er die Menschlichkeit ganz aufgegeben und sei auf die Seite der Musquash übergegangen. Soweit ich sehen konnte, wandte sich der Musquash jedoch nicht ab, obwohl er vielleicht ein wenig gezögert hatte, und der Indianer sagte, er habe unser Feuer gesehen; aber es war offensichtlich, dass er die Angewohnheit hatte, den Musquash zu sich zu rufen, wie er sagte. Ein Bekannter von mir, der einen Monat später in diesen Wäldern auf Elchjagd ging, erzählte mir, dass sein Indianer auf diese Weise im Mondlicht wiederholt die Musquash in Reichweite seines Paddels angerufen und nach ihnen geschlagen habe.

Der Inder sprach an diesem Sonntagabend ein besonders langes Gebet, als wollte er sich für die Arbeit am Morgen entschuldigen.

MONTAG , 27. Juli.

Nachdem wir das Kanu schnell beladen hatten, worauf der Indianer immer sorgfältig achtete, damit es gut getrimmt war, und jeder wie üblich nachgesehen hatte, um sicherzustellen, dass nichts übrig war, machten wir uns wieder auf den Weg, den Caucomgomoc hinab und nach Nordosten aufsteigend der *Umbazookskus* . Dieser Name, sagte der Indianer, bedeute Much Meadow River. Wir fanden, dass es sich um einen sehr wiesenreichen Bach mit totem Wasser handelte, der aufgrund des Regens jetzt sehr breit war, obwohl er, wie er sagte, manchmal ziemlich schmal war. Der Raum zwischen den Wäldern, hauptsächlich kahlen Wiesen, war zwischen fünfzig und zweihundert Ruten breit und ist ein seltener Ort für Elche. Es erinnerte mich an die Concord; und was die Ähnlichkeit verstärkte, war ein altes, fast schwimmendes Musquash-Haus.

Im Wasser auf den Wiesen wuchsen Seggen, Wollgras, die Blaue Flagge in Hülle und Fülle, deren Blüte sich gerade über dem Hochwasser zeigte, als wäre sie eine blaue Seerose, und weiter oben auf den Wiesen viele Büschel von A eigenartige Schmalblättrige Weide (*Salix petiolaris*), die in unseren Flussauen häufig vorkommt. Es war hier das vorherrschende, und der Indianer sagte, dass der Musquash viel davon fraß; und hier wuchs auch die Rote Korbweide (*Cornus stolonifera*), deren große Früchte jetzt weißlich sind.

Obwohl es noch früh am Morgen war, sahen wir Nachtschwärmer über der Wiese kreisen und hörten wie immer den Pepe (*Muscicapa) . Cooperi*), einer der vorherrschenden Vögel in diesen Wäldern, und das Rotkehlchen.

Es war ungewöhnlich, dass die Wälder so weit vom Ufer entfernt waren, und es gab ein ziemliches Echo von ihnen, aber als ich schrie, um es aufzuwecken, erinnerte mich der Indianer daran, dass ich den Elch verscheuchen sollte, nach dem er Ausschau hielt für, und was wir alle sehen wollten. Das Wort für Echo war *Pockadunkquaywayle* .

Ein breiter Gürtel abgestorbener Lärchen am fernen Rand der Wiese, auf beiden Seiten vom Wald umgeben, verstärkte die übliche Wildheit der Landschaft. Der Indianer nannte diese Wacholder und sagte, dass sie durch den Rückstau getötet worden seien, der durch den Damm am Ausgang des etwa zwanzig Meilen entfernten Chesuncook -Sees verursacht worden sei. Ich habe am Rande des Wassers die *Asclepias incarnata gepflückt* , mit recht hübschen Blüten, leuchtender rot als unsere Sorte (Pulchra) . Es war die einzige Form davon, die ich dort sah.

Umbazookskus hinaufgepaddelt waren , verengte er sich plötzlich zu einem bloßen Bach, schmal und schnell, die Lärchen und anderen Bäume näherten sich dem Ufer und hinterließen keine offene Wiese, und wir landeten, um eine schwarze Fichtenstange zu holen, um uns gegen den Bach zu stoßen. Dies war die erste Gelegenheit für einen. Der Auserwählte war ziemlich schlank, etwa drei Meter lang, lediglich auf eine Spitze geschnitzelt und die Rinde abgeschabt. Der Bach war zwar schmal und schnell, aber immer noch tief und hatte einen schlammigen Grund, wie ich durch einen Tauchgang bewies. Außer den Pflanzen, die ich erwähnt habe, habe ich hier am Ufer *Salix cordata* und *rostrata* , *Ranunculus recurvatus* und *Rubus triflorus* mit reifen Früchten beobachtet.

Während wir damit beschäftigt waren, schwebten zwei Indianer in einem Kanu in Sichtweite um die Büsche herum und kamen flussabwärts. Unser Inder kannte einen von ihnen, einen alten Mann, und unterhielt sich mit ihm auf Indisch. Er gehörte zum Fuße des Moosehead. Der andere gehörte einem anderen Stamm an. Sie kamen von der Jagd zurück. Ich fragte den Jüngeren, ob sie Elche gesehen hätten, was er verneinte; Aber als ich sah, wie die Elchfelle aus einem großen Bündel aus ihren Decken in der Mitte des Kanus herausragten, fügte ich hinzu: „Nur ihre Häute." Da er ein Ausländer war, wollte er mich vielleicht täuschen, denn es verstößt gegen das Gesetz, dass Weiße und Ausländer zu dieser Jahreszeit in Maine Elche töten. Aber vielleicht hätte er sich keine Sorgen machen müssen, denn die Elchwächter sind nicht sehr wählerisch. Ich hörte ganz direkt von jemandem, der von einem Weißen, der in den Wald ging, gefragt wurde, was er sagen würde, wenn er einen Elch töten würde, und antwortete: „Wenn du mir ein Viertel davon bringst, wirst du dir wohl keine Sorgen machen." Seine Pflicht bestand, wie er sagte, nur darin, das „wahllose" Abschlachten von ihnen wegen ihrer Häute zu verhindern. Ich nehme an, dass er es als *wahlloses Gemetzel* betrachten würde, wenn kein Viertel für ihn reserviert wäre. Das sind die Vorzüge dieses Amtes.

Wir gingen weiter durch den ausgedehntesten Lärchenwald, den ich je gesehen hatte – hohe und schlanke Bäume mit fantastischen Ästen. Aber obwohl dies hier der vorherrschende Baum war, kann ich mich nicht erinnern, dass wir später einen gesehen hätten. Im ganzen Wald findet man nicht vereinzelt Bäume dieser Art, sondern eher einen kleinen Wald davon. Das Gleiche gilt für die Weiß- und Rotkiefern sowie einige andere Bäume, was dem Holzfäller sehr zugute kommt . Sie sind gesellig und wachsen in „Adern", „Klumpen", „Gruppen" oder „Gemeinschaften", wie die Entdecker sie nennen, was sie weit entfernt von der Spitze eines Hügels oder eines Baumes, den Weißkiefern, unterscheidet Sie überragen den umliegenden Wald oder bilden selbständig ausgedehnte Wälder. Am liebsten wäre ich auf eine große Kiefernsiedlung gestoßen, die noch nie von der schwerfälligen Armee überfallen worden war.

Wir sahen einige frische Elchspuren am Ufer entlang, aber der Indianer sagte, dass die Elche nicht, wie zu dieser Jahreszeit üblich, von den Fliegen aus dem Wald vertrieben würden, weil es überall viel Wasser gäbe. Der Bach war nur anderthalb bis drei Ruten breit, ziemlich gewunden, mit gelegentlichen kleinen Inseln, Wiesen und einigen sehr schnellen und flachen Stellen. Wenn wir zu einer Insel kamen, zögerte der Indianer nie, welche Seite er nehmen sollte, als ob ihm die Strömung sagen würde, welche die kürzeste und tiefste sei. Es war ein Glück für uns, dass das Wasser so hoch war. Wir mussten nur einmal auf diesem Bach laufen und dabei einen Teil der Last in zügiger und flacher Entfernung tragen, während er mit dem Kanu aufstand und nicht zum Aussteigen verpflichtet war, obwohl er sagte, dass das Wasser sehr stark sei. Ein- oder zweimal kamen wir an dem roten Wrack eines Batteaus vorbei, das im Frühjahr gelandet war.

Während ich diese Portage anfertigte, sah ich viele prächtige Exemplare der großen, drei Fuß hohen Orchideen mit violetten Fransen. Es ist bemerkenswert, dass solch zarte Blumen hier diese Wildnispfade schmücken.

Als wir wieder im Kanu saßen, spürte ich, wie der Indianer mir den Rücken abwischte, auf den er versehentlich gespuckt hatte. Er sagte, es sei ein Zeichen dafür, dass ich heiraten würde.

Der Fluss Umbazookskus wird als zehn Meilen lang bezeichnet. Nachdem wir die engste Stelle etwa drei bis vier Meilen lang gepfählt hatten, befand sich die nächste Öffnung im Himmel über dem Umbazookskus- See, den wir plötzlich gegen elf Uhr Vormittag betraten. Es erstreckt sich vier bis fünf Meilen nordwestlich, und weit dahinter sieht man das, was die Indianer den Caucomgomoc -Berg nannten. Es war eine angenehme Abwechslung.

Dieser See war weit vom Ufer entfernt sehr flach, und ich sah Steinhaufen auf dem Grund, wie die im Assabet zu Hause. Das Kanu stieß auf einen. Der Indianer glaubte, dass sie von einem Aal hergestellt wurden. Joe Aitteon glaubte 1853, dass sie von Döbeln hergestellt wurden. Wir überquerten das südöstliche Ende des Sees, um nach Mud Pond zu gelangen.

Umbazookskus Lake ist der Quell des Penobscot in dieser Richtung, und Mud Pond ist der nächstgelegene Quell des Allegash , einer der Hauptquellen des St. John. Hodge, der im Dienste des Staates diesen Weg zum St. Lawrence durchquerte, nennt die Portage hier eine Meile und drei Viertel lang und gibt an, dass Mud Pond vierzehn Fuß höher als der Umbazookskus Lake gefunden wurde . Da man davon ausgeht, dass der Westarm des Penobscot am Moosehead-Carry etwa 25 Fuß tiefer liegt als der Moosehead Lake, scheint es, dass der Penobscot im oberen Teil seines Laufs in einem breiten und flachen Tal zwischen Kennebec und St. John verläuft , und niedriger als beide, obwohl man der Karte nach urteilen könnte, dass er der höchste ist.

Mud Pond liegt etwa auf halber Strecke von Umbazookskus zum Chamberlain Lake, in den er mündet und an den wir gebunden waren. Der Inder sagte, dass dies der nasseste Transport im Staat sei, und da die Jahreszeit sehr nass sei, rechneten wir mit einem unangenehmen Spaziergang. Wie üblich machte er ein großes Bündel aus Schweinefleischfässern, Kochutensilien und anderen losen Fallen, indem er sie in seiner Decke zusammenband. Wir sollten gezwungen sein, den Übertrag zweimal zu überqueren, und unsere Methode bestand darin, einen Teil des Weges zu tragen und dann für den Rest zurückzugehen.

Unser Weg verlief dicht an der Tür einer Blockhütte auf einer Lichtung an diesem Ende des Weges vorbei, in der der Indianer, der als einziger hineinkam, feststellte, dass dort ein Kanadier und seine Familie lebten und dass der Mann seit einer Weile blind war Jahr. Es schien ihm ein besonderes Pech zu bereiten, dort erblindet zu werden, wo es für ihn so wenige Augen zu sehen gab. Er konnte nicht einmal von einem Hund aus dem Land geführt werden, sondern musste so passiv wie ein Fass Mehl die Stromschnellen hinuntergetragen werden. Dies war das erste Haus oberhalb von Chesuncook und das letzte an den Penobscot-Gewässern und wurde zweifellos hier gebaut, weil es im Winter und Frühling die Route der Holzfäller war.

Nach einem leichten Anstieg vom See aus durch den federnden Boden der kanadischen Lichtung gelangten wir auf einen ebenen und sehr nassen und felsigen Pfad durch den überall dichten immergrünen Wald, lediglich eine locker gepflasterte Rinne, auf der wir von Felsen zu Felsen und von dort sprangen hin und her, in dem vergeblichen Versuch, dem Wasser und dem Schlamm fernzuhalten. Wir kamen zu dem Schluss, dass es sich immer noch um Penobscot-Wasser handelte, obwohl es keinen Zufluss dorthin gab. Mit dieser Waffe hatte der weiße Jäger, den ich auf der Bühne traf, wie er mir erzählte, vor ein paar Monaten zwei Bären erschossen. Sie standen direkt auf dem Weg und kamen ihm nicht entgegen. Es könnte sein, dass sie dafür entschuldigt werden, dass sie nicht dort erscheinen oder nur das Recht wahrnehmen, das das Gesetz vorschreibt. Er sagte, dass zu dieser Jahreszeit Bären auf den Bergen und Hängen auf der Suche nach Beeren gefunden würden und dazu neigten, frech zu sein, damit wir ihnen am Forellenbach begegnen könnten; und er fügte hinzu, was ich kaum glauben konnte, dass viele Indianer ihretwegen in ihren Kanus schliefen und es nicht wagten, an Land zu schlafen.

Hier beginnt das, was vor zwanzig Jahren als das beste Holzland des Staates bezeichnet wurde. Genau diese Stelle wurde als „mit dem größten Kiefernreichtum bedeckt" beschrieben, aber jetzt schien es mir dort ein vergleichsweise ungewöhnlicher Baum zu sein – und doch sah man nicht, wo inmitten des dichten Zedernwuchses noch mehr hätte stehen können , Tannen usw. Es wurde dann vorgeschlagen, hier einen Kanal von See zu See zu bauen, aber der Auslass wurde schließlich weiter östlich, am Telos-See, angelegt, wie wir sehen werden.

Der Indianer mit seinem Kanu verschwand bald vor uns; aber schon bald kam er zurück und sagte uns, wir sollten einen Weg nehmen, der nach Westen abbog, da es besser sei, zu Fuß zu gehen, und auf meinen Vorschlag hin erklärte er sich bereit, an dieser Stelle einen Ast im normalen Korb zu lassen, damit wir nicht daran vorbeikamen Fehler. Danach, sagte er, sollten wir den Hauptweg beibehalten, und er fügte hinzu: „Sie sehen meine Spuren." Aber ich hatte nicht viel Vertrauen, dass wir seine Spuren erkennen konnten, da innerhalb weniger Tage andere den Träger überquert hatten.

An der richtigen Stelle bogen wir ab, wurden aber bald von zahlreichen Forstwegen verwirrt und gelangten auf den Weg, auf dem wir uns befanden, auf dem Holzfäller die von mir erwähnten Kiefern aussuchen wollten. Wir behielten jedoch den Weg bei, den wir für den Hauptweg hielten, obwohl er kurvenreich war, und auf diesem konnten wir in langen Abständen die schwache Spur eines Schrittes erkennen. Diese Straße war, obwohl verhältnismäßig ungenutzt, zunächst eine bessere oder zumindest trockenere Straße als die normale Straße, die wir verlassen hatten. Es führte durch eine Baumgarten- Wildnis vom grimmigsten Charakter. Die großen umgestürzten und verrottenden Bäume waren durchgeschnitten und zur Seite gerollt worden, und ihre riesigen Stämme stießen auf beiden Seiten auf den Weg, während andere noch zwei bis drei Fuß hoch quer darüber lagen. Es war für uns unmöglich, die Spur des Indianers im elastischen Moos zu erkennen, das wie ein dicker Teppich jeden Stein und jeden umgestürzten Baum sowie die Erde bedeckte. Dennoch habe ich hin und wieder die Spur eines Mannes entdeckt, und ich schätzte das auch ein wenig auf mich selbst ein. Ich trug meine ganze Ladung auf einmal, einen schweren Rucksack und einen großen Gummisack mit unserem Brot und einer Decke, der auf einem Paddel schaukelte; insgesamt etwa sechzig Pfund; aber mein Begleiter zog es vor, zwei kurze Etappen zu machen, während ich auf ihn wartete. Wir konnten nicht sicher sein, dass wir unsere Ladung nicht jedes Mal weiter vom wahren Weg entfernt deponierten.

Als ich dasaß und auf meinen Begleiter wartete, schien es, als wäre er schon lange weg, und ich hatte reichlich Gelegenheit, Beobachtungen im Wald zu machen. Jetzt wurde ich zum ersten Mal ernsthaft von der Kriebelmücke belästigt, einer sehr kleinen, aber perfekt geformten Fliege dieser Farbe, etwa einen Zehntel Zoll lang, die ich zuerst spürte und dann in Schwärmen um mich herum sah, während ich daneben saß eine breitere und mehr als gewöhnlich zweifelhafte Abzweigung in diesem dunklen Waldweg. Die Jäger erzählen blutige Geschichten über sie – wie sie sich, bevor man es merkt, in einem Ring um deinen Hals niederlassen und in großer Zahl mit deinem Blut ausgelöscht werden. Aber als mir einfiel, dass ich in meinem Rucksack ein Waschmittel hatte, das von einer aufmerksamen Hand in Bangor zubereitet worden war, beeilte ich mich, es auf Gesicht und Hände aufzutragen, und war froh, dass es wirksam war, solange es frisch war, also für zwanzig Minuten , nicht nur gegen Kriebelmücken, sondern gegen alle Insekten, die uns belästigt haben. Sie würden sich nicht auf dem so verteidigten Teil niederlassen. Es bestand aus süßem Öl und Terpentinöl mit etwas Krauseminzöl und Kampfer. Letztendlich kam ich jedoch zu dem Schluss, dass das Mittel schlimmer war als die Krankheit. Es war so unangenehm und unbequem, Gesicht und Hände mit einer solchen Mischung bedeckt zu haben.

Drei große schieferfarbene Vögel der Gattung Eichelhäher (*Garrulus Canadensis*), der Kanadische Eichelhäher, Elchvogel, Fleischvogel oder was auch immer, kamen lautlos und nach und nach auf mich zugeflattert und hüpften neugierig die Äste hinunter bis auf sieben oder sieben Meter acht Fuß. Sie waren ungeschickter und bei weitem nicht so hübsch wie der Blauhäher . Fischfalken aus dem See stießen ihre scharfen Pfeiftöne tief über dem Wald in meiner Nähe aus, als fürchteten sie sich um ein Nest dort.

Nachdem ich einige Zeit dort gesessen hatte, bemerkte ich an dieser Weggabelung einen verbrannten Baum und die Buchstaben „ Chamb" . L." mit roter Kreide darauf geschrieben. Ich wusste, dass damit Chamberlain Lake gemeint war. Daraus kam ich zu dem Schluss, dass wir im Großen und Ganzen auf dem richtigen Kurs waren, obwohl ich, da wir fast zwei Meilen zurückgelegt hatten und keine Anzeichen von Mud Pond sahen, den Verdacht hegte, dass wir uns möglicherweise auf einem direkten Kurs zum Chamberlain Lake befanden, wenn wir ihn ausließen Schlammpfütze. Ich stellte auf meiner Karte fest, dass dies etwa fünf Meilen nordöstlich liegen würde, und nahm dann die Peilung mit meinem Kompass vor.

Nachdem mein Begleiter mit seiner Tasche zurückgekehrt war und auch sein Gesicht und seine Hände mit dem Insektenspray geschützt hatte, machten wir uns wieder auf den Weg. Das Gehen wurde schnell schlechter und der Weg undeutlicher, und schließlich, nachdem wir ein Stück *Calla palustris* passiert hatten, das immer noch reichlich blühte, befanden wir uns in einem offeneren und regelmäßigeren Sumpf, der durch die ungewöhnliche Nässe weniger passierbar als gewöhnlich war der Saison. Bei jedem Schritt sanken wir einen Fuß tief in Wasser und Schlamm, manchmal sogar bis zu den Knien, und die Spur war fast verwischt, da sie nicht mehr war als die, die ein Musquash an ähnlichen Stellen hinterlässt, wenn er die schwimmende Segge trennt. Tatsächlich handelte es sich an manchen Stellen wahrscheinlich um einen Musquash-Pfad. Wir kamen zu dem Schluss, dass Mud Pond seinen Namen auf jeden Fall verdient, wenn es genauso schlammig ist wie der Zugang zu ihm. Es wäre amüsant gewesen, das beharrliche und bedächtige Tempo zu beobachten, mit dem wir diesen Sumpf betraten, ohne ein Wort zu wechseln, als ob wir entschlossen wären, hindurchzugehen, auch wenn es uns bis zum Hals reichen würde. Nachdem ich eine beträchtliche Strecke hineingelangt war und ein Grasbüschel gefunden hatte, auf dem wir unsere Lasten ablegen konnten, obwohl es keinen Platz zum Sitzen gab, ging mein Begleiter zurück, um den Rest seines Rucksacks zu holen. Als wir die Trennlinie zwischen Penobscot und St. John überquerten, hatte ich daran gedacht, auf diesem Weg etwas zu beobachten, aber da meine Füße die ganze Strecke kaum über dem Wasser gewesen waren und alles eben und stagnierte, begann ich an der Entdeckung zu verzweifeln Es. Ich erinnere mich, dass ich zur Zeit des nordöstlichen Grenzstreits viel über das „Hochland" gehört hatte, das die Gewässer des Penobscot von denen des St. John und des St. Lawrence trennte, und das konnte ich anhand meiner Karte beobachten Die Linie, die Großbritannien vor 1842 als Grenze beanspruchte, verlief zwischen Umbazookskus Lake und Mud Pond, so dass wir sie entweder überquert hatten oder uns damals auf ihr befanden. Nach *ihrer* Interpretation des Vertrags von 1983 handelte es sich also um das „Hochland, das die Flüsse, die in den Sankt-Lorenz-Strom münden, von denen trennt, die in den Atlantischen Ozean münden." Wirklich ein interessanter Platz zum Stehen – wenn das so wäre – obwohl man sich dort nicht hinsetzen konnte. Ich dachte, wenn die Kommissare selbst und mit ihnen der König von Holland ein paar Tage hier verbracht hätten, mit ihren Rucksäcken auf dem Rücken, auf der Suche nach diesem „Hochland", hätten sie eine interessante Zeit gehabt, und vielleicht wäre es auch so gewesen haben ihre Ansichten zu dieser Frage etwas geändert. Der König von Holland wäre in seinem Element gewesen. Das waren meine Meditationen, während mein Begleiter zurückkam, um seine Tasche zu holen.

Es war ein Zedernsumpf, durch den der eigentümliche Klang des Weißkehlsperlings laut und deutlich hallte. Dort wuchsen die Sattelblume, Labrador-Tee, *Kalmia glauca* und, was für mich neu war, die niedrige Birke (*Betula pumila*), ein kleiner Strauch mit runden Blättern, der nur zwei bis drei Fuß hoch war. Wir dachten, diesen Sumpf nach Letzterem zu benennen.

Nach langer Zeit kam mein Begleiter zurück und der Indianer mit ihm. Wir hatten den falschen Weg eingeschlagen und der Indianer hatte uns verloren. Er war sehr klugerweise zum Lager des Kanadiers zurückgekehrt und hatte ihn gefragt, welchen Weg wir wahrscheinlich gegangen seien, da er die Sitten der Weißen besser verstehen könne, und er sagte ihm richtig, dass wir zweifellos die Versorgungsstraße nach Chamberlain Lake (schlank) genommen hätten welche Vorräte sie zu dieser Jahreszeit über eine solche Straße zurückbringen würden). Der Indianer war sehr überrascht, dass wir statt eines Transportwegs eine von ihm so genannte „Tow"-Straße (*d . h.* Transport- oder Transportstraße) hätten nehmen sollen – dass wir seinen Spuren nicht gefolgt waren –, sagte er „seltsam" und hielt offensichtlich wenig von unserem Holzhandwerk.

Nachdem wir uns beraten und einen Bissen Brot gegessen hatten, kamen wir zu dem Schluss, dass es für uns beide jetzt vielleicht näher käme, zum Chamberlain Lake weiterzumachen und Mud Pond auszulassen, als zurückzugehen und zum letzten Ort, durch den Indian, neu anzufangen war noch nie auf diesem Weg gewesen und wusste nichts darüber. In der Zwischenzeit würde er zurückgehen und sein Kanu und sein Gepäck zum Mud Pond tragen, diesen überqueren, seinen Ausfluss hinunter und den Chamberlain Lake hinauffahren und darauf vertrauen, dass wir uns dort noch vor Einbruch der Dunkelheit treffen würden. Es war jetzt kurz nach

Mittag. Er vermutete, dass das Wasser, in dem wir standen, aus dem Schlammteich zurückgeflossen war, der nicht weit östlich liegen konnte, aber durch den dichten Zedernsumpf unzugänglich war.

Als wir weitergingen, waren wir bald angenehm enttäuscht, als wir festeren Boden erreichten, und überquerten einen Bergrücken, wo der Pfad deutlicher zu sehen war, aber es gab nie eine Aussicht auf den Wald. Als ich den letzten Abstieg hinabstieg, sah ich viele Exemplare der großen, rundblättrigen Knabenkräuter von großer Größe; Eines, das ich gemessen habe, hatte wie üblich flach auf dem Boden liegende Blätter, neuneinhalb Zoll lang und neun Zoll breit und war zwei Fuß hoch. Die dunkle, feuchte Wildnis ist für einige dieser Orchideenpflanzen günstig, obwohl sie für den Anbau zu empfindlich sind. Ich sah auch die Sumpfstachelbeere (*Rides lacustre*) mit grünen Früchten und in allen Tiefebenen, wo es nicht zu nass war, den *Rubus triflorus* in Früchten. An einer Stelle hörte ich einen sehr klaren und durchdringenden Ton von einem kleinen Falken, wie der einzelne Ton eines Weißkehlsperlings, nur sehr viel lauter, als er über meinem Kopf durch die Baumwipfel raste. Ich wunderte mich, dass er sich durch unsere Anwesenheit stören ließ, da es schien, als könnte er in dieser Wildnis sein Nest nicht so leicht selbst wiederfinden. Wir sahen und hörten auch mehrmals das rote Eichhörnchen und oft, wie bereits zuvor, die bläulichen Schuppen der Tannenzapfen, die es auf einem Felsen oder einem umgestürzten Baum hinterlassen hatte. Nach Angaben des Indianers ist dies das einzige Eichhörnchen, das in diesen Wäldern zu finden ist, mit Ausnahme einiger weniger gestreifter Eichhörnchen. Es muss eine einsame Zeit in diesem dunklen, immergrünen Wald sein, in dem es so wenig Leben gibt, 75 Meilen von der Straße entfernt, auf der wir gekommen waren. Ich fragte mich, wie er einen bestimmten Baum dort sein Zuhause nennen konnte; und doch lief er den Stamm eines der Myriaden hinauf, als wäre es für ihn ein alter Weg. Wie kann ihn dort jemals ein Falke finden? Ich bildete mir ein, dass er sich freuen musste, uns zu sehen, auch wenn er uns scheinbar tadelte. Einer dieser düsteren Tannen- und Fichtenwälder ist nicht vollständig, wenn man nicht aus seinen höhlenartigen, moosigen und zweigigen Nischen sein feines Alarum hört – seine Fichtenstimme, wie das Fließen des Saftes durch irgendeine Ritze in einem Baum – das Wirken der Fichte Bier. Solch ein unverschämter Kerl versuchte gelegentlich, den Wald um mich herum zu beunruhigen. „Oh“, sagte ich, „ich kenne deine Familie gut, ich kenne deine Cousins und Cousinen in Concord sehr gut. Ich schätze, die Post ist in diesen Gegenden unregelmäßig, und Sie würden gerne von ihnen hören .“ Aber meine Annäherungsversuche waren vergeblich, denn er zog sich über seine Luftstraßen in einen weiter entfernten Zedernwipfel zurück und ließ seine Rassel erneut ertönen.

Dann betraten wir einen anderen Sumpf, zwangsläufig langsam, wo das Gehen schlechter denn je war, nicht nur wegen des Wassers, sondern auch wegen des umgestürzten Holzes, das den undeutlichen Weg oft völlig verwischte. Die umgestürzten Bäume waren so zahlreich, dass der Weg über weite Strecken durch eine Reihe kleiner Höfe führte, wo wir über kopfhohe Zäune, oft bis zu den Knien ins Wasser und dann über einen weiteren Zaun in einen zweiten Hof kletterten , und so weiter; Und als mein Begleiter seine Tasche holte, verirrte er sich einmal und kam ohne sie zurück. An vielen Stellen wäre das Kanu ohne das umgestürzte Holz gelaufen. Auch hier wäre es offener, aber genauso nass, zu nass, als dass Bäume wachsen könnten, und es gab keinen Platz zum Sitzen. Es handelte sich um einen moosigen Sumpf, den ein Elch mit seinen langen Beinen durchqueren musste, und es ist sehr wahrscheinlich, dass wir einige von ihnen auf unserem Weg erschreckt haben, obwohl wir keinen gesehen haben. Es war bereit, das Knurren eines Bären, das Heulen eines Wolfes oder den Schrei eines Panthers widerzuspiegeln; aber wenn man sich mitten in einem dieser düsteren Wälder befindet, stellt man zu seiner Überraschung fest, dass die größeren Bewohner nicht gewöhnlich zu Hause sind, sondern nur ein kümmerliches rotes Eichhörnchen zurückgelassen haben, das einen anbellt. Im Allgemeinen heult eine heulende Wildnis nicht: Es ist die Vorstellungskraft des Reisenden, die das Heulen erzeugt. Ich habe jedoch ein totes Stachelschwein gesehen; vielleicht war er den Schwierigkeiten des Weges erlegen. Diese borstigen Kerle sind eine sehr geeignete kleine Frucht solch ungepflegter Wildnis.

Den Bau einer Forststraße in den Wäldern von Maine nennt man „Sumpfung“, und diejenigen, die diese Arbeit ausführen, werden „ Sumpfer “ genannt. Jetzt habe ich erkannt, wie passend der Begriff ist. Dies war die am besten überfüllte Straße, die ich je gesehen habe. Hier muss die Natur mit der Kunst zusammengearbeitet haben. Ich nehme jedoch an, dass man Ihnen sagen würde, dass dieser Name seinen Ursprung in der Tatsache hat, dass die Hauptaufgabe der Straßenbauer in diesen Wäldern darin besteht, die Sümpfe passierbar zu machen. Wir kamen an einen Bach, an dem die Brücke, die aus mit Zedernrinde zusammengebundenen Baumstämmen bestand, abgebrochen war, und wir kamen darüber hinweg, so gut wir konnten. Dieser mündete wahrscheinlich in den Mud Pond, und vielleicht wäre der Indianer dort heraufgekommen und hätte uns dort hineingebracht, wenn er es gewusst hätte. So wie es war, war diese zerstörte Brücke der Hauptbeweis dafür, dass wir uns auf einem Weg irgendwelcher Art befanden.

Dann überquerten wir ein weiteres niedriges Gelände, und ich, der Schuhe trug, hatte Gelegenheit, meine Strümpfe auszuwringen, aber mein Begleiter, der Stiefel benutzte, hatte herausgefunden, dass dies kein sicheres Experiment für ihn war, weil er es vielleicht nicht schaffen würde um seine nassen Stiefel wieder anzuziehen. Er ging dreimal über den gesamten Boden oder das Wasser, weshalb wir sehr langsam vorankamen; außerdem machte das Wasser unsere Füße weich und machte sie gewissermaßen ungeeignet zum Gehen. Als ich dasaß und auf ihn wartete, kam es mir natürlich wie eine unerklärliche Zeit vor, in der er weg war. Da ich also durch den Wald sehen konnte, dass die Sonne unterging, und ich unsicher war, wie weit der See entfernt sein würde, selbst wenn wir auf dem richtigen Kurs wären, und in welchem Teil der Welt wir uns bei Einbruch der Dunkelheit befinden würden, Ich schlug vor, dass ich so schnell wie möglich durchbrechen und dabei Äste zurücklassen sollte, die meinen Weg markieren, und den See und den Indianer, wenn möglich, vor Einbruch der Dunkelheit finden und diesen zurückschicken sollte, um die Tasche meines Begleiters zu tragen.

Nachdem ich ungefähr eine Meile zurückgelegt hatte und wieder tiefer gelegen war, hörte ich ein Geräusch, das dem Ton einer Eule ähnelte, und ich entdeckte bald, dass es von dem Indianer stammte, und nachdem wir ihm geantwortet hatten, kamen wir bald zusammen. Er hatte den See erreicht , nachdem er den Mud Pond überquert und einige Stromschnellen darunter durchquert hatte, und war auf unserem Weg etwa anderthalb Meilen hochgekommen. Wenn er uns nicht entgegengekommen wäre, hätten wir ihn wahrscheinlich in dieser Nacht nicht gefunden, denn der Weg zweigte ein oder zwei Mal ab, bevor er diesen bestimmten Teil des Sees erreichte. Also ging er zurück, um meinen Begleiter und seine Tasche zu holen, während ich weiterging. Nachdem wir durch einen anderen Bach gewatet waren, dessen Brücke aus Baumstämmen zerbrochen und zur Hälfte davongeschwemmt war – und das war nicht ganz schlimmer als unser gewöhnlicher Spaziergang, da es weniger schlammig war –, setzten wir unseren Weg durch abwechselnd Schlamm und Wasser fort das Ufer des Apmoojenegamook- Sees, den wir rechtzeitig für ein spätes Abendessen erreichten, anstatt dort zu speisen, wie wir erwartet hatten, da wir auf unser Abendessen verzichtet hatten. Auf dem Weg, den wir zurückgelegt hatten, waren es mindestens fünf Meilen, und da mein Begleiter den größten Teil dreimal zurückgelegt hatte, hatte er ein volles Dutzend Meilen zurückgelegt, so schlimm es auch war. Im Winter, wenn das Wasser gefroren ist und der Schnee einen Meter hoch ist, ist dieser Weg für einen Diener zweifellos ein erträglicher Weg. So wie es war, hätte ich mir diesen Spaziergang um keinen Preis entgehen lassen. Wenn Sie ein genaues Rezept für die Herstellung einer solchen Straße wünschen, nehmen Sie einen Teil Mud Pond und verdünnen Sie ihn mit gleichen Teilen Umbazookskus und Apmoojenegamook ; Dann schicken Sie eine Familie von Kürbisgewächsen vorbei, um es zu lokalisieren, sich um die Steigungen und Durchlässe zu kümmern, es in ihren Gedanken fertigzustellen, und lassen Sie einen Hurrikan folgen, um die Umzäunung vorzunehmen.

Wir kamen an einem Punkt heraus, der sich westlich der Mündung des Mud Pond in den Apmoojenegamook oder Chamberlain Lake erstreckte, wo sich ein breites, kiesiges und felsiges Ufer befand, das mit gebleichten Baumstämmen und Bäumen bedeckt war. Wir waren erfreut, so trockene Dinge in diesem Teil der Welt zu sehen. Doch zunächst kümmerten wir uns nicht so sehr um Trockenheit, sondern um Schlamm und Nässe. Wir gingen alle drei bis zur Mitte in den See, um unsere Kleidung zu waschen.

Dies war ein weiterer edler See mit einer Länge von zwölf Meilen im Osten und Westen; Wenn man den Telos-See hinzurechnet, der seit dem Bau des Damms durch totes Wasser mit ihm verbunden ist, sind es zwanzig; und es ist anscheinend zwischen anderthalb und zwei Meilen breit. Wir befanden uns etwa auf halber Länge, auf der Südseite. Wir konnten die einzige Lichtung in dieser Gegend, die „Chamberlain Farm" genannt, mit zwei oder drei dicht beieinander liegenden Blockhäusern am gegenüberliegenden Ufer sehen, etwa zweieinhalb Meilen entfernt. Der Rauch unseres Feuers am Ufer brachte zwei Männer in einem Kanu von der Farm herüber, das war ein gemeinsames Signal, wenn man überqueren wollte. Es dauerte ungefähr eine halbe Stunde, bis sie vorbeikamen, und dieses Mal hatten sie ihre Mühe für ihre Mühen. Sogar der englische Name des Sees hatte einen wilden, waldigen Klang und erinnerte mich an den Chamberlain, der Paugus bei Lovewells Kampf tötete.

Nachdem wir die trockene Kleidung, die wir hatten, angezogen und die anderen zum Trocknen an die Stange gehängt hatten, die der Indianer über dem Feuer aufgestellt hatte, aßen wir unser Abendessen und legten uns mit den Füßen zum Feuer auf das Kieselufer, ohne unser Zelt aufzuschlagen und legte ein dünnes Grasbett an, um die Steine zu bedecken.

Hier wurde ich zuerst von der kleinen Mücke namens No-see- em (*Simulium*) *belästigt nocivum* (das letztere Wort ist nicht das lateinische Wort für no-see-em), besonders über dem Sand am Wasserrand, denn es ist eine Art Sandfliege. Ohne ihre hellen Flügel würde man sie nicht beobachten. Sie sollen unter die Kleidung gelangen und eine fieberhafte Hitze erzeugen, die ich vermutlich auch in dieser Nacht gespürt habe.

Unsere Insektenfeinde auf diesem Ausflug waren, um sie zusammenzufassen, erstens Mücken, die Hauptfeinde, die aber nur nachts oder wenn wir tagsüber still am Ufer saßen, lästig waren; zweitens Kriebelmücken (*Simulium molestum*), der uns tagsüber, wie ich bereits beschrieben habe, mehr oder weniger auf den Flüssen und manchmal auch in engeren Teilen des Baches belästigte. Harris macht einen Fehler, wenn er sagt, dass sie nach Juni nicht mehr gesehen werden. Drittens: Elchfliegen. Die großen, sagte Polis, wurden *Bososquasis genannt* . Es ist eine kräftige, braune Fliege, ähnlich einer Bremse, etwa elf Sechzehntel Zoll lang, an der

Unterseite meist rostfarben und mit fleckenlosen Flügeln. Laut Polis können sie geschickt zubeißen, können aber leicht gemieden oder getötet werden. Viertens die oben erwähnten No-see- ems . Von all diesen waren die Mücken die einzigen, die mir ernsthafte Sorgen bereiteten; aber da ich mit einer Wäsche und einem Schleier ausgestattet war, haben sie keinen tiefen Eindruck hinterlassen.

Der Inder wollte unser Waschmittel nicht zum Schutz seines Gesichts und seiner Hände verwenden, aus Angst, es könnte seiner Haut schaden, und er hatte auch keinen Schleier; Daher litt er jetzt und während dieser Reise mehr unter Insekten als jeder von uns. Ich denke, dass er mehr gelitten hat als ich, als keiner von uns geschützt war. Er band sein Gesicht regelmäßig mit seinem Taschentuch zusammen und vergrub es in seiner Decke. Nun legte er sich schließlich zwischen uns und das Feuer in den Sand, um den Rauch zu vermeiden, den er in die Decke um sein Gesicht eindringen ließ. und zu demselben Zweck zündete er seine Pfeife an und blies den Rauch in seine Decke.

Als wir so am Ufer lagen und nichts zwischen uns und den Sternen stand, erkundigte ich mich, welche Sterne er kannte oder welche Namen er hatte. Es waren der Große Bär, den er so nannte, die Sieben Sterne, für die er keinen englischen Namen hatte: „Morgenstern" und „Nordstern".

Mitten in der Nacht, wie jedes Mal, wenn wir am Ufer eines Sees lagen, hörten wir die Stimme des Seetauchers laut und deutlich von weit über dem See. Es ist ein sehr wilder Klang, der ganz im Einklang mit dem Ort und den Umständen des Reisenden steht und der Stimme eines Vogels sehr unähnlich ist. Ich könnte stundenlang wach liegen und ihm zuhören, es ist so spannend. Wenn Sie in einer solchen Wildnis campen, sind Sie darauf vorbereitet, die Geräusche einiger ihrer Bewohner zu hören, die der Wildnis Ausdruck verleihen. Irgendeine Vorstellung von Bären, Wölfen oder Panthern geht einem wie von selbst durch den Kopf, und wenn man diesen Ton um Mitternacht zum ersten Mal ganz weit weg hört, während man mit dem Ohr am Boden liegt und der Wald völlig still um einen ist, dann nimmt man ihn an Es ist selbstverständlich, dass es sich um die Stimme eines Wolfes oder eines anderen wilden Tieres handelt, denn nur der letzte Teil ist aus der Ferne zu hören. Man schließt daraus, dass es sich um ein Rudel Wölfe handelt, das den Mond anbrüllt oder vielleicht einem hinterhergaloppiert Elch. So seltsam es auch erscheinen mag, das „Muhen" einer Kuh auf einem Berghang kommt meiner Vorstellung von der Stimme eines Bären am nächsten; und die Notiz dieses Vogels ähnelte dieser. Es war das unfehlbare und charakteristische Geräusch dieser Seen. Wir hatten nicht das Glück, Wölfe heulen zu hören, obwohl das ein gelegentliches Ständchen ist. Einige meiner Freunde, die vor zwei Jahren den Caucomgomoc River hinaufgingen , wurden bei einer Elchjagd im Mondlicht von Wölfen begleitet. Es war ein plötzlicher Ausbruch, als wären hundert Dämonen zerbrochen lose, – ein erschreckendes Geräusch genug, das einem, wenn überhaupt, die Haare zu Berge stehen lassen würde, und alles war wieder still. Es dauerte nur einen Moment, und man hätte meinen können, es seien zwanzig, obwohl es wahrscheinlich nur zwei oder drei waren. Sie hörten es nur zweimal und sagten, dass es die Wildnis zum Ausdruck brachte, die ihm vorher fehlte. Ich habe von einigen Männern gehört, die kürzlich in diesen Wäldern einen Elch gehäutet hatten, aber von einem Rudel Wölfen aus dem Kadaver vertrieben wurden, die ihn aufgefressen haben.

Das mit dem Seetaucher – ich meine nicht sein Lachen, sondern sein Lachen – ist sozusagen ein langgezogener Ruf, der für mein Ohr manchmal einzigartig menschlich ist – *hoo-hoo-oooo* , wie das Hallohuu eines Mannes auf einem sehr hoher Ton, nachdem er seine Stimme in seinen Kopf geworfen hatte. Ich habe ein ganz ähnliches Geräusch gehört, als ich schwer durch die Nase atmete, halb wach um zehn Uhr nachts, was auf meine Affinität zum Idioten hindeutete; als ob seine Sprache schließlich nur ein Dialekt von mir wäre. Früher, als ich um Mitternacht in diesen Wäldern wach lag, hatte ich zugehört, um einige Wörter oder Silben ihrer Sprache zu hören, aber es geschah, dass ich vergeblich zuhörte, bis ich den Schrei des Seetauchers hörte. Ich habe es gelegentlich an den Teichen meiner Heimatstadt gehört, aber dort wird seine Wildheit durch die umliegende Landschaft nicht verstärkt.

Um Mitternacht wurde ich von einem schweren, tief fliegenden Vogel, wahrscheinlich einem Seetaucher, geweckt, der dicht über meinem Kopf am Ufer entlangflatterte. Also wandte ich die andere Seite meines halbbekleideten Körpers dem Feuer zu und suchte erneut nach Schlaf.

Dienstag , 28. Juli.

Als wir aufwachten, stellten wir dicken Tau auf unseren Decken fest. Ich lag sehr früh wach und lauschte dem klaren, schrillen „*Ah, te*". *te* , *te te* , *te* des Weißkehlsperlings, in kurzen Abständen, ohne die geringste Variation, eine halbe Stunde lang wiederholt, als ob er sein Glück nicht genug zum Ausdruck bringen könnte. Ob meine Begleiter es hörten oder nicht, weiß ich nicht, aber für mich und das Ereignis dieses Vormittags war es eine Art Matinee.

Es war ein angenehmer Sonnenaufgang und wir hatten einen Blick auf die Berge im Südosten. Ktaadn erschien etwa südöstlich von Süden. Ein Berg mit zwei Gipfeln, etwa von Südosten nach Osten, und ein weiterer Teil desselben, von Osten nach Südosten. Beim letzten rief der Indianer Nerlumskeechticook an und sagte, dass es sich an der Spitze des Ostzweigs befinde und wir auf unserem Rückweg auf diesem Weg in der Nähe daran vorbeikommen sollten.

Heute Morgen haben wir noch einmal im See gewaschen, und da unsere Kleidung an den toten Bäumen und Felsen aufgehängt war, sah das Ufer aus wie zu Hause am Waschtag. Der Indianer verstand den Hinweis, lieh sich die Seife, ging in den See, wusch sein einziges Baumwollhemd am Körper, zog dann seine Hose an und ließ es an sich trocknen.

Ich bemerkte, dass er ein ursprünglich weißes Baumwollhemd trug, darüber ein grünliches Flanellhemd, aber keine Weste, Flanellhosen und feste Leinen- oder Entenhosen, die ebenfalls weiß gewesen waren, blaue Wollstrümpfe, Rindslederstiefel und einen Kossuth-Hut . Er trug keine Kleidung zum Wechseln, sondern zog eine feste, dicke Jacke an, die er im Kanu beiseite legte, und ergriff eine große Axt, sein Gewehr und seine Munition sowie eine Decke, die als Segel oder Rucksack genügen würde. Wenn nötig, schnallte er sich seinen Gürtel um, in dem sich ein großes Taschenmesser befand, und ging sofort davon, bereit, den ganzen Sommer über weg zu sein. Das sah sehr unabhängig aus; ein paar einfache und effektive Werkzeuge und keine Kautschukkleidung . Er war morgens immer der erste, der bereit war, aufzubrechen, und wenn er nicht einen Teil unseres Eigentums gehalten hätte, wäre er nicht gezwungen gewesen, seine Decke zusammenzurollen. Anstatt ein großes Bündel seiner eigenen zusätzlichen Kleidung usw. mitzunehmen, brachte er die in seiner Decke zusammengebundenen Elchmäntel zurück. Ich stellte fest, dass sein Outfit das Ergebnis einer langen Erfahrung war und im Großen und Ganzen kaum zu verbessern war, außer durch Waschen und ein zusätzliches Hemd. Da er hier einen Knopf haben wollte, ging er zu einem Ort, wo kürzlich einige Indianer ihr Lager aufgeschlagen hatten, und suchte nach einem, aber ich glaube vergebens.

Nachdem wir unsere verhärteten Stiefel und Schuhe mit dem Schweinefett aufgeweicht hatten, wie es üblich war, was beim Frühstück übrig blieb, überquerten wir früh den See und steuerten in diagonaler Richtung, etwa vier Meilen nordöstlich, zum Auslass, der erst entdeckt werden sollte wir waren kurz davor. Der indianische Name *Apmoojenegamook* bedeutet See, der überquert wird, da der übliche Verlauf quer und nicht entlang desselben verläuft. Dies ist der größte der Allegash- Seen und war das erste St. John-Gewässer, auf dem wir schwammen. Es hat im Wesentlichen die Form eines Chesuncook . Es gibt keine Berge oder hohen Hügel in der Nähe. In Bangor hatte man uns von einer Gemeinde viele Meilen weiter nordwestlich erzählt; Es wurde uns angezeigt, dass es sich um das höchstgelegene Land in der Umgebung handelte, wo wir, indem wir auf einen bestimmten Baum im Wald kletterten, einen allgemeinen Überblick über das Land gewinnen konnten. Ich habe keinen Zweifel daran, dass der letzte Rat ein guter Rat war, aber wir sind nicht dorthin gegangen. Wir hatten nicht vor, weit den Allegash hinunterzugehen , sondern lediglich einen Blick auf die großen Seen zu werfen, die seine Quelle sind, und dann auf diesem Weg zum Ostarm des

Penobscot zurückzukehren. Das Wasser floss jetzt mit gutem Recht nach Norden, wenn man überhaupt sagen konnte, dass es floss.

Als wir die Mitte des Sees erreichten, fanden wir die Wellen wie üblich ziemlich hoch, und der Indianer warnte meinen nickenden Begleiter, er dürfe nicht im Kanu einschlafen, sonst würde er uns verärgern; Hinzu kommt, dass Indianer, wenn sie in einem Kanu schlafen wollen, sich direkt auf den Boden legen. Aber in diesem überfüllten Raum war das unmöglich. Er sagte jedoch, dass er ihn anstupsen würde, wenn er ihn nicken sehen würde.

Rund um den See stand ein Gürtel abgestorbener Bäume, einige weit draußen im Wasser, andere lagen dahinter und machten das Ufer zum größten Teil fast unzugänglich. Dies ist die Wirkung des Staudamms am Auslass. Dadurch wurde das natürliche Sand- oder Felsufer mit seinem grünen Saum verdeckt und zerstört. Wir segelten westwärts an der Nordseite entlang und suchten nach der Mündung, etwa eine Viertelmeile von diesem wild aussehenden Ufer entfernt, an dem sich die Wellen heftig brachen, wohlwissend, dass sie leicht in diesem Müll oder durch die Überlappung verborgen sein könnte des Ufers. Es ist bemerkenswert, wie wenig diese wichtigen Tore zu einem See mit Wappen versehen sind. Es gibt keinen Triumphbogen über dem bescheidenen Ein- oder Auslass, aber an einer unauffälligen Stelle sickert es durch den ununterbrochenen Wald hinein oder heraus, fast wie durch einen Schwamm.

Wir erreichten den Auslass in etwa einer Stunde und setzten dort den Damm über, der ein recht solides Bauwerk ist, und etwa eine Viertelmeile weiter befand sich ein zweiter Damm. Der Leser wird erkennen, dass das Ergebnis dieser besonderen Aufstauung des Chamberlain Lake darin besteht, dass das Quellwasser des St. John durch Bangor fließt. Sie haben auf diese Weise alle größeren Seen aufgestaut und ihre breite Oberfläche um viele Fuß angehoben; Moosehead zum Beispiel, etwa vierzig Meilen lang, mit seinem Dampfer darauf; Auf diese Weise wandte sie die Kräfte der Natur gegen sich selbst auf, damit sie ihre Beute außer Landes bringen konnten. Sie rennen schnell aus diesen riesigen Wäldern, umso feineres und leichter zugängliches Kiefernholz, und lassen dann die Bären zurück, um die verfallenden Dämme zu beobachten, ohne das Land zu roden oder zu kultivieren, noch Straßen zu bauen, noch Häuser zu bauen, sondern es als Wildnis zu hinterlassen Sie haben es gefunden. In vielen Teilen sind nur noch diese Dämme übrig, wie verlassene Biberdämme. Denken Sie daran, wie viel Land sie geflossen sind, ohne die Natur um Erlaubnis zu bitten! Wenn der Staat eine Akademie oder Universität stiften möchte, gewährt er ihr ein Waldstück: Eine Säge stellt eine Akademie dar; eine Bande, eine Universität.

Die Wildnis erlebt einen plötzlichen Anstieg all ihrer Bäche und Seen. Sie spürt, wie zehntausend Ungeziefer an den Füßen ihrer edelsten Bäume nagt.

Viele schleppen sie zusammen, zerren sie über die Wurzeln der Überlebenden und werfen sie in den nächsten Bach, bis sie, nachdem die Schönsten gefallen sind, davonhuschen, um eine neue Wildnis zu durchsuchen, und alles wieder still ist. Es ist, als ob eine wandernde Mäusearmee einen Kiefernwald umgürtet. Der Häcksler fällt Bäume aus dem gleichen Grund, aus dem die Maus an ihnen nagt: um seinen Lebensunterhalt zu verdienen. Du erzählst mir, dass er eine interessantere Familie hat als die Maus. So ist es. Er spricht von einem „Anlegeplatz" aus Holz, einem guten Ort, an den er gelangen kann, so wie es ein Wurm tun könnte. Wenn der Häcksler eine Kiefer lobt, wird er Ihnen gewöhnlich sagen, dass die von ihm gefällte Kiefer so groß war, dass ein Ochsengespann auf ihrem Baumstumpf stand; als ob die Kiefer dazu gewachsen wäre, um zum Schemel der Ochsen zu werden. Vor meinem geistigen Auge kann ich sehen, wie diese unhandlichen, zahmen Hirsche mit einem Joch, das sie zusammenhält, und Hörnern mit ehernen Spitzen ihre Knechtschaft verraten, wie sie nacheinander auf den Stümpfen jeder riesigen Kiefer im ganzen Wald Stellung beziehen und ihr Wiederkäuer kauen dort, bis es nur noch eine Ochsenweide ist, und dann rennt ihr raus. Als ob es gut für die Ochsen wäre und etwas Terebinthin oder eine andere medizinische Wirkung in ihre Nasenlöcher aufstieg. Oder ist ihre erhöhte Position lediglich als Symbol dafür gedacht, dass das Hirtenleben dem Wald- oder Jägerleben am nächsten kommt?

Der Charakter der Bewunderung des Holzfällers wird schon durch die Art, wie er sie zum Ausdruck bringt, verraten. Wenn er alles erzählen würde, was ihm durch den Kopf ging, würde er sagen: Es war so groß, dass ich es abhauen konnte und dann konnte ein Ochsengespann auf seinem Baumstumpf stehen. Er bewundert den Baumstamm, den Kadaver oder die Leiche mehr als den Baum. Nun, mein lieber Herr, der Baum hätte auf seinem eigenen Baumstumpf stehen können und viel bequemer und fester als ein Ochsengespann, wenn Sie ihn nicht gefällt hätten. Welches Recht haben Sie, die Tugenden des Mannes zu feiern, den Sie ermordet haben?

Der Anglo-Amerikaner kann zwar diesen ganzen wogenden Wald abholzen und roden, eine Rede halten und auf seinen Ruinen für Buchanan stimmen, aber er kann sich nicht mit dem Geist des Baumes unterhalten, den er fällt, er kann die Gedichte nicht lesen und … Mythologie, die sich zurückzieht, während er voranschreitet. Er löscht unwissentlich mythologische Tafeln aus, um seine Flugblätter und Versammlungsbefehle darauf zu drucken. Bevor er sein ABC in der wunderschönen, aber mystischen Überlieferung der Wildnis erlernt hat , die Spenser und Dante gerade zu lesen begonnen hatten, fällt er sie, prägt einen Schilling einer *Kiefer* (als wolle er den Wert der Kiefer für ihn anzeigen) und steckt ihn hinein baut ein strenges Schulhaus auf *und* stellt Websters Rechtschreibbuch vor.

Unterhalb des letzten Damms, da der Fluss schnell und flach, aber breit genug war, gingen wir zwei etwa eine halbe Meile, um das Kanu leichter zu machen. Ich machte es mir zur Regel, beim Gehen meinen Rucksack bei mir zu haben und ihn auch im Kanu an einer Querstange festgebunden aufzubewahren, damit man ihn beim Kanu finden konnte, falls wir uns aufregten.

Ich hörte die Heuschrecke hier und später auf den Weiden, ein Geräusch, das ich nur mit offeneren, wenn auch nicht besiedelten Ländern in Verbindung gebracht hatte. Das Heuschreckengebiet in den Wäldern von Maine muss klein sein.

Wir befanden uns nun ziemlich weit am Allegash River, dessen Name, wie unser Indianer sagte, Hemlocktannerinde bedeute. Diese Gewässer fließen etwa 100 Meilen nordwärts, zunächst sehr schwach, dann weitere 250 Meilen südöstlich bis zur Bay of Fundy. Nach etwa zwei Meilen Fluss erreichten wir den Heron Lake, auf der Karte *Pongokwahem genannt* , und scheuchten am Eingang vierzig oder fünfzig junge *Shecorways* , *Brandraketen, auf, die wie üblich in einer langen Reihe mit großer Geschwindigkeit über das Wasser liefen.*

Dies war der vierte große See, der nordwestlich und südöstlich lag, wie Chesuncook und die meisten langen Seen in dieser Gegend, und der Karte nach zu urteilen, ist er etwa zehn Meilen lang. Wir hatten es auf der Südwestseite betreten und sahen nordöstlich über dem See einen dunklen Berg, nicht sehr weit entfernt und nicht sehr hoch, der, wie die Indianer sagten, Peaked Mountain genannt wurde und von Forschern genutzt wurde, um nach Holz zu suchen. Weiter östlich gab es noch anderes Hochland . Die Ufer befanden sich aufgrund des Damms am Allegash unten in demselben zerlumpten und unansehnlichen Zustand, übersät mit totem Holz, sowohl gefallenen als auch stehenden, wie am letzten See . Einige Tiefpunkte oder Inseln wären fast untergegangen.

Ich sah eine Meile entfernt auf dem Wasser etwas Weißes, das sich als eine große Möwe auf einem Felsen in der Mitte herausstellte, die der Indianer gerne getötet und gefressen hätte, aber es flog weg, lange bevor wir in der Nähe waren; und auch ein Schwarm Sommerenten, der mit ihm um den Felsen ging. Als ich ihn nach Reihern fragte, da dies der Heron Lake sei, sagte er, dass er die Nester des Blaureihers in den Hartholzbäumen gefunden habe. Ich glaubte, ein helles Objekt zu sehen, das sich vier oder fünf Meilen entfernt am gegenüberliegenden oder nördlichen Ufer entlang bewegte. Er wusste nicht, was es sein könnte, es sei denn, es wäre ein Elch, obwohl er noch nie einen Weißen gesehen hatte; aber er sagte, dass er einen Elch „überall am Ufer, auf der anderen Seite des Sees" erkennen könne.

Nachdem wir einen Punkt umrundet hatten, standen wir anderthalb oder zwei Meilen lang auf der anderen Seite einer Bucht auf einer großen Insel zu, die drei oder vier Meilen flussabwärts im See lag. Auf halbem Weg, etwa eine Meile vom Ufer entfernt, trafen wir auf Ephemeren (Schattenfliegen), die offenbar den ganzen See überflogen. Auf Moosehead hatte ich eine halbe Meile vom Ufer entfernt eine große Teufelsnadel gesehen, die aus der Mitte des Sees kam, wo sie mindestens drei oder vier Meilen breit war. Es hatte sich wahrscheinlich gekreuzt. Aber schließlich kommt man natürlich an Seen, die so groß sind, dass ein Insekt nicht darüber fliegen kann; und dies wird vielleicht dazu dienen, einen großen See von einem kleinen zu unterscheiden.

Wir landeten auf der Südostseite der Insel, die ziemlich erhöht und dicht bewaldet war und über ein felsiges Ufer verfügte, was Zeit für ein frühes Abendessen bot. Vor nicht allzu langer Zeit hatte dort jemand sein Lager aufgeschlagen und den Rahmen liegen gelassen, auf dem ein Elchfell gespannt war, was unser Indianer scharf kritisierte , da er meinte, es zeige nur wenig Holzhandwerk. Hier befanden sich zahlreiche Muscheln von Flusskrebsen oder Süßwasserhummern, die an die Küste gespült worden waren und einigen Teichen und Bächen ihren Namen gegeben haben. Sie sind normalerweise vier bis fünf Zoll lang. Der Indianer machte sich sofort daran, eine Kanu-Birke zu fällen, legte sie schräg an einen anderen Baum am Ufer, band sie mit einer Rute fest und legte sich zum Schlafen in den Schatten.

Als wir auf dem Caucomgomoc waren , empfahl er uns einen neuen Heimweg, genau den, an den wir zuerst gedacht hatten, über den St. John. Er sagte sogar, dass es über den Ostarm des Penobscot einfacher sei und nur wenig mehr Zeit in Anspruch nehmen würde als der andere, wenn auch viel weiter herum; Er nahm die Karte und zeigte uns, wo wir jede Nacht sein sollten, denn er kannte die Route. Seiner Berechnung zufolge sollten wir die französischen Siedlungen in der darauffolgenden Nacht erreichen, indem wir weiter nach Norden den Allegash hinuntergehen , und wenn wir im Hauptort St. John ankommen, werden die Ufer mehr oder weniger vollständig besiedelt sein; als ob das eine Empfehlung wäre. Es würde nur ein oder zwei Stürze mit kurzen Tragemöglichkeiten geben, und wir würden sehr schnell den Bach hinunterfahren, sogar hundert Meilen pro Tag, wenn der Wind es erlaubte; und er zeigte an, wo wir in den Eel River übergehen sollten, um eine Biegung unterhalb von Woodstock in New Brunswick zu sparen, und so in den Schoodic Lake und von dort zum Mattawamkeag . Auf diesem Weg wären es bis Bangor etwa dreihundertsechzig Meilen, auf der anderen Seite jedoch nur etwa einhundertsechzig Meilen. aber im ersteren Fall sollten wir den St. John von seiner Quelle über zwei Drittel seines Laufs sowie den Schoodic Lake und Mattawamkeag erkunden — und wir waren wieder versucht, diesen Weg zu gehen. Ich befürchtete jedoch, dass die Ufer des St. John zu stark besiedelt seien. Als ich ihn fragte , welcher Kurs uns durch das wildeste Land führen würde, sagte er, die Route würde über den East Branch verlaufen. Teilweise aus dieser Überlegung, aber auch wegen der Kürze, beschlossen wir, an der letztgenannten Route festzuhalten und unterwegs vielleicht den Ktaadn zu besteigen. Wir haben diese Insel zur Grenze unseres Ausflugs in diese Richtung gemacht.

Wir hatten jetzt den größten der Allegash- Seen gesehen. Der nächste Damm „war etwa fünfzehn Meilen" weiter nördlich, den Allegash hinunter , und es war bisher totes Wasser. In Bangor hatte man uns von einem Mann erzählt, der allein an diesem Damm lebte, eine Art Einsiedler, der sich darum kümmerte, und der seine Zeit damit verbrachte, eine Kugel von einer Hand in die andere zu werfen, aus Mangel an Beschäftigung – als ob Vielleicht möchten wir ihn anrufen. Diese Art von Wechselspiel zwischen seinen beiden Händen, bei dem er ein bleiernes Subjekt hin und her bewegt , scheint sein Symbol für die Gesellschaft gewesen zu sein.

Der Karte zufolge lag diese Insel etwa hundertzehn Meilen Luftlinie nordnordwestlich von Bangor und etwa neunundneunzig Meilen ostsüdöstlich von Quebec. Am nördlichen Ende des Sees war eine weitere Insel mit einer erhöhten Lichtung zu sehen; aber wir erfuhren später, dass es nicht bewohnt war, sondern nur als Weide für das Vieh genutzt worden war, das in diesen Wäldern den Sommer verbrachte, obwohl unser Informant sagte, dass es auf dem Festland in der Nähe der Mündung des Sees eine Hütte gab. Dieser unnatürlich glattrasierte, quadratische Fleck inmitten des ansonsten ununterbrochenen Waldes erinnerte uns nur daran, wie unbewohnt das Land war. Auf einer solchen Lichtung würde man eher erwarten, einem Bären als einem Ochsen zu begegnen. Auf jeden Fall muss es für die Bären eine Überraschung gewesen sein, als sie darauf stießen. Ob aus der Ferne oder aus der Nähe betrachtet, erkennt man sofort, dass dies ein Werk des Menschen ist, denn die Natur tut es nie. Um das Licht auf die Erde zu lassen wie auf einen See, rodet er den Wald an den Hängen und Ebenen und streut wie ein Zauberer feine Grassamen und bedeckt so die Erde mit einer festen Grasnarbe.

Offensichtlich war Polis gegenüber den wenigen Siedlern in diesen Wäldern neugieriger als wir. Wenn nichts gesagt wurde, ging er davon aus, dass wir direkt zur nächsten Blockhütte gehen wollten. Nachdem er bemerkt hatte, dass wir an den Blockhütten in Chesuncook und den blinden Kanadiern am Mud Pond vorbeikamen, ohne anzuhalten, um mit den Bewohnern zu kommunizieren, nutzte er nun die Gelegenheit, um darauf hinzuweisen, dass der übliche Weg darin bestehe, wenn man in die Nähe eines Hauses komme Gehen Sie dorthin und erzählen Sie den Bewohnern, was Sie gesehen oder gehört haben, und dann erzählen sie Ihnen, was sie gesehen haben. aber wir lachten und sagten, dass wir vorerst genug von Häusern hätten und teilweise hierher gekommen seien, um sie zu meiden.

In der Zwischenzeit blies der stärker werdende Wind die Birke des Indianers herunter und erzeugte ein solches Meer, dass wir uns auf der Insel als Gefangene wiederfanden, da das nächste Ufer, das im Westen lag, vielleicht eine Meile entfernt war, und wir fuhren mit dem Kanu hinaus um zu verhindern, dass es wegdriftet. Wir wussten es nicht, aber wir müssten gezwungen sein, den Rest des Tages und die Nacht dort zu verbringen. Jedenfalls schlief der Indianer wieder im Schatten seiner Birke ein, mein Begleiter beschäftigte sich damit, seine Pflanzen zu trocknen, und ich wanderte für vier Personen am Ufer entlang nach Westen, das ziemlich steinig und mit umgestürzten, gebleichten oder verwehten Bäumen verstopft war oder fünf Stangen breit. Ich fand an diesem breiten, felsigen und kiesigen Ufer *Salix rostrata* , *Discolor* und *Lucida* , *Ranunculus recurvatus* , *Potentilla Norvegica* und *Scutellaria wachsend lateriflora* , *Eupatorium purpureum* , *Aster Tradescanti* , *Mentha Canadensis* , *Epilobium angustifolium* (reichlich vorhanden), *Lycopus Sinuatus* , *Solidago lanceolata* , *Spiræa salicifolia* , *Antennaria Margaraticea* , *Prunella* , *Rumex Acetosella* , Himbeeren, Wollgras, *Onoclea* usw. Die nächsten Bäume waren *Betula papyracea* und *excelsa* sowie *Populus tremuloides* . Ich gebe diese Namen, weil es mein nördlichster Punkt war.

Unser Inder sagte, er sei Arzt und könne mir für jede Pflanze, die ich ihm zeigen könne, einen medizinischen Nutzen nennen. Ich habe ihn sofort ausprobiert. Er sagte, dass die innere Rinde der Espe (*Populus tremuloides*) gut gegen schmerzende Augen sei; und so mit verschiedenen anderen Pflanzen, wobei er bewies, dass er sein Wort hielt. Seinem Bericht zufolge hatte er sich dieses Wissen in seiner Jugend von einem weisen alten Inder angeeignet, mit dem er Umgang hatte, und er beklagte, dass die heutige Generation von Indern „viel verloren“ habe.

Er sagte, dass das Karibu ein „sehr großer Läufer“ sei, dass es in diesem See jetzt keines mehr gäbe, obwohl es früher viele davon gab, und indem er auf den Gürtel toter Bäume deutete, der durch die Dämme entstanden war, fügte er hinzu: „Kein Likum. “ Stumpf, – als er das sieht, hat er Angst.“

Er zeigte nach Südosten über den See und den fernen Wald und bemerkte: „Ich gehe in drei Tagen nach Oldtown.“ Ich fragte, wie er über die Sümpfe und umgestürzten Bäume hinwegkommen würde. „Oh“, sagte er, „im Winter ganz bedeckt, mit Schneeschuhen überall hingehen, quer durch Seen.“ Als ich fragte, wie er gelaufen sei, sagte er: „Zuerst gehe ich nach Ktaadn , Westseite, dann nach Millinocket, dann nach Pamadumcook , dann nach Nicketow , dann nach Lincoln, dann nach Oldtown“, oder er ging einen kürzeren Weg am Piscataquis entlang. Was für ein Spaziergang durch die Wildnis für einen Mann, den er alleine unternehmen kann! Keiner Ihrer halbmeilenlangen Sümpfe, keiner Ihrer meilenweiten Wälder einfach, wie an den Rändern unserer Städte, ohne Hotels, nur ein dunkler Berg oder ein See als Wegweiser und Station, über der Erde ist vieles davon im Sommer unpassierbar !

Es erinnerte mich an Prometheus Bound. Hier war eine Reise der alten heroischen Art über das unveränderte Gesicht der Natur. Vom Allegash oder Hemlock River und dem Pongoquahem Lake über den großen Apmoojenegamook und den Berg Nerlumskeechticook zu seiner Linken verlassend, nimmt er seinen Weg unter den von Bären heimgesuchten Hängen der Souneunk- und Ktaadn -Berge hindurch nach Pamadumcook und zu den Binnenmeeren von Millinocket (wo oft). Möweneier können seinen Vorrat vergrößern) und so weiter bis zu den Gabeln des Nicketow (*niasoseb* , „wir allein Joseph", um zu sehen, was unsere Leute sehen), wobei er mit seiner Ladung stets die Äste der Tannen und Fichten beiseite schiebt Pelze, die Tag und Nacht, Tag und Nacht mit der zotteligen Dämonenvegetation kämpfen und durch den moosigen Friedhof der Bäume wandern. Oder er könnte sich an „dem rauen Zahn des Meeres", Kineo, orientieren, der in der Antike eine große Quelle für Pfeile und Speere war, als Waffen aus Stein eingesetzt wurden. Elche, Karibus, Bären, Stachelschweine, Luchse, Wölfe und Panther sehen und hören. Orte, an denen er leben und sterben könnte, ohne jemals etwas von den Vereinigten Staaten zu hören, die so viel Lärm in der Welt machen, – nie etwas von Amerika hören, so genannt nach dem Namen eines europäischen Gentlemans.

Es gibt eine Holzfällerstraße namens Eagle Lake Road , die vom Seboois zur Ostseite dieses Sees führt. Es mag merkwürdig erscheinen, dass jede Straße durch eine solche Wildnis befahrbar sein sollte, selbst im Winter, wenn der Schnee drei bis vier Fuß hoch ist, aber zu dieser Jahreszeit passieren überall dort, wo aktiv Holzfällerarbeiten durchgeführt werden, immer wieder Teams die einspurige Strecke , und es wird fast so glatt wie eine Eisenbahn. Mir wurde gesagt, dass im Aroostook-Land die Schlitten gesetzlich vorgeschrieben sind und eine Breite von vier Fuß haben müssen, und Schlitten müssen an die Spur angepasst werden, sodass ein Läufer in einer Spur fahren kann und der andere dem Pferd folgt. Dennoch ist das Ergebnis sehr schlecht.

Wir hatten seit einiger Zeit einen Gewitterschauer gesehen, der von Westen über die Wälder der Insel heraufzog, und hörten das Grollen des Donners, obwohl wir im Zweifel waren, ob er uns erreichen würde; Aber da die Dunkelheit immer stärker wurde und eine frische Brise durch den Wald wehte, stellten wir hastig die Pflanzen auf, die wir getrocknet hatten, und mit einer Zustimmung eilten wir zum Zeltmaterial und machten uns daran, es aufzubauen. Wir wählten einen Ort aus und schlugen in kürzester Zeit Pfähle und Stifte ein, und wir steckten ihn fest, damit er nicht weggeblasen würde, als plötzlich der Sturm über uns hereinbrach.

Als wir zusammengedrängt unter dem Zelt lagen, das an den Seiten beträchtliche Löcher hatte, und unser Gepäck zu unseren Füßen, lauschten wir einem der großartigsten Donnergeräusche, die ich je gehört habe: schnelles , rundes und sattes Geläut, Knall, Knall, Knall, nacheinander, wie Artillerie aus einer Festung am Himmel; und der Blitz war proportional hell. Der Inder sagte: „Es muss gutes Pulver sein." Alles zum Wohle der Elche und uns, das weit über die verborgenen Seen widerhallt. Ich dachte, es müsste ein Ort sein, den der Donner liebte, wo der Blitz seine Hand im Zaum hielt und es nicht schaden würde, ein paar Kiefern zu zertrümmern. Was war dann aus den Ephemeren und Teufelsnadeln geworden ? Waren sie klug genug, vor dem Sturm einen Hafen aufzusuchen? Vielleicht könnten ihre Bewegungen den Voyageur leiten.

Als ich hinausschaute, bemerkte ich, dass der heftige Regenguss, der auf den See fiel, die Wellen fast augenblicklich abgeflacht hatte – der Kommandant dieser Festung hatte sie für uns so geglättet – und als der Regen nachließ, beschlossen wir, sofort aufzubrechen, bevor der Wind sie aufwirbelte wieder.

Als ich nach draußen ging, sagte ich, dass ich im Südwesten noch Wolken sah und dort Donner hörte. Der Indianer fragte , ob der Donner „ lound " (rund) sei, und sagte , dass wir sonst mehr Regen hätten. Ich dachte, dass es so sei. Wir schifften uns dennoch ein und paddelten schnell zurück zu den Dämmen. Die Weißkehlsperlinge am Ufer sangen „*Ah, te -ee, te -ee, te*", oder auch „ *ah, te -ee, te -ee, te -ee, te- ee* ".

An der Mündung des Chamberlain Lake wurden wir von einem weiteren böigen Regensturm überholt, der uns zwang, Schutz zu suchen, der Indianer unter seinem Kanu am Ufer, und wir liefen unter dem Rand des Damms hindurch. Allerdings hatten wir mehr Angst als Nässe. Von meinem Versteck aus konnte ich sehen, wie der Indianer unter seinem Kanu hervorlugte, um zu sehen, was aus dem Regen geworden war. Als wir unsere jeweiligen Plätze ein- oder zweimal eingenommen hatten und es nicht so stark regnete, fingen wir an, durch die Gegend zu streifen, denn der Wind hatte zu diesem Zeitpunkt bereits solche Wellen auf dem See verursacht, dass wir uns nicht mehr bewegen konnten, und das befürchteten wir wir sollten verpflichtet sein, dort zu campen. Wir bekamen ein frühes Abendessen auf dem Damm und probierten dort Fisch, während wir darauf warteten, dass der Tumult nachließ. Die Fische waren nicht nur wenige, sondern auch klein und wertlos, und der Indianer erklärte, dass es in den Gewässern von St. John's keine guten Fische gäbe; dass wir warten müssen, bis wir die Gewässer von Penobscot erreichen.

Endlich, kurz vor Sonnenuntergang, machten wir uns wieder auf den Weg. Es war ein wilder Abend, als wir die Nordseite dieses Apmoojenegamook - Sees hinauffuhren. Ein Gewitter war gerade vorüber, und die Wellen, die es ausgelöst hatte, liefen immer noch mit Gewalt, und nun sah man im Südwesten, weit über dem See, einen weiteren Sturm aufziehen; aber morgens könnte es noch schlimmer sein, und wir wollten auf unserem Weg den See hinauf so weit wie möglich kommen, solange wir konnten. Etwa eine Achtelmeile entfernt zu unserer Linken wehte es hart gegen die Nordküste, und es gab gerade so viel Meer, wie unser flaches Kanu ohne unsere besondere Vorsicht aushalten konnte . Das, was wir fernhielten und auf das die Wellen zusteuerten, war ein so trostloses und hafenloses Ufer, wie man es sich nur vorstellen kann. Über ein halbes Dutzend Stäbe in der Breite war es ein perfektes Labyrinth untergetauchter Bäume, alle tot und kahl und bleichend, einige standen auf der Hälfte ihrer ursprünglichen Höhe, andere hingestreckt und kreuz und quer über oder unter der Oberfläche, und mit ihnen vermischt waren sie lose Bäume und Äste und Baumstümpfe, die herumschlagen. Stellen Sie sich die Kaianlagen der größten Stadt der Welt vor, die verfallen sind und die Erde und die Planken weggespült wurden, so dass die Pfeiler in lockerer Ordnung stehen blieben, aber oft doppelt so hoch wie gewöhnlich, und mit denen sich die Wracks von zehntausend Marineschiffen vermischten und gegen sie schlugen , all ihre Spieren und Balken, während sich vom Ufer des Wassers die dichteste und düsterste Wildnis erhebt, bereit, mehr Material zu liefern, wenn ersteres versagt, und Sie können vielleicht eine schwache Vorstellung von dieser Küste bekommen. Selbst wenn wir es gewollt hätten, hätten wir nicht landen können, ohne die größte Gefahr einer Überschwemmung gehabt zu haben; So heftig es auch sein mag, wir müssen uns darauf verlassen, dass wir an ihm vorbeisegeln. Es dämmerte ebenfalls, und hinter uns rückte die stürmische Wolke rasch vor. Es war eine angenehme Aufregung, doch wir waren froh, endlich in der Dämmerung das frei gewordene Ufer der Chamberlain Farm zu erreichen.

Wir landeten dort auf einer niedrigen und dünn bewaldeten Landzunge, und während meine Gefährten das Zelt aufschlugen, rannte ich zum Haus hinauf, um etwas Zucker zu holen, da unsere sechs Pfund weg waren – kein Wunder, denn Polis hatte eine Süßigkeit Zahn. Zuerst füllte er seinen Schöpflöffel zu fast einem Drittel mit Zucker und fügte dann den Kaffee hinzu. Hier war eine Lichtung, die sich vom See bis zu einem Hügel erstreckte, mit einigen dunklen Blockhäusern und einem Lagerhaus, und vor der Haupthütte standen ein halbes Dutzend Männer, gierig nach Neuigkeiten. Unter ihnen war der Mann, der den Damm am Allegash hütete und die Kugel warf. Als er für die Dämme verantwortlich war und erfuhr, dass wir am nächsten Tag zum Webster Stream fahren würden, erzählte er mir, dass einige ihrer Männer, die am Telos-See Heu pflegten, den Damm am Kanal dort geschlossen hätten, um Forellen zu fangen, und Wenn wir wollten, dass mehr Wasser durch den Kanal fließt, könnten wir das Tor anheben, denn er hätte es gern angehoben. Die Chamberlain Farm ist zweifellos ein fröhlicher Ort im Wald, aber die späte Stunde hinterließ bei mir nur einen düsteren Eindruck. Wie ich bereits sagte, ist der Lichteinfall lediglich zivilisierend, und doch bildete ich mir ein, dass sie sonntags auf ihrer Lichtung herumliefen, etwa wie in einem Gefängnishof.

Sie waren nicht bereit, mehr als vier Pfund braunen Zucker zu entbehren – sie schlossen das Lager auf, um ihn zu bekommen –, da sie für solche Fälle nur wenig übrig hatten, und sie verlangten zwanzig Cent pro Pfund dafür, was sich auf jeden Fall lohnte Bring es da hoch.

Als ich ans Ufer zurückkehrte, war es ziemlich dunkel, aber wir hatten ein stimmungsvolles Feuer, an dem wir uns wärmten und trockneten, und dahinter eine gemütliche Wohnung. Der Indianer ging zum Haus hinauf, um sich nach einem Bruder zu erkundigen, der ein oder zwei Jahre auf der Jagd gewesen war, und während ein weiterer Regenschauer einsetzte, tastete ich damit herum, Fichten- und Lebensbaumzweige für ein Bett zu schneiden. Ich bevorzugte den Lebensbaum wegen seines Duftes und verteilte ihn besonders dick auf den Schultern. Es ist bemerkenswert, mit welcher reinen Befriedigung der Reisende in diesen Wäldern am Vorabend einer stürmischen Nacht wie dieser seinen Campingplatz erreicht, als wäre er in seinem Gasthaus angekommen, und sich, in seine Decke gerollt, auf seinen sechs Beinen ausstreckt - 2,5 Meter großes Bett aus tropfenden Tannenzweigen, mit einer dünnen Baumwolldecke als Dach, gemütlich wie eine Wiesenmaus in ihrem Nest. Unsere besten Nächte waren ausnahmslos die, in denen es regnete, denn dann hatten wir keine Probleme mit Mücken.

Bei solchen Ausflügen vernachlässigt man schnell den Regen, zumindest im Sommer ist es so einfach, sich abzutrocknen, vorausgesetzt, dass man keine trockene Kleidung zum Wechseln zur Verfügung hat. An einem solchen Feuer, wie man es im Wald machen kann, kann man sich viel schneller austrocknen als in jedermanns Küche, der Kamin ist so viel größer und es gibt so viel mehr Holz. Ein schuppenförmiges Zelt fängt die Hitze ein und reflektiert sie wie ein Yankee-Bäcker, und Sie trocknen möglicherweise, während Sie schlafen.

Einige, deren Dächer in den Städten undicht sind, wurden vielleicht wachgehalten, aber wir wurden bald von einem stetigen, durchnässten Regen, der die ganze Nacht anhielt, in den Schlaf gewiegt. Da der Regen heute Nacht nicht so heftig einsetzte, waren die Zweige durch die reflektierte Hitze bald getrocknet.

MITTWOCH , 29. Juli.

Als wir aufwachten, hatte es aufgehört zu regnen, obwohl es immer noch bewölkt war. Das Feuer wurde gelöscht und die Stiefel des Indianers, die unter der Dachrinne des Zeltes standen, waren halbvoll mit Wasser. Er war in dieser Hinsicht viel unvorsichtiger als jeder von uns, und er hatte es uns zu verdanken, dass sein Pulver trocken blieb. Wir beschlossen, den See sofort zu überqueren, vor dem Frühstück oder solange wir konnten; und bevor ich mich auf den Weg machte, nahm ich die Richtung des Ufers wahr, das wir etwa drei Meilen südsüdöstlich erreichen wollten, damit ein plötzlicher nebliger Regen es nicht verdecken könnte, als wir auf halbem Weg waren. Obwohl die Bucht, in der wir uns befanden, vollkommen ruhig und glatt war, fanden wir den See draußen bereits hellwach , aber nicht gefährlich oder unangenehm; Wenn man jedoch mit einem solchen Kanu auf einem dieser Seen unterwegs ist, vergisst man nicht, dass man völlig dem Wind ausgeliefert ist, und zwar einer launischen Kraft. Die verspielten Wellen können Ihnen in ihrem Sport jederzeit zu unhöflich werden und Sie überwältigen. So früh sahen wir ein paar *Seerosen* und einen Fischfalken, und nachdem wir lange und stetig über die dunklen Wellen von Apmoojenegamook gepaddelt und getanzt hatten , befanden wir uns in der Nähe des südlichen Landes, hörten die Wellen dort brechen und richteten unsere Gedanken ganz darauf diese Seite. Nachdem wir ein oder zwei Meilen ostwärts entlang dieser Küste gesegelt waren, frühstückten wir auf einer felsigen Spitze, dem ersten geeigneten Ort, der sich bot.

Es war gut, dass wir so früh überquerten, denn die Wellen waren jetzt ziemlich hoch, und wir hätten etwas umfahren müssen, aber ab diesem Punkt hatten wir verhältnismäßig glattes Wasser. Normalerweise kann man an der einen oder anderen Seite eines Sees entlanggehen, wenn man ihn nicht überqueren kann.

Der Indianer blickte von Zeit zu Zeit auf die Hartholzkämme und sagte, dass er gerne irgendwo in der Nähe dieses Sees ein paar hundert Hektar Land kaufen würde, und fragte uns um Rat. Es sollte so nahe wie möglich an der Kreuzungsstelle gekauft werden.

Mein Begleiter und ich diskutierten eine Minute lang über einen Punkt der alten Geschichte und waren amüsiert über die Haltung, die der Inder einnahm, der nicht sagen konnte, worüber wir sprachen. Er ernannte sich selbst zum Schiedsrichter, und unserer Miene und Geste nach zu urteilen, bemerkte er von Zeit zu Zeit sehr ernst: „Du hast geschlagen" oder „Er hat geschlagen."

Wir verließen eine weitläufige Bucht, eine nordöstliche Verlängerung des Chamberlain Lake, zu unserer Linken und gelangten durch eine kurze Meerenge ein paar Meilen weiter in einen kleinen See, der auf der Karte Telasinis hieß, aber die Indianer hatten keinen eindeutigen Namen dafür, und von *dort* aus in den *Telos- See, den er Paytaywecomgomoc* oder „See des verbrannten Bodens" nannte . Dieser krümmte sich nach Nordosten und war beim Paddeln vielleicht drei oder vier Meilen lang. Er war seit 1825 nicht mehr hier gewesen. Er wusste nicht, was Telos meinte; dachte, es sei kein Inder. Er benutzte das Wort „ *Spokelogan* " (für eine Bucht am Ufer, die nirgendwo hinführte) und als ich nach der Bedeutung fragte, sagte er, dass „kein Indianer darin " sei . Am Südwestufer gab es eine Lichtung mit einem Haus und einer Scheune, die vorübergehend von einigen Männern bewohnt wurde, die, wie uns gesagt worden war, das Heu holten; außerdem eine Lichtung für eine Weide auf einem Hügel an der Westseite des Sees.

Wir landeten auf einem felsigen Punkt an der Nordostseite, um uns einige Rotkiefern (*Pinus resinosa*) anzusehen, die ersten, die uns aufgefallen waren, und ein paar Zapfen zu holen, denn unsere wenigen, die in Concord wachsen, tragen keine.

Die Mündung des Sees in den Ostarm des Penobscot ist künstlich angelegt, und es war nicht ganz klar, wo genau sie sich befand, aber der See verlief geschwungen weit nach Nordosten in zwei enge Täler oder Schluchten, als wäre er schon seit langer Zeit dort Die Zeit tastete sich ihren Weg zu den Gewässern von Penobscot oder erinnerte sich, als sie einst dort floss; Indem wir beobachteten, wo der Horizont am niedrigsten war, und dem längsten davon folgten, erreichten wir schließlich den Damm, nachdem wir etwa ein Dutzend Meilen vom letzten Lager entfernt waren. Jemand hatte eine Leine für Forellen und das Klappmesser, mit dem der Köder zerschnitten worden war, auf dem Damm daneben zurückgelassen, ein Beweis dafür, dass ein Mensch in der Nähe war, und auf einem verlassenen Baumstamm in der Nähe ein Laib Brot, das in einem Yankee-Bäcker gebacken worden war. Diese erwiesen sich als Eigentum eines einsamen Jägers, den wir bald trafen, und Kanu, Gewehr und Fallen waren nicht weit entfernt. Er erzählte uns, dass es auf unserer Route noch zwanzig Meilen bis zum Fuß des Grand Lake waren, wo man so viele Forellen fangen konnte, wie man wollte, und dass das erste Haus unterhalb des Fußes des Sees, am East Branch, Hunts Haus war. etwa fünfundvierzig Meilen weiter; Zwar gab es einen etwa anderthalb Meilen den Trout Stream hinauf, etwa fünfzehn Meilen weiter, aber es war eher ein blinder Weg dorthin. Es stellte sich heraus, dass wir, obwohl der Bach zu unseren Gunsten war, das nächste Haus erst am Morgen des dritten Tages erreichten. Das nächste dauerhaft bewohnte Haus hinter uns war jetzt ein Dutzend Meilen entfernt, so dass der Abstand zwischen den beiden nächsten Häusern auf unserer Route etwa sechzig Meilen betrug.

Dieser Jäger, ein ganz kleiner, sonnenverbrannter Mann, der bereits sein Kanu herübergetragen und sein Brot gebacken hatte, hatte nichts Interessanteres und Dringenderes zu tun, als unsere Durchfahrt zu beobachten. Er war einen Monat oder länger allein unterwegs gewesen. Wie viel wilder und abenteuerlicher ist sein Leben als das des Jägers in den Wäldern von Concord, der jede Nacht zu seinem Haus und zum Mühlendamm zurückkehrt! Doch in den Städten, die Wildhafer zum

Aussäen haben, säen sie ihn gewöhnlich auf kultiviertem und verhältnismäßig erschöpftem Boden. Und was die lautstarke Welt in den Großstädten angeht, so ist sie so wenig unternehmensfreudig, dass sie nie ein Abenteuer in diese Richtung unternimmt, sondern sich wie Ungeziefervereine in Gassen und Kneipen zusammenschließt. Ihre größte Errungenschaft besteht vielleicht darin, neben einem Feuerwehrauto herzulaufen Brickbats werfen. Aber Ersterer ist vergleichsweise ein unabhängiger und erfolgreicher Mann, der seinen Lebensunterhalt auf eine Weise verdient, die ihm gefällt, ohne seine menschlichen Nachbarn zu stören. Wie viel respektabler ist auch das Leben des einsamen Pioniers oder Siedlers in diesen oder anderen Wäldern, der echte Schwierigkeiten hat, die er nicht selbst geschaffen hat und seinen Lebensunterhalt direkt aus der Natur bezieht, als das der hilflosen Scharen in den Städten, die … sind darauf angewiesen, die äußerst künstlichen Bedürfnisse der Gesellschaft zu befriedigen, und werden durch schwere Zeiten aus der Beschäftigung geworfen!

Hier fanden wir zum ersten Mal wirklich reichlich Himbeeren – das heißt, als wir die Höhe des Landes zwischen dem Allegash und dem Ostarm des Penobscot passierten; das Gleiche galt auch für die Blaubeeren.

Telos Lake, der Quell des St. John auf dieser Seite, und Webster Pond, der Quell des Ostarms des Penobscot, sind nur etwa eine Meile voneinander entfernt und durch eine Schlucht verbunden, in der nur wenig gegraben werden musste um das Wasser des ersteren, das am höchsten ist, in das letztere fließen zu lassen. Dieser Kanal, der weniger als eine Meile lang und etwa vier Ruten breit ist, wurde einige Jahre vor meinem ersten Besuch in Maine angelegt. Seitdem wurde das Holz des oberen Allegash und seiner Seen den Penobscot hinunter, also den Allegash hinauf, geleitet, der hier hauptsächlich aus einer Kette großer und stehender Seen besteht, deren Durchgangsstraßen oder Flussverbindungen nahezu hergestellt wurden ebenso stagnierend durch Stauung, und dann den Penobscot hinunter. Das Rauschen des Wassers hat solche Veränderungen im Kanal hervorgerufen, dass er jetzt wie ein sehr schneller Gebirgsbach aussieht, der durch eine Schlucht fließt, und man würde nicht vermuten, dass irgendwelche Grabungen erforderlich waren, um das Wasser des St. John dazu zu bewegen fließen hier in den Penobscot. Es war so kurvenreich, dass man nur wenig nach unten sehen konnte.

Springer gibt in seinem „Forest Life“ an, dass der Grund für die Ausgrabung dieses Kanals folgender war: Gemäß dem Vertrag von 1842 mit Großbritannien wurde vereinbart, dass das gesamte Holz den St. John hinunterfließen sollte, der entspringt in Maine: „Wenn es sich innerhalb der Provinz New Brunswick befindet, wird es so behandelt, als ob es das Produkt der genannten Provinz wäre“, was unserer Meinung nach bedeutete, dass es steuerfrei sein sollte. Sofort erhob die Provinz, um etwas aus den Yankees herauszuholen, einen Zoll auf alles Holz, das den St. John hinunterkam; aber um seine eigenen Untertanen zufrieden zu stellen, gewährte es „einen entsprechenden Rabatt auf die Baumstümpfe, die denjenigen berechnet wurden, die Holz aus den Kronländern schleppten". Das Ergebnis war, dass die Yankees den St. John in die andere Richtung oder den Penobscot hinunter laufen ließen, so dass die Provinz sowohl ihre Pflicht als auch ihr Wasser verlor, während die Yankees, die sehr bereichert waren, Grund hatten, ihr für den Vorschlag zu danken.

Es ist wunderbar, wie gut dieses Land bewässert ist. Wenn Sie über einen See paddeln, werden Ihnen Buchten gezeigt, in die Sie, vielleicht auch in den Nebenfluss, der mündet, nach einer kurzen Portage oder möglicherweise, zu manchen Jahreszeiten, überhaupt keiner gelangen können ein weiterer Fluss, der weit weg von dem Fluss mündet, an dem Sie sich befinden. Im Allgemeinen können Sie mit einem Kanu in jede Richtung fahren, indem Sie häufige, aber nicht sehr lange Portagen durchführen. Sie erkennen nur noch einmal, woran sich die ganze Natur hier deutlich erinnert, denn zweifellos floss das Wasser in einer früheren geologischen Zeit so, und es war kein Seenland, sondern ein Archipel. Es scheint, als ob die jüngeren und eindrucksvolleren Strömungen den zahlreichen Einladungen und Versuchungen, ihre heimischen Betten zu verlassen und die Kanäle ihrer Nachbarn entlangzulaufen, kaum widerstehen können. Ihre Transporte befinden sich oft über halb überflutetem Boden, auf den trockenen Kanälen einer früheren Zeit. Beim Tragen von einem Fluss zum anderen ging ich nicht über so hohes und felsiges Gelände wie beim Umgehen der Wasserfälle desselben Flusses. Denn im ersteren Fall verirrte ich mich einmal in einem Sumpf, wie ich erzählt habe, und fand wieder einen künstlichen Kanal, der natürlich zu sein schien.

Ich erinnere mich, dass ich einmal davon geträumt habe, ein Kanu die Flüsse von Maine hinaufzuschieben, und dass ich, als ich so hoch angekommen war, dass die Kanäle trocken waren, fast so gut wie zuvor durch die Schluchten und Schluchten weiterkam, indem ich etwas stärker drückte. und jetzt schien es mir, als sei mein Traum teilweise verwirklicht.

Wo es einen Wasserkanal gibt, gibt es auch eine Straße für das Kanu. Der Lotse des Dampfers, der 1854 von Oldtown den Penobscot hinauf fuhr, erzählte mir, dass er nur vierzehn Zoll tief war und problemlos in zwei Fuß tiefem Wasser fahren würde, obwohl sie das nicht mochten. Es wird gesagt, dass einige westliche Dampfer bei starkem Tau fahren können, daher können wir uns vorstellen, was ein Kanu leisten kann. Montresor, der um 1760 von den Engländern aus Quebec geschickt wurde, um die Route zum Kennebec zu erkunden, über die Arnold später ging, versorgte den Penobscot in der Nähe seiner Quelle mit Wasser, indem er die Biberdämme öffnete, und er sagt: „Das wird oft gemacht.". " Anschließend erklärt er, dass der Gouverneur von Kanada verboten habe, den Biber an der Mündung des Kennebec-Sees in den Moosehead Lake zu belästigen, weil ihre Dämme den Zweck erfüllten, das Wasser für die Schifffahrt anzuheben.

Dieser sogenannte Kanal war ein beträchtlicher, äußerst schneller und steiniger Fluss. Der Indianer kam zu dem Schluss, dass genug Wasser darin sei, ohne den Damm zu erhöhen, was die Gewalt nur noch verstärken würde, und dass er allein hinunterlaufen würde, während wir den größten Teil des Gepäcks trugen. Da unser Proviant etwa zur Hälfte aufgebraucht war, blieb weniger im Kanu übrig. Wir hatten das Schweinefleischfass weggeworfen und seinen Inhalt in Birkenrinde eingewickelt , das unvergleichliche Einwickelpapier des Waldes.

Einem feuchten Pfad durch den Wald folgend, erreichten wir ungefähr zur gleichen Zeit wie der Indianer den Kopf des Webster Pond, ungeachtet der Geschwindigkeit, mit der er sich bewegte, da unser Weg der direkteste war. Der indianische Name des Webster Stream, dessen Quelle dieser Teich ist, ist seiner Meinung nach *Madunkchunk . ich . e.* , Höhe des Landes und des Teiches, *Madunkchunk-gamooc* oder Höhe des Landteichs. Letzterer war zwei bis drei Meilen lang. Wir kamen an einer Kiefer am Ufer vorbei, die vielleicht am Tag zuvor vom Blitz zersplittert worden war. Dies war das erste richtige Gewässer in East Branch Penobscot, das wir erreichten.

An der Mündung des Webster Lake befand sich ein weiterer Damm, an dem wir Halt machten und Himbeeren pflückten, während der Indianer eine halbe Meile bachabwärts durch den Wald ging, um zu sehen, womit er zu kämpfen hatte. Hier gab es ein verlassenes Holzlager, das offenbar im vergangenen Winter genutzt wurde, mit einer „Hütte" oder Scheune für das Vieh. In der Hütte befand sich ein großes Bett aus Tannenzweigen, das einen halben Meter über dem Boden stand und einen großen Teil der einzelnen Wohnung einnahm, ein langer, schmaler Tisch an der Wand, davor eine stabile Holzbank und über dem Tisch ein kleines Fenster. der Einzige, der ein schwaches Licht hereinließ. Es handelte sich um eine einfache und starke Festung, die gegen die Kälte errichtet worden war und darauf hindeutete, welch tapfere Grabenarbeit dort geleistet worden war. In den Wäldern in der Nähe entdeckte ich ein oder zwei merkwürdige Holzfallen, die schon lange nicht mehr benutzt wurden . Der Hauptteil bestand aus einer langen und schlanken Stange.

Unser Abendessen bekamen wir am Ufer, auf der Oberseite des Damms. Als wir an unserem Feuer saßen, das von der Erdbank des Damms verdeckt wurde, watschelte eine lange Reihe halb ausgewachsener Brandraketen aus dem Wasser unten über das Feuer und kam etwa eine Rute an uns vorbei, so dass wir es fast hätten tun können haben sie in unseren Händen gefangen.

Sie waren in allen Bächen und Seen, die wir besuchten, sehr zahlreich anzutreffen, und alle zwei oder drei Stunden rasten sie in einer langen Reihe über dem Wasser vor uns davon, zwanzig bis fünfzig auf einmal, selten fliegend, aber mit großem Tempo Schnelligkeit flussaufwärts oder flussabwärts, selbst inmitten der heftigsten Stromschnellen, und anscheinend genauso schnell flussaufwärts wie flussabwärts, oder auch diagonal kreuzend, wobei die Alten, wie es schien, hinterherhinkten, sie trieben und mit der Zeit nach vorne flogen zur Zeit, als wollte er sie lenken. Wir sahen auch viele kleine schwarze Wasseramseln, die sich ähnlich verhielten, und ein- oder zweimal ein paar schwarze Enten.

Ein Indianer in Oldtown hatte uns gesagt, wir müssten zehn Meilen zwischen Telos Lake am St. John und Second Lake am Ostarm des Penobscot transportieren; aber die Holzfäller , die wir trafen, versicherten uns, dass der Transport nicht mehr als eine Meile dauern würde. Es stellte sich heraus, dass der Indianer, der kürzlich über diese Route gegangen war, für uns am nächsten rechts war. Wenn jedoch einer von uns dem Indianer beim Manövrieren des Kanus in den Stromschnellen hätte helfen können, wären wir möglicherweise den größten Teil des Weges gelaufen; aber da er an solchen Orten allein mit der Führung des Kanus beschäftigt war, mussten wir den größten Teil zu Fuß zurücklegen. Ich fühlte mich noch nicht ganz bereit, ein solches Experiment auf Webster Stream zu versuchen, das einen so schlechten Ruf hat. Nach meiner Beobachtung schießt ein Batteau, wenn es richtig bemannt ist, ganz selbstverständlich Stromschnellen, die ein einzelner Indianer mit einem Kanu herumträgt.

Mein Begleiter und ich trugen einen guten Teil des Gepäcks auf unseren Schultern, während der Indianer das mitnahm, was durch Nässe im Kanu am wenigsten beschädigt werden konnte. Wir wussten nicht, wann wir ihn wiedersehen würden, denn seit dem Kanalbau war er nicht mehr in diesem Zustand gewesen, und auch nicht seit mehr als dreißig Jahren. Er stimmte zu, anzuhalten, sobald er glattes Wasser erreicht hatte, heraufzukommen und unseren Weg zu finden, wenn er konnte, und Hallo für uns zu rufen, und nach einer angemessenen Wartezeit weiterzufahren und es noch einmal zu versuchen – und wir sollten in gleicher Weise nach ihm Ausschau halten .

Er begann damit, wie gewöhnlich im Stehen durch die Schleuse und über den Damm zu rennen und war bald hinter einem Punkt in einer wilden Schlucht außer Sicht. Dieser Webster Stream ist unter Holzfällern als schwierig bekannt. Es ist äußerst schnell und felsig und auch flach und kann kaum als schiffbar angesehen werden, es sei denn, das bedeutet, dass das, was man hineinwirft, mit Sicherheit schnell hinunter getragen wird, auch wenn es dabei in Stücke gerissen werden kann. Es ist ein bisschen so, als würde man durch eine Donnerwolke navigieren. Da Sie normalerweise von einer unwiderstehlichen Kraft vorangetrieben werden, müssen Sie in jedem

Moment Ihren eigenen Kurs wählen, zwischen den Felsen und Untiefen, und um hineinzukommen, immer mit der größtmöglichen Mäßigung voranschreiten und sich, wenn Sie können, oft festhalten, damit du die Stromschnellen vor dir inspizieren kannst.

Den Anweisungen des Indianers folgend, nahmen wir einen alten Pfad auf der Südseite, der flussabwärts zu führen schien, wenn auch in beträchtlicher Entfernung von ihm, und Kurven abtrennte, vielleicht zum Second Lake, nachdem wir den Kurs zunächst mit einem Kompass von der Karte abgelesen hatten , das aus Sicherheitsgründen nordöstlich lag. Es war ein wilder Waldweg, über den ein paar Spuren von Ochsen getrieben worden waren, wahrscheinlich zu einer alten Lagerlichtung als Weideland, vermischt mit den Spuren von Elchen, die ihn kürzlich benutzt hatten. Wir marschierten etwa eine Stunde lang ruhig weiter, ohne unsere Rucksäcke abzulegen, wobei wir uns gelegentlich um einen umgestürzten Baum herumschlängelten oder über ihn kletterten, größtenteils weit außer Sicht- und Hörweite des Flusses; Bis wir, nachdem wir etwa drei Meilen gelaufen waren, mit Freude feststellten, dass der Weg an einem alten Lagerplatz wieder zum Fluss führte, wo es eine kleine Öffnung im Wald gab, an der wir Halt machten. So schnell der flache und felsige Fluss hier floss, eine ununterbrochene Stromschnelle mit tanzenden Wellen, sah ich, als ich am Ufer saß, eine lange Reihe von Brandwürmern, die etwas erschreckte, auf der gegenüberliegenden Seite des Baches neben mir herlaufen die gleiche Leichtigkeit, mit der sie es normalerweise taten, indem sie einfach die Oberfläche der Wellen berührten und einen Impuls von ihnen erhielten, als sie unter ihnen hervorflossen; aber sie kamen bald zurück, angetrieben von dem Indianer, der wegen der Windungen etwas hinter uns zurückgefallen war. Er schoss um einen Punkt knapp darüber herum und landete mit beträchtlichem Wasser in seinem Kanu bei uns. Er hatte, wie er sagte, „sehr starkes Wasser" vorgefunden und war schon einmal gezwungen gewesen, an Land zu gehen, um das, was er aufgenommen hatte, auszuleeren. Er beklagte sich darüber, dass es ihn anstrengte, so stark zu paddeln, um sein Kanu gerade hinein zu halten Er hatte niemanden am Bug, der ihm helfen konnte, und obwohl er flach war, sagte er, dass es kein Scherz sei, dort umzukippen, denn die Kraft des Wassers sei so groß, dass er so viel Vertrauen hatte , dass ich ihn darüber schlagen würde Kopf mit einem Paddel, während ihn das Wasser trifft. Ihn aus dieser Lücke herauskommen zu sehen, war, als ob man Wasser in einen geneigten und zickzackförmigen Trog schütten, dann eine Nussschale hineinwerfen und, indem man einen Abstecher zum Boden nimmt, rechtzeitig dort ankommt, um zu sehen, wie es herauskommt, ungeachtet des Hektik und Tumult, mit der rechten Seite nach oben und nur teilweise mit Wasser gefüllt.

Nach einer kurzen Atempause, während ich sein Kanu hielt, war er hinter einer weiteren Kurve bald wieder außer Sicht, und wir schulterten unsere Rucksäcke und setzten unseren Kurs fort.

Wir gerieten nicht sofort wieder auf unseren Weg, sondern bahnten uns mühsam unseren Weg am Flussufer entlang, bis wir schließlich, landeinwärts durch den Wald vordringend, ihn wiedererlangten. Bevor wir eine Meile zurücklegten, hörten wir den Indianer, der uns rief. Er war durch den Wald und den Weg hinaufgekommen, um uns zu finden, und hatte ausreichend glattes Wasser erreicht, um uns aufzunehmen. Das Ufer war etwa eine Viertelmeile entfernt, durch einen dichten, dunklen Wald, und als er uns führte Als ich zurückkam und mich schnell nach rechts und links bewegte, hatte ich die Neugier, aufmerksam nach unten zu schauen, und stellte fest, dass er seinen Schritten rückwärts folgte. Ich konnte seine Spur im Moos nur gelegentlich erkennen, und doch schien er weder nach unten zu schauen noch einen Augenblick zu zögern, sondern führte uns genau zu seinem Kanu hinaus. Das hat mich überrascht; Denn ohne einen Kompass oder ohne den Anblick oder das Rauschen des Flusses, der uns führte, hätten wir unseren Kurs nicht viele Minuten lang halten können und unsere Schritte nur ein kurzes Stück zurückverfolgen können, mit großer Mühe und sehr langsam, mit Hilfe eines mühsame Umsicht. Aber es war klar , dass er durch den Wald dorthin zurückkehren konnte, wo er tagsüber gewesen war.

Nach diesem anstrengenden Spaziergang durch den dunklen Wald war es eine angenehme Abwechslung, noch einmal mit dem Kanu den reißenden Fluss hinunterzugleiten. Dieser Fluss, der etwa die Größe unseres Assabet (in Concord) hatte, obwohl er immer noch sehr schnell war, war hier fast vollkommen glatt und zeigte über mehrere Meilen hinweg ein deutlich sichtbares Gefälle, eine regelmäßig geneigte Ebene, wie ein etwas schräg gestellter Spiegel , auf dem wir im Leerlauf weiterfuhren. Dieser sehr offensichtliche regelmäßige Abstieg, der besonders deutlich zu erkennen war, wenn ich die Wasserlinie am Ufer betrachtete, machte auf mich einen besonderen Eindruck, der durch die Schnelligkeit unserer Bewegung wahrscheinlich noch verstärkt wurde, so dass es schien, als würden wir einen viel steileren Abhang hinabgleiten, als wir es tatsächlich waren , und dass wir uns nicht vor Stromschnellen und Wasserfällen retten könnten, wenn wir plötzlich auf sie stoßen würden. Mein Begleiter nahm diesen Hang nicht wahr, aber ich habe die Augen eines Vermessers und konnte mich davon überzeugen, dass es sich nicht um eine Augentäuschung handelte. Wenn man sich einem solchen Fluss näherte, konnte man auf den ersten Blick erkennen, in welche Richtung das Wasser floss, obwohl man möglicherweise keine Bewegung wahrnahm. Ich beobachtete den Winkel, in dem eine ebene Linie auf die Oberfläche trifft, und berechnete die Fallhöhe einer Stange, die nicht besonders groß sein musste, um diesen Effekt hervorzurufen.

Es war sehr berauschend und die Vollkommenheit des Reisens, ganz anders als das Schweben auf unserem toten Concord River, das Hinuntergleiten dieses geneigten Spiegels, der sich hin und wieder sanft windete, einen Berg hinab, tatsächlich zwischen zwei immergrünen Wäldern, gesäumt von hohen Toten Weiße Kiefern, die manchmal auf halber Höhe des Baches geneigt waren und bald dazu bestimmt waren, ihn zu überbrücken. Ich sah dort einige Ungeheuer , die fast keine Zweige mehr hatten und deren Durchmesser sich auf achtzig bis neunzig Fuß kaum verringerte.

Während wir so dahinfegten, wiederholte unser Indianer in bedächtigem und gedehntem Ton die Worte „Daniel Webster, großer Anwalt", offenbar erinnerte ihn der Name des Baches an ihn, und er beschrieb, wie er ihn einmal in Boston berufen hatte, wofür er vermutlich war es seine Pension. Er hatte nichts mit ihm zu tun, sondern ging, wie wir sagen sollten, nur, um ihm seine Aufwartung zu machen. Als Antwort auf unsere Fragen beschrieb er seine Person gut genug. Es war am Tag, nachdem Webster seine Bunker Hill-Rede gehalten hatte, die Polis meiner Meinung nach gehört hatte. Als er das erste Mal anrief, wartete er, bis er müde war, ohne ihn zu sehen, und ging dann weg. Das nächste Mal sah er ihn mehrmals in Hemdsärmeln an der Tür des Zimmers vorbeigehen, in dem er wartete, ohne ihn zu bemerken. Er dachte, wenn er gekommen wäre, um Indianer zu sehen, hätten sie ihn nicht so behandelt. Endlich, nach sehr langer Verzögerung, kam er herein, ging auf ihn zu und fragte mit lauter Stimme schroff: „Was willst du?" und als er zunächst durch die Bewegung seiner Hand dachte, dass er ihn schlagen würde, sagte er zu sich selbst: „Du solltest besser aufpassen; Wenn du das versuchst, werde ich wissen, was zu tun ist." Er mochte ihn nicht und erklärte, dass alles, was er sagte, „nicht der Rede wert über einen Musquash" sei. Wir vermuteten, dass Herr Webster wahrscheinlich sehr beschäftigt war und gerade sehr viele Besucher hatte.

Als wir zu Wasserfällen und Stromschnellen kamen, endete unser unbeschwertes Vorankommen plötzlich. Der Indianer ging am Ufer entlang, um das Wasser zu inspizieren, während wir über die Felsen kletterten und Beeren pflückten. Das eigentümliche Wachstum von Blaubeeren auf den Gipfeln großer Felsen erweckte hier den Eindruck von Hochland , und tatsächlich handelte es sich hier um den Height-of-Land Stream. Als der Indianer zurückkam, bemerkte er: „Du musst laufen; sehr starkes Wasser." Also holte er sein Kanu heraus, ließ es unterhalb der Wasserfälle erneut zu Wasser und war bald außer Sichtweite. In solchen Momenten stieg er in das Kanu, nahm sein Paddel und machte sich mit geheimnisvoller Miene auf den Weg, blickte weit flussabwärts und behielt seinen eigenen Rat, als würde er die gesamte Intelligenz des Waldes und des Baches in sich aufsaugen ; aber ich bemerkte manchmal ein wenig Spaß in seinem Gesicht, der meinem mitfühlenden Lächeln weichen konnte, denn er war durch und durch gut gelaunt. Mittlerweile sind wir mit unseren Rucksäcken weglos am Ufer entlanggekrochen. Dies war die letzte unserer *Bootsfahrten* für diesen Tag.

Pfanne gehabt hätte, hätte er es gern gehabt um hier ein wenig Sand wegzuwaschen.

Der Inder kam jetzt viel schneller zurecht als wir und wartete ab und zu auf uns. Ich fand hier die einzige kühle Quelle, an der ich auf diesem Ausflug irgendwo getrunken habe , ein wenig Wasser füllte eine Mulde im Sandufer. Es war ein denkwürdiges Ereignis, und das lag an der Höhenlage des Landes, denn wo auch immer wir sonst gewesen waren, war das Wasser in den Flüssen und Bächen, die einströmten, tot und warm im Vergleich zu dem einer Bergregion. Es war sehr schlimm, am Ufer entlang über umgestürzte und treibende Bäume, Büsche und Steine zu laufen, von Zeit zu Zeit über dem Wasser herumzuschwingen, zu einer Kiesbank zu gehen oder ins Landesinnere zu gehen. An einer Stelle, als der Indianer voraus war, musste ich alle meine Kleider ausziehen, um einen kleinen, aber tiefen Bach zu durchqueren, der in mich mündete, während mein Begleiter, der sich im Landesinneren befand, hoch oben im Wald eine grobe Brücke fand und Ich habe ihn einige Zeit nicht mehr gesehen. Ich sah dort sehr frische Elchspuren, fand eine neue Goldrute für mich (vielleicht *Solidago thyrsoidea*) und kam an einem weißen Kiefernstamm vorbei, der sich im Wald am Rande des Baches festgesetzt hatte, der einen Durchmesser von etwa fünf Fuß hatte der Hintern. Wahrscheinlich hielt ihn seine Größe zurück.

Kurz darauf überholte ich den Indianer am Rande eines verbrannten Landes, das sich über mindestens drei oder vier Meilen erstreckte und etwa drei Meilen oberhalb des Second Lake begann, den wir in dieser Nacht erreichen wollten und der etwa zehn Meilen vom Telos-See entfernt liegt . Diese verbrannte Region war noch felsiger als zuvor, aber obwohl verhältnismäßig offen, konnten wir den See noch nicht sehen. Nachdem ich meinen Gefährten eine Zeit lang nicht gesehen hatte, kletterte ich mit dem Indianer auf einen besonderen hohen Felsen am Ufer des Flusses, der an der Spitze einen schmalen Grat bildete, der nur einen oder zwei Fuß breit war, um nach ihm zu suchen . und nachdem ich viele Male gerufen hatte, hörte ich ihn endlich aus beträchtlicher Entfernung im Landesinneren antworten, da er einen Weg eingeschlagen hatte, der vom Fluss wegführte, vielleicht direkt zum See, und nun wieder auf der Suche nach dem Fluss war. Als ich etwa eine Drittelmeile weiter östlich oder flussabwärts einen viel höheren Felsen von derselben Art sah, ging ich durch das verbrannte Land darauf zu, um von seinem Gipfel aus nach dem See Ausschau zu halten, in der Annahme, dass es sich um den Indianer handelte Er blieb in seinem Kanu flussabwärts und rief die ganze Zeit Hallo, damit mein Begleiter mich auf dem Weg begleiten konnte. Bevor wir zusammenkamen, bemerkte ich, dass ein Elch, den ich möglicherweise durch mein Geschrei erschreckt hatte, offenbar gerade an einem großen, morschen Kiefernstamm entlang gelaufen war, der eine dreißig oder vierzig Fuß lange Brücke über eine Senke bildete, wie es praktisch war er wie für mich. Die Spuren waren so groß wie die eines Ochsen, aber ein Ochse konnte dort nicht überquert haben. Dieses verbrannte Land war eine äußerst wilde und trostlose Region. Den Unkräutern und Sprossen nach zu urteilen, schien es vor etwa zwei Jahren verbrannt worden zu sein. Es war mit verkohlten Baumstämmen bedeckt, entweder liegend oder stehend, die unsere Kleidung und Hände verunstalteten, und wir hätten dort nicht leicht einen Bären anhand seiner Farbe erkennen können. Große Baumschalen, manchmal außen unverbrannt oder nur auf einer Seite verbrannt, innen aber schwarz, ragten zwanzig bis vierzig Fuß hoch auf. Das Feuer war wie in einem Schornstein ins Innere gestiegen und hatte das Splintholz zurückgelassen. Manchmal überquerten wir auf einem umgestürzten Baumstamm eine fünfzig Fuß breite felsige Schlucht; und auf allen Seiten gab es große Felder mit Weidenröschen (*Epilobium angustifolium*), die ausgedehntesten, die ich je gesehen habe, und die große Mengen von rosafarbenem Gras präsentierten. Dazwischen befanden sich Blaubeer- und Himbeersträucher.

Nachdem ich einen zweiten felsigen Grat überquert hatte, der dem ersten ähnelte, und als ich begann, den dritten zu besteigen, winkte mir der Indianer, den ich etwa fünfzig Ruten am Ufer zurückgelassen hatte, zu ihm zu kommen, aber ich machte ein Zeichen, dass ich zuerst kommen würde Ich bestieg den höchsten Felsen vor mir, von wo aus ich erwartete, den See zu sehen. Mein Begleiter begleitete mich nach oben. Dies wurde genau wie die anderen gebildet. Da mir die vollkommene Parallelität dieser einzigartigen Felshügel auffiel, so weit sie auch den anderen voraus sein mochten, holte ich meinen Kompass heraus und stellte fest, dass sie nordwestlich und südöstlich lagen, der Fels am Rande lag und scharfkantig war. Dieser war, soweit ich mich erinnere, vielleicht eine halbe Meile lang, aber ziemlich schmal und stieg allmählich von Nordwesten auf eine Höhe von etwa achtzig Fuß an, war aber am südöstlichen Ende steil. Die Südwestseite war so steil wie ein gewöhnliches Dach oder so steil, wie wir es sicher erklimmen konnten; im Nordosten befand sich ein steiler Abgrund, von dem aus man direkt auf den Grund springen konnte, in dessen Nähe der Fluss floss; während die ebene Spitze des Bergrückens, auf dem man entlangging, nur 1 bis 3 oder 4 Fuß breit war. Nehmen Sie zur groben Veranschaulichung die der Länge nach in zwei Hälften geschnittene Birnenhälfte, legen Sie sie auf die flache Seite, mit dem Stiel nach Nordwesten, und halbieren Sie sie dann vertikal in Längsrichtung, wobei Sie die südwestliche Hälfte behalten. Das war die allgemeine Form.

Es gab eine bemerkenswerte Reihe dieser großen Felswellen, die durch das Brennen sichtbar wurden; Unterbrecher sozusagen. Kein Wunder, dass der

Fluss, der durch sie floss, schnell war und durch Wasserfälle behindert wurde. Zweifellos führte das Fehlen von Erde auf diesen Felsen oder die Trockenheit dort, wo es welche gab, zu einer sehr gründlichen Verbrennung. Wir konnten den See über dem Wald sehen, zwei oder drei Meilen vor uns, und dass der Fluss um das nordwestliche Ende der Klippe herum, auf der wir standen, oder etwas oberhalb von uns eine abrupte Kurve nach Süden machte, sodass wir eine Biegung abgeschnitten hatten , und dass es in kurzer Entfernung unter uns einen wichtigen Absturz gab. Ich konnte das Kanu hundert Ruten hinter mir sehen, aber jetzt am gegenüberliegenden Ufer, und vermutete, dass der Indianer beschlossen hatte, einige schlimme Stromschnellen auf dieser Seite zu überwinden und umzuleiten, und dass er mich vielleicht dazu gewinkt hatte; aber nachdem ich eine Weile gewartet hatte, konnte ich immer noch nichts von ihm sehen, und ich bemerkte meinem Begleiter, dass ich mich fragte, wo er war, obwohl ich anfing zu vermuten, dass er landeinwärts gegangen war, um von einem Hügel auf dieser Seite aus nach dem See zu suchen, wie wir getan hatte. Dies erwies sich als der Fall; denn nachdem ich zum Kanu zurückgekehrt war, hörte ich ein leises Hallo und erblickte ihn auf der Spitze eines fernen felsigen Hügels auf dieser Seite. Aber als ich nach langer Zeit sein Kanu immer noch an der gleichen Stelle sah und er nicht dorthin zurückgekehrt war und es offenbar auch nicht eilig hatte, dies zu tun, und weil ich mich außerdem daran erinnerte, dass er zuvor dazu gewinkt hatte Ich dachte, dass ihn vielleicht mehr aufhalten könnte, als ich wusste, und begann, nach Nordwesten zurückzukehren, den Bergrücken entlang, auf die Ecke im Fluss zu. Mein Begleiter, der gerade von uns getrennt worden war und sogar über die Notwendigkeit nachgedacht hatte, allein zu zelten, weil er seine Schritte schonen und dennoch bei uns bleiben wollte, fragte, wohin ich gehe; Darauf antwortete ich, dass ich weit genug zurückgehen würde, um mit dem Indianer zu kommunizieren, und dass ich dann dachte, wir sollten besser gemeinsam am Ufer entlanggehen und ihn im Blick behalten.

Als wir das Ufer erreichten, erschien der Indianer aus dem Wald auf der gegenüberliegenden Seite, aber wegen des Tosens des Wassers war es schwierig, mit ihm zu kommunizieren. Er blieb am Ufer westlich bis zu seinem Kanu, während wir an der Ecke anhielten, wo der Bach um den Abgrund herum nach Süden abbog. Ich sagte meinem Begleiter erneut, dass wir am Ufer bleiben und den Indianer im Auge behalten würden. Wir begannen damit, dicht beieinander, der Indianer hinter uns hatte sein Kanu wieder zu Wasser gelassen, aber in diesem Moment sah ich, wie dieser, der mit vierzig oder fünfzig Ruten hinter uns an unsere Seite getreten war, mir zuwinkte, und ich rief nach mir Mein Begleiter, der gerade drei oder vier Ruten vor mir auf dem Weg flussabwärts hinter großen Felsen an der Spitze des Abgrunds verschwunden war , sagte, dass ich dem Indianer einen Moment helfen würde. Ich half dabei, das Kanu über einen Sturz zu bringen, indem ich mit der Brust über einem Felsen lag und ein Ende festhielt, während er es unten aufnahm, und innerhalb von höchstens zehn oder höchstens fünfzehn Minuten war ich wieder an der Stelle, wo der Fluss floss wandte sich nach Süden, um meinen Begleiter einzuholen, während Polis allein parallel zu mir den Fluss hinunter glitt. Aber zu meiner Überraschung war mein Begleiter nicht zu sehen, als ich den Abgrund umrundete, obwohl das Ufer auf mindestens einer Viertelmeile kahl und ohne Felsen war. Es war, als wäre er in der Erde versunken. Dies war mir umso unerklärlicher, als ich wusste, dass seine Füße seit unserem Marsch durch den Sumpf sehr wund waren und dass er bei der Gesellschaft bleiben wollte; und außerdem war es sehr schwierig, über oder um die Felsen herum zu laufen und zu klettern. Ich eilte weiter, jubelte und suchte nach ihm, dachte, er könnte sich hinter einem Felsen verstecken, bezweifelte aber gleichzeitig, dass er nicht die andere Seite des Abgrunds genommen hatte, aber der Indianer war in seinem Kanu noch schneller vorangekommen, bis er verhaftet wurde die Wasserfälle, etwa eine Viertelmeile tiefer. Dann landete er und sagte, dass wir in dieser Nacht nicht weiterkommen könnten. Die Sonne ging unter, und wegen der Wasserfälle und Stromschnellen müssten wir gezwungen sein, diesen Fluss zu verlassen und ein gutes Stück in einen anderen, weiter östlich gelegenen Fluss zu gehen. Das erste, was ich dann tun musste, war, meinen Gefährten zu finden, denn ich war jetzt sehr besorgt um ihn, und ich schickte den Indianer flussabwärts am Ufer entlang, das direkt unterhalb der Wasserfälle wieder mit unverbranntem Holz bedeckt wurde, während ich rückwärts suchte über den Abgrund, den wir passiert hatten. Der Indianer zeigte eine gewisse mangelnde Bereitschaft, sich anzustrengen, und beklagte sich darüber, dass er aufgrund der Arbeit des Tages sehr müde sei und es ihn sehr angestrengt habe, so viele Stromschnellen allein hinunterzufahren; aber er rief etwas wie eine Eule. Ich erinnerte mich, dass mein Begleiter kurzsichtig war, und ich fürchtete, er sei entweder vom Abgrund gefallen oder ohnmächtig geworden und zwischen den Felsen darunter versunken. Ich schrie und suchte in der Dämmerung über und unter diesem Abgrund, bis ich nichts mehr sehen konnte, und erwartete nichts Geringeres, als seinen Körper darunter zu finden. Eine halbe Stunde lang erwartete und glaubte ich nur das Schlimmste. Ich dachte darüber nach, was ich am nächsten Tag tun sollte, wenn ich ihn nicht finden würde, was ich in solch einer Wildnis tun *könnte* und wie sich seine Verwandten fühlen würden, wenn ich ohne ihn zurückkehren würde. Ich hatte das Gefühl, dass es ein verzweifeltes Unterfangen sein würde, ihn zu finden, wenn er sich wirklich außerhalb des Flusses verirrt hätte. und wo waren die, die dir helfen konnten? Was würde es bedeuten, das Land aufzurichten, wo es nur zwei oder drei Lager gab, zwanzig oder dreißig Meilen voneinander entfernt, und keine Straße und vielleicht niemand zu Hause? Doch wir müssen uns umso mehr anstrengen, je geringer die Erfolgsaussichten sind.

Ich stürzte von diesem Abgrund zum Kanu, um das Gewehr des Indianers abzufeuern, stellte aber fest, dass mein Begleiter die Kappen hatte. Ich dachte immer noch darüber nach, es loszuwerden, als der Indianer zurückkam. Er hatte ihn nicht gefunden, aber er sagte, er habe seine Spuren ein- oder zweimal am Ufer entlang gesehen. Das hat mich sehr ermutigt. Er lehnte es ab, die Waffe abzufeuern, und sagte, wenn mein Begleiter es höre, was aufgrund des Rauschens des Baches unwahrscheinlich sei, würde es ihn dazu verleiten, auf uns zuzukommen, und er könnte sich im Dunkeln das Genick brechen. Aus dem gleichen Grund verzichteten wir darauf, auf dem höchsten Felsen ein Feuer anzuzünden. Ich schlug vor, dass wir beide flussabwärts zum See gehen sollten oder dass ich auf jeden Fall gehen sollte, aber der Indianer sagte: „Hat keinen Zweck, im Dunkeln kann man nichts machen; Komm morgen früh, dann finden wir sie . Kein Schaden, er lässt sie campen. Hier gibt es keine bösen Tiere, keine Knorpelbären wie in Kalifornien, wo er gewesen ist – warme Nacht –, ihm geht es genauso gut wie dir und mir.“ Ich dachte, dass er ohne uns auskommen könnte, wenn es ihm gut ginge. Er hatte gerade acht Jahre in Kalifornien gelebt und hatte viel Erfahrung mit wilden Tieren und wilderen Menschen. Er war besonders daran gewöhnt, lange Reisen zu unternehmen. aber wenn er krank oder tot war, war er in unserer Nähe. Die Dunkelheit im Wald war dadurch so dicht, dass sie allein die Frage entschied. Wir müssen dort campen, wo wir waren. Ich wusste, dass er seinen Rucksack mit Decken und Streichhölzern bei sich hatte und es ihm, wenn überhaupt, nicht schlechter ergehen würde als uns, außer dass er kein Abendessen und keine Gesellschaft haben würde.

Da diese Seite des Flusses so mit Steinen übersät war, gingen wir zum östlichen oder glatteren Ufer und schlugen dort unser Lager auf, nur zwei oder drei Stäbe von den Wasserfällen entfernt. Wir schlugen kein Zelt auf, sondern legten uns auf den Sand und legten ein paar Hände voll Gras und Zweige unter uns, da wir keine immergrünen Pflanzen zur Hand hatten. Als Treibstoff dienten uns einige der verkohlten Baumstümpfe. Unsere verschiedenen Säcke mit Proviant waren in den Stromschnellen ziemlich nass geworden, und ich stellte sie zum Trocknen über das Feuer. Der Sturz in der Nähe war der größte an diesem Bach und ließ die Erde unter uns erbeben. Es war eine kühle, weil feuchte Nacht; umso mehr wahrscheinlich aufgrund der Nähe der Wasserfälle. Der Indianer beschwerte sich sehr und meinte später, dass er sich dort eine Erkältung zugezogen habe, die zu einer noch ernsteren Krankheit geführt habe. Wir hatten jedenfalls keine großen Probleme mit Mücken. Ich lag vor Angst ziemlich wach, fühlte mich aber, ohne es mir selbst erklären zu können, schließlich verhältnismäßig entspannt ihm gegenüber. Zuerst hatte ich das Schlimmste befürchtet, aber jetzt hatte ich kaum noch Zweifel , dass ich ihn morgen früh finden würde. Von Zeit zu Zeit glaubte ich, seine Stimme durch das Rauschen der Wasserfälle auf der anderen Seite des Flusses rufen zu hören; aber es ist zweifelhaft, ob wir ihn dort jenseits des Baches hätten hören können. Manchmal bezweifelte ich, ob der Indianer seine Spuren wirklich gesehen hatte, da er sich nicht bereit zeigte, eine größere Suche durchzuführen, und dann kehrte meine Angst zurück.

Es war die wildeste und trostloseste Gegend, in der wir je gezeltet hatten, wo man, wenn überhaupt, erwarten konnte, auf standesgemäße Bewohner zu treffen, aber ich hörte nur das Quietschen eines Nachtschwärmers, der herüberhuschte. Der Mond, der im ersten Viertel der Nacht über den kahlen felsigen Hügeln unterging, die mit hohen, verkohlten und hohlen Baumstümpfen oder Baumschalen geschmückt waren, diente dazu, die Trostlosigkeit zu offenbaren.

DONNERSTAG , 30. Juli.

Ich habe den Indianer heute früh geweckt, um nach unserem Gefährten zu suchen, in der Erwartung, ihn ein oder zwei Meilen weiter flussabwärts zu finden. Der Inder wollte zuerst frühstücken, aber ich erinnerte ihn daran, dass mein Begleiter weder Frühstück noch Abendessen hatte. Zuerst mussten wir unser Kanu und unser Gepäck in einen anderen Fluss, den Hauptarm des East Branch, hinübertragen, der etwa eine Dreiviertelmeile entfernt lag, da der Webster Stream nicht weiter schiffbar war. Wir gingen zweimal über diesen Pfad, und die taufrischen Büsche durchnässten uns bis zur Mitte wie Wasser; Von Zeit zu Zeit grüßte ich in hoher Tonart, obwohl ich kaum erwartet hatte, dass man mich über das Rauschen der Stromschnellen hinweg hören würde, und außerdem befanden wir uns zwangsläufig auf der ihm gegenüberliegenden Seite des Baches. Als der Indianer, der mit dem Kanu auf dem Kopf vor mir stand, das letzte Mal diese Portage durchging, stolperte er und stürzte einmal schwer und lag einen Moment lang stumm da, als hätte er Schmerzen. Ich trat hastig vor, um ihm zu helfen, und fragte, ob er sehr verletzt sei, aber nach einer kurzen Pause, ohne zu antworten, sprang er auf und ging vorwärts. Er war immer wieder anfällig für schweigsame Anfälle, aber es waren harmlose.

Wir hatten unser Kanu zu Wasser gelassen und waren nur noch ein kleines Stück den East Branch hinuntergefahren, als ich einen Antwortruf von meinem Begleiter hörte und ihn bald darauf auf einer Stelle stehen sah, wo sich eine Viertelmeile tiefer eine Lichtung befand und der Rauch von sein Feuer stieg in der Nähe auf . Bevor ich ihn sah , schrie ich natürlich immer wieder, aber der Inder bemerkte knapp: „Er hört dich", als ob ein einziges Mal genug wäre. Es lag knapp unterhalb der Mündung des Webster Stream. Als wir ankamen, rauchte er seine Pfeife und sagte, dass er eine ziemlich angenehme Nacht verbracht habe, obwohl es wegen des Taus ziemlich kalt gewesen sei.

Als wir am Abend zuvor zusammenstanden und ich den Indianer auf der anderen Seite des Flusses anrief, schien es, dass er, da er kurzsichtig war, den Indianer und sein Kanu nicht gesehen hatte, und als ich dem Indianer wieder zu Hilfe kam, sah er das auch nicht Sehen Sie, welchen Weg ich gegangen bin, und vermuteten, dass wir unter ihm und nicht über ihm waren, und so rannte er, beeilt, ihn einzuholen, vor uns davon. Als er diese Lichtung erreichte, eine Meile oder mehr unterhalb unseres Lagers, überkam ihn die Nacht , und er machte in einer kleinen Mulde ein Feuer und legte sich in seiner Decke daneben, immer noch denkend, dass wir vor ihm waren. Er hielt es für wahrscheinlich, dass er den Indianerruf am Abend zuvor einmal gehört hatte, verwechselte ihn jedoch mit einer Eule. Er hatte eine botanische Rarität gesehen , bevor es dunkel wurde: reinweißes *Epilobium angustifolium* inmitten der rosafarbenen Felder in den verbrannten Ländern. Er hatte bereits den Rest eines Holzfällerhemdes , den er an der Landzunge gefunden hatte, als Signal an eine Stange am Ufer geklebt und einen Zettel daran befestigt, um uns mitzuteilen, dass er zum See gegangen war, und dass, wenn Er hat uns dort nicht gefunden, er würde in ein paar Stunden zurück sein. Wenn er uns nicht bald gefunden hätte, dachte er darüber nach, noch einmal auf die Suche nach dem einsamen Jäger zu gehen, den wir zehn Meilen hinter uns am Telos-See getroffen hatten, und ihn bei Erfolg anzuheuern, um ihn nach Bangor zu bringen. Aber wenn dieser Jäger so schnell vorangekommen wäre wie wir, wäre er zu diesem Zeitpunkt zwanzig Meilen entfernt gewesen, und wer hätte erraten können, in welche Richtung? Es wäre so gewesen, als würde man nach der Nadel im Heuhaufen suchen, in diesem Wald nach ihm zu suchen. Er hatte darüber nachgedacht, wie lange er allein von Beeren leben könnte.

Wir ersetzten seine Notiz durch eine Karte mit unserem Namen, unserem Reiseziel und dem Datum unseres Besuchs, die Polis sorgfältig in ein Stück Birkenrinde einwickelte , um sie trocken zu halten. Dies wurde wahrscheinlich schon von irgendeinem Jäger oder Entdecker gelesen.

Wir hatten alle großen Appetit auf das Frühstück, das wir hier eilig zubereiteten, und dann, nachdem wir unsere Kleidung teilweise getrocknet hatten, glitten wir schnell den gewundenen Bach hinunter in Richtung Second Lake.

Als die Ufer flacher wurden und sich häufig Kies- und Sandbänke bildeten und sich der Bach im Unterland in der Nähe des Sees immer mehr schlängelte, tauchten Ulmen und Eschen auf; auch die wilde gelbe Lilie (*Lilium Canadense*), von der ich einige Zwiebeln für eine Suppe gesammelt habe. Auf einigen Höhenzügen erstreckte sich das verbrannte Land bis zum See. Dies war ein sehr schöner See, zwei oder drei Meilen lang, mit hohen Bergen an der Südwestseite, dem (wie unser Indianer sagte) *Nerlumskeechticook* , d . h . e . , Deadwater Mountain. Auf der Karte scheint es sich um denselben Berg namens Carbuncle Mountain zu handeln. Laut Polis erstreckt es sich in separaten Erhebungen entlang dieses und des nächsten Sees, der viel größer ist. Auch der See trägt, glaube ich, den gleichen Namen, vielleicht mit dem Zusatz *gamoc* oder *mooc* . Der Morgen war hell und vollkommen still und gelassen, der See so glatt wie Glas, und wir machten die einzigen Wellen, als wir hineinpaddelten. Die dunklen Berge um ihn herum waren durch einen glasigen Nebel zu sehen, und die strahlend weißen Stämme der Kanupirken vermischten sich mit den anderen Wäldern um ihn herum. Die Walddrossel sang am fernen Ufer, und das Lachen einiger Seetaucher, die in einer verborgenen westlichen Bucht herumtollten, als wäre es vom Morgen inspiriert, ertönte deutlich über dem See zu uns, und, was noch bemerkenswerter war, das Echo, das umherlief der See war viel lauter als die ursprüngliche Note; Wahrscheinlich weil sich der Seetaucher in einer regelmäßig gekrümmten Bucht unter dem Berg befand und wir uns genau im Fokus vieler Echos befanden, deren Geräusch wie Licht von einem Hohlspiegel reflektiert wurde. Die Schönheit der Szene mag für unsere Augen dadurch verstärkt worden sein, dass wir gerade nach einer Nacht voller Ängste wieder zusammengekommen waren. Das erinnerte mich an den Ambejijis -See am Westarm, den ich bei meinem ersten Besuch in Maine überquerte. Nachdem wir drei Viertel des Sees hinuntergepaddelt waren, blieben wir stehen, während mein Begleiter zum Fischen hinunterstieg. Eine weiße (oder weißliche) Möwe saß auf einem Felsen, der nicht weit entfernt mitten im See über die Oberfläche ragte, ganz im Einklang mit der Szene; und als wir dort in der warmen Sonne ruhten, hörten wir aus dem Wald, vierzig oder fünfzig Stäbe entfernt, ein lautes, knirschendes oder knisterndes Geräusch, als würde ein Stock vom Fuß eines großen Tieres zerbrochen. Auch das dort war ein interessanter Vorfall. Mitten in unseren Träumen von riesigen Seeforellen, die schon damals angeblich knabberten, zogen unsere Fischer einen winzigen roten Barsch herbei, und wir griffen hastig wieder zu unseren Paddeln.

Es war nicht ersichtlich, wo sich der Auslass dieses Sees befand, und während der Indianer dachte, er liege in einer Richtung, dachte ich, er liege in einer anderen. Er sagte: „Ich wette um vier Pence, dass es da ist", hielt aber trotzdem an meiner Richtung fest, die sich als die richtige herausstellte. Als wir uns der Verkaufsstelle näherten, rief er plötzlich: „Elch! Elch!" und sagte uns, wir sollten still sein. Er setzte eine Kappe auf seine Waffe und schob das Kanu schnell direkt auf das Ufer und den Elch zu. Es war eine Elchkuh, etwa dreißig Ruten entfernt, die im Wasser an der Seite des Abflusses stand, teilweise hinter umgestürzten Baumstämmen und Büschen, und aus dieser Entfernung sah sie nicht sehr groß aus. Sie wedelte mit ihren großen Ohren und stocherte von Zeit zu Zeit mit der Nase an irgendeinem Körperteil die Fliegen ab. Sie schien von unserer Nachbarschaft nicht besonders beunruhigt zu sein, drehte nur gelegentlich den Kopf und sah uns direkt an und richtete ihre Aufmerksamkeit dann wieder auf die Fliegen. Als wir näher kamen , stieg sie aus dem Wasser, stellte sich höher und betrachtete uns misstrauischer. Polis schob das Kanu im flachen Wasser stetig vorwärts, und ich vergaß für einen Moment den Elch, als ich auf einige hübsche rosafarbene Polygonums blickte, die gerade über die Oberfläche ragten, aber das Kanu landete bald acht oder zehn Ruten vom Elch entfernt im Schlamm , und der Indianer ergriff seine Waffe und bereitete sich zum Schießen vor. Nachdem sie einen Moment still gestanden hatte, drehte sie sich wie gewöhnlich langsam um, um ihre Seite freizulegen, und in diesem Moment schaffte er es, über unsere Köpfe hinweg zu schießen. Daraufhin bewegte sie sich von acht oder zehn Ruten in mäßigem Tempo über eine flache Bucht zu einem alten Standplatz hinter einigen umgestürzten roten Ahornbäumen am gegenüberliegenden Ufer und blieb dort ein Dutzend oder vierzehn Ruten entfernt wieder stehen uns, während der Indianer hastig lud und zweimal auf sie schoss, ohne dass sie sich bewegte. Mein Begleiter, der ihm seine Mützen und Kugeln reichte, sagte, dass Polis so aufgeregt war wie ein fünfzehnjähriger Junge, dass seine Hand zitterte und dass er einmal seinen Ladestock wieder auf den Kopf gestellt hatte. Das war bemerkenswert für einen so erfahrenen Jäger. Vielleicht wollte er vor uns einen guten Schuss machen. Der weiße Jäger hatte mir gesagt, dass die Indianer keine guten Schützen seien, weil sie aufgeregt seien, obwohl er gesagt hatte, dass wir einen guten Jäger bei uns hätten.

Der Indianer drängte nun schnell und ruhig zurück und eine weite Strecke umher, um in die Mündung zu gelangen – denn er hatte über den Hals einer Halbinsel zwischen ihr und dem See geschossen –, bis wir uns der Stelle näherten, wo der Elch gelandet war stand auf, als er ausrief: „Sie ist tot!" und war überrascht, dass wir sie nicht so schnell sahen wie er. Dort lag sie freilich vollkommen tot, mit heraushängender Zunge, genau dort, wo sie gestanden hatte, um die letzten Schüsse abzugeben, und sah unerwartet groß und pferdeähnlich aus, und wir sahen, wo die Kugeln die Bäume zerkratzt hatten.

Mithilfe eines Klebebands stellte ich fest, dass der Elch von der Schulter bis zur Hufspitze nur 1,80 m maß und im Liegen 2,40 m lang war. Einige Teile des Körpers, etwa einen Fuß im Durchmesser, waren fast mit Fliegen bedeckt, offenbar mit der gewöhnlichen Fliege unserer Wälder, mit einem dunklen Fleck auf dem Flügel, und nicht mit den sehr großen Fliegen, die uns gelegentlich mitten im Strom verfolgten, obwohl es beide sind sogenannte Elchfliegen.

Polis bereitete sich darauf vor, den Elch zu häuten, und bat mich, ihm dabei zu helfen, einen Stein zu finden, an dem er sein großes Messer schärfen könne. Da es sich hier um einen flachen Schwemmlandboden handelte, auf den die Elche gefallen waren und der mit roten Ahornbäumen usw. bedeckt war, war das keine leichte Sache; Wir suchten lange und weit, bis ich endlich einen flachen Schieferstein fand, und bald darauf kehrte er mit einem ähnlichen zurück, an dem er bald sein Messer sehr scharf machte.

Während er den Elch häutete, machte ich mich daran, herauszufinden, welche Art von Fischen sich in dem trägen und schlammigen Bach befanden. Die größte Schwierigkeit bestand darin, eine Stange zu finden. Es war fast unmöglich, in diesen Wäldern eine schlanke, gerade Stange von zehn bis zwölf Fuß Länge zu finden. Möglicherweise suchen Sie eine halbe Stunde vergeblich. Sie sind gewöhnlich Fichten, Lebensbäume , Tannen usw., kurz, kräftig und verzweigt und eignen sich nicht gut als Angelruten, selbst nachdem man alle ihre zähen und dürren Zweige geduldig abgeschnitten hat. Die Fische waren Rotbarsch und Chivin .

Der Indianer schnitt ein großes Stück Lendenstück, die Oberlippe und die Zunge ab, wickelte sie in das Fell und legte sie auf den Boden des Kanus, wobei er feststellte, dass dort „ein Mann" war, was das Gewicht eines einzigen Menschen bedeutete . Zuvor war unsere Ladung um etwa 30 Pfund verringert worden, aber jetzt kamen 100 Pfund hinzu – ein erheblicher Zuwachs, der unsere Quartiere noch enger machte und die Gefahr auf den Seen und Stromschnellen sowie die Arbeit der Träger erheblich erhöhte . Das Fell gehörte der Sitte nach uns, da der Indianer in unserem Dienst war, aber wir dachten nicht daran, es zu beanspruchen. Da er ein geschickter Zubereiter von Elchfellen war, würde es ihm, wie mir gesagt wurde, sieben oder acht Dollar wert sein. Er sagte, dass er dort manchmal fünfzig oder sechzig Dollar am Tag verdiente; Er hatte an einem Tag zehn Elche getötet, obwohl das Häuten und alles andere zwei Tage dauerte. Auf diese Weise hatte er sein Eigentum erhalten. In der Nähe befanden sich die Spuren eines Kalbes, von dem er sagte, dass es „vorüber, vorbei" kommen würde, und er könnte es bekommen, wenn wir warten wollten, aber ich habe dem Projekt kaltes Wasser gegeben.

Wir fuhren weiter entlang der Mündung zum Grand Lake, durch ein sumpfiges Gebiet, an einem langen, gewundenen und schmalen toten Wasser vorbei, das stark von Wald verstopft war, wo wir manchmal landen mussten, um das Kanu über einen Baumstamm zu bringen. Es war schwer, einen Kanal zu finden, und wir wussten nicht, dass wir uns im Sumpf verlaufen würden. Es gab wie immer jede Menge Enten. Endlich erreichten wir den Grand Lake, den die Indianer *Matungamook nannten* .

An der Spitze sahen wir, von Südwesten kommend, mit einem Schwung, der offenbar aus einer Schlucht in den Bergen kam, den Trout Stream oder *Uncardnerheese* , dessen Name, wie der Indianer sagte, etwas mit Bergen zu tun hatte.

den Matungamook Lake erreicht hatten, hielten wir an, um auf einer interessanten hohen Felseninsel zu essen , und sicherten unser Kanu am felsigen Ufer. Es ist immer angenehm, von einem Boot auf einen großen Felsen oder eine Klippe zu steigen. Hier bot sich eine gute Gelegenheit, unsere taufrischen Decken auf dem offenen, sonnigen Felsen zu trocknen. Indianer hatten vor Kurzem hier ihr Lager aufgeschlagen und versehentlich über dem westlichen Ende der Insel Feuer gebrannt, und Polis nahm einen Waffenkoffer aus blauem Wollstoff und sagte, er kenne den Indianer, dem er gehörte, und würde ihn ihm bringen. Sein Stamm ist nicht so groß, aber er kennt vielleicht alle Auswirkungen. Wir machten weiter, ein Feuer zu machen und unser Abendessen inmitten einiger Kiefern zu kochen, wo unsere Vorgänger das Gleiche getan hatten, während der Indianer sich mit seinem Elchversteck am Ufer beschäftigte, denn er sagte, dass er das für einen guten Plan halte das ganze Kochen, *ich . e.*, nehme ich an, wenn dieser nicht er selbst wäre. Über unserem Feuer hing ein eigenartiges Immergrün, das auf den ersten Blick wie eine Pechkiefer (*P. rigida*) aussah, mit kaum mehr als einem Zoll langen, fichtenähnlichen Blättern, aber wir fanden, dass es sich um die *Pinus Banksiana handelte* – „Banks's, or die Labrador-Kiefer", auch Buschkiefer, Graukiefer usw. genannt, ein neuer Baum für uns. Das müssen gute Exemplare gewesen sein, denn einige waren dreißig bis fünfunddreißig Fuß hoch. Richardson fand es in einer Höhe von 12 Metern und in einer Höhe von 12 Metern und gibt an, dass sich das Stachelschwein von seiner Rinde ernährt. Hier wuchs auch die Rotkiefer (*Pinus resinosa*).

Ich sah, wo die Indianer in einer kleinen, abgelegenen Mulde im Wald, auf der Spitze des Felsens, wo sie vor dem Wind geschützt waren, Kanus gebaut hatten und große Haufen Schnitzereien zurückblieben. Dies muss ein beliebter Aufenthaltsort ihrer Vorfahren gewesen sein, und tatsächlich fanden wir hier die Spitze einer Pfeilspitze, wie sie sie seit zwei Jahrhunderten nicht mehr benutzten und jetzt nicht mehr wissen, wie man sie herstellt. Der Indianer hob einen Stein auf und bemerkte zu mir: „Dieses sehr seltsame Schloss (Stein)." Es war ein Stück Hornstein, von dem ich ihm erzählte, dass sein Stamm es wahrscheinlich vor Jahrhunderten hierher gebracht hatte, um daraus Pfeilspitzen herzustellen. Er hob auch einen gelblich gebogenen Knochen neben unserem Kamin auf und bat mich, zu erraten, was das sei. Es handelte sich um einen der oberen Schneidezähne eines Bibers, an dem sich innerhalb von ein oder zwei Jahren eine Gruppe gefressen hatte. Ich habe auch die meisten Zähne und den Schädel usw. gefunden. Wir haben hier gebratenes Elchfleisch gegessen.

Einer, der mein Begleiter bei meinen beiden früheren Ausflügen in diese Wälder war, erzählte mir, dass er vor etwa zwei Jahren auf der Jagd nach dem Caucomgomoc eines Tages Elchfleisch, Schlammschildkröten, Forellen und Biber aß, und er dachte nach dass es nur wenige Orte auf der Welt gab, wo diese Gerichte problemlos auf einem Tisch vereint werden konnten.

Nach den fast unaufhörlichen Stromschnellen und Wasserfällen des Madunkchunk (Height-of-Land oder Webster Stream) hatten wir gerade das tote Wasser des Second Lake passiert und befanden uns nun im viel größeren toten Wasser des Grand Lake, und ich dachte Der Inder hatte das Recht, hier ein zusätzliches Nickerchen zu machen. Ktaadn , an dem wir am nächsten Tag vorbeikommen sollten, soll „Höchstes Land" bedeuten. In ihren Namen steckt so viel Geografie. Der indische Seefahrer unterscheidet natürlich durch einen Namen die Teile eines Baches, an denen er auf schnelles Wasser und Gabelungen gestoßen ist, und wiederum die Seen und das glatte Wasser, wo er seine müden Arme ausruhen kann, da dies für ihn die interessantesten und fruchtbarsten Teile sind . Allein der Anblick der *Nerlumskeechticook* oder Deadwater Mountains, eine Tagesreise entfernt über dem Wald, wie wir sie zum ersten Mal sahen, muss in ihm angenehme Erinnerungen wecken. Und nicht weniger interessant ist es für den weißen Reisenden, wenn er in diesen abgelegenen Wäldern einen ruhigen See überquert und vielleicht glaubt, er sei in gewisser Weise einer der früheren Entdecker, daran erinnert zu werden war daher vor vielleicht tausend Jahren bei indischen Jägern wohlbekannt und erhielt seinen passenden Namen.

Als ich den steilen Felsen hinaufstieg, der diese lange, schmale Insel bildete, stellte ich zu meiner Überraschung fest, dass ihr Gipfel ein schmaler Bergrücken mit einem Abgrund auf einer Seite war und dass sich ihre Höhenachse genau wie die des großen Felsrückens von Nordwesten nach Südosten erstreckte am Beginn des Burnt Ground, zehn Meilen nordwestlich. Hier herrschte die gleiche Anordnung, und wir konnten deutlich erkennen, dass die Bergkämme westlich des Sees in die gleiche Richtung verliefen. Prächtige große Glockenblumen nickten über den Rand und in den Spalten der Klippe, und die Blaubeeren (*Vaccinium Canadense*) wuchsen in der dünnen Erde auf der Klippe zum ersten Mal wirklich reichlich. An ihnen mangelte es im East Branch fortan nicht mehr. Von hier aus hatte man eine schöne Aussicht auf den glitzernden See, der rein und tief aussah und in dem sich insgesamt zwei oder drei felsige Inseln befanden. Da unsere Decken trocken waren, machten wir uns wieder auf den Weg, wobei der Indianer wie üblich seine Gazette auf einem Baum zurückgelassen hatte. Diesmal waren wir drei in einem Kanu, mein Begleiter rauchte. Wir paddelten südwärts diesen hübschen See hinunter, der sich scheinbar fast so weit nach Osten wie nach Süden erstreckte, und hielten uns in der Nähe des Westufers, knapp außerhalb einer kleinen Insel, unter dem dunklen Nerlumskeechticook Mountain. Denn ich hatte auf meiner Karte gesehen, dass dies der Kurs war. Es war drei oder vier Meilen entfernt. Es fiel mir auf, dass die Umrisse dieses Berges im Südwesten des Sees und eines anderen dahinter liegenden Berges nicht nur denen der riesigen Felswellen des Webster Stream glichen, sondern im Großen und Ganzen denen des Kineo am Moosehead Lake ähnelten aber weniger abrupter Abgrund am südöstlichen Ende; Kurz gesagt, dass alle markanten Hügel und Bergrücken hier größere oder kleinere Kineos waren und dass möglicherweise eine solche Beziehung zwischen Kineo und den Felsen von Webster Stream bestand.

Mount Kineo-Klippe

Der Indianer wusste nicht genau, wo sich die Mündung befand, ob im äußersten Südwestwinkel oder eher östlich, und hatte darum gebeten, meinen Plan am letzten Haltepunkt zu sehen, aber ich hatte vergessen, ihn ihm zu zeigen. Wie üblich tastete er sich seinen Weg auf einem Mittelweg zwischen zwei wahrscheinlichen Punkten zu, von dem er schließlich in beide Richtungen abweichen konnte, ohne viel Abstand zu verlieren. Als wir uns dem Südufer näherten, da die Wolken böig aussahen und die Wellen ziemlich hoch waren, steuerten wir so, dass wir teilweise unter den Windschatten einer Insel gelangten, wenn auch in großer Entfernung von ihr.

Ich konnte den Abfluss erst erkennen, als wir ihn fast erreicht hatten, und hörte dort das Wasser über den Damm fallen.

Hier gab es ein beträchtliches Gefälle und einen sehr starken Damm, aber keine Spur einer Hütte oder eines Lagers. Der Jäger, den wir am Telos-See trafen, hatte uns gesagt, dass es hier viele Forellen gäbe, aber zu dieser Stunde griffen sie nicht zum Köder, sondern nur die Cousinforelle aus der Mitte des rauschenden Wassers. In diesen Flüssen gibt es nicht so viele Fische wie im Concord.

Während wir hier herumlungerten, nutzte Polis die Gelegenheit, mit seinem großen Messer einige Haare aus seinem Elchfell zu schneiden, um es so aufzuhellen und zum Trocknen vorzubereiten. Ich bemerkte an mehreren alten Indianerlagern im Wald die Haarbüschel, die sie aus ihren Häuten geschnitten hatten.

Nachdem er den Damm überwunden hatte, stürzte er die Stromschnellen hinunter und ließ uns eine Meile oder mehr laufen, wo es größtenteils keinen Weg gab, sondern nur sehr dicke und schwierige Wege in der Nähe des Baches. Schließlich rief er uns an, um uns mitzuteilen, wo er mit seinem Kanu auf uns wartete, obwohl wir wegen der Windungen des Baches nicht wussten, wo das Ufer war, aber er rief nicht oft genug an und vergaß, dass wir es waren waren keine Inder. Er schien sehr sparsam zu sein , aber es würde ihn wundern, wenn wir vorbeigingen oder nicht die richtige Stelle trafen. Das lag nicht daran, dass er unnachgiebig war, sondern an einem Beweis überlegener Manieren. Inder mögen es, mit möglichst wenig Kommunikation und Lärm auszukommen. Er machte uns die ganze Zeit über ein großes Kompliment, weil er meinte, dass uns ein Hinweis einem Tritt vorzuziehen sei.

Schließlich kletterten wir über die Weiden und umgestürzten Bäume, obwohl dies einfacher war, als um sie herum oder unter ihnen hindurchzukommen, überholten das Kanu und glitten mehrere Meilen lang in glattem, aber schnellem Wasser den Bach hinunter. Hier bemerkte ich wieder, wie am Webster Stream, und am nächsten Tag in noch größerem Maßstab, dass der Fluss eine glatte und regelmäßig geneigte Ebene war, die wir entlangrollten. Als wir so weiterglitten, fingen wir mit den ersten schwarzen Enten an, die wir erkannt hatten.

Wir beschlossen, heute Abend früh zu campen, damit wir vor Einbruch der Dunkelheit noch genügend Zeit hatten; Also hielten wir am ersten günstigen Ufer an, wo sich auf der Westseite, etwa fünf Meilen unterhalb der Mündung des Sees, ein schmaler Kiesstrand befand. Es war ein interessanter Ort, an dem der Fluss begann, eine große Biegung nach Osten zu machen, und die letzten der eigentümlichen Nerlumskeechticook- Berge mit ihren Elchgesichtern, nicht weit südwestlich von Grand Lake, sich im Nordwesten etwas dahinter dunkel erhoben und ihre grauen Steilhänge zur Schau stellten Südostseite, aber wir konnten dies nicht sehen, ohne ans Ufer zu kommen.

Zwei Schritte vom Wasser entfernt, auf beiden Seiten, gelangt man an den abrupten, buschigen und wurzeligen , wenn nicht gar grasbewachsenen Rand des Ufers, vier bis fünf Fuß hoch, wo der endlose Wald beginnt, als hätte sich der Bach gerade erst einen Weg durch ihn gebahnt .

Wenn man irgendwo in dieser ununterbrochenen Wildnis an Land geht, ist es überraschend, so oft, zumindest im Umkreis von ein paar Ruten des Flusses, die Spuren der Axt zu sehen, die von Holzfällern hinterlassen wurden, die entweder hier campiert oder in früheren Frühlingen

Baumstämme vorbeigetrieben haben. Sie werden vielleicht sehen, dass sie bei der gleichen Besorgung wie Sie große Späne aus einem hohen Baumstumpf einer Weißkiefer für ihr Feuer geschnitten haben. Während wir das Lager aufschlugen und zu Abend aßen, schnitt der Indianer den Rest der Haare aus seinem Elchfell und begann, es vertikal auf einem provisorischen Rahmen zwischen zwei kleinen Bäumen auszubreiten, ein halbes Dutzend Fuß von der gegenüberliegenden Seite des Feuers entfernt Man befestigte und spannte es mit der Rinde eines Lebensbaums , die immer zur Hand war, und in diesem Fall wurde sie von einem der Bäume, an denen sie festgebunden war, abgezogen. Als er nach einer neuen Teesorte fragte, machte er uns einen ziemlich guten Tee aus der Steinbeere (*Gaultheria procumbens*), der den Boden bedeckte, und ließ ein kleines, mit Zedernrinde umwickeltes Bündel davon in den Kessel fallen; aber es war dem *Chiogenes nicht ganz ebenbürtig* . Wir nannten es deshalb Checkerberry-Tea Camp.

Ich war beeindruckt von der Fülle an *Linnæa borealis* , Checkerberry und *Chiogenes hispidula* , fast überall in den Wäldern von Maine. Das Wintergrün (*Chimaphila umbellata*) blühte hier noch, und die Clintonia- Beeren waren reichlich vorhanden und reif. Diese hübsche Pflanze ist eine der häufigsten in diesem Wald. Hier bemerkten wir zum ersten Mal den Elchbaum mit seinen Früchten an den Ufern. Die vorherrschenden Bäume waren Fichten (häufig schwarz), Lebensbäume , Kanupirken (schwarze Eschen und Ulmen beginnen zu erscheinen), gelbe Birken, roter Ahorn und eine kleine Hemlocktanne, die im Wald herumschleicht. Der Inder sagte, dass der Punk aus weißem Ahorn am besten für Tinder geeignet sei, der Punk aus gelber Birke sei ziemlich gut, aber hart. Nach dem Abendessen brachte er die Zunge und die Lippen des Elches zum Kochen und schnitt die *Scheidewand heraus* . Er zeigte mir, wie man mit einem schwarzen Fichtenzweig auf die Unterseite einer Birkenrinde schreibt, die hart und zäh ist und an eine Spitze gebracht werden kann.

Der Indianer schlenderte kurz vor Einbruch der Nacht in den Wald, und als er zurückkam, sagte er: „Ich habe einen großen Schatz gefunden – fünfzig, sechzig Dollar wert." "Was ist das?" wir fragten. „Stahlfallen, unter einem Baumstamm, dreißig oder vierzig, ich habe sie nicht gezählt . Ich schätze, indische Arbeit – im Wert von drei Dollar pro Stück." Es war ein einzigartiger Zufall, dass er zufällig zu diesem Baumstamm in diesem weglosen Wald ging und darunter nachsah.

sah ich Chivin und Döbel im Bach, aber mein Begleiter versuchte vergeblich, sie zu fangen. Ich hörte auch das Geräusch von Ochsenfröschen aus einem Sumpf auf der gegenüberliegenden Seite und dachte zunächst, es seien Elche; eine Ente paddelte schnell vorbei; Und als ich in dieser düsteren Wildnis, unter diesem dunklen Berg, an dem hellen Fluss, der voller reflektiertem Licht war, saß, hörte ich immer noch die Walddrossel singen, als ob keine höhere Zivilisation erreicht werden könnte. Zu diesem Zeitpunkt war die Nacht schon vor der Tür.

Normalerweise schlagen Sie Ihr Lager erst bei Sonnenuntergang auf und sammeln Holz, holen Ihr Abendessen oder schlagen Ihr Zelt auf, während sich die Schatten der Nacht sammeln und die ohnehin schon dichte Düsternis des Waldes verstärken. Sie haben keine Zeit, die Gegend zu erkunden oder sich umzusehen, bevor es dunkel wird. Vielleicht dringen Sie ein halbes Dutzend Ruten weiter in diese dämmernde Wildnis vor, nachdem Sie etwas trockene Rinde zum Anzünden Ihres Feuers haben, und fragen sich, welche Geheimnisse noch tiefer darin verborgen liegen, sagen wir am Ende eines langen Tagesspaziergangs; Oder Sie rennen zum Ufer hinunter, um einen Eimer Wasser zu holen, und erhalten eine klarere Sicht für ein kurzes Stück flussaufwärts oder flussabwärts. Während Sie dort stehen, sehen Sie, wie ein Fisch springt oder sich im Fluss duckt, oder hören Sie ein Geräusch Walddrossel oder Rotkehlchen singen im Wald. Das ist, als ob Sie in der Stadt oder in zivilisierten Gegenden gewesen wären. Aber man muss nicht herumschlendern, um das Land zu besichtigen, und zehn oder fünfzehn Ruten scheinen eine gute Möglichkeit für die Begleiter zu sein, und man kommt mit der Miene eines vielgereisten Mannes zurück, als ob er von einer langen Reise zurückgekommen wäre, allerdings mit Abenteuern, die es zu erzählen gilt Sie haben vielleicht die ganze Zeit das Knistern des Feuers gehört , und bei hundert Ruten könnten Sie sich verirrt haben, ohne sich zu erholen, und draußen campen müssen. Es ist alles moosig und *elchig* . In einigen dieser dichten Tannen- und Fichtenwälder gibt es kaum Platz für den Rauchaufstieg. Die Bäume sind eine *stehende* Nacht, und jede Tanne und Fichte, die du gefällt hast, ist ein Federbusch, der aus dem Flügel des Nachtraben gerissen wurde. Nachts ist dann die allgemeine Stille beeindruckender als jedes Geräusch, aber gelegentlich hört man weiter oder näher im Wald den Ton einer Eule, und wenn man sich in der Nähe eines Sees befindet, hört man den halbmenschlichen Schrei der Seetaucher bei ihrem überirdischen Vergnügen.

Heute Nacht lag der Indianer zwischen dem Feuer und seinem ausgebreiteten Elchfell, um den Mücken auszuweichen. Tatsächlich machte er auch ein kleines rauchiges Feuer aus feuchten Blättern an seinem Kopf und seinen Füßen und rollte dann wie üblich seinen Kopf in seine Decke. Wir fühlten uns mit unseren Schleiern und unserer Wäsche einigermaßen wohl, aber zu dieser Jahreszeit wäre es schwierig, einer sitzenden Beschäftigung im Wald nachzugehen; Abends kann man im Schein eines Feuers durch einen Schleier nicht viel sehen und lesen, und mit Handschuhen oder gesalbten Fingern kann man auch mit Bleistift und Papier nicht gut umgehen.

Freitag , 31. Juli.

Der Indianer sagte: „Du und ich haben letzte Nacht Elche getötet, also verwende für sie bestes Holz." Benutzen Sie zum Kochen von Elchfleisch immer Hartholz." Sein „bestes Holz" war Steinahorn. Er warf die Lippe des Elchs ins Feuer, um die Haare abzubrennen, und rollte sie dann zusammen mit dem Fleisch zusammen, um sie mitzunehmen. Als er bemerkte, dass wir ohne Schweinefleisch zum Frühstück saßen, sagte er mit sehr ernster Miene: „Ich möchte etwas Fett", und ihm wurde gesagt, dass er vielleicht so viel essen würde, wie er braten würde.

Wir hatten über eine beträchtliche Strecke glattes, aber schnelles Wasser, auf dem wir schnell dahinglitten und dabei Enten und Eisvögel aufschreckten. Aber wie üblich endete unser reibungsloser Fortschritt schon bald, und wir mussten das Kanu und alles rund eine halbe Meile das rechte Ufer entlang tragen, um einige Stromschnellen oder Wasserfälle herum. Manchmal erforderte es scharfe Augen, um zu erkennen, auf welcher Seite der Überflug war, bevor man über die Wasserfälle ging, aber Polis versäumte nie, uns richtig zu landen . Die Himbeeren waren hier besonders reichlich und groß, und alle Hände gingen daran, sie zu essen, wobei der Inder ihre Größe bemerkte.

Auf kahlen Felspfaden war die Spur oft so undeutlich, dass ich sie immer wieder verlor, aber als ich hinter ihm ging , bemerkte ich, dass er sie fast wie ein Jagdhund behalten konnte und selten zögerte, oder, wenn er einen Moment auf einem kahlen Felsen innehielt, Sein Auge entdeckte sofort ein Zeichen, das mir entgangen wäre. Oftmals fanden *wir* an diesen Stellen überhaupt keinen Weg und hatten für ihn aus unerklärlichen Gründen Verspätung. Er würde nur sagen, es sei „ sehr seltsam."

Wir hatten von einem großen Fall an diesem Bach gehört und dachten, dass jeder Wasserfall, zu dem wir kamen, dieser sein musste, aber nachdem wir mehrere nacheinander auf diesen Namen getauft hatten, gaben wir die Suche auf. Es gab mehr Grand oder Petty Falls, als ich mich erinnern kann.

Ich kann nicht sagen, wie oft wir wegen Wasserfällen oder Stromschnellen laufen mussten. Wir erwarteten die ganze Zeit, dass der Fluss einen letzten Sprung machen und glattes Wasser erreichen würde, aber an diesem Vormittag gab es keine Besserung. Allerdings waren die Träger eine angenehme Sorte. Als wir also aus dem Kanu stiegen und unsere Beine ausstreckten , befanden wir uns mit Sicherheit in einem Blaubeer- und Himbeergarten, von dem jede Seite unseres felsigen Weges um die Wasserfälle von einem oder beiden gesäumt war. Auf dem östlichen Hauptzweig gab es keinen Ort, an dem wir diese beiden Beeren nicht in Hülle und Fülle fanden, denn dies waren die felsigsten und teilweise gerodeten Stellen, wie sie diese Pflanzen bevorzugen, und vor uns hatte es niemanden gegeben, der die schönsten Beeren gesammelt hätte .

Auf unseren drei Fahrten über die Tragflächen – denn wir mussten jedes Mal, wenn das Kanu herausgenommen wurde, dreimal über den Boden gehen – kamen wir den Beeren voll und ganz zur Geltung, und sie waren genau das, was wir wollten, um die Wirkung unserer Anstrengung zu korrigieren Brot- und Schweinefleischdiät. Ein anderer Name für die Herstellung einer Portage wäre „going a berrying" gewesen. Wir fanden auch ein paar Amelanchier- oder Service-Beeren, obwohl die meisten fruchtlos waren, aber sie hielten sich allgemeiner als in Concord. Die Inder nannten sie *Pemoymenuk* und sagten, dass sie an manchen Orten viele Früchte trugen. Manchmal aß er auch die nördlichen wilden roten Kirschen und sagte, sie seien eine gute Medizin, aber kaum essbar. Wir badeten und aßen am Fuße eines dieser Träger. Es war der Indianer, der uns häufig daran erinnerte, dass es Zeit zum Abendessen war, manchmal sogar dadurch, dass er den Bug zum Ufer drehte. Er entschuldigte sich einmal indirekt, aber ausführlich, indem er sagte, dass wir es vielleicht seltsam finden würden, aber dass jemand, der den ganzen Tag hart gearbeitet hat, sehr darauf bedacht war, sein Abendessen zur guten Jahreszeit einzunehmen. Als ich beim größten Sturz dieses Baches dicht hinter dem Indianer über den Carry ging, bemerkte er eine Spur auf dem Felsen, der nur wenig mit Erde bedeckt war, und murmelte, sich bückend, „Caribou". Als wir zurückkamen, bemerkte er eine viel größere Spur in der Nähe derselben Stelle, wo der Fuß eines Tieres in eine kleine Vertiefung im Felsen gesunken war, die teilweise mit Gras und Erde gefüllt war, und er rief überrascht: „Was ist das?" "Also was ist es?" Ich fragte. Er bückte sich und legte seine Hand hinein, antwortete mit geheimnisvoller Miene und flüsterte halb: „Teufel [das heißt indischer Teufel oder Puma] – Felsvorsprünge hier – sehr böses Tier – zerreißt die Steine alle in Stücke . " " „Wie lange ist es her, dass es hergestellt wurde?" Ich fragte. „Heute oder gestern", sagte er. Aber als ich ihn später fragte, ob er sicher sei , dass es die Spur des Teufels sei, sagte er, er wisse es nicht. Mir wurde gesagt, dass kürzlich über Ktaadn der Schrei eines Pumas gehört wurde und wir nicht weit von diesem Berg entfernt waren.

Wir verbrachten heute mindestens die Hälfte der Zeit damit, zu Fuß zu gehen, und das Gehen war genauso schlimm wie sonst, denn da der Indianer allein war, rannte er gewöhnlich weit unter den Fuß der Träger, bevor er auf uns wartete. Die Tragewege selbst waren mehr als gewöhnlich undeutlich zu erkennen, oft war der Weg nur durch die zahllosen kleinen Löcher im umgestürzten Holz zu erkennen, die durch die Nägel in den Stiefeln der Fahrer entstanden waren, oder wo eine leichte Spur *war* , konnten wir sie nicht finden. Es war ein verworrenes und verwirrendes Dickicht, durch das wir stolperten und uns durchschlängelten, und als wir eine Meile zurückgelegt hatten, schien unser Ausgangspunkt weit weg zu sein. Wir waren froh, dass wir nicht am Ufer dieses Flusses entlang nach Bangor laufen mussten, was eine Reise von mehr als hundert Meilen bedeuten würde.

Denken Sie an die Dichte des Waldes, die umgestürzten Bäume und Steine, die Windungen des Flusses, die mündenden Bäche und die häufigen Sümpfe, die es zu durchqueren gilt. Es hat dich erschauern lassen. Doch der Indianer machte uns von Zeit zu Zeit darauf aufmerksam, wohin er sich Tag für Tag geschlichen hatte, als er ein zehnjähriger Junge war und sich in einem Hungerzustand befand. Er war weit nördlich davon mit zwei erwachsenen Indianern auf der Jagd gewesen. Der Winter kam unerwartet früh und das Eis zwang sie, ihr Kanu am Grand Lake zurückzulassen und das Ufer entlang zu laufen. Sie schulterten ihre Pelze und machten sich auf den Weg nach Oldtown. Der Schnee war nicht tief genug für Schneeschuhe oder um die Unebenheiten des Bodens abzudecken. Polis war bald zu schwach, um irgendeine Last zu tragen; aber es gelang ihm, einen Otter zu fangen . Das war das meiste, was sie alle auf dieser Reise zu essen hatten, und er erinnerte sich daran, wie gut die Wurzeln der gelben Lilie waren, zubereitet mit dem Otteröl zu einer Suppe. Er teilte dieses Essen zu gleichen Teilen mit den anderen beiden, aber da er so klein war, litt er viel mehr als sie. Er watete durch den Mattawamkeag an seiner Mündung, als es eiskalt war und ihm bis zum Kinn reichte, und da er sehr schwach und abgemagert war, erwartete er, weggeschwemmt zu werden. Das erste Haus, das sie erreichten, war in Lincoln, und in der Nähe trafen sie einen weißen Fuhrmann mit Vorräten, der ihnen, als er ihren Zustand sah, so viel von seiner Ladung gab, wie sie essen konnten. Sechs Monate lang, nachdem er nach Hause gekommen war, ging es ihm sehr schlecht und er rechnete nicht mit dem Leben, und es ging ihm vielleicht immer schlechter.

Wir konnten nicht viel mehr als die Hälfte der Tagesstrecke auf unseren Karten finden (der „Map of the Public Lands of Maine and Massachusetts" und „Colton's Railroad and Township Map of Maine", die die erstere kopiert). Den Karten zufolge lagen zwischen den Lagern außerhalb des Lagers nicht mehr als fünfzehn Meilen, und dennoch waren wir den ganzen Tag über eifrig vorangekommen, und die meiste Zeit sehr schnell.

Sieben bis acht Meilen unterhalb dieser Abfolge von „Grand"-Wasserfällen änderten sich sowohl das Aussehen der Ufer als auch der Charakter des Baches. Nachdem wir einen Nebenfluss von Nordosten passiert hatten, vielleicht den Bowlin Stream, hatten wir gutes, schnelles, glattes Wasser mit einem gleichmäßigen Gefälle, wie ich es beschrieben habe. Es begannen niedrige, grasbewachsene Ufer und schlammige Ufer. Viele Ulmen sowie Ahorne und weitere Eschen überragten den Bach und verdrängten die Fichten.

Da meine Lilienwurzeln verloren gegangen waren, als das Kanu mit einem Boot herausgeholt wurde, landete ich am späten Nachmittag an einem niedrigen, grasbewachsenen Platz inmitten von Ahornbäumen, um weitere zu sammeln. Es war eine langsame Arbeit, sie im Sand aufzusammeln, und die Mücken haben sich die ganze Zeit über an mir gefressen. Mücken, Kriebelmücken usw. verfolgten uns in der Mitte des Kanals, und wir waren manchmal froh, in heftige Stromschnellen zu geraten, denn dann konnten wir ihnen entkommen.

Ein Rotkopfspecht flog über den Fluss und der Indianer bemerkte, dass es gut zu essen sei. Als wir schnell die schiefe Ebene des Flusses hinunterglitten, sprang eine große Katzeneule von einem Baumstumpf am Ufer ab und flog schwerfällig über den Bach, und der Indianer ahmte wie üblich seinen Ton nach. Bald flog derselbe Vogel wieder vor uns her, und wir kamen später an ihm vorbei, der auf einem Baum saß. Bald darauf segelte ein Seeadler vor uns den Bach hinunter. Wir trieben ihn mehrere Meilen weit, während wir nach einem guten Lagerplatz suchten, denn wir erwarteten, von einem Regenschauer überholt zu werden – und dennoch konnten wir ihn an seinem weißen Schwanz erkennen, wie er von Zeit zu Zeit von einem Baum am Ufer wegsegelte Ufer noch weiter flussabwärts. Als einige von ihnen von uns überrascht wurden, tauchte ein Teil von ihnen ab, und wir flogen direkt über sie hinweg und konnten hier und da ihren Kurs anhand einer Blase auf der Oberfläche verfolgen, aber wir sahen sie nicht auftauchen. Polis entdeckte ein- oder zweimal etwas, was er eine „Schleppstraße" nannte, einen undeutlichen Pfad, der in den Wald führte. Inzwischen passierten wir die Mündung des Seboois zu unserer Linken. Dieser schien nicht so groß zu sein wie unser Bach, der tatsächlich der Hauptstrom war. Es dauerte einige Zeit, bis wir einen Campingplatz fanden, denn das Ufer war entweder zu grasig und schlammig, wo es viele Mücken gab, oder der Hang war zu steil. Der Indianer sagte, dass es auf einem steilen Hügel nur wenige Mücken gäbe. Wir untersuchten einen guten Platz, an dem jemand längere Zeit campiert hatte; aber es schien erbärmlich, einen alten Standort zu bewohnen, wo es so viel Platz zur Auswahl gab, also machten wir weiter. Schließlich fanden wir einen Ort, der uns einfiel, am Westufer, etwa eine Meile unterhalb der Mündung des Seboois , wo es in einem sehr dichten Fichtenwald über einem kiesigen Ufer nur wenige Insekten zu geben schien. Die Bäume waren so dicht, dass wir einen Platz freimachen mussten, um unser Feuer anzuzünden und uns hineinzulegen, und die jungen Fichten, die noch übrig waren, waren wie die Mauer einer Wohnung, die sich um uns herum erhob. Um dorthin zu gelangen, mussten wir uns über eine steile Böschung hochziehen. Aber der Ort, den Sie für Ihr Lager ausgewählt haben, ist zwar nie so rau und düster, beginnt aber sofort seine Reize zu entfalten und wird für Sie zu einem wahren Zentrum der Zivilisation: „Zuhause ist Heimat, sei es noch nie so heimelig."

Es stellte sich heraus, dass die Mücken hier zahlreicher waren, als wir sie zuvor gefunden hatten, und der Indianer beklagte sich sehr, obwohl er wie in der Nacht zuvor zwischen drei Feuern und seinem ausgestreckten

Versteck lag. Als ich mit Schleier und Handschuhen auf einem Baumstumpf am Feuer saß und zu lesen versuchte, bemerkte er: „Ich mache dir eine Kerze", und eine Minute später nahm er ein etwa fünf Zentimeter breites Stück Birkenrinde und rollte es kräftig , wie eine fünfzehn Zoll lange Allumette, zündete sie an und befestigte sie mit dem anderen Ende horizontal an einem drei Fuß hohen, gespaltenen Stock, steckte sie in die Erde, drehte das glühende Ende dem Wind zu und forderte mich auf, sie von Zeit zu Zeit zu schnupfen Zeit. Es erfüllte den Zweck einer Kerze ziemlich gut.

Ich bemerkte, wie schon zuvor, dass es gegen Mitternacht eine Flaute unter den Mücken gab und dass sie am Morgen wieder einsetzte. Die Natur ist also barmherzig. Aber offenbar brauchen sie genauso Ruhe wie wir. Wenn überhaupt, sind nur wenige Lebewesen die ganze Nacht über gleichermaßen aktiv. Sobald es hell wurde, sah ich durch meinen Schleier, dass das Innere des Zeltes um unsere Köpfe ganz geschwärzt war von Myriaden, deren Flügel beim Fliegen, wie berechnet wurde, etwa dreitausend Mal in der Minute vibrierten. und ihr gemeinsames Summen war fast genauso schlimm zu ertragen wie ihre Stiche. Aus diesem Grund hatte ich eine unangenehme Nacht, obwohl ich nicht sicher bin, ob es jemandem gelungen ist, mich zu stechen. Wir hatten auf diesem Ausflug nicht so viel unter Insekten zu leiden, wie die Aussagen einiger, die diese Wälder im Hochsommer erkundet haben, vermuten ließen. Dennoch habe ich keinen Zweifel daran, dass sie zu manchen Jahreszeiten und an manchen Orten eine viel schwerwiegendere Plage darstellen. Der Jesuitenhierome Lalemant aus Quebec berichtet über den Tod von Pater Reni Menard, der verlassen wurde, sich verirrte und im Jahr 1661 in den Wäldern der Ontarios in der Nähe des Lake Superior starb schwach, sich zu verteidigen, und fügt hinzu, dass es in diesen Gegenden eine erschreckende Anzahl von ihnen gab, „und so unerträglich", sagt er, „dass die drei Franzosen, die diese Reise gemacht haben, behaupten, dass es keine andere Möglichkeit gab, sich zu verteidigen, als sich zu verteidigen." liefen immer ohne anzuhalten, und es war sogar notwendig, dass zwei von ihnen damit beschäftigt waren, diese Kreaturen zu vertreiben, während der dritte trinken wollte, sonst hätte er es nicht tun können." Ich habe keinen Zweifel daran, dass dies in gutem Glauben gesagt wurde.

Der 1. August.

Ich habe heute Morgen früh zwei oder drei große rote Chivin (Leuciscus pulchellus) gefangen, nur zwanzig Fuß vom Lager entfernt, die zusammen mit der Elchzunge, die über Nacht im Kessel gelassen worden war, und unseren anderen Vorräten *eine* ... üppiges Frühstück. Der Inder kochte uns statt Kaffee Hemlocktee, und dafür mussten wir nicht bis nach China reisen; Allerdings nicht ganz so weit, was den Fisch betrifft. Das war erträglich, obwohl er sagte, es sei nicht stark genug. Es war interessant zu sehen, wie ein so einfaches Gericht wie ein Kessel Wasser mit einer Handvoll grüner Hemlocktannezweige über dem riesigen Feuer im Freien kochte, wobei die Blätter schnell ihre lebhafte grüne Farbe verloren, und zu wissen, dass es für uns war Frühstück.

Wir waren froh, wieder an Bord zu gehen und einige Mücken zurückzulassen. Wir waren am *Wassataquoik vorbeigekommen* , ohne es zu bemerken. Dem Indianer zufolge ist dies der Name des Hauptarms im Osten selbst und wird nicht, wie auf den Karten, nur auf diesen kleinen Nebenfluss angewendet.

Wir fanden heraus, dass wir etwa eine Meile oberhalb von Hunt's am Ostufer gelegen hatten und das letzte Haus für diejenigen ist, die Ktaadn auf dieser Seite besteigen.

Wir hatten erwartet, von hier aus hinaufzusteigen, aber mein Begleiter musste wegen schmerzender Füße darauf verzichten. Der Inder schlug jedoch vor, dass er sich vielleicht an dieser Stelle ein Paar Mokassins besorgen könnte und dass er sehr leicht darin gehen könne, ohne sich die Füße zu verletzen, und mehrere Paar Strümpfe trage, und er sagte außerdem, dass sie so porös seien, dass wann Du hattest Wasser aufgenommen, aber nach kurzer Zeit ist alles wieder herausgeflossen. Wir hielten an, um etwas Zucker zu holen, stellten jedoch fest, dass die Familie weggezogen war und das Haus unbewohnt war, außer vorübergehend von einigen Männern, die das Heu holten. Sie erzählten mir, dass die Straße nach Ktaadn acht Meilen oberhalb des Flusses verlief; auch , dass wir vielleicht bei Fisk's, vierzehn Meilen tiefer, etwas Zucker bekommen könnten. Ich kann mich nicht erinnern, dass wir den Berg überhaupt vom Fluss aus gesehen haben. Mir ist hier am Ufer eine Wade aufgefallen, die vermutlich zum Lachsfang genutzt wurde. Direkt darunter, am Westufer, sahen wir ein Elchfell ausgebreitet und mit ihm ein Bärenfell, das verhältnismäßig sehr klein war. Dieser Anblick interessierte mich umso mehr, als einer unserer Stadtbewohner, damals noch ein junger Bursche und allein, in der Nähe vor einigen Jahren einen großen Bären tötete. Der Indianer sagte, dass sie Joe Aitteon gehörten , meinem letzten Führer, aber wie er es erzählte, weiß ich nicht. Er war wahrscheinlich in der Nähe auf der Jagd und hatte sie für den Tag verlassen. Als er feststellte, dass wir direkt nach Oldtown fuhren, bedauerte er, dass er nicht noch mehr Elchfleisch zu seiner Familie gebracht hatte, und sagte, dass er es in kurzer Zeit durch Trocknen so leicht hätte machen können, dass man es hätte mitnehmen können Der größte Teil verbleibt in den Knochen. Wir erkundigten uns ein- oder zweimal nach der Lippe, die ein berühmter Leckerbissen ist, aber er sagte: „Das ist Oldtown für meine alte Frau; bekomme es nicht jeden Tag.“

Ahornbäume wurden immer zahlreicher. Es sank, und am Vormittag regnete es ein wenig, und da wir mit Regenwasser rechneten, machten wir früh Halt und aßen auf der Ostseite einer kleinen Ausbuchtung des Flusses, knapp über dem, was man wahrscheinlich Whetstone Falls nennt, etwa ein Dutzend Meilen unter Hunts. Am Ufer waren ziemlich frische Elchspuren zu sehen. Hier gab es einzigartige lange Bergrücken, „Pferderücken" genannt, die mit Farnen bedeckt waren. Mein Begleiter, der seine Pfeife verloren hatte, fragte den Indianer, ob er ihm nicht eine machen könne. „Oh ja ", sagte er, rollte eine Minute später eine Schüssel aus Birkenrinde zusammen und sagte ihm, er solle die Schüssel von Zeit zu Zeit nass machen. Auch hier ließ er sein Amtsblatt auf einem Baum liegen.

Wir umrundeten die Wasserfälle direkt darunter auf der Westseite. Die Steine waren sehr scharfkantig. Die Entfernung betrug etwa eine dreiviertel Meile. Als wir eine Ladung herübergetragen hatten, kehrte der Indianer am Ufer zurück und ich am Weg, und obwohl ich mich nicht besonders beeilte, war ich dennoch überrascht, ihn am anderen Ende zu finden, sobald ich ankam. Es war bemerkenswert, wie leicht er kam auch auf schwierigstem Terrain zurecht. Er sagte zu mir: „Ich nehme das Kanu und du nimmst den Rest. Kannst du etwa mit mir mitkommen?" Ich dachte, dass er meinte, dass ich, während er die Stromschnellen hinunterrannte, am Ufer bleiben und bereit sein sollte, ihm von Zeit zu Zeit zu helfen, wie ich es zuvor getan hatte; aber da das Gehen sehr schlecht wäre, antwortete ich: „Ich nehme an, du wirst zu schnell für mich gehen, aber ich werde es versuchen." Aber ich sollte den Weg gehen, sagte er. Ich dachte, das würde der Sache nicht helfen, ich hätte so weit gehen müssen, um zum Flussufer zu gelangen, wenn er mich wollte. Aber das war auch nicht das, was er meinte. Er schlug ein Rennen über den Carry vor und fragte mich, ob ich glaubte, auf demselben Weg mit ihm mithalten zu können, und fügte hinzu, dass ich dafür ziemlich schlau sein müsse. Da seine Ladung, das Kanu, die schwerste und sperrigste, wenn auch einfachste, sein würde, dachte ich, dass ich dazu in der Lage sein sollte, und sagte, dass ich es versuchen würde. Also machte ich mich daran, das Gewehr, die Axt, das Paddel, den Kessel, die Bratpfanne, die Teller, die Schöpflöffel, die Teppiche usw. usw. einzusammeln, und während ich damit beschäftigt war, warf er mir seine Rindslederstiefel zu. „Was, sind das im Preis inbegriffen?" Ich fragte. „Oh, ja ", sagte er; Aber bevor ich meine Ladung zusammenpacken konnte, sah ich ihn mit dem Kanu auf dem Kopf über einem Hügel verschwinden; Also machte ich mich, indem ich hastig die verschiedenen Gegenstände zusammenkratzte, auf die Flucht und ging sofort an ihm im Gebüsch vorbei, aber kaum hatte ich ihn außer Sichtweite in einer felsigen Mulde gelassen, machten sich die fettigen Teller, Schöpflöffel usw. an die Arbeit selbst Flügel, und während ich damit beschäftigt war, sie wieder einzusammeln, ging er an mir vorbei; aber ich drückte hastig den rußigen Kessel an meine Seite, fuhr noch einmal auf, und als ich ihn bald wieder passierte, sah ich ihn nicht mehr auf dem Wagen. Ich bezeichne dies nicht als eine Art Heldentat, denn es war nur schlechtes Laufen meinerseits, und er musste sich mit großer Vorsicht bewegen, aus Angst, sein Kanu und sein Genick zu brechen. Als er auftauchte, schnaufend und keuchend wie ich, antwortete er auf meine Frage, wo er gewesen sei: „Steine (Schlösser) schneiden ihnen die Füße ab", und fügte lachend hinzu: „Oh, ich liebe es, manchmal zu spielen . " ." Er sagte, dass er und seine Gefährten, wenn sie zu mehreren Meilen langen Lastwagen kamen, immer versuchten, wer als Erster drüberkommen würde; jeder vielleicht mit einem Kanu auf dem Kopf. Das Zeichen des Wasserkochers trug ich für den Rest der Reise auf meinem braunen Leinensack.

Wir machten einen zweiten Durchgang auf der Westseite, um einige Wasserfälle herum, etwa eine Meile darunter. Auf dem Festland gab es Spitzkiefern, was auf eine neue geologische Formation hindeutet, und es war ein so trockener und sandiger Boden, wie wir ihn vorher nicht bemerkt hatten.

Als wir uns der Mündung des East Branch näherten, kamen wir an zwei oder drei Hütten vorbei, dem ersten Zeichen der Zivilisation nach Hunts, obwohl wir noch keine Straße sahen; Wir hörten eine Kuhglocke und sahen sogar ein Kleinkind, das an ein kleines quadratisches Fenster gehalten wurde, um uns vorbeigehen zu sehen, aber anscheinend waren das Kind und die Mutter, die es hielt, mehrere Meilen lang die einzigen Bewohner, die damals zu Hause waren. Das nahm uns den Wind aus den Segeln und erinnerte uns daran, dass wir gewiss Reisende waren, während der Wind ursprünglich aus der Erde stammte und einen Vorteil gegenüber uns hatte. Konversation markiert. Ich würde vielleicht nur hören, wie der Indianer meinen Begleiter fragte: „Du lädst meine Pfeife?" Er sagte, dass er Erlenrinde als Medizin geraucht habe. Als man den westlichen Zweig bei Nicketow betrat , erschien er viel größer als der östliche. Polis bemerkte, dass Ersteres jetzt ganz verloren sei und dass von hier bis Oldtown alles glattes Wasser sei, und warf seine Stange weg, die am Umbazookskus zerschnitten worden war . Als er an die Stromschnellen dachte, sagte er ein- oder zweimal, dass man ihn nicht erwischen würde, um noch einmal nach East Branch zu fahren; aber er meinte keineswegs alles, was er sagte.

Die Dinge haben sich ziemlich verändert, seit ich vor elf Jahren hier war. Wo es nur ein oder zwei Häuser gab, fand ich jetzt ein ganzes Dorf mit Sägewerken und einem Laden (letzterer war verschlossen, aber sein Inhalt war umso sicherer gelagert), und es gab eine Etappenstraße nach Mattawamkeag und das Gerücht einer Bühne. Tatsächlich war einmal ein Dampfer bis hierher gefahren, als das Wasser sehr hoch war. Aber wir bekamen keinen Zucker, sondern nur eine bessere Schindel, an die wir uns mit dem Rücken lehnen konnten.

Wir lagerten etwa zwei Meilen unterhalb von Nicketow , auf der Südseite des Westarms, bedeckten das verdorrte Bett eines ehemaligen Reisenden mit frischen Zweigen und hatten das Gefühl, dass wir uns nun in einem besiedelten Land befanden, besonders als wir abends einen Ochsen niesen hörten auf seiner wilden Weide auf der anderen Seite des Flusses. Wo auch immer Sie entlang des stark befahrenen Teils des Flusses landen, Sie müssen nicht weit gehen, um diese provisorischen Herbergen, das verdorrte Bett aus abgeflachten Zweigen, die verkohlten Stöcke und vielleicht die Zeltstangen zu finden. Und vor nicht allzu langer Zeit wurden ähnliche Beete entlang des Connecticut, des Hudson und des Delaware und vor noch längerer Zeit an der Themse und der Seine ausgebreitet, und sie tragen jetzt dazu bei, den Boden zu schaffen, auf dem sich private und öffentliche Gärten, Villen und Paläste befinden. Wir konnten hier keine Tannenzweige für unser Beet bekommen, und die Fichte war im Vergleich rau, da sie im Verhältnis zu ihrem Blatt mehr Zweige hatte, aber wir haben sie mit Hemlock etwas verbessert. Der Indianer bemerkte wie zuvor: „Man muss hartes Holz haben, um Elchfleisch zu kochen", als ob das eine Maxime wäre, und machte sich daran, es zu holen. Mein Begleiter kochte etwas auf kalifornische Art, indem er eine lange Schnur Fleisch um einen Stock wickelte und ihn vor dem Feuer langsam in der Hand drehte. Es war sehr gut. Aber der Inder wollte es nicht probieren, weil er mit dieser Art nicht einverstanden war oder weil es ihm nicht erlaubt war, es auf seine eigene Art zuzubereiten. Nach dem regulären Abendessen versuchten wir, aus den Zwiebeln, die ich mitgebracht hatte, eine Liliensuppe zuzubereiten, denn ich wollte alles lernen, was ich konnte, bevor ich den Wald verließ. Ich folgte den Anweisungen des Indianers, denn er begann krank zu werden, wusch die Zwiebeln sorgfältig, zerkleinerte etwas Elchfleisch und etwas Schweinefleisch, salzte und kochte alles zusammen, aber wir hatten nicht die Geduld, das Experiment ehrlich auszuprobieren, denn er sagte, es müsse so sein gekocht, bis die Wurzeln vollständig weich waren, um die Suppe wie Mehl einzudicken; aber obwohl wir es die ganze Nacht über stehen ließen, stellten wir fest, dass es am Morgen bis zum Kessel ausgetrocknet und noch nicht zu Mehl gekocht war. Möglicherweise waren die Wurzeln noch nicht reif genug, da sie üblicherweise im Herbst gesammelt werden. So wie es war, war es durchaus schmackhaft, aber es erinnerte mich an die Kalksteinbrühe des Iren. Allein die anderen Zutaten reichten völlig aus. Der Indianername für diese Zwiebeln war *Sheepnoc*. Ich rührte die Suppe versehentlich mit einem Streifenahorn- oder Elchholzstab um, den ich geschält hatte, und er bemerkte, dass die Rinde ein Brechmittel sei.

Er bereitete sich darauf vor, wie üblich zwischen seinem Elchfell und dem Feuer zu campen; Da es aber plötzlich zu regnen begann, flüchtete er zu uns unter das Zelt und sang uns ein Lied, bevor er einschlief. In der Nacht regnete es stark und verdarb uns eine weitere Schachtel Streichhölzer, die der Indianer weggelassen hatte, weil er sehr nachlässig war; Aber wie üblich hatten wir eine viel bessere Nacht als der Regen, denn er hielt die Mücken fern.

SONNTAG , 2. August.

Es war ein bewölkter und aussichtsloser Morgen. Einer von uns bemerkte gegenüber dem Indianer: „Sie haben letzte Nacht doch nicht Ihr Elchfell gestreckt, nicht wahr, Herr Polis?" Darauf antwortete er überrascht, wenn auch vielleicht nicht schlecht gelaunt: „Warum stellen Sie mir diese Frage? Angenommen, ich strecke sie , dann siehst du sie . Vielleicht ist es deine Art zu reden, vielleicht ist es in Ordnung, keine indische Art." Mir war aufgefallen, dass er dieselbe Frage nicht mehr als einmal beantworten wollte und oft schwieg, wenn sie aus Sicherheitsgründen noch einmal gestellt wurde, als wäre er launisch. Nicht, dass er wortkarg gewesen wäre, denn oft begann er aus eigenem Antrieb eine ausführliche Erzählung – er wiederholte ausführlich die Überlieferung einer alten Schlacht oder einer Passage in der jüngeren Geschichte seines Stammes, in der er eine herausragende Rolle gespielt hatte. Von Zeit zu Zeit atmete er tief durch und nahm mit der Gemächlichkeit des wahren Geschichtenerzählers den Faden seiner Geschichte wieder auf, vielleicht nachdem er ein schnelles geschossen hatte, – mit „Auf Wiedersehen" usw. als Einleitung er paddelte mit. Besonders nachdem die Arbeit des Tages vorüber war und er sich für die Nacht in Haltung gebracht hatte, war er unerwartet kontaktfreudig, zeigte sogar die *Gutmütigkeit* eines Franzosen, und wir schliefen ein, bevor er seine Periode überstanden hatte.

Nicketow liegt elf Meilen von Mattawamkeag entfernt am Fluss. Unser Lager lag daher etwa neun Meilen von letzterem Ort entfernt.

Der Inder war heute Morgen wegen der Kolik ziemlich krank. Ich dachte, dass es ihm durch das Elchfleisch, das er gegessen hatte, schlechter ginge.

Wir erreichten den Mattawamkeag um halb neun Uhr morgens, mitten im Nieselregen, und machten uns, nachdem wir etwas Zucker gekauft hatten, wieder auf den Weg.

Da es dem Indianer immer schlechter ging, hielten wir im nördlichen Teil von Lincoln an, um etwas Brandy für ihn zu holen. Als dies jedoch scheiterte, empfahl ein Apotheker Brandreths Pillen, die er jedoch nicht einnehmen wollte, weil er sie nicht kannte. Er sagte zu mir: „Mein Doktor, studieren Sie zuerst meinen Fall, finden Sie heraus, was ihnen fehlt , dann weiß ich, was ich nehmen muss." Wir stiegen noch ein Stück weiter ab, hielten am Vormittag auf einer Insel an und machten ihm einen Schluck Tee. Auch hier aßen wir, wuschen und botanisierten etwas, während er am Ufer lag. Am Nachmittag fuhren wir noch ein Stück weiter, obwohl der Indianer nicht besser war. „ Burntibus ", wie er es nannte, war ein langer, glatter, seeähnlicher Abschnitt unterhalb der Fünf Inseln. Er sagte, dass er irgendwo hier oben hundert Hektar Land besitze. Als ein Gewitterschauer aufzuziehen schien, hielten wir gegenüber einer Scheune am Westufer in Chester, etwa eine Meile oberhalb von Lincoln. Hier mussten wir schließlich den Rest des Tages und der Nacht verbringen, wegen unseres Patienten, dessen Krankheit nicht nachließ. Er lag stöhnend unter seinem Kanu am Ufer und sah sehr betrübt aus, obwohl es nur ein gewöhnlicher Fall von Koliken war. Hätten Sie ihn so herumliegen gesehen, hätten Sie nicht gedacht, dass er der Besitzer von so vielen Hektar Land in dieser Gegend war, sechstausend Dollar wert war und in Washington gewesen war. Es schien mir, dass er, wie die Iren, mehr Aufhebens um seine Krankheit machte als ein Yankee und mehr um sich selbst besorgt war. Wir sprachen darüber, ihn bei seinen Leuten in Lincoln zu lassen – denn das ist eines ihrer Häuser – und am nächsten Tag die Bühne zu betreten, aber er protestierte wegen der Kosten mit den Worten: „Mach mir einen guten Morgen, du und ich." Gehe bis Mittag nach Oldtown.

Als wir in der Dämmerung unseren Tee tranken, während er stöhnend unter seinem Kanu lag und endlich herausgefunden hatte, „was ihm fehlt", bat er mich, ihm einen Schöpflöffel Wasser zu holen. Er nahm den Löffel in die eine Hand, ergriff mit der anderen sein Pulverhorn, goss ein oder zwei Ladungen Pulver hinein, rührte es mit dem Finger um und trank es aus. Das war alles, was er heute nach dem Frühstück außer seinem Tee zu sich nahm.

Erlaubnis des Besitzers in der einsamen halboffenen Scheune in der Nähe des Ufers und lagen auf frisch gemähtem Heu in einer Höhe von einem Meter Höhe. Der Duft des Heus, in dem sich viele Farne usw. vermischten, war angenehm, obwohl es ziemlich lebendig war und man hörte, wie Heuschrecken durch das Heu krochen. Dies diente dazu, unsere Herangehensweise an Häuser und Federbetten zu differenzieren. In der Nacht huschte ein großer Vogel, wahrscheinlich eine Eule, über unseren Köpfen vorbei, und sehr früh am Morgen wurden wir vom Zwitschern der Schwalben geweckt, die dort ihre Nester hatten.

MONTAG, 3. August.

Wir brachen früh vor dem Frühstück auf, da der Indianer deutlich besser war, und glitten bald an Lincoln vorbei, und nach einer weiteren langen und schönen Seestrecke machten wir zum Frühstück am Westufer zwei oder drei Meilen unterhalb dieser Stadt Halt.

Wir kamen häufig an indischen Inseln mit ihren kleinen Häusern vorbei. Der Gouverneur Aitteon lebt in einem von ihnen, in Lincoln.

Die Penobscot-Indianer scheinen sogar sozialer zu sein als die Weißen. Hin und wieder kommt man in der tiefsten Wildnis von Maine an die Blockhütte eines Yankee- oder Kanada-Siedlers, aber ein Penobscot bezieht seinen Wohnsitz nie in solch einer Einsamkeit. Sie sind nicht einmal auf ihren Inseln im Penobscot verstreut, die alle innerhalb der Siedlungen liegen, sondern sind auf zwei oder drei zusammengekommen , wenn auch nicht immer auf dem besten Boden, offensichtlich zum Wohle der Gesellschaft. Ich sah ein oder zwei Häuser, die jetzt nicht mehr von ihnen genutzt wurden, weil sie, wie unsere indische Polis sagte, zu einsam waren.

Der kleine Fluss, der bei Lincoln mündet, ist der Matanancook , der, wie wir bemerkten, auch der Name eines dort liegenden Dampfers war. Also paddelten und ließen wir uns treiben und schauten in die Flussmündungen. Als er an den Mohawk Rips vorbeikam, oder, wie die Indianer sie nannten, „ Mohog Lips", vier oder fünf Meilen unterhalb von Lincoln, erzählte er uns ausführlich die Geschichte eines Kampfes zwischen seinem Stamm und den Mohawks dort in der Antike – wie letztere hießen wurden durch Kriegslist überwunden, wobei die Penobscots versteckte Messer benutzten – aber sie konnten den Mohawk-Häuptling lange Zeit nicht töten, der ein sehr großer und starker Mann war, obwohl er von mehreren Kanus gleichzeitig angegriffen wurde, als er allein im Fluss schwamm .

Von Zeit zu Zeit trafen wir Indianer in ihren Kanus, die flussaufwärts fuhren. Unser Mann näherte sich ihnen nicht gewöhnlich, sondern wechselte aus einiger Entfernung in seiner Sprache ein paar Worte mit ihnen. Dies waren die ersten Indianer, die wir trafen, seit wir den Umbazookskus verlassen hatten .

Bei Piscataquis Falls, direkt oberhalb des gleichnamigen Flusses, gingen wir über die etwa anderthalb Meilen lange Holzeisenbahn am Ostufer, während der Indianer die Stromschnellen hinunterglitt. Der Dampfer aus Oldtown hält hier und die Passagiere nehmen oben ein neues Boot. Piscataquis, an dessen Mündung wir hier vorbeikamen, bedeutet „Zweig". Er ist durch Wasserfälle an seiner Mündung versperrt, kann aber mit Batteaux oder Kanus von oben durch ein besiedeltes Land bis in die Nähe des Moosehead Lake befahren werden, und wir hatten zuerst darüber nachgedacht, diesen Weg zu gehen. Wir waren danach wegen Stürzen oder Stromschnellen nicht gezwungen, das Kanu zu verlassen, und es war auch hier nicht unbedingt notwendig. Wir haben die Landschaft heute weniger beachtet, da wir uns in einem ziemlich besiedelten Land befanden. Der Fluss wurde breit und träge, und wir sahen einen blauen Reiher, der vor uns langsam den Bach hinunterflog.

Wir passierten den Passadumkeag River zu unserer Linken und sahen in der Ferne im Südosten die blauen Olamon -Berge. Hier erzählte uns unser Indianer ausführlich die Geschichte seines Streits mit dem Priester bezüglich der Schulen. Er hielt viel von Bildung und hatte sie seinem Stamm empfohlen. Sein Argument dafür war, dass man sie „behalten" könne, wenn man auf dem College gewesen wäre und das Rechnen gelernt hätte Eigentum – kein anderer Weg." Er sagte, sein Junge sei der beste Schüler der Schule in Oldtown, die er mit Weißen besuchte. Er selbst ist Protestant und geht regelmäßig in die Kirche in Oldtown. Seinem Bericht zufolge sind viele Mitglieder seines Stammes Protestanten, und auch viele der Katholiken befürworten Schulen. Vor einigen Jahren hatten sie einen Schulmeister, einen Protestanten, der ihnen sehr gut gefiel. Der Priester kam und sagte, dass sie ihn wegschicken müssten, und schließlich hatte er einen solchen Einfluss, indem er ihnen sagte, dass sie endlich an den bösen Ort gehen würden, wenn sie ihn behalten würden, dass sie ihn wegschickten. Die Schulparty war zwar zahlreich, wollte aber aufgeben . Bischof Fenwick kam aus Boston und nutzte seinen Einfluss gegen sie. Aber unser Inder sagte seiner Seite, dass sie nicht aufgeben dürfe, durchhalten müsse, sie seien die Stärksten. Wenn sie aufgeben würden, gäbe es keine Party. Aber sie antworteten: „Es hat keinen Sinn, der Priester ist zu stark, wir geben besser auf." Schließlich überredete er sie, Widerstand zu leisten.

Der Priester wollte ein Zeichen holen, um die Freiheitsstange abzuschneiden. Also hatten Polis und seine Partei ein geheimes Treffen darüber; Er stellte fünfzehn oder zwanzig kräftige junge Männer bereit, „ zog sie nackt aus und bemalte sie wie in alten Zeiten" und sagte ihnen, dass der Priester und seine Gruppe herbeieilen sollten, wenn sie die Freiheitsstange umhauen wollten. Ergreife es und wehre sie ab, und er versicherte ihnen, dass es keinen Krieg geben würde, nur Lärm – „kein Krieg, wo Priester ist." Er versteckte seine Männer in einem Haus in der Nähe , und als die Gruppe des Priesters im Begriff war, den Freiheitspfahl zu fällen, dessen Fall der Schulgruppe den Todesstoß versetzt hätte, gab er und seinen Kindern ein Zeichen Männer stürmten heraus und ergriffen die Stange. Es gab einen großen Aufruhr, und sie waren kurz davor, sich zu streiten, aber der Priester mischte sich ein und sagte: „Kein Krieg, kein Krieg", und so steht die Stange, und die Schule geht still weiter.

Wir dachten, dass es viel Fingerspitzengefühl von ihm bezeugte, diese Gelegenheit zu nutzen und dazu Stellung zu beziehen; Dies bewies, wie gut er diejenigen verstand, mit denen er zu tun hatte.

Der Olamon River kommt von Osten in Greenbush, einige Meilen unterhalb des Passadumkeag . Als wir nach der Bedeutung dieses Namens fragten, sagte der Indianer, dass gegenüber seiner Mündung eine Insel namens *Olarmon sei* ; dass früher, wenn Besucher nach Oldtown kamen, sie dort anhielten, um sich umzuziehen, zu putzen oder zu bemalen. „Was haben die Damen denn benutzt?" er hat gefragt. Rouge? Rotes Zinnoberrot? „ Yer ", sagte er, „das ist *Larmon* , eine Art Ton oder rote Farbe, die sie früher hierher brachten."

Wir beschlossen, dass auch wir auf dieser Insel anhalten und zumindest beim Essen unseren inneren Menschen stärken würden.

Es war eine große Insel, auf der es jede Menge Hanfnessel gab, aber ich konnte dort keinerlei rote Farbe bemerken. Der Olamon River ist, zumindest an seiner Mündung, ein toter Bach. In dieser Nachbarschaft gab es eine weitere große Insel, die die Indianer „ *Soogle* " (*d . h.* Zuckerinsel) nannten.

Ungefähr ein Dutzend Meilen bevor er Oldtown erreichte, fragte er: „Wie gefällt Ihnen Ihr Pilot?" Aber wir schob eine Antwort auf, bis wir wieder ganz zurück waren.

Der Sunkhaze , ein weiterer kurzer toter Bach, kommt zwei Meilen oberhalb von Oldtown aus dem Osten. An diesem Bach soll es einige der besten Wildgehege in Maine geben. Als er nach der Bedeutung dieses Namens fragte, sagte der Indianer: „Angenommen, Sie fahren den Penobscot hinunter, genau wie wir, und Sie sehen ein Kanu aus dem Ufer kommen und vor Ihnen vorbeifahren, aber Sie sehen sie nicht im Strom. Das ist *Sunkhaze* ."

Er hatte mir zuvor ein Kompliment für mein Paddeln gemacht und gesagt, dass ich „wie jeder andere" paddelte, und mir einen indianischen Namen gegeben, der „großartiger Paddler" bedeutete. Als er diesen Bach verließ, sagte er zu mir, der im Bug saß: „Ich bringe dir das Paddeln bei." Also wandte er sich dem Ufer zu, stieg aus, trat vor und legte meine Hände so, wie er es wünschte. Er platzierte eines davon ganz außerhalb des Bootes und das andere parallel zum ersten, wobei er das Paddel am Ende, nicht über dem flachen Ende, ergriff, und sagte mir, ich solle es an der Seite des Kanus hin und her schieben. Ich stellte fest, dass dies eine große Verbesserung war, an die ich nicht gedacht hatte, und die mir die Mühe ersparte, jedes Mal das Paddel anzuheben, und ich wunderte mich, dass er es nicht schon früher vorgeschlagen hatte. Es ist wahr, dass wir, bevor unser Gepäck reduziert wurde, gezwungen waren, mit angezogenen Beinen und den Knien über der Seite des Kanus zu sitzen, was uns daran gehindert hätte, so zu paddeln, oder vielleicht hatte er Angst, sein Kanu zu ermüden. durch ständige Reibung an der Seite.

Ich erzählte ihm, dass ich es gewohnt sei, im Heck zu sitzen und bei jedem Schlag mein Paddel anzuheben und es zu drehen, um das Boot zu steuern, wobei ich jedes Mal nur einen Hebel an der Seite bekam, und ich paddelte immer noch teilweise so wenn im Heck. Dann wollte er mich im Heck paddeln sehen. Also wechselte er die Paddel, denn er hatte das längere und bessere, drehte sich von einem Ende zum anderen, er saß flach auf dem Boden und ich auf der Querlatte, er begann sehr kräftig zu paddeln, versuchte das Kanu zu wenden, schaute über seine Schulter und Lachen; Als er jedoch feststellte, dass es vergeblich war, ließ er seine Bemühungen nach, obwohl wir immer noch ein oder zwei Meilen sehr schnell dahinrasten. Er sagte, dass er an meinem Paddeln am Heck nichts auszusetzen hätte, aber ich beschwerte mich, dass er am Bug nicht nach seinen eigenen Anweisungen paddelte.

Gegenüber dem Sunkhaze befindet sich der Hauptausleger des Penobscot, wo die Baumstämme von weiter oben am Fluss gesammelt und sortiert werden.

Als wir uns Oldtown näherten, fragte ich Polis, ob er nicht froh sei, wieder nach Hause zu kommen; aber er ließ seine Wildheit nicht nach und sagte: „Es macht für mich keinen Unterschied, wo ich bin." Das ist immer der Vorwand des Inders.

Wir näherten uns der Indianerinsel durch die schmale Meerenge namens „Cook". Er sagte: „Ich gehe davon aus , dass wir dort etwas Wasser aufnehmen, der Fluss ist so hoch – so hoch hat er zu dieser Jahreszeit noch nie gesehen." Sehr raues Wasser dort, aber kurz; einmal ein Sumpfdampfer. Paddeln Sie nicht, bis ich es Ihnen sage, dann paddeln Sie einfach weiter." Es war eine sehr kurze Stromschnelle. Als wir mittendrin waren, rief er „Paddel", und wir schossen durch, ohne einen Tropfen einzufangen .

Bald darauf kamen die Indianerhäuser in Sicht, aber ich konnte meinem Begleiter zunächst nicht sagen, welches der zwei oder drei großen weißen Häuser unser Führer war. Er sagte, es sei das mit Jalousien.

Wir landeten gegen vier Uhr nachmittags gegenüber seiner Tür, nachdem wir an diesem Tag etwa vierzig Meilen zurückgelegt hatten. Von der Piscataquis aus waren wir bemerkenswert und unerklärlich schnell gekommen, wahrscheinlich so schnell wie die Etappe oder das Boot, obwohl die letzten zwölf Meilen totes Wasser waren.

Polis wollte uns sein Kanu verkaufen, sagte, es würde sieben oder acht Jahre halten, bei Vorsicht vielleicht zehn; aber wir waren nicht bereit, es zu kaufen.

Wir hielten eine Stunde lang bei ihm zu Hause an, wo sich mein Begleiter mit seinem Rasiermesser rasierte, das seiner Meinung nach in sehr gutem Zustand war. Frau P. trug einen Hut und eine silberne Brosche auf der Brust, wurde uns aber nicht vorgestellt. Das Haus war geräumig und ordentlich. An der Wand hing eine große neue Karte von Oldtown und der Indian Island und gegenüber eine Uhr. Polis' Sohn wollte wissen, wann die Autos Oldtown verließen, und brachte aus dem Büro eines der letzten Papiere aus Bangor mit, das, wie ich sah, an „Joseph Polis" gerichtet war.

Das war das Letzte, was ich von Joe Polis gesehen habe. Wir nahmen den letzten Zug und erreichten noch in der Nacht Bangor.

ANHANG

I. BÄUME

Die vorherrschenden Bäume (ich spreche nur von dem, was ich gesehen habe) an den Ost- und Westarmen des Penobscot und im oberen Teil des Allegash waren Tanne, Fichte (sowohl schwarz als auch weiß) und Lebensbaum oder „Zeder". " Die Tanne hat das dunkelste Laub und bildet zusammen mit der Fichte einen sehr dichten „schwarzen Bewuchs", besonders an den oberen Teilen der Flüsse. Ein Holzhändler, mit dem ich gesprochen habe, bezeichnete ersteres als Unkraut, und es wird allgemein als weder für Holz noch als Brennstoff geeignet angesehen. Aber als Zierbaum ist er begehrter als jeder andere immergrüne Baum dieser Wälder außer dem Lebensbaum . Die Schwarzfichte kommt deutlich häufiger vor als die Weißfichte. Beide sind hohe und schlanke Bäume. Der Lebensbaum , der mit seinen hellgrünen Fächern eine fröhlichere Farbe hat, ist ebenfalls hoch und schlank, obwohl er manchmal einen Durchmesser von 60 cm hat. Es füllt oft die Sümpfe.

Mit den ersteren vermischt und auch hier und da ausgedehnte und offenere Wälder bildend, was angeblich auf einen besseren Boden hinweist, befanden sich Kanus und gelbe Birken (die ersteren waren immer zur Hand, um ein Feuer anzuzünden, wir sahen keine) . kleine weiße Birken in dieser Wildnis) sowie Zucker- und Rotahorn.

Die Espe (*Populus tremuloides*) kam auf verbrannten Böden sehr häufig vor. Wir sahen viele vereinzelte Weißkiefern, meist kranke Bäume, die deshalb von den Hackern übersprungen worden waren; das waren die größten Bäume, die wir sahen; und wir kamen gelegentlich an einem kleinen Wald vorbei, in dem dies der vorherrschende Baum war; aber ich habe nicht annähernd so viele dieser Bäume bemerkt, wie ich bei einem einzigen Spaziergang in Concord sehen kann. Die Grau-Erle (*Alnus incana*) kommt überall an den schlammigen Ufern von Flüssen und Seen sowie in Sümpfen vor. Hemlocktanne konnte häufig für Tee verwendet werden, war aber nirgends reichlich vorhanden. Dennoch gibt FA Michaux an, dass in Maine, Vermont und im oberen Teil von New Hampshire usw. die Hemlocktanne drei Viertel der immergrünen Wälder ausmacht, der Rest ist Schwarzfichte. Es gehört zu kalten Hängen.

Die Ulme und die schwarze Esche waren an den unteren und ruhigeren Teilen der Bäche weit verbreitet, wo die Ufer flach und grasbewachsen waren oder es niedrige Kiesinseln gab. Sie bildeten eine angenehme Abwechslung in der Landschaft und wir fühlten uns, als wären wir näher an unserem Zuhause, als wir an ihnen vorbeiglitten.

Die oben genannten vierzehn Bäume machten den Großteil des Waldes aus, den wir sahen.

Lärche (Wacholder), Buche und Gemeine Kiefer (*Pinus resinosa* , Rotkiefer) wurden nur vereinzelt an bestimmten Stellen gesehen. Die *Pinus Banksiana* (Grau- oder Nördliche Buschkiefer) und nur eine einzelne kleine Roteiche (*Quercus rubra*) kommen auf Inseln im Grand Lake im East Branch vor.

Bei den oben genannten handelt es sich fast ausschließlich um nordische Bäume, die hauptsächlich, wenn nicht ausschließlich, auf den Bergen im Süden vorkommen.

II. BLUMEN UND STÄUCHER

Es scheint, dass in einem Wald wie diesem die große Mehrheit der Blumen, Sträucher und Gräser auf die Ufer der Flüsse und Seen sowie auf die Wiesen, offenere Sümpfe, verbranntes Land und Berggipfel beschränkt ist; vergleichsweise sehr wenige dringen tatsächlich in den Wald ein. Es gibt nicht einmal eine solche Verbreitung wilder Blumen, wie man allgemein annimmt oder wie sie in einem gerodeten und besiedelten Land der Fall ist. Die meisten unserer sogenannten Wildblumen können an den Orten, an denen sie wachsen, als eingebürgert gelten. Flüsse und Seen sind die großen Beschützer dieser Pflanzen vor den Angriffen des Waldes, indem sie durch ihr jährliches Steigen und Senken einen schmalen Streifen offen halten, in dem diese empfindlicheren Pflanzen Licht und Raum zum Wachsen haben. Sie sind die *Schützlinge* der Flüsse. Diese engen und zerstreuten Banden und isolierten Gruppen sind gewissermaßen die Pioniere der Zivilisation. Vögel, Vierbeiner, Insekten und auch der Mensch folgen in der Hauptsache den Blumen, und dieser wiederum schafft mehr Platz für sie und für beerentragende Sträucher, Vögel und kleine Vierbeiner. Ein Siedler erzählte mir, dass nicht nur Brombeeren und Himbeeren, sondern auch Bergahorne auf die Lichtung kamen und verbrannten.

Obwohl Pflanzen häufig als ihre Fundstelle auf Urwälder verwiesen werden, trifft dies nicht auf sehr viele zu, es sei denn, die Wälder sollen solche Fundorte umfassen, wie ich sie erwähnt habe. Nur diejenigen, die nur wenig Licht benötigen und den Tropfen der Bäume ertragen können, dringen in die Wälder ein, und diese haben in der Regel eine größere Schönheit in ihren Blättern als in ihren blassen und fast farblosen Blüten.

Die vorherrschenden Blumen und auffälligen kleinen Pflanzen der *Wälder*, die mir auffielen, waren: *Clintonia borealis*, Linnæa, Checkerberry (*Gaultheria procumbens*), *Aralia nudicaulis* (wilde Sarsaparilla), Großes Rundblättriges Knabenkraut, *Dalibarda repens*, *Chiogenes Hispidula* (Kriechende Schneebeere), *Oxalis Acetosella* (Sauerklee), *Aster acuminatus*, *Pyrola secunda* (einseitige Pyrola), *Medeola Virginica* (Indische Gurkenwurzel), kleine *Circæa* (Zaubernachtschatten) und vielleicht *Cornus Canadensis* (Zwerg-Kornelkirsche).).

Von diesen blühten am letzten Juli 1858 nur die *Aster acuminatus* und das Große Rundblättrige Knabenkraut auffällig.

Die häufigsten Blumen an *Fluss-* und *Seeufern* waren: *Thalictrum cornuti* (Wiesenraute); *Hypericum ellipticum*, *Mutilum* und *Canadense* (Johanniskraut); Pferdeminze; Andorn, *Lycopus Virginicus* und *Europæus*, var. *Sinuatus* (Signalhornkraut); *Scutellaria Galericulata* (Schädeldecke); *Solidago lanceolata* und *Squarrosa*, East Branch (Goldrute); *Diplopappus umbellatus* (Aster mit zwei Borsten); *Aster Radula*; *Cicuta Maculata* und *Bulbifera* (Wasserschierling); Mädesüß; *Lysimachia stricta* und *ciliata* (Blutweiderich); *Galium Trifidum* (kleines Bettstroh); *Lilium Canadense* (wilde gelbe Lilie); *Platanthera Peramœna* und *Psycodes* (großes lila Knabenkraut und kleines lila gesäumtes Knabenkraut); *Mimulus ringens* (Affenblume); Dock (Wasser); blaue Flagge; *Hydrocotyle Americana* (Sumpfwassernabel); *Sanicula Canadensis* (?) (schwarze Schlangenwurzel); *Clematis Virginiana* (?) (Jungfrauenlaube); *Kapuzinerkresse palustre* (Sumpfkresse); *Ranunculus recurvatus* (Hakenhahnenfuß); *Asclepias incarnata* (Sumpf-Wolfsmilchkraut); *Aster Tradescanti* (Tradescant-Aster); *Aster Geizhals*, auch *Longifolius*; *Eupatorium purpureum*, offenbar Seeufer (Joe-Pye-weed); *Apocynum Cannabinum*, East Branch, (indischer Hanf); *Polygonum cilinode* (Ackerwinde); und andere. Ganz zu schweigen von den minderwertigen Arten des Wollgrases und des empfindlichen Farns.

Im Wasser, *Nuphar Advena* (Gelbe Teichlilie), einige *Potamogetons* (Teichkraut), *Sagittaria variabilis* (Pfeilspitze), *Sium lineare* (?) (Wasserpastinake).

Von diesen blühten am letzten Juli 1857 auffallend: Weinraute, *Solidago lanceolata* und *Squarrosa*, *Diplopappus Umbellatus*, *Aster Radula*, *Lilium Canadense*, großes und kleines Purpurknabenkraut, *Mimulus ringens*, Blaue Flagge, Jungfrauenlaube usw.

Die charakteristischen Blumen in *Sümpfen* waren: *Rubus triflorus* (Zwerg-Himbeere); *Calla palustris* (Wasserwurz); und *Sarracenia purpurea* (Kannenpflanze). Auf *verbranntem Boden*: *Epilobium angustifolium*, in voller

Blüte (großes Weidenkraut); und *Erechthites hieracifolia* (Weidenkraut). Auf *Klippen* : *Campanula rotundifolia* (Glockenblume); *Cornus Canadensis* (Zwerg-Kornelkirsche); *Arctostaphylos Uva-Ursi* (Bärentraube); *Potentilla tridentata* (Berg-Fingerkraut); *Pteris aquilina* (Gemeine Bremse). An *alten Lagern, Transporten und Holzfällerpfaden* : *Cirsium arvense* (Kanadadistel); *Prunella vulgaris* (gemeinsame Selbstheilung); Kleeblatt; Herdengras; *Achillea millefolium* (gemeine Schafgarbe); *Leucanthemum vulgare* (Weißkraut); *Aster Macrophyllus* ; *Halenia deflexa* , East Branch, (Sporn-Enzian); *Antennen Margaritacea* (Perlmutt); *Actæa rubra* und *alba* , Feuchtbären (Traubensilberkerze); *Desmodium Canadense* (Zeckenklee); Sauerampfer.

Die schönsten und interessantesten Blumen waren die großen purpurnen Knabenkräuter , die mit ihren großen purpurnen Ähren, perfekt aufgerichtet, immer wieder zwischen den Sträuchern und Gräsern des Ufers emporragten. Es schien seltsam, dass sie dort in so großer Fülle wachsen konnten, wie man sie nur von Elchen und Elchjägern sieht, während sie in Concord so selten sind. Ich habe diese Art bei uns noch nie annähernd so spät blühen sehen, auch nicht bei der Kleinen.

Die vorherrschenden Unterhölzer waren: *Dirca palustris* (Elchholz), *Acer spicatum* (Bergahorn), *Virburnum lantanoides* (Humpelstrauch) und häufig *Taxus baccata* , var. *Canadensis* (Amerikanische Eibe).

Die am Ufer vorherrschenden Sträucher und kleinen Bäume waren: *Korbweiden* und Erlen (oben erwähnt); Sallows oder kleine Weiden von zwei oder drei Arten, wie *Salis humilis* , *Rostrata* und *Discolor* (?); *Sambucus Canadensis* (Schwarzer Holunder); Rose; *Viburnum Opulus* und *Nudum* (Preiselbeerbaum und Weißrute); *Pyrus Americana* (Amerikanische Eberesche); *Corylus rostrata* (Schnabelhaselnuss); *Diervilla Trifida* (Buschgeißblatt); *Prunus Virginiana* (Apfelkirsche); *Myrica-Sturm* (Süßsturm); *Nemopanthes Canadensis* (Bergstechpalme); *Cephalanthus occidentalis* (Knopfstrauch); *Ribes prostratum* , mancherorts, (stinkende Johannisbeere).

Insbesondere von Sträuchern und kleinen Bäumen in *Sümpfen* : einige Weiden, *Kalmia glauca* (heller Lorbeer), *Ledum latifolium* und *palustre* (Labrador-Tee), *Ribes lacustre* (Sumpfstachelbeere) und an einer Stelle *Betula pumila* (niedrige Birke). An *Lagern und Trägern* : Himbeere, *Vaccinium Canadense* (Kanada-Blaubeere), *Prunus Pennsylvanica* (auch entlang der Küste) (Wilde Rotkirsche), *Amelanchier Canadensis* (Fettstrauch), *Sambucus pubens* (Rotbeer-Holunder). Zu den für die *Berge typischen Arten* gehört die *Vaccinium Vitis- Idæa* (Preiselbeere).

Von den Pflanzen, von denen man allgemein annimmt, dass sie aus Europa *eingeführt wurden* , habe ich auf der Lichtung von Ansel Smith, Chesuncook , beobachtet, die im Jahr 1857 reichlich vorhanden waren: *Ranunculus acris* (Butterblumen); *Plantago Major* (Gewöhnlicher Spitzwegerich); *Chenopodium-*

Album (Lammviertel); *Capsella Bursa-pastoris* , 1853, (Hirtengeldbeutel); *Spergula arvensis* , ebenfalls Nordufer von Moosehead im Jahr 1853 und anderswo, 1857, (Maissporn) ; *Taraxacum Densleonis* – von Gray als einheimisch angesehen, dort aber offenbar eingeführt – (gemeiner Löwenzahn); *Polygonum Persicaria* und *Hydropiper*, an einem Holzfällerpfad im Wald bei Smith's (Frauendaumen und Scharfkraut); *Rumex Acetosella* , häufig bei Bären (Schafsampfer); *Trifolium pratense* , 1853, auf Trägern, häufig (Rotklee); *Leucanthemum vulgare* , trägt (Weißkraut); *Phleum pratense* , trägt, 1853 und 1857, (Herdengras); *Verbena hastata* (blaues Eisenkraut); *Cirsium arvense* , häufig in Lagern, 1857, (Kanada-Distel); *Rumex Crispus* (*?*), West Branch, 1853 (?), (Kräuselampfer); *Verbascum Thapsus* , zwischen Bangor und Lake, 1853, (Königskerze).

Es scheint, dass ich etwa ein Dutzend Pflanzen gesehen habe, die den Menschen bis in die Wälder von Chesuncook begleitet hatten und sich dort im Jahr 1853 eingebürgert hatten. Pflanzen beginnen so früh zu sprießen am Rande eines Holzfällerpfades – ein bloßer Durchblick die Wälder, die wegen der Baumstümpfe und umgestürzten Bäume nur im Winter genutzt werden können – schließlich sind es in alten Siedlungen Straßenpflanzen. Die Pioniere dieser Art werden zum Teil mit den ersten Rindern gepflanzt, die nicht im Wald übersommert werden können.

III. LISTE DER PFLANZEN

Das Folgende ist eine Liste der Pflanzen, die mir in den Jahren 1853 und 1857 in den Wäldern von Maine aufgefallen sind. (Die mit * markierten Pflanzen kommen nicht in Wäldern vor.)

1. DIEJENIGEN, DIE DIE HÖHE VON BÄUMEN ERREICHTEN

Alnus incana (Gesprenkel- oder Grau-Erle), häufig entlang von Bächen usw.

Thuja occidentalis (Amerikanische Lebensbaumart) , eine der vorherrschenden.

Fraxinus sambucifolia (Schwarzesche), sehr häufig, besonders in der Nähe von totem Wasser. Der Inder sprach von „gelber Asche", wie sie auch dort zu finden sei.

Populus tremuloides (Amerikanische Espe), sehr häufig, besonders auf verbranntem Land, fast so weiß wie Birken.

Populus grandidentata (Großzahnpappel), vielleicht zwei oder drei.

Fagus ferruginea (Amerikanische Buche), zumindest im Westarm keine Seltenheit. (Sah mehr im Jahr 1846.)

Betula papyracea (Kanu-Birke), überall und rund um Bangor verbreitet.

Betula excelsa (Gelbbirke), sehr häufig.

Betula lenta (Schwarzbirke), am Westarm im Jahr 1853.

Betula alba (Amerikanische Weißbirke), nur etwa Bangor.

Ulmus Americana (Amerikanische oder weiße Ulme), West Branch und tief unten im East Branch, *d . h . e.* im unteren und alluvialen Teil des Flusses sehr häufig.

Larix Americana (amerikanische oder schwarze Lärche), sehr häufig im Umbazookskus ; einige woanders.

Abies Canadensis (Hemlocktanne); nicht reichlich vorhanden; einige auf der West Branch und ein wenig überall.

Acer saccharinum (Zuckerahorn), sehr häufig.

Acer rubrum (Rot- oder Sumpfahorn), sehr häufig.

Acer dasycarpum (Weiß- oder Silberahorn), etwas niedrig am East Branch und in den Wäldern von Chesuncook .

Quercus rubra (Roteiche), eine auf einer Insel im Grand Lake, East Branch, und, laut einem Siedler, einige auf der Ostseite des Chesuncook Lake; einige auch über Bangor im Jahr 1853.

Pinus Strobus (Weißkiefer), verstreut, am häufigsten am Heron Lake.

Pinus resinosa (Rotkiefer), Telos und Grand Lake, hier und da etwas später.

Abies balsamea (Balsam-Tanne), vielleicht der häufigste Baum, besonders in den oberen Teilen der Flüsse.

Abies nigra (Schwarz- oder Doppelfichte), neben letzterem die häufigste, wenn nicht sogar gleich häufige Art, und in den Bergen.

Abies alba (Weiß- oder Einzelfichte), häufig mit letzteren entlang der Flüsse.

Pinus Banksiana (Grau- oder Nördliche Buschkiefer), einige auf einer Insel im Grand Lake.

Insgesamt dreiundzwanzig (23).

2. KLEINE BÄUME UND STRÄUCHER

Prunus depressa (Zwergkirsche), auf Kiesbänken, East Branch, in der Nähe von Hunt's, mit grünen Früchten; offensichtlich verschieden von der *Pumila* von Fluss und Wiesen.

Vaccinium corymbosum (gemeine Sumpfheidelbeere), Bucksport.

Vaccinium Canadense (Kanada-Blaubeere) verbreitet sich überall in felsigen Hügeln bis nach Bucksport.

Vaccinium Pennsylvanicum (Zwergblaubeere?), Whetstone Falls.

Betula pumila (niedrige Birke), Schlammteichsumpf.

Prinos verticillatus (Schwarzerle), 1857, jetzt zusammen mit *Ilex* von Gray, 2. Aufl.

Cephalanthus occidentalis (Knopfstrauch).

Prunus Pennsylvanica (Wilde Rotkirsche), sehr häufig in Lagern, Transporten usw. entlang von Flüssen; Fruchtreife am 1. August 1857.

Prunus Virginiana (Apfelkirsche), Flussufer, häufig.

Cornus alternifolia (Wechselblättrige Kornelkirsche), West Branch, 1853.

Ribes prostratum (stinkende Johannisbeere), häufig entlang von Bächen; auf Webster Stream.

Sambucus canadensis (Holunder), häufig an Flussufern.

Sambucus pubens (rotbeeriger Holunder), nicht ganz so häufig; Straßenränder in Richtung Moosehead und danach weiter; Frucht schön.

Ribes lacustre (Sumpfstachelbeere), Sümpfe, häufig; Mud Pond Swamp und Webster Stream; nicht reif 29. Juli 1857.

Corylus rostrata (Schnabelhaselnuss), häufig.

Taxus baccata , var. *Canadensis* (Amerikanische Eibe), ein häufiger Unterstrauch auf einer Insel in den Wäldern West Branch und Chesuncook
.

Viburnum lantanoides (Humpelstrauch), häufig, besonders in Chesuncook-Wäldern; Fruchtreife im September 1853, nicht im Juli 1857.

Viburnum Opulus (Preiselbeerbaum), am West Branch; einer noch in Blüte, 25. Juli 1857.

Viburnum nudum (Weissrute), häufig entlang von Flüssen.

Kalmia glauca (Blasser Lorbeer), Sümpfe, häufig, wie bei Moosehead Carry und Chamberlain Swamp.

Kalmia angustifolia (Lammkiller), mit *Kalmia glauca* .

Acer spicatum (Bergahorn), ein vorherrschendes Unterholz.

Acer striatum (Streifenahorn), trägt am 30. Juli 1857 Früchte; grün im ersten Jahr; grün, weiß gestreift, der zweite; dunkler, der dritte, mit dunklen Flecken.

Cornus stolonifera (Rotweiden-Hartriegel), vorherrschender Strauch am Ufer des West Branch; Die Früchte waren im August 1857 noch weiß.

Pyrus Americana (Amerikanische Eberesche), an Küsten häufig anzutreffen.

Amelanchier Canadensis (Felsenstrauch), felsige Büsche usw., beträchtliche Früchte im Jahr 1857.

Rubus strigosus (wilde rote Himbeere), sehr reichlich, verbrannte Böden, Lager und Träger, aber nicht reif, bis wir am Chamberlain-Damm und am East Branch ankamen.

Rosa Carolina (Sumpfrose), häufig an Seeufern usw.

Rhus typhina * (Hirschhornsumach) .

Myrica Gale (Sturmsturm), häufig.

Nemopanthes Canadensis (Bergstechpalme), häufig in Tieflandgebieten, Moosehead Carry und auf dem Mount Kineo.

Cratægus (*coccinea* ? Scharlachfruchtiger Dorn), keine Seltenheit; mit harten Früchten im September 1853.

Salix (in der Nähe von *Petiolaris* , gestielte Weide), sehr häufig in Umbazookskus- Wiesen.

Salix rostrata (Langschnabelweide), häufig.

Salix humilis (Niedrige Buschweide), häufig.

Salix verfärbt sich (blaugrüne Weide) (?).

Salix lucida (Leuchtende Weide), auf einer Insel im Heron Lake.

Dirca palustris (Elchholz), häufig.

Insgesamt 38.

3. KLEINE STRÄUCHER UND KRAUTIGE PFLANZEN

Agrimonia Eupatoria (Agrimonie), keine Seltenheit.

Circa Alpina (Nachtschatten des Zauberers), sehr häufig in Wäldern.

Kapuzinerkresse palustre (Sumpfkresse), var. *hispidum* , häufig, wie bei A. Smith.

Aralia hispida (borstige Sarsaparilla), am West Branch, beide Jahre.

Aralia nudicaulis (wilde Sarsaparilla), Chesuncook- Wälder.

Sagittaria variabilis (Pfeilspitze), häufig in Moosehead und danach.

Arum triphyllum (Indische Rübe), jetzt *Arisæma* , Moosehead Carry im Jahr 1853.

Asclepias incarnata (Sumpf-Wolfsmilch), Umbazookskus River und danach; röter als unsere und eine andere Sorte als unsere Sorte. *Pulchra* .

Aster acuminatus (Spitzblättrige Aster), die in Wäldern vorherrschende Aster, am Südzweig nicht lange geöffnet, 31. Juli; zwei oder mehr Fuß hoch.

Aster Macrophyllus (großblättrige Aster), häufig, und die ganze Pflanze duftet überraschend wie ein Heilkraut; gerade draußen am Telos-Staudamm, 29. Juli 1857, und danach nach Bangor und Bucksport; bläuliche Blume (in Wäldern am Pine Stream und in Chesuncook im Jahr 1853).

Aster Radula (raublättrige Aster), gewöhnlich, Moosehead Carry und später.

Aster Geizhals (kleine Aster), 1853 am West Branch und häufig am Ufer von Chesuncook .

Aster longifolius (blaue Aster mit Weidenblättern), 1853, Ufer von Moosehead und Chesuncook .

Aster cordifolius (Herzblättrige Aster), 1853, West Branch.

Aster Tradescanti (Tradescant- Aster), 1857. Eine schmalblättrige Aster, Chesuncook Shore, 1853.

Aster , *longifoliusartig* , mit kleinen Blüten, West Branch, 1853.

Aster puniceus (raustämmige Aster), Pine Stream.

Diplopappus umbellatus (große Diplopappus- Aster), häufig entlang des Flusses.

Arctostaphylos Uva-Ursi (Bärenbeere), Kineo usw., 1857.

Polygonum cilinode (falscher Buchweizen mit Fransengliedern), häufig.

Bidens cernua (Ringelblume), 1853, West Branch.

Ranunculus acris (Butterblumen), reichlich vorhanden am Smith's-Staudamm, Chesuncook , 1853.

Rubus triflorus (Zwerg-Himbeere), niedrige Böden und Sümpfe, häufig.

Utricularia vulgaris * (Großes Blasenkraut), Pushaw .

Iris versicolor (größere blaue Flagge), häufig, Moosehead, West Branch, Umbazookskus usw.

Sparganium (Schilfrohr).

Calla palustris (Wasserwurz), blüht am 27. Juli 1857, Mud Pond Swamp.

Lobelia cardinalis (Kardinalblume), offenbar häufig, aber im August 1857 nicht mehr blühend.

Cerastium nutans (klamme wilde Vogelmiere) (?).

Gaultheria procumbens (Schachbeere), kommt überall in Wäldern entlang von Flussufern vor.

Stellaria media * (Gewöhnliche Vogelmiere), Bangor.

Chiogenes Hispidula (Kriechende Schneebeere), sehr häufig in Wäldern.

Cicuta maculata (Wasserschierling).

Cicuta Bulbifera (zwiebeltragende Wasser-Hemlocktanne), Penobscot und Chesuncook Shore, 1853.

Galium trifidum (kleines Betthalm), häufig.

Galium Aparine (Heilbeile) (?), Chesuncook , 1853.

Galium , eine Art am Pine Stream, 1853.

Trifolium pratense (Rotklee), auf Trägern usw.

Actæa spicata , var. *Alba* (Silberkerze), Chesuncook Woods, 1853, und East Branch, 1857.

Actæa , var. *rubra* (Traubensilberkerze), East Branch, 1857.

Vaccinium Vitis- Idæa (Preiselbeere), Ktaadn , sehr häufig.

Cornus Canadensis (Zwerg-Kornelkirsche), im Wald Chesuncook , 1853; gerade reif in Kineo, 24. Juli 1857, häufig; noch in voller Blüte, Moosehead Carry, 16. September 1853.

Medeola Virginica (indische Gurkenwurzel), West Branch und Chesuncook - Wälder.

Dalibarda repens (Dalibarda), Moosehead Carry und danach, häufig. Noch in Blüte, 1. August 1857.

Taraxacum Densleonis (Gewöhnlicher Löwenzahn), Smith's, 1853; nur dort. Ist es nicht fremd?

Diervilla Trifida (Buschgeißblatt), sehr häufig.

Rumex Hydrolapathum (?) (großer Wassersteg), 1857; bemerkte, dass es 1853 einen großen Samen hatte; gemeinsam.

Rumex Crispus (?) (Kräuselampfer), West Branch, 1853.

Apocynum Cannabinum (Indischer Hanf), Kineo (Bradford) und East Branch, 1857, bei Whetstone Falls.

Apocynum androsæmifolium (ausbreitender Hundsgift), Kineo (Bradford).

Clintonia borealis (Clintonia), überall in Wäldern; Früchte reifen gerade, 25. Juli 1857.

Eine *Lemna* (Wasserlinse), Pushaw , 1857.

Elodea Virginica (Sumpf-Johanniskraut), Moosehead, 1853.

Epilobium angustifolium (großes Weidenkraut), große Felder auf verbranntem Land; etwas Weiß bei Webster Stream.

Epilobium coloratum (Weidenkraut mit violetten Adern), einmal im Jahr 1857.

Eupatorium purpureum (Joe-Pye-weed), Reiher-, Moosehead- und Chesuncook- Seeufer, häufig.

Allium (Zwiebel), eine für mich neue Art, blüht, oben ohne Zwiebeln, auf Felsen in der Nähe von Whetstone Falls (?), East Branch.

Halenia Deflexa (Sporn-Enzian), trägt den Ostzweig, häufig.

Geranium Robertianum (Herbrobert) .

Solidago lanceolata (buschige Goldrute), sehr häufig.

Solidago , einer der Dreirippigen, in beiden Jahren.

Solidago thyrsoidea (große Berggoldrute), einer am Webster Stream.

Solidago squarrosa (Goldrute mit großen Stacheln), am häufigsten am East Branch.

Solidago altissima (raue haarige Goldrute), in beiden Jahren keine Seltenheit.

Koptis trifolia (dreiblättriger Goldfaden).

Smilax herbacea (Aasblume), in beiden Jahren keine Seltenheit.

Spiræa tomentosa * (Hardhack), Bangor.

Campanula rotundifolia (Glockenblume), Klippen, Kineo, Grand Lake usw.

Hieracium (Habichtskraut), keine Seltenheit.

Veratrum viride (Amerikanische Weiße Nieswurz).

Lykopus Virginicus (Signalhornkraut), 1857.

Lykopus Europæus (Wasser-Andorn), var. *Sinuatus* , Ufer des Heron Lake.

Chenopodium-Album (Lammviertel), Smith's.

Mentha Canadensis (Wilde Minze), sehr häufig.

Galeopsis Tetrahit (gemeine Hanf-Brennnessel), Olamon Isle, reichlich vorhanden, und unten, in der Blüte, 3. August 1857.

Houstonia cærulea (bluets), jetzt *Oldenlandia* (Gray, 2. Aufl.), 1857.

Hydrocotyle Americana (Sumpf-Wassernabel), häufig.

Hypericum ellipticum (elliptischblättriges Johanniskraut), häufig.

Hypericum mutilum (Kleines Johanniskraut), beide Jahre, häufig.

Hypericum Canadense (kanadisches Johanniskraut), Moosehead Lake und Chesuncook Shores, 1853.

Trientalis Americana (Sternblume), Pine Stream, 1853.

Lobelia inflata (indischer Tabak).

Spiranthes Cernua (Damenlocken), Kineo und danach.

Nabalus (Klapperschlangenwurzel), 1857; *Altissimus* (hoher weißer Salat), Chesuncook Woods, 1853.

Antennen Margaritacea (Perlmuttblütler), Gewöhnlich, Moosehead, Smith's usw.

Lilium Canadense (wilde gelbe Lilie), sehr häufig und groß, West- und Ostzweig; eine auf East Branch, 1857, mit stark gedrehten Blütenblättern und vollkommen glatten Blättern auf der Unterseite, aber nicht größer als die letzte und anscheinend nur eine Sorte.

Linnæa borealis (Linnæa), fast überall in Wäldern.

Lobelia Dortmanna (Wasserlobelie), Teich in Bucksport.

Lysimachie Ciliata (Haarstieliger Blutweiderich), sehr häufig, Chesuncook Shore und East Branch.

Lysimachia stricta (Aufrechter Blutweiderich), sehr häufig.

Mikrostylis Ophioglossoides (Nattermaul), Kineo.

Spiræa Salicifolia (Mädesüß), häufig.

Mimulus ringens (Affenblume), häufig, Seeufer usw.

Scutellaria Galericulata (Schädelkraut), sehr häufig.

Scutellaria Lateriflora (Mad-Dog-Helmkraut), Heron Lake, 1857; Chesuncook , 1853.

Platanthera Psycodes (kleine Orchideen mit violetten Fransen), sehr häufig, East Branch und Chesuncook , 1853.

Platanthera fimbriata (große Orchidee mit violetten Fransen), sehr häufig, West Branch und Umbazookskus , 1857.

Platanthera Orbiculata (großes rundblättriges Knabenkraut), sehr häufig in Wäldern, Moosehead- und Chamberlain-Knabenkraut, Caucomgomoc usw.

Amphicarpæa Monoica (Schweineerdnuss).

Aralia racemosa (Aralia), Gewöhnlicher, Moosehead Carry, Telos Lake usw. und danach; erscheint ungefähr am 1. August 1857.

Plantago Major (Gewöhnlicher Spitzwegerich), 1853 im Freiland bei Smith's verbreitet.

Pontederia cordata * (Pflückkraut), nur in der Nähe von Oldtown, 1857.

Potamogeton (Laichkraut), nicht häufig.

Potentilla tridentata (Berg-Fingerkraut), Kineo.

Potentilla Norvegica (Fingerkraut), Heron Lake Shore und Smith's.

Polygonum amphibium (Wasserpersicaria) , var. *aquaticum* Zweiter See.

Polygonum Persicaria (Damendaumen), Baumstammpfad, Chesuncook , 1853.

Nuphar Advena (gelbe Teichlilie), nicht häufig.

Nymphæa odorata (Süße Seerose), einige in West Branch, 1853.

Polygonum Hydropiper (Smart-Weed), Baumstammpfad, Chesuncook .

Pyrola secunda (einseitige Pyrola), sehr häufig, Caucomgomoc .

Pyrola elliptica (Schienbeinblatt), Caucomgomoc River.

Ranunculus Flammula (Speerkraut, var. *reptans*).

Ranunculus recurvatus (Hakenhahnenfuß), Umbazookskus- Landung usw.

Typha latifolia * (Gemeiner Katzenschwanz oder Rohrkolben), extrem häufig zwischen Bangor und Portland.

Sanicula Marylandica (schwarze Schlangenwurzel), Moosehead Carry und später.

Aralia nudicaulis (wilde Sarsaparilla).

Capsella Bursa-pastoris (Hirtengeldbörse), Smith's, 1853.

Prunella vulgaris (Selbstheilung), überall sehr häufig.

Erechthites hieracifolia (Feuerkraut), 1857, und Smith's open land, 1853.

Sarracenia purpurea (Kannenpflanze), Schlammteichsumpf.

Smilacina bifolia (falsches Salomonssiegel), 1857, und Chesuncook Woods, 1853.

Smilacina Racemosa (falsche Narde) (?), Umbazookskus Carry, 27. Juli 1853.

Veronica scutellata (Sumpf-Ehrenpreis).

Spergula arvensis (Maissporn) , 1857, nicht ungewöhnlich, 1853, Moosehead und Smith's.

Fragaria (Erdbeere), 1853, Smith's; 1857, Bucksport.

Thalictrum Cornuti (Wiesenraute), sehr häufig, besonders entlang von Flüssen, hoch und im Juli 1857 auffällig blühend.

Cirsium arvense (Kanada-Distel), häufig auf Campingplätzen und an Autobahnrändern im Norden von Maine anzutreffen.

Cirsium muticum (Sumpfdistel), gut blühend, Webster Stream, 31. August.

Rumex acetosella (Schafsampfer), häufig an Fluss- und Holzwegen, als Chesuncook -Holzweg.

Impatiens fulva (Geflecktes Berührungsmeinnicht).

Trillium erythrocarpum (bemaltes Trillium), gewöhnlicher West Branch und Moosehead Carry.

Verbena hastata (blaues Eisenkraut).

Clematis Virginiana (Jungfrauenlaube), häufig an Flussufern; gefiedert im September 1853; blüht im Juli 1857.

Leucanthemum vulgare (Weißkraut).

Sium lineare (Wasserpastinake), 1857, und Chesuncook Shore 1853.

Achillea millefolium (Gewöhnliche Schafgarbe), an Fluss- und Baumpfaden sowie Smith's.

Desmodium Canadense (Kanadisches Zeckenkleeblatt), keine Seltenheit.

Oxalis Acetosella (Sauerklee), immer noch draußen am 25. Juli 1853, in Moosehead Carry und danach.

Oxalis stricta (Gelber Sauerampfer), 1853, bei Smith und seinem Waldweg.

Liparis liliifolia (Tway -Blade), Kineo (Bradford).

Uvularia grandiflora (Großblütiges Glockenkraut), Wald, häufig.

Uvularia sessilifolia (Traubenblättriges Glockenkraut), Chesuncook- Wälder, 1853.

Insgesamt 145.

4. VON NIEDRIGERER ORDNUNG

Scirpus Eriophorum (Wollgras), sehr häufig, besonders auf niedrigen Inseln. Ein grobes Gras, vier bis fünf Fuß hoch, entlang des Flusses.

Phleum pratense (Herdengras), auf Trägern, auf Lagern und Lichtungen.

Equisetum sylvaticum (Ackerschachtelhalm).

Pteris aquilina (Bremse), Kineo und danach.

Onoclea sensibilis (empfindlicher Farn), sehr häufig an Flussufern; einige am kiesigen Ufer der Heron Lake Island.

Polypodium dryopteris (spröde Polypodie).

Woodsia Ilvensis (rostige Woodsia), Kineo.

Lycopodium lucidulum (gezahntes Bärenmoos).

Usnea (eine Parmelienflechte), kommt häufig auf verschiedenen Bäumen vor.

IV. LISTE DER VÖGEL

DAS ICH ZWISCHEN DEM 24. JULI UND DEM 3. AUGUST 1857 IN MAINE SAH

Ein sehr kleiner Falke bei Great Falls am Webster Stream.

Haliæetus leucocephalus (Weißkopf- oder Weißkopfseeadler), bei Ragmuff und oberhalb und unterhalb von Hunt's sowie am Teich unterhalb von Mattawamkeag .

Pandion haliaëtus (Fischfalke oder Fischadler), gehört, auch auf East Branch gesehen.

Bubo Virginianus (Katzeneule), in der Nähe von Camp Island, ebenfalls über der Mündung des Schoonis , von einem Baumstumpf hin und her, ebenfalls in der Nähe von Hunt's auf einem Baum.

Icterus phœniceus (Rotschulterstärling), Fluss Umbazookskus .

Corvus Americanus (Amerikanische Krähe), einige, etwa am Ausfluss des Grand Lake; ein eigenartiges Krächzen.

Fringilla Canadensis (Feldsperling), ich glaube, ich habe am 24. Juli einen auf dem Mount Kineo gesehen, der sich so verhielt, als hätte er dort ein Nest.

Garrulus cristatus (Blauhäher).

Parus atricapillus (Meise), einige.

Muscicapa Tyrannus (Königsvogel).

Muscicapa Cooperii (Olivenschnäpper), überall ein vorherrschender Vogel.

Muscicapa virens (Holzkiesel), Moosehead und ich denke darüber hinaus.

Muscicapa Acadica (kleiner Pewee), häufig.

Muscicapa ruticilla (Amerikanischer Gartenrotschwanz), Moosehead.

Vireo olivaceus (Rotäugiger Vireo), überall verbreitet.

Turdus migratorius (Rotkehlchen), überall einige.

Turdus melodus (Walddrossel), kommt in allen Wäldern vor.

Turdus Wilsonii (Wilsondrossel), Moosehead und darüber hinaus.

Turdus aurocapillus (Goldkronendrossel oder Ofenvogel), Elchkopf.

Fringilla albicollis (Weißkehlsperling), Kineo und später, offenbar brütend; der vorherrschende Vogel früh und spät.

Fringilla melodia (Singsperling), in Moosehead oder darüber hinaus.

Sylvia pinus (Kiefernrohrsänger), ein Teil der Reise.

Trichas Marylandica (Maryland-Gelbkehlchen), überall.

Coccyzus Americanus (*?*) (Gelbschnabelkuckuck), häufig.

Picus erythrocephalus (Rotkopfspecht), gehört und gesehen, und gut zu essen.

Sitta Carolinensis (*?*) (weißbrüstiger amerikanischer Kleiber), gehört.

Alcedo alcyon (Eisvogel mit Gürtel), sehr häufig.

Caprimulgus Americanus (Nachtschwärmer).

Tetrao umbellus (Rebhuhn), Moosehead Carry usw.

Tetrao cupido (*?*) (Gefiedertes Auerhuhn), Webster Stream.

Ardea cœrulea (Blaureiher), unterer Teil von Penobscot.

Totanus Makularius (Flusswasserläufer oder Sandläufer), überall.

Larus argentatus (?) (Silbermöwe), Heron Lake auf Felsen und Chamberlain. Kleinere Möwe am Second Lake.

Anas obscura (dunkle oder schwarze Ente), einmal in East Branch.

Anas sponsa (Sommer- oder Waldente).

Fuligula albeola (Geisterente oder Wasseramsel), häufig.

Colymbus glacialis (Großer Nordtaucher oder Seetaucher), in allen Seen.

Mergus Merganser (braunbrüstiger Prototyp oder Brandwurm), häufig in Seen und Flüssen.

Ein Schluck; der Nachtsänger (?) ein- oder zweimal.

***

V. VIERFÜSSER

Eine Fledermaus auf West Branch; Biberschädel am Grand Lake; Herr Thatcher aß Biber mit Elch auf dem Caucomgomoc . Eine Bisamratte am letzten Strom; das rote Eichhörnchen kommt in den Tiefen der Wälder häufig vor; ein totes Stachelschwein auf der Chamberlain Road ; eine Elchkuh und Kalbsspuren; Haut eines Bären, gerade getötet.

***

VI. OUTFIT FÜR EINEN AUSFLUG

Das Folgende ist eine gute Ausrüstung für jemanden, der im Juli mit einem Begleiter und einem Indianer einen *zwölftägigen Ausflug* in die Wälder von Maine unternehmen möchte, zu den gleichen Zwecken wie ich.

Tragen Sie ein kariertes Hemd, feste alte Schuhe, dicke Socken, ein Halsband, eine dicke Weste, dicke Hosen, einen alten Kossuth-Hut und einen Leinensack.

Tragen Sie – in einem Gummi -Rucksack mit großer Klappe, zwei Hemden (kariert), ein Paar dicke Socken, ein Paar Unterhosen, ein Flanellhemd, zwei Taschentücher, einen leichten Gummimantel oder einen dicken Wollmantel

, zwei Busen und Kragen zum Mitnehmen und Mitnehmen, eine Serviette, Stecknadeln, Nadeln, Faden, eine Decke, bestes Grau, sieben Fuß lang.

Ein Zelt von sechs mal sieben Fuß und einer Höhe von vier Fuß in der Mitte reicht aus; Schleier und Handschuhe und Insektenschutz, oder besser, Moskitonetze, um alles nachts zu bedecken; beste Taschenkarte und vielleicht eine Beschreibung der Route; Kompass; Pflanzenbuch und rotes Löschpapier; Papier und Briefmarken, Botanik, kleines Taschenfernrohr für Vögel, Taschenmikroskop, Maßband, Insektenkästen.

Axt, wenn möglich in voller Größe , Klappmesser, Angelschnüre, nur zwei pro Stück, mit ein paar Haken und Korken bereit, und mit Schweinefleisch als Köder in einem Paket, manipuliert; Streichhölzer (einige auch in einem kleinen Fläschchen in der Westentasche); Seife, zwei Stück; großes Messer und Eisenlöffel (für alle); drei oder vier alte Zeitungen, viel Bindfaden und mehrere Lumpen als Geschirrtücher; zwanzig Fuß starkes Kabel, ein 4-Liter-Blecheimer für den Wasserkocher, zwei Blechschöpflöffel, drei Blechteller, eine Bratpfanne.

Bestimmungen. – Weiches, hartes Brot, 28 Pfund; Schweinefleisch, sechzehn Pfund; Zucker, zwölf Pfund; ein Pfund schwarzer Tee oder drei Pfund Kaffee; eine Schachtel oder ein Pint Salz; ein Viertel indisches Gericht zum Braten von Fisch; sechs Zitronen, gut zum Korrigieren des Schweinefleischs und warmes Wasser; Zur Abwechslung vielleicht zwei oder drei Pfund Reis. Sie werden wahrscheinlich auch ein paar Beeren, Fisch usw. bekommen.

Eine Waffe ist die Kutsche nicht wert, es sei denn, man geht als Jäger. Das Schweinefleisch sollte in einem offenen, passend zugeschnittenen Fass sein; Zucker, Tee oder Kaffee, Mehl, Salz usw. sollten in separaten wasserdichten Gummibeuteln aufbewahrt werden , die mit einer Lederschnur zugebunden sind. und der gesamte Proviant und ein Teil des übrigen Gepäcks wurden in zwei große Gummisäcke gepackt, die sich als wasserdicht und haltbar erwiesen haben.

Die Kosten für das vorherige Outfit betragen 24 Dollar.

Ein Indianer kann für etwa einen Dollar und fünfzig Cent pro Tag und vielleicht fünfzig Cent pro Woche für sein Kanu gemietet werden (dies hängt von der Nachfrage ab). Das Kanu sollte stark und stabil sein. Diese Kosten betragen neunzehn Dollar.

Ein solcher Ausflug muss nicht mehr als 25 Dollar pro Stück kosten, beginnend am Fuße des Moosehead, wenn Sie bereits einen angemessenen Teil der Ausrüstung besitzen oder ausleihen können. Wenn Sie in Oldtown einen Indianer und ein Kanu nehmen, kostet der Transport zum See sieben oder acht Dollar mehr.

VII. EINE LISTE INDISCHER WÖRTER

1. *Ktaadn* , *das „Höchstes Land"* bedeuten soll , setzt Rasles für *den Berg Pemadene* ; für *Grai* , *pierre à aiguiser* , *Kitadaügan* . (*Vide* Potter.)		
Mattawamkeag , Ort, an dem zwei Flüsse zusammenfließen. (Indianer von Carry.) (*Vide* Williamson's History of Maine, and Willis.)		
Molunkus .		
Ebeeme , Rock.		
Noliseemack ; anderer Name: Shad Pond.		
Kecunnilessu , Meise.	}	Joe.
Nipsquecohossus , Waldschnepfe.	}	
Skuscumonsuk , Eisvogel. Hat es nicht die pl. Kündigung *uk* hier, oder *suk* ?	}	
Wassus , Bär, *Aouessous* (Rasles).	}	
Lunxus , Indianer-Teufel.	}	
Upahsis , Eberesche.	}	
Elch (wird er Holzfresser genannt oder bedeutet er das?), *Maus* (Rasles).		
Katahdinauguoh soll „Berge um Ktaadn" bedeuten .		
Ebemena , Baumpreiselbeere. *Ibibimin* , *Nar* , rote, schlechte Frucht. (Rasles .)	}	Joe
Wighiggin , eine Rechnung oder Schrift, *aouixigan* , „ *livre* , *lettre* , *peinture* , *ceinture* " (Rasles).	}	Ind'n von Carry.
Sebamook , Large-Bay Lake, *Peqouasebem* ; Fügen Sie *ar* für Plural, *lac* oder *étang* (Rasles) hinzu. *Ouaürinaügamek* , *anse dans un lac* , (Rasles). *Mspame* , großes Wasser. Polis.	}	Nikolai.

Sebago und *Sebec* , großes offenes Wasser.	
Chesuncook , Ort, an dem viele Bäche münden. (*Vide* Willis und Potter.)	Tahmun usw.
Caucomgomoc , Gull Lake. (*Caucomgomoc* , der See; *Caucomgomoc -took* , der Fluss, Polis.)	
Pammadumcook .	
Kenduskieg , Kleiner Aalfluss. (*Vide* Willis.)	Nikolai.
Penobscot , Rocky River. *Puapeskou* , Stein. (Rasles v. Springer.)	Ind'n von Carry.
Umbazookskus , Wiesenbach. (Viel Wiesenfluss , Polis.)	Nikolai.
Millinocket , Ort der Inseln.	
Souneunk , der zwischen Bergen verläuft.	
Aboljacarmegus , Smooth-Ledge Falls und Deadwater .	
Aboljacarmeguscook , der Fluss dort.	
Muskiticook , toter Strom. (Indianer von Carry.) *Meskikou* oder *Meskikouikou* , ein Ort, an dem es Gras gibt (Rasles). *Muskéeticook* , totes Wasser , (Polis).	
Mattahumkeag , Sand-Creek-Teich.	Nikolai.
Piscataquis , Flussarm.	
Shecorways , Brandraketen.	Polis.
Naramekechus , Peetweet .	
Medawisla , Idiot.	
Original , Moosehead Lake. (Montresor.)	
Chor - chor -que , usnea.	Polis.
Adelungquamooktum , Holzdrossel.	
Bematruichtik , Hochland im Allgemeinen.	

(*Berg Pemadené* . Rasles).	}	
Maquoxigil , Rinde von rotem Korbweiden, indischer Tabak.	}	
Kineo , Feuerstein (Williamson; alter indianischer Jäger). (Hodge.)		
Artoosoqu ' , Phosphoreszenz.	}	
Subekoondark , Weißfichte.	}	
Skusk , Schwarzfichte.	}	
Beskabekuk , der „Hummersee" unter den Karten.	}	
Beskabekukskishtuk , das tote Wasser unterhalb der Insel.	}	
Paytaytequick , Burnt-Ground Stream, was Joe *Ragmuff* nannte .	}	
Nonlangyis , der Name eines Totwassers zwischen dem letzten und dem Pine Stream.	}	
Karsaootuk , Black River (oder Pine Stream). *Mkazéouighen* , schwarz, (Rasles).	}	Polis.
Michigan, Fimus . Polis wandte es auf einen Saugfisch oder einen armen, nichtsnutzigen Fisch an. *Fiante (?) mitsegan* (Rasles). (Pickering setzt das ? nach dem ersten Wort.)	}	
Cowosnebagosar , *Chiogenes hispidula* bedeutet, wächst dort, wo Bäume verfault sind.	}	
Pockadunkquaywayle , Echo. *Pagadaükoueouérré* (Rasles).	}	
Bororquasis , Elchfliege.	}	
Nerlumskeechtcook (oder *Quoik* ?), (oder *Skeetcook*), Deadwater , und auf die Berge in der Nähe angewendet.	}	
Apmoojenegamook , See, der überquert wird.	}	
Allegash , Hemlock-Rinde. (*Vide* Willis.)	}	
Paytaywecongomec , Burnt-Ground Lake, *Telos* .		

Madunkehunk , Height-of-Land Stream (Webster Stream).	}	
Madunkehunk-gamooc , Height-of-Land-See.	}	
Matungamooc , Grand Lake.	}	
Uncardnerheese , Forellenbach.	}	
Wassataquoik (oder *-cook*), Salmon River, East Branch. (*Vide* Willis.)	}	
Pemoymenuk , Amelanchier- Beeren, „ *Pemouaimin* , *Nak* , eine schwarze Frucht.“ Rasles .“ Hat es hier nicht die Plural-Endung?	}	Polis.
Sheepnoc , *Lilium Canadense* -Zwiebeln. „ *Sipen* , *nak* , weiß, größer als *Penak* “ (Rasles).	}	
Paytgumkiss , Petticoat (wo ein kleiner Fluss unterhalb von Nicketow in den Penobscot mündet).	}	
Burntibus , ein seeähnlicher Abschnitt im Penobscot.	}	

Passadumkeag , „wo das Wasser oberhalb der Wasserfälle in den Penobscot fällt“ (Williamson). *Paüsidaükioui* liegt *am Berghang (* Rasles) .
Olarmon oder *Larmon* (Polis), rote Farbe. „Zinnoberrot, Farbe, *Ouramaü* “ (Rasles).
Sunkhaze : „Sehen Sie, wie das Kanu herauskommt; no see ' em stream“ (Polis). Die Mündung eines Flusses ist laut Rasles *Saüghedétegoue* . Der Ort, an dem ein Strom in einen anderen mündet, Ȯist somit *Saüktaüoui* . (*Vide* Willis.)
Tomhegan Br. (in Moosehead). „ *Beil* , *Temahigan* “ (Rasles).
Nicketow , „ *Nicketaoutegué* , oder *Niketoutegoue* , *rivière qui fourche* “ (Rasles).

2. Aus WILLIAM WILLIS , on the Language of the
Abnaquies , Maine Hist. Slg., Bd. IV.

Abalajako-megus (Fluss in der Nähe von Ktaadn).

Aitteon (Name eines Teiches und Sachems).

Apmogenegamook (Name eines Sees).

Allagash (ein Rindenlager). Sockbasin , ein Penobscot, erzählte ihm: „Die Indianer gaben dem See diesen Namen, weil sie dort ein Jagdlager hatten.“

Bamonewengamock , Leiter von Allegash , Cross Lake. (Sockenbecken .)

Chesuncook , Großer See. (Sockenbecken .)

Caucongamock (ein See).

Ebeeme , Berge, auf denen Pflaumen wachsen. (Sockenbecken).

Ktaadn . Sockbasin spricht dieses Katah - din aus und sagt, es bedeute „großer Berg oder großes Ding“.

Kenduskeag (der Ort der Aale).

Kineo (Feuerstein), Berg an der Grenze usw.

Metawamkeag , ein Fluss mit glattem, kiesigem Grund. (Sockenbecken .)

Metanawcook .

Millinoket , ein See mit vielen Inseln darin. (Sockenbecken .)

Matakeunk (Fluss).

Molunkus (Fluss).

Nicketow , Neccotoh , wo sich zwei Bäche treffen („Forks of the Penobscot“).

Negas (Indianerdorf am Kenduskeag).

Orignal (Montresors Name für Moosehead Lake).

Ponguongamook , Allagash, Name eines dort getöteten Mohawk-Indianers. (Sockenbecken .)

Penobscot , *Penobskeag* , Französisches *Pentagoet* usw.

Pougohwaken (Heron Lake).

Pemadumcook (See).

Passadumkeag , wo Wasser oberhalb der Wasserfälle in den Fluss fließt. (Williamson.)

Ripogenus (Fluss).

Sunkhaze (Fluss), totes Wasser .

Souneunk .

Seboomook . Sockbasin sagt, dieses Wort bedeute „die Form eines Elchkopfes und wurde dem See gegeben“ usw. Howard sagt etwas anderes.

Seboois , ein Bach, ein kleiner Fluss. (Sockenbecken .)

Sebec (Fluss).

Sebago (tolles Wasser).

Telos (See).

Telasius (See).

Umbagog (See), verdoppelt; so genannt wegen seiner Form. (Sockenbecken .)

Umbazookskus (See).

Wassatiquoik , ein Gebirgsfluss. (Sockenbecken .)

Richter CE Potter aus Manchester, New Hampshire, fügt im November 1855 hinzu:

„ *Chesuncook* . Dies setzt sich aus *Chesunk* oder *Schunk* (eine Gans) und *Auke* (ein Ort) zusammen und bedeutet „Der Gänseplatz". Chesunk oder Schunk ist das Geräusch, das die Wildgänse beim Fliegen machen."

Ktaadn . Dies ist zweifellos eine Verfälschung von *kees* (hoch) und *auke* (ein Ort).

Penobscot , *Penapse* (Stein, Felsplatz) und *Auke* (Ort).

Suncook , Gänselokal , *Schunkauke* .

Der Richter sagt, dass „ *schoot*" „stürmen" bedeutet und daher „ *shoodic*" von diesem und „ *auke* " (ein Ort, an dem Wasser rauscht) bedeutet, und dass „ *schoon*" dasselbe bedeutet; und dass das Marblehead-Volk und andere die Wörter „ scoon " und „scoot" von den Indianern und daher „schoner" abgeleitet haben ; bezieht sich auf einen Mr. Chute.

FUSSNOTEN

[1] Springer sagt in seinem „*Forest Life*" (1851), dass sie aus Angst vor Feuer zunächst die Blätter und den Rasen von der Stelle entfernen, an der sie ein Lager errichten wollen; auch, dass „die Fichte im Allgemeinen zum Lagerbau ausgewählt wird, da sie leicht, gerade und völlig saftfrei ist"; dass „das Dach schließlich mit den Zweigen von Tannen, Fichten und Hemlocktannen bedeckt wird, damit, wenn der Schnee auf alles fällt, die Wärme des Lagers auch bei kältestem Wetter erhalten bleibt"; und dass sie den Holzsitz vor dem Feuer, den sogenannten „Diakonssitz", aus einer in zwei Hälften gespaltenen Fichte oder Tanne anfertigen, wobei auf einer Seite drei oder vier kräftige Äste als Beine übrig bleiben, die sich wahrscheinlich nicht lösen.

[2] Die Kanadier nennen es *Picquer de Fond* .

[3] Sogar die jesuitischen Missionare, die an den Sankt-Lorenz-Strom und andere Flüsse Kanadas gewöhnt waren, sprechen bei ihren ersten Expeditionen in die Abenaquinois von mit Steinen beschlagenen Flüssen *ferrées de rochers* . Siehe auch Nr. 10 *Relationen* , für 1647, S. 185.

[4] „Eine stetige Strömung oder Steigung des Wassers ist einer entweder steigenden oder abnehmenden vorzuziehen; denn wenn das Wasser in der Mitte des Flusses schnell ansteigt, ist es beträchtlich höher als an den Ufern – so sehr, dass es vom Auge eines Betrachters am Ufer deutlich wahrgenommen werden kann und den Eindruck einer Schlagbaumstraße vermittelt. Daher ist es immer sicher, dass das Holz von der Mitte des Kanals zu beiden Ufern hin abfällt ." – Springer.

[5] „Die Fichte", sagt Springer im Jahr 1951, „wird im Allgemeinen vor allem wegen der hervorragenden Vorteile ausgewählt, die ihre zahlreichen Äste dem Kletterer bieten." Um die ersten Äste dieses Baumes zu gewinnen, die sich 20 bis 40 Fuß über dem Boden befinden, wird ein kleinerer Baum unterschnitten und an ihn angelegt, wobei man hinaufklettert und so die Spitze der Fichte erreicht. In einigen Fällen, wenn eine sehr erhöhte Position gewünscht wird, wird die Fichte an den Stamm einer hohen Kiefer gelehnt, die wir auf eine Höhe erklimmen, die doppelt so hoch ist wie die des umliegenden Waldes."

Um die Richtung der Kiefern anzuzeigen, wirft man einen Ast nieder, und ein Mann am Boden nimmt die Richtung vor.

[6] Die Bären hatten nichts auf unserem Besitz angerührt. Manchmal zerreißen sie ein Batteau wegen des Teers, mit dem es beschmiert ist.

[7] Ich habe dies aus einer Zeitung herausgeschnitten: „Am 11. (augenblicklichen?) [Mai 1949] ertrank Herr John Delantee aus Orono, Me., an den Rappogenes Falls, während er Baumstämme laufen ließ. Er war Bürger von Orono und 26 Jahre alt. Seine Gefährten fanden seinen Körper, schlossen ihn in Rinde ein und begruben ihn im feierlichen Wald.“

[8] Diese Zweige werden in Rasles Wörterbuch *Sediak* genannt .